Umbrien

EDITION ERDE REISEFÜHRER

Ekkehart Rotter

Umbrien

Konzeption Klaus Gallas

EDITION ERDE Reiseführer
Lektorat: Edigna Hackelsberger
Herstellung: Michael Nagler
Karten: Kartographie Huber, München
Satz: DIGISET BW Verlag, Nürnberg
Litho: P & S Repro-Service, Fürth
Druck: Druckerei Tümmel, Nürnberg
Gestaltung und Typographie: Prof. Hans Fick, Nürnberg

Erste Auflage 1994
© EDITION ERDE im BW Verlag, Nürnberg 1994
Alle Rechte vorbehalten
Printed in Germany
ISBN 3-8214-6539-5

Titelbild

*Das römische Theater und der mittelalterliche
Palazzo dei Consoli in Gubbio sind steinerne Zeugen
dieser beiden historischen Epochen,
die alle umbrischen Städte geprägt haben.*

S. 4/5

*Die Faszination des Franziskus von Assisi,
des weltweit bekannten Umbrers, wirkt ungebrochen.
In Souvenirläden wird er als
›Heiliger zum Anfassen‹ feilgeboten.*

Inhaltsverzeichnis

Umbrien – Terra Santa d'Italia . . 15

Bezauberndes Land in der Mitte Italiens 16

Eine Entdeckung mit
Hindernissen 16
Region im Zentrum
und doch im Abseits 17
Anatomie des »grünen
Herzens« 23
Kleine Herz-Rhythmus-
Störungen 26
Geographische Daten und
Fakten 28
Mit den Wolken über Seen,
Ebenen und Berge 28
Landwirtschaft, Handwerk,
Gewerbe, Industrie 34

Lebenslust auf Umbrisch 36

Umbrien, wie es ißt und trinkt . 37
Umbrien, wie es geht und fährt . 43
Umbrien, wie es singt und –
nicht mehr – spinnt 47
Umbrien, wie es feiert
und tanzt 52

**Kleiner Exkurs in die
Kunstgeschichte Umbriens** . . . 53

Romanik 53
Gotik 57
Fresken 57
Renaissance und Barock 59

**3 000 Jahre Geschichte
in Umbrien** 60

Das Volk aus dem Dunkel . . . 60
Die Umbrer geraten unter
römische Herrschaft 62
Hannibal in Umbrien 65
Umbrien als Provinz des
Imperium Romanum 67
Harte Zeiten für die ersten
Christen 70
Umbrien im Umbruch:
Das frühe Mittelalter 71
Benedikt von Nursia 71
Goten und Byzantiner 74
Die Langobarden erheben
Umbrien zum
Herzogtum Spoleto 76
Die Herrschaft der Franken
kündigt sich an 78
Der Trick des Papstes mit der
»Konstantinischen Schenkung« 78
Station in Umbrien – Das Reise-
königtum der Ottonen 79

Die Städte als neue Machtfaktoren 81	
Kaiser Friedrich I. Barbarossa verheert Spoleto 82	
Der Konflikt zwischen Guelfen und Ghibellinen 83	
Lichtgestalten in Sack und Asche: Der heilige Franziskus von Assisi und die heilige Klara 84	
Kaiser Friedrich II.: Ein Leben wie eine Legende . . 87	
Die Zeit der Päpste 92	
Religion in Bewegung: Katharer, Geißler und Franziskaner 94	
Der Kirchenstaat verändert sein Gesicht 94	
Die Signorien – Städtische ›Herrschaften‹ 95	
Aufbruch in die Neuzeit – Umbriens und Italiens Einheit . 98	
Faschismus und Widerstand . . 103	
Die deutschen Truppen in Umbrien 103	
Die letzten fünfzig Jahre . . . 113	

Fünfzehn mal X Möglichkeiten, sein Herz an Umbrien zu verlieren . 115

Der Trasimenische See 116

Rund um den See 118
Abstecher vom Trasimenischen See nach Süden bis Città della Pieve 125

Perugia – strahlende Hauptstadt 129

Der Corso Vannucci empfängt seine Gäste 136
Etruskerbrunnen – Raffael in San Severo 149
Palazzo del Capitano del Popolo und Alte Universität – San Domenico und Archäologisches Nationalmuseum – San Pietro . 152
Sant'Angelo – Università per Stranieri – Arco Etrusco 158
Via dei Priori – Oratorio di San Bernardino . . 162
Via della Luna – Porta della Mandorla – San Prospero . . . 163
Die Gruft der Volumner . . . 165
Von Perugia nach Osten: die »Sonntagsstadt« und das mittelalterliche Corciano . . . 166
Von Perugia in Richtung Gubbio: Montelabate und San Giustino . 166
Von Perugia nach Süden: ein guter Tropfen, handbemalte Keramik und römische Ruinen 168

Assisi: »Il Cuore del Mondo« . 169

Franziskus-Faszination 172
Die Basilika San Francesco . . 173
Von San Francesco zur Piazza del Comune 184
Bei Franziskus ›zu Hause‹ . . 187
Der Dom San Rufino 188
Santa Chiara mit dem Grab der heiligen Klara 189
Das Kloster San Damiano . . . 191
Von Santa Maria Maggiore zu San Pietro 193

Romanische Kirchlein,
Amphitheater und Rocca . . . 194
Eremo delle Carceri 195
Santa Maria degli Angeli . . . 196

**Foligno und Umgebung – Spello,
Trevi und Nocera Umbra** . . . 203

Sehenswürdigkeiten in Folignos
nächster Umgebung 208
Spello 209
Collepino 215
Trevi 217
Campello sul Clitunno 221
Von Foligno nach Norden: Nocera
Umbra – Piano di Colfiorito . 226

**Bevagna, Montefalco und die
nördlichen Monti Martani** . . 228

Bevagna 229
Montefalco 234
Ausflug in die Monti Martani . 239

Todi und Umgebung 242

Von der Porta Romana
zur Piazza del Popolo 244
San Fortunato und Santa Maria
della Consolazione 249
Nördlich von Todi:
Eine Landpartie mit
faszinierenden Ausblicken und
einem makabren Einblick . . . 252

Zwischen Todi und Terni . . . 254

Acquasparta:
Auf Galileos Spuren 256
Vergangene Pracht:
Die Römerstadt Carsulae . . . 256
Sant'Erasmo und Cesi 257
San Gemini 258

**Terni – Industrieregion
mit Wasserfall und See** 259

Stadtrundgang 261
Die Cascata delle Marmore
und der Lago di Piediluco . . 263

Spoleto 266

Ein Labyrinth
von Straßen und Gassen . . . 270
Die wichtigsten Sehenswürdig-
keiten als ›Einstieg‹ 271
Piazza del Mercato –
Drusus-Bogen und Sant'Ansano –
Römisches Theater 279
Zum Martyrium des Thomas Becket:
Santi Giovanni e Paolo 280
Porta Fuga – San Gregorio – Ponte
Sanguinario – Amphitheater . . 282
Vor den Toren Spoletos:
San Salvatore – San Ponziano –
San Paolo 284
San Pietro fuori le mura –
Auf den Monteluco, den »heiligen
Hausberg« von Spoleto 287

Die Valnerina 289

Das malerische Tal des Nera
nördlich von Terni 289

Norcia und die Bergwelt des Ostens . 297

Norcia: Geburtsort des heiligen
Benedikt von Nursia 297
Der Piano Grande –
Faszination einer Hochebene . 301
Nach Norden
zur Abtei Sant'Eutizio 301
Nach Cascia zur heiligen Rita
und nach Monteleone 304
Monteleone di Spoleto . . . 306
Roccaporena, der Geburtsort
der heiligen Rita 307

Narni, Amelia und Umgebung 307

Narni 307
Südlich von Narni: Visciano –
Otricoli – Calvi dell'Umbria –
Convento Lo Speco 315
Amelia 318
Von Amelia nach Lugnano
und durchs Amerino 321

Orvieto 325

Der Dom Santa Maria 331
San Francesco – San Lorenzo
de' Arari – Palazzo Comunale –
Sant'Andrea 338
San Giovanni – Porta Maggiore –
San Giovenale 340
Torre del Moro – Palazzo del
Popolo – San Domenico . . . 341
Fortezza –
Tempio etrusco del Belvedere –
Pozzo di San Patrizio 342
Nekropole Crocefisso del Tufo –
La Badia 343
Von Orvieto
zum Lago di Corbara 345
Abschied von Orvieto 345

Vor den Höhen des Apennin: Gubbio und Gualdo Tadino . 346

Gubbio 346
In der Ebene vor Gubbio . . . 356
Von Gubbio
nach Gualdo Tadino 358
Gualdo Tadino 360

Città di Castello und das obere Tibertal 362

Città di Castello 363

Eine Bitte zum Schluß 375

Reisetips von A bis Z 379

Ärzte 392
Anreise 379
Apotheken 392
Auskunft 380
Auto 381
Bademöglichkeiten 382
Banken 389
Bars 383
Camping 413
Diplomatische Vertretungen . 383
Einkaufen 384
Einreisebestimmungen 384
Eintrittsgelder 384
Essen und Trinken 385
Feste und Feiertage 385
Fotografieren 389

Geld	389
Haustiere	384
Heilbäder	390
Höhlen	390
Hotels	408
Jugendherbergen	412
Kartenmaterial	391
Klima und Reisezeit	391
Kuren	390
Märkte	391
Medien	392
Medizinische Versorgung	392
Museen und Sehenswürdigkeiten	392
Naturschutzgebiete	397
Notruf	399
Öffentliche Verkehrsmittel	399
Öffnungszeiten	400
Pollenflugzeiten	401
Rauchen	401
Restaurants	401
Seestrände	382
Sport	404
Sprachkurse	405
Strom	407
Telefon	407
Thermalquellen	390
Trinkgeld	407
Unterkunft	407
Wandern	413
Zollbestimmungen	384

Anhang 415

Kleiner Sprachführer 415

Glossar 423

Zeittafel 429

Weiterführende Literatur ... 434

Register 436

Text- und Bildquellen 442

Über den Autor 444

Dankeswort 444

Besondere Themen

Strada bianca	20
Mythos in Schwarz und Weiß – oder vom Schwein auf den Hund gekommen	41
»Auto-rizzati« oder vom Fahren in autofreien Städten	44
Maurizio Picchiò: Hauptsache Musik	47
Umbriens Lebensader: Die Via Flaminia	64
Die Benediktiner-Regel: Die Ordensvorschrift des Benedikt von Nursia	72
Friedrich II. aus der Sicht eines Zeitgenossen	88

Cavour, Garibaldi, Vannucci
und Co. – kleine Namenskunde
italienischer Straßen
und Plätze 100
Pater Rufino, der Retter
der Juden in Assisi 105
Der große Meister Perugino:
Arm geboren, arm gestorben . 127
Die »Passegiata«
auf dem Corso Vannucci . . . 133
Die Università per Stranieri . . 160
Überraschung unter der Piazza 185
Eins mit der Natur:
Franziskus' Sonnengesang . . 191
Vision – Television:
Die heilige Klara, »Schutzpatronin
des Fernsehens« 192
Die Tauben des Franziskus
und andere Wunder... 198
Der »Perdono« 202
Kulinarische Freuden
im Gewölbekeller 216
Die Clitumnus-Quelle 224
Rita – die »Schutzpatronin
der Hausfrauen« 305
Die Weihnachtskrippe:
Eine Erfindung des
Franziskus von Assisi 317
Kaiser Ludwig der Bayer
und die Franziskaner 320
»Bruder Wolf« – Franziskus befreit
die Stadt Gubbio von einer wilden
Bestie 357

Karten und Grundrisse

Übersichtskarte . . Umschlagklappe
Historisches Umbrien 63
Trasimenischer See und
Umgebung 117
Perugia 130
Perugia – Basilica San Pietro . 155
Assisi 170
Assisi – San Francesco 177
Foligno 204
Spello 210
Todi 243
Terni 260
Spoleto 267
Narni 308
Orvieto 326
Gubbio 347

Umbrien – Terra Santa d'Italia

Hoch über Gubbio, im Hof des Klosters Sant'Ubaldo, stand es auf einem Plakat zu lesen: Umbrien – *Terra Santa d'Italia*, »Heiliges Land Italiens«. Etwas abgeschwächt, vielleicht in ein der heutigen Ausdrucksweise adäquateres »Gesegnetes Land«, charakterisiert es den mittelitalienischen Landstrich treffend. Umbrien ist reich gesegnet. Und von dem, was es hat, hat es im Übermaß: vom Lago Trasimeno, dem größten See der Halbinsel, bis zu den Zweitausendern an der Ostgrenze, die noch im Mai mit Schnee bedeckt sein können; vom geschichtsträchtigen Tal des Tiber, der Umbrien von Nord nach Süd durchquert, zum Piano Grande, einer der grandiosesten Hochebenen Europas; von den Schatzkästchen romanischer Kirchen bis zu den berückenden mittelalterlichen Stadtbildern; von den gebieterisch wirkenden Kommunalpalästen bis zu den verträumten, romantischen Gassen und Plätzen der mauerumwehrten Kleinstädte; vom Zauber der Freskenzyklen bis zu den üppig blühenden Frühlingswiesen; von den Kormoranen im See von Alviano bis zu den Wölfen im Apennin, die bei späten Kälteeinbrüchen, wie etwa im April 1994, auch weit in die Täler herunterkommen.

Zudem versteht es Umbrien, mit außergewöhnlichen Gaumenfreuden aufzuwarten und in den Trattorien und Restaurants die Gäste auf exklusiv umbrische Weise zu verwöhnen. Und es sind beileibe nicht nur die weißen oder schwarzen Trüffeln, die es als spezielle Dreingabe zu bieten hat.

Zuallererst aber sind es die Bewohner Umbriens, die der Region ihren besonderen Charme verleihen. Wer zu Hause bei ›seinem Italiener‹ nachfragt, mag

Hoch über der Valle Umbra,
der zentralen Landschaft des »grünen Herzens« Umbrien,
liegt Assisi mit seinem romanischen Dom San Rufino.

dieser aus Kalabrien oder dem Piemont stammen, wird nur Gutes und anerkennende Worte über den Landsmann aus Umbrien hören: Korrekt sei er, arbeitsam, hilfsbereit und zuvorkommend. Nach einem zählebigen Vorurteil sollen die Umbrer »Spinner« sein, »Spitzbuben« gar. Seit sich aber die wirtschaftliche Lage auch für die ehedem ärmlichen Bergregionen verbessert hat und die Menschen nicht mehr gezwungen sind, aus purer Not als Landstreicher oder fahrende Händler ihr Auskommen zu suchen, findet man keine mehr. Doch wie das mit Vorurteilen so ist: Auch der ›extremste‹ Mensch, den Umbrien hervorgebracht hat, der heilige Franziskus von Assisi, erschien vielen Zeitgenossen zunächst als sehr merkwürdig. Als »Spinner« würde ihn heute wohl niemand mehr bezeichnen, und er verkörpert mit seiner unaufdringlichen Fürsorge und Mitmenschlichkeit einen wesentlichen Teil der umbrischen Volksseele.

So ist Umbrien – nicht nur wegen der unzähligen Franziskaner-Klöster und der Schauplätze, an denen Franziskus wirkte – in der Tat *auch* ein ›franziskanisches‹ Land: voll stiller Heiterkeit und natürlicher Anmut, die auf den Gast so wohltuend als gelassene Lebensfreude wirken. Man kann sich nur wünschen, daß Franziskus auch weiterhin die Hand über ›sein‹ Land hält und daß der Greif, der auf dem Regierungsgebäude in Perugia die Schwingen gen Himmel streckt, als Symbol der Scharfsicht und Klugheit alle Gefahren abwehrt, die der Region Umbrien mit den jüngst laut gewordenen Plänen einer Neueinteilung Italiens zu drohen scheinen.

Bezauberndes Land in der Mitte Italiens

Eine Entdeckung mit Hindernissen

»Wer mit einigem Nutzen in Italien reisen will, sucht sich vorher schon mit diesem Lande bekannt zu machen. Wollte man dies erst an Ort und Stelle thun, so würde oft die Zeit, und selten die erforderlichen Hülfsmittel dazu vorhanden seyn [...]. Der Reisende bedarf also eines Handbuches, worin er für jeden Zweck seiner Reise und für jeden einzuschlagenden Weg die erforderliche Auskunft findet, und welches zugleich nicht weitläufiger seyn darf, als daß es selbst der Fußreisende bei sich tragen kann. Wir haben durch vorliegendes Handbuch diesem Bedürfnis abzuhelfen gesucht.«

Mit diesen Eingangsworten stimmte das *Handbuch für Reisende in Italien von Dr. Neigebaur* im Jahr 1826 seine Leser auf eine Italienfahrt ein. Ein Besuch Umbriens gehörte dabei nicht zum ›Muß‹. Einzig der Trasimenische See wurde als Besonderheit hervorgehoben. Die Mitte, das Herzstück Italiens, als das Umbrien sich selbst empfindet, touristisch ein weißer Fleck auf der Italienkarte? *Terra incognita*? Es schien für ganz Umbrien zu gelten, was der Historiker Ferdinand Gregorovius, einer der besten Italienkenner des letzten Jahrhunderts, beim Anblick der Stadt Todi empfand: »[...] von den großen Verkehrsstraßen nicht berührt, ist sie wie eingeschlummert in ihrer eigenen Vergangenheit, in einer zauberhaften Stille [...].«

Region im Zentrum und doch im Abseits

Die Region Umbrien – eingerahmt von Latium im Süden, der Toskana im Westen und Norden und den Marken im Osten – vereinigt in sich, als nächstkleinere Verwaltungseinheiten, die Provinzen Perugia und Terni. Geographisch liegt sie im Zentrum Italiens: Ganz gleich, ob man das Land von den Alpen im Norden bis zur Stiefelspitze im Süden oder von Osten nach Westen, von Küste zu Küste durchmißt – wenngleich doch ein wenig nach oben versetzt, wie das menschliche Herz auch nicht exakt die Mitte des Körpers einnimmt. Politisches Gewicht konnte Umbrien davon zu keiner Zeit ableiten. Ganz im Gegenteil schien die Region durch den Nachteil, keinen Zugang zum Meer zu besitzen – eine Besonderheit in Italien, die Umbrien nur noch mit den vier Alpenregionen teilt –, für immer wirtschaftlich ins Hintertreffen geraten zu sein und folglich unter dem Druck der geschichtsträchtigen Nachbarregionen schier zu vergehen.

Eindeutige natürliche Grenzen, die Umbrien Geschlossenheit und Einheit hätten gewährleisten können, fehlten und fehlen naturgemäß noch heute. Nur einmal, als die Herrschaft des Kirchenstaates in Mittelitalien abgelöst und Italiens zahlreiche kleinstaatliche Machtgebilde Mitte des 19. Jahrhunderts zur Einheit gefügt wurden, da gab es – wenn auch nur von wenigen ernst genommen – die Vorstellung, daß Perugia die neue Hauptstadt Italiens werden könnte, weil »die Stadt, abgesehen von allen anderen Vorzügen, eigentlich der Nabel Italiens sei«, wie Ferdinand Gregorovius spöttisch bemerkte. Und so blieb es denn auch bei diesem Aufwertungsversuch, der weniger der realen Bedeutung Umbriens entsprang, als vielmehr dem Mythos Rechnung tragen mochte, wonach Perugia bereits vor Troja gegründet worden sein soll. So wie die Region bereits seit der Annektion durch die Römer zum Nebenschauplatz der Geschichte und später als Teil des Kirchenstaates unter päpstlicher Verwaltung bis ins 19. Jahrhundert zu einem wirtschaftlich rückständigen Gebiet degradiert wurde, so blieb sie, auch politisch gesehen, stets Randbezirk, »tiefste Provinz«. – »Der Staat des Papstes [...] scheint sich nur zu erhalten, weil ihn die Erde nicht verschlingen will«, bemerkte dazu bitter (der Protestant) Johann Wolfgang von Goethe in den Aufzeichnungen über seine »Italienische Reise«, die er in den Jahren 1786 bis 1788 unternommen hatte.

Für die Reisenden der vergangenen Jahrhunderte lag Umbrien nicht unbedingt auf dem Weg, der – wenn er denn so weit nach Süden führte – in der Regel Rom zum Ziel hatte. Die deutschen Könige und Kaiser durchmaßen im Mittelalter den »Stiefel«, indem sie über Lucca, Siena und Viterbo gen Rom zogen. Umbrien blieb dabei – von Norden aus betrachtet – links liegen. Dieselbe Route favorisierten die frühen Pilger auf ihrer Wallfahrt nach Rom, Mönche und Bischöfe, die sich vom Papst Instruktionen holten, und Könige, die sich dort zu Kaisern salben ließen. Später, als man auch östliche Alpenübergänge nutzte und den Weg über Venedig nahm, bot sich dem Reisenden automatisch der Weg an, der ihn Umbrien zumindest streifen ließ. Im Zusammenspiel mit Umbrien erfährt das Bonmot, daß alle Wege nach Rom führen, eine ganz eigene Realität, indem meist die Wahl eines bestimmten Weges von oder nach Rom den Ausschlag dafür gab, ob in einer der umbrischen Städte Station gemacht wurde oder nicht: zum Beispiel die adriatische Küste hinab, von Ancona beziehungsweise Loreto aus nach Westen den umbrischen Apennin überschreitend, und hinunter nach Foligno, von wo es über Trevi, Spoleto, Terni und Narni durch Umbriens Süden nach Rom weiterging.

Die Gegend galt als gefährlich. Das eingangs erwähnte *Handbuch für Reisende in Italien* von 1826 empfiehlt, unbedingt »bewaffnet zu reisen«; als sicherste Waffe empfahl es den Dolch, »den man im linken Rockärmel trägt, so daß er durchaus nicht bemerkt wird, und doch im Augenblick der Gefahr mit der rechten Hand unter dem linken Handgelenk ergriffen werden kann«. Und die Straßen waren schlecht. Es war die Zeit, da man als Tourist nicht mit der Postkutsche auf festen Routen oder gar in den auf Fernetappen eingerichteten Diligencen das Land durcheilte, sondern sich in der Regel einem Lohnkutscher, einem *vetturino*, samt Gefährt mit einem oder mehreren Zugtieren anvertraute, der sich gegen das für eine bestimmte Wegstrecke zuvor entrichtete Entgelt um alles kümmerte. Auch Goethe machte bei seiner Fahrt durch

Umbrien von dieser Einrichtung Gebrauch und klagte: »Mit den Vetturinen ist es eine leidige Fahrt; das Beste, daß man ihnen bequem zu Fuß folgen kann [...].« Und als er nach seiner Ankunft in Foligno mit einer für ihn himmelschreienden Unterkunft vorliebnehmen mußte, »wo alles um ein auf der Erde brennendes Feuer in einer großen Halle versammelt ist, schreit und lärmt, am langen Tisch speist«, notierte der Meister mit klammen Fingern grimmig, nachdem man ihn, angesichts der von ihm beobachteten Umstände unerwartet, mit einem Tintenfaß zu überraschen wußte: »Jetzt fühl' ich wohl die Verwegenheit, unvorbereitet und unbegleitet in dieses Land zu gehen. Mit dem verschiedenen Gelde, den Vetturinen, den Preisen, den schlechten Wirtshäusern ist es eine tagtägliche Not, daß einer, der zum ersten Male wie ich allein geht und ununterbrochnen Genuß hoffte und suchte, sich unglücklich genug fühlen müßte.«

Die andere Seite war die bewußte Zuwendung, die gewollte Annäherung an Umbrien. Trotz des unwegsamen Geländes und ungeachtet der von Räubern ausgehenden Gefahren führte sie einige wenige Reisende auf ihren gerade im 18. Jahrhundert geschätzten »Kavalierstouren« auch in diesen Teil Italiens. Interessiert haben historische Orte, wie etwa das Schlachtfeld am Nordufer des Trasimenischen Sees, wo Hannibal die römischen Truppen aufrieb, aber auch die kulturellen Hinterlassenschaften des Landstrichs. Dennoch tat man sich lange Zeit schwer, diese in ihrer Bedeutung zu erfassen und neben den Schätzen, die man andernorts bereits im Übermaß bewundert hatte, gelten zu lassen. Geradezu auffallend gering war etwa das Interesse, das man Assisi – heute *der* Touristenmagnet Umbriens – entgegenbrachte. Vielfach blieb es beim Vorbeifahren und einem Gruß von der Ebene herauf. Goethe, der den Weg hinauf zur Stadt Assisi bewußt zu Fuß nahm, machte allein dem Minerva-Tempel seine, allerdings begeisterte, Aufwartung. Die Basilika des heiligen Franziskus »ließ ich links mit Abneigung« liegen, schrieb er später; den Dom fand er schlichtweg »trist«.

Erst Ende des 19. Jahrhunderts setzte, da die Region durch den fortschreitenden Bahnstreckenbau leichter erreichbar war, eine spürbar größere Zuwendung zu Umbrien ein. Es war ein verselbständigtes, vom übrigen Italien losgelöstes Interesse, das die umbrischen Städte nicht mehr nur mit den großen Kulturzentren der Halbinsel kritisch verglich. Die Einrichtung der Vetturine wurde durch die Eisenbahnen abgelöst, und mancher mag das heute gar wieder bedauern. Wenn auch nicht immer bequem, so war diese Art des Reisens im Pferdewagen doch mit vielerlei Vorteilen verbunden. Man lernte das Land kennen, und das Reisen an sich war schon ein Erlebnis: Gerade das ist aber, wenn man Muße und die richtige Einstellung mitbringt, durch die Fahrt mit dem Auto heute wieder möglich. Wer so reist, dem sei gerade in Umbrien, wo Stille noch vielerorts hörbaren Klang entwickelt, sein ›empfindsamer‹ Gebrauch anempfohlen. Der Automobilpionier Otto Julius Bierbaum, der sich 1902 im Vertrauen auf die acht PS seines Adler Phaeton mit »Tempo 30« durch Italien bewegte, vermag heute wieder als Vorbild zu dienen. Denn Umbrien verlangt die Annäherung auf langsamen Rädern – nicht nur wegen der sich immer noch kurvenreich durchs Land schlängelnden Straßen – und auf leisen Sohlen – nicht nur wegen der in den zahlreichen Kirchen gebotenen Stille. Es verlangt die Annäherung mit einer Gelassenheit, welche die Sinne öffnet für zarte Schönheit, mit einer Beschaulichkeit, die Größe auch im Kleinen wiederzuentdecken vermag, und einer Ruhe im Herzen, die es – in bewußter Abkehr von Reizüberflutung und Konsumzwang – erlaubt, ein wenig zu erschauen, wovon Mensch und Natur in Umbrien beseelt sind.

Strada bianca

Von Castel Ritaldi hinab, über die kleine Kreuzung und wieder ein Stück aufwärts. Am Hang dann die romanische Kirche Pieve di San Gregorio. Über dem Portal Reliefs mit gruseligen Fratzen, die den Besucher gleichermaßen erschrecken und verhöhnen. Ein schlechtes Vorzeichen? – Ein Blick auf die Karte. Ich fahre ein paar hundert Meter zurück. Doch welcher der beiden Wege ist der richtige? Also zurück nach Castel Ritaldi und fragen.

Zum Monte Martano? Die Antwort fällt weitschweifig aus. Ich scheine an den *Cicerone* des Ortes geraten zu sein. Mit großen Gesten unterstreicht er jeden seiner Sätze. Ausholende Arm-

Oft führt nur eine der zahlreichen Naturstraßen, eine »Strada bianca«, in die Einsamkeit der umbrischen Bergwelt.

bewegungen zeichnen Berge nach, abgewinkelte Armbeugen beschreiben Kehren, Handkantenschläge reißen tiefe Täler in die Landschaft. Ich wollte an sich nur wissen [...]. Ja, meint er, enttäuscht ob meiner Ignoranz und Nüchternheit und plötzlich kurz angebunden: nach der Kreuzung gleich links, die *strada bianca*. Ich unterdrücke die Bemerkung, daß diese »weiße Straße« auf der Karte gelb eingezeichnet sei. So wie er die Augenbrauen hebt, weiß ich um den Grad der Ungnade, in die ich bei ihm gefallen bin.

Nach etwa einem halben Kilometer leiste ich Abbitte. Ungeachtet des Kartographengelbs endet die Asphaltdecke, und es geht nun auf einer Naturstraße dahin. Eben, geradeaus, flott befahrbar. Das ändert sich erst bei dem Anstieg hinter Monte Martano. Der Regen hat Querrinnen ausgewaschen. Vom Hang herabgerollte Steine erfordern Aufmerksamkeit.

Umbrien bietet noch eine wahre Fülle an Naturstraßen. Wie die italienische Bezeichnung *strada nera*, »schwarze Straße«, für eine asphaltierte Straße steht, wird mit *strada bianca* eine »weiße«, also ungeteerte Straße beschrieben. Mitunter führen sie -zig Kilometer weit in die einsamsten, malerischsten Gebiete. Eine der schönsten Strecken führt sicherlich von Collepino, oberhalb von Spello, über den Subasio nach Assisi. Oder das letzte Stück vor Sant'Erasmo, oberhalb von Cesi, und dann von dort hinauf bis kurz unter den Gipfel des Monte Torre Maggiore. Oder natürlich die fünf Kilometer von Valsorda, oberhalb von Gualdo Tadino, bis auf den 1421 Meter hohen Monte Serra Santa. Am Ende solcher Wege kann man freilich auf den Gedanken kommen, der Begriff *strada bianca* könnte auch davon hergeleitet sein, daß das Auto nach einer solchen Tour völlig mit weißem Straßenstaub überzogen ist. Spätestens dann mißt man dem an Tankstellen angebrachten Hinweisschild *Lavaggio*, das für »Autowäsche« steht, Bedeutung bei.

Doch es gibt vereinzelte Strecken, auf denen auch bei trockenem Wetter ein geländegängiges Fahrzeug angezeigt wäre, schon deswegen, weil dann während der Fahrt die Hauptsorge nicht dem Pkw-Unterboden gelten müßte. Das gilt zum Beispiel für die interessante, landschaftlich traumhafte Strecke von dem an der Straße Nr. 319 circa vier Kilometer nördlich von Sellano gelegenen Örtchen Verchiano beziehungsweise von dem dortigen Tabacchi-Laden auf einer Höhe von 833 Metern in das gebirgige Grenzland zur Provinz Marken hin, wobei man sich einen Besuch der Eremitengrotte des seligen Giolo zum Ziel setzen kann: Auch hier in dem einsamen Tabacchi-Laden, der gleichzeitig als *Bar* und Kommunikationszentrum dient, wieder ausführliche Erklärungen. Schließlich stehen drei Männer beisammen, die in Erinnerungen an jugendliche Ausflüge zu kramen scheinen: Ja, immer Richtung Forfi, ja, hinter Forfi links, aber erst den zweiten Weg, der ist schlecht genug – die Männer lachen –, dann durch den Wald bis zu einem verlassenen Kirchlein...

Anatomie des »grünen Herzens«

Keine Broschüre, die das Staatliche Italienische Reisebüro verschickt, kein Reisebericht, kein Bildband, in dem nicht vom »grünen Herzen« Italiens zu lesen steht, sobald die Rede von Umbrien ist. Aber so alt dieses Bild auch sein mag, so abgegriffen es gerade den Freunden dieser Region inzwischen erscheinen und so unzeitgemäß es dem modernen Menschen des Automobil- und Kommunikationszeitalters vorkommen mag, so zutreffend sind nach wie vor die Assoziationen, die das Zauberwort vom »grünen Herzen« auslöst.

Der Begriff »grünes Herz«, den die Regionalregierung selbstbewußt für Umbrien reklamiert, ist Verlockung und Versprechen zugleich. Reisende, die sich verleiten lassen und um die Einlösung des Versprechens nachsuchen, werden nicht nur keineswegs enttäuscht, sondern mehr als bestätigt. Dabei wird die Tatsache, sich in der geographischen Mitte Italiens aufzuhalten, beim Reisenden kaum Hochgefühle erwecken; allenfalls ›statistisch‹ mag sie von einigem Unterhaltungswert sein. Doch Umbrien ist darüber hinaus mehr Mitte Italiens, als es zunächst den Anschein hat. Es bildet in vielfacher Hinsicht auch die Nahtstelle zwischen dem rationaleren, wirtschaftlich starken Norden und dem rückständigen *mezzogiorno*, dem Süden des Landes. Umbrien wußte sich damit ganz passabel zu arrangieren und ›Fortschritt‹ mit Traditionalismus zu vereinbaren. Und man mußte wohl Umbrer sein, um trotz der Beachtung traditioneller Werte gleichzeitig ›rot‹ zu wählen und im Verlauf der letzten Jahrzehnte die Region zur kommunistisch-sozialistischen Hochburg zu machen. Kirche, Religion als Opium für das Volk? – Die umbrischen Kommunisten scheinen den Gefallen an der Droge nie ganz abgelegt zu haben, heute noch weniger denn je: Denn Franziskus, der gute Mensch von Assisi, dessen ›Programm‹ wie die Vorwegnahme einer ökologischen Heilslehre wirkt, bildet eine Brücke, auf der sich die weltanschaulichen Gegner die Hände reichen können und die vor wenigen Jahren die Kommunisten inspirierte, ihr Banner mit einer grünen Eiche zu zieren.

Die Natur des Landes läßt Ökologie-Bewegte und Grüne in Umbrien nicht ohne Aufgaben, aber auch keinesfalls ohne Erfolge dastehen: Sie haben mit den Wunden zu tun, die der Mensch auch dieser Landschaft aus Unachtsamkeit, Unwissenheit und Profitgier zufügte und die der Besucher, der eilige Durchreisende zumal, vornehmlich in der ›Industriesteppe‹ zwischen Perugia und Foligno sowie um Terni herum wahrnehmen kann. Doch schon ein Blick vom hochgelegenen Spello hinab auf die Ebene, auf die Valle Umbra mit ihren sich weit bis nach Montefalco auf der gegenüberliegenden Anhöhe in geometrisch strenger Ordnung, aber in allen Schattierungen der grünen Farbskala hinstreckenden Kulturflächen läßt den Beschauer ›darüberstehen‹ und degradiert den von Industrie, Gewerbe und Straßenfernverkehr angerichteten Flurschaden zu einer menschlichen Wichtigtuerei: Umbrien besticht trotz allem als grüne Region.

Schon Karl Philipp Moritz geriet auf seiner Italienreise 1786 angesichts der Landschaft, die sich ihm zwischen Foligno und Spoleto auftat, ins Schwärmen: »Dieser Weg von Foligno nach Spoleto war einer der angenehmsten meiner ganzen Reise; so etwas Sanftes und dennoch romantisch Großes hat diese Gegend [...]. Hier wehte gegen Sonnenuntergang eine milde Luft; auf den Bergen ruhte der Nebel; tief in der Ferne zwischen den Bergen lag Spoleto vor uns; das Gewölke wurde immer schimmernder und goldner, bis sich ein Regenbogen am Himmel bildete, der diese reizende Gegend schmückte, und unsre Einfahrt nach Spoleto erhaben und glänzend machte, indes die Straße zu einer immerwährenden Allee und immer volkreicher wurde, so wie wir der Stadt uns näherten.« Auch auf der Weiterreise durch die Valnerina vermochte er sich der Impression vom »grünen« Umbrien nicht zu entziehen. Eine andere Reisende des 19. Jahrhunderts, Pauline Gontard-Lutteroth, gar »glaubt sich im Harz oder Thüringer Wald«, als sie 1863 das Nera-Tal durchfuhr. Hinter Narni notiert sie: »Die Berge sind mit immergrünen Eichen bedeckt, deren Farbe doppelt schön erscheint, wenn sie, wie ich an anderen Orten sah, durch mattblaugrüne Olivenbäume unterbrochen werden.«

An all diesen Eindrücken hat sich wenig geändert: Weite Wiesen auf den Hochebenen, immergrüne Eichen und Kastanien in den Waldzonen darunter, Wiesen, die sich an den steilen, unwegsamen Hängen enger Schluchten – am beeindruckendsten sicherlich die des Nera und des Corno – fortsetzen und die großen Mittelgebirgsflächen, etwa der Monti Martani, wie mit einem grünen Teppich überziehen, sowie Olivenbäume und Rebstöcke auf alten Kulturböden dominieren nach wie vor das Landschaftsbild.

Wen mag da noch wundern, daß es die Farbe Grün ist, die den umbrischen Fresken ihren eigenen, unverwechselbaren Charakter verleiht? Die großen Meister wie Giotto, Perugino oder Tiberio d'Assisi wirkten in dieser Landschaft, zogen ihre Kraft und Inspiration aus dieser als gottnah empfundenen Natur und übertrugen deren Glanz auf die Innenwände zahlloser Kirchen: Sie ließen die immer wieder dargestellte Muttergottes im grünen Garten Umbrien thronen, stellten die Heiligen der Christenwelt in dieselbe, oft nur durch die Farbe Grün markierte Naturbühne, und erhoben Umbrien selbst zum Zentrum der Heilsgeschichte. Diese fiel hier – wie in kaum einem anderen europäischen Landstrich – auf fruchtbaren Boden und brachte bedeutende Wegbereiter des Christentums hervor: Benedikt von Nursia, den Begründer des europäischen Mönchtums, und vor allem Franziskus von Assisi, der die in Stumpfheit und Korruption versumpfte und in Machtkämpfen zerrissene Amtskirche durch sein vorgelebtes Beispiel aufrüttelte. Aber auch an die dunkle, die blutige Kehrseite jener Epoche sei erinnert: Das Unwesen der Flagellanten, die sich zur Vergebung der Sünden die Haut blutig peitschten, jene Geißlerzüge, die ihre Spur alsbald durch Europa zogen, nahmen in Perugia ihren Ausgang, dessen Bewohner von der italienischen Schriftstellerin Paolina Secco-Guardo Grismondi (1746–1801) in einem ihrer Gedichte als »die kriegerischsten Menschen Italiens« bezeichnet wurden.

Aber bleiben wir bei Perugia oder den vielen Städten und zahlreichen Dörfern, die in exponierter Lage, auf Tuffsteinplateaus und Bergkuppen himmelwärts ragend, dem Land buchstäblich die Krone aufsetzen. In ihnen schlug sich – Stein geworden – wie kaum andernorts in der abendländischen Welt Umbrien als weitere ›Mitte‹ nieder, als das tausendjährige Mittelstück unserer nachchristlichen Zeitrechnung: das Mittelalter. Es sind dabei nicht nur die stolzen Dome wie in Assisi oder Spoleto, deren Fassaden uns ›original‹ mittelalterlich entgegentreten, und die vielen romanischen Kirchen auf dem Land, die, von jeglicher barocken Ausgestaltung unberührt, die Zeiten überdauert haben. Die Bildprogramme, die sie in den Reliefs darbieten, geben oftmals ungelöste Rätsel auf. Und es ist das Gepräge der Städte selbst – im Innern oft vollständig mit mittelalterlicher Bausubstanz erhalten –, die beim Gang durch die engen, winkligen Gassen, oft treppauf, treppab, eine Vorstellung vom Mittelalter ›aus erster Hand‹ vermitteln: von Düsternis und Enge, von Grausamkeit und Angst, von Macht und Ohnmacht; und von den Menschen, die hier lebten und arbeiteten, die ihre Zuflucht zu Mönchen und Nonnen nahmen und diesen ihr Seelenheil anvertrauten.

Kleine Herz-Rhythmus-Störungen

Umbrien gibt sich – letzter Aspekt des »grünen Herzens« – von warmer Herzlichkeit und einer gelassenen – fast möchte man sagen: franziskanischen Heiterkeit – die sich auch auf die Gäste überträgt. Überall kann man sich einer ungezwungenen Gastfreundschaft und eines unaufdringlichen, herzlichen Entgegenkommens sicher sein. Mit vielleicht einer einzigen Ausnahme, einer kleinen Herz-Rhythmus-Störung: Höllischer Respekt ist angezeigt vor Kirchenweiblein, jenen dienstbaren Geistern, die sich um die Reinlichkeit von Kirchen und Pfarrhäusern bemühen und denen Fremde hilflos ausgeliefert sind, sobald der Gang in eine verborgene Krypta oder eine verschlossene Kapelle notgedrungen über den *parroco*, den Gemeindepfarrer, führt. Vor Jahrhunderten müssen jene ›Drachen‹ schon als Vorbilder für die grimmigen Fabelwesen gedient haben, die, aus Stein gehauen, mit ihren fürchterlichen Fratzen ungebetene Besucher vom Betreten der Gotteshäuser abhalten sollten.

Ein nicht weniger unerfreuliches Phänomen sind – für Fotografen und Filmer in erster Linie – die Baukräne und Gerüste, die das Land wie eine Seuche heimgesucht haben: Von wegen »Land der Apfelsinen und der Zitronen« – »Land der Baukräne und Gerüste« müßte es heißen! Da erklimmt man die Rocca, um den hinreißendsten Blick auf Assisi, auf San Rufino und Santa Chiara, zu genießen: Der Schwenkarm eines roten Kranes kreist über den Häusern. Da hetzt man auf die Berge südöstlich von Orvieto, um die sich über die Stadt breitende Abendsonne zu einer prachtvollen Aufnahme zu nutzen: Der wegen Renovierungsarbeiten mit Stangen und Folien verkleidete Dom schiebt sich wie ein fauliger Zahnstumpf aus dem einheitlichen Rotbraun der Dächer in die aufziehende umbrische Nacht. Da nimmt man Zuflucht aufs Land, überquert die Berge auf kurvenreicher Straße von Spoleto aus – wo wiederum Baukräne vor und in der Festung eine vernünftige Aufnahme von der Stadt nicht zugelassen haben – und stößt zur Nera-Schlucht hinab, um die Fassade der romanischen Kirche von San Felice di Narco abzulichten: Lachend werden Sie vom Gerüst herab von Restauratoren begrüßt, die eben letzte Hand anlegen. – Doch es gibt Trost. Gerüste, Kräne und Folien werden von Jahr zu Jahr weniger, und Umbrien, das sich viel Mühe um seine Baudenkmäler gibt, erstrahlt in neuem Glanz wie meistenorts jetzt schon. Zum anderen – wie manche schelmisch meinen – dienen gerade die Kräne als willkommene Wegweiser: Ohne sich lange erkundigen zu müssen, werden Sie die Sehenswürdigkeit des Ortes auf Anhieb finden!

Ähnlich schmunzelnd, augenzwinkernd gehen die Umbrer mit einer weiteren Denkwürdigkeit um: den zahlreichen derzeit geschlossenen Museen und Baudenkmälern. Den Kopf eines behelmten Kriegers aus einem Etruskergrab beispielsweise zu bestaunen oder vor der – von den Etruskern aus Griechenland importierten – Statue der Venus von Cannicella in der Archäologischen Sammlung des Städtischen Museums in Orvieto zu erröten, ist dem Besucher zur Zeit verwehrt. »Come dopo un bombardamento« – »Wie nach einem Bombenangriff«, beschrieb ein Handwerker den gegenwärtigen Zustand der Innenräume und hob auf die Frage, wie lange dieser wohl anhalten würde, lächelnd die Schultern. Mit demselben Schulterzucken entgegnete derselben Frage jener liebenswürdige Herr, der seit Jahren den derzeit geschlossenen Zugang zur Festung in Spoleto bewacht, die sich seit 1985 *in restauro* befindet und 1993 wieder als »Museum des Herzogtums Spoleto« eröffnet werden sollte. Auch in Todi, wo sämtliche Museen schon seit zwanzig Jahren Winterschlaf halten, werden Sie noch eine ganze Weile Ihrer Sehnsucht nicht nachgeben können und einen Blick in die städtische Pinakothek im Palazzo del Popolo werfen können. Etc. etc. – Machen Sie das Beste daraus, genießen Sie Umbrien unter freiem Himmel! Und frei von übertriebenen Bildungszwängen, werden Sie – gerade auch wenn Sie mit Kindern unterwegs sind – unbeschwerte Urlaubstage verbringen. Denn ansonsten ist Umbrien in der Tat vollkommen.

Geographische Daten und Fakten

Nach dem Vorbild französischer Departements wurden nach der Gründung des Nationalstaates Italien im Jahr 1860 die Regionen als Verwaltungseinheiten eingerichtet. Mit nur 8 456 Quadratkilometern zählt Umbrien zu den kleinsten der zwanzig Regionen Italiens – die benachbarte Toskana ist fast dreimal so groß – und nimmt nicht einmal ganz drei Prozent des italienischen Staatsgebietes ein. Sie unterteilt sich in die Provinz Perugia und die erst 1927 in diesen Status erhobene Provinz Terni, wobei Perugia auch Sitz der Regionalregierung ist.

Die jüngste Volkszählung, die 1991 in Umbrien durchgeführt wurde, ergab für die Region insgesamt 810 735 Einwohner. Dies bedeutet gegenüber der Zählung von 1981 eine geringfügige Zunahme von circa 3 200 Personen. Auf die Provinz Perugia entfielen davon 587 068 und auf die Provinz Terni 223 667 Einwohner. In der Stadt Perugia selbst leben knapp 105 000, die umliegenden, eingemeindeten Orte mitgerechnet 144 732 Einwohner. Die Stadt Terni kommt auf fast 94 000, samt Eingemeindungen auf 108 248 Einwohner. Foligno zählt als drittgrößte Stadt Umbriens 43 522 beziehungsweise mit Umland 53 202 Einwohner. Insgesamt verteilt sich die Bevölkerung auf 92 Gemeinden; anders ausgedrückt kommen 97 Einwohner auf einen Quadratkilometer. Insofern ist Umbrien sehr dünn besiedelt. Zum Vergleich: Im flächenmäßig gleich großen Schleswig-Holstein sind es 170, in Bayern 175 und in Hessen 281 Einwohner pro Quadratkilometer.

Das ist natürlich durch die Landschaft mitbedingt: 53 Prozent von Umbrien sind bergig, wobei Erhebungen bis zu 500 oder 600 Metern eher die Regel als die Ausnahme bilden. Nach Osten hin baut sich auch schnell einmal ein Tausender auf, und die höchsten Gipfel, die Monti Sibillini, ragen bis über 2 000 Meter himmelwärts. Dazu sind weitere 41 Prozent der Fläche Umbriens als hügelig zu bezeichnen, während die Ebenen nur sechs Prozent ausmachen.

Mit den Wolken über Seen, Ebenen und Berge

Die meisten Besucher Umbriens zieht es von Westen und damit von der Autobahn Florenz – Rom, der Autostrada del Sud, her über die zum Schnellverkehrsweg ausgebaute Staatsstraße (Nr. 75 bis) am nördlichen Ufer des **Trasimenischen Sees** vorbei ins Land, wenn sie nicht gar schon hier in dieser einzigartigen, auch für Umbrien untypischen Seelandschaft hängenbleiben. Mit seinem milden Klima, seinen angenehmen Wassertemperaturen, die es gestatten, von Mai bis in den Oktober hinein zu baden, lädt der Lago Trasimeno geradezu ein, auf einem der zahlreichen Campingplätze, in einer der vielen über Agenturen angebotenen Ferienwohnungen und -häuser oder in einem Hotel Quartier zu beziehen und von hier aus die Region zu erkunden. Zudem wartet der See, der 257 Meter über Meereshöhe liegt, mit einigen Besonderheiten auf: Mit seinen 128 Quadratkilometern Wasserfläche und seinem Umfang von circa 50 Kilometern ist er nach dem Gardasee, dem Lago Maggiore und dem nur unwesentlich größeren Comer See das viertgrößte Binnengewässer Italiens und das größte der Apenninenhalbinsel selbst. Von der Höhe einer der umliegenden Ortschaften aus betrachtet, breitet er sich in atemberaubender Schönheit aus. Bei starken Herbstwinden und Winterstürmen kann er dem Strandgänger durchaus den Eindruck vermitteln, sich an Meeresgestaden zu ergehen.

Da sich die touristische Überfremdung – zumindest außerhalb der Hauptreisezeit im August – immer noch in Grenzen hält, haben sich auch die natürlichen Lebensgrundlagen für Flora, Fauna und besonders für die Vogelwelt rund um den See relativ gut erhalten. Aus dem Wasser holen die Fischer, wie man sie etwa in San Feliciano beobachten kann, Karpfen, Barsche, Hechte und die besonders geschätzten Aale. In warmen Sommern, wenn sich die Wasserfläche, die an den tiefsten Stellen an die sieben Meter, gewöhnlich aber kaum mehr als drei Meter beträgt, bis zu 27 Grad aufheizt, bleibt das Fischsterben freilich nicht aus. Diesem Übel wie überhaupt dem Umstand, daß die Höhe des jeweiligen Wasserspiegels sehr variiert – abhängig von der Niederschlagsmenge in Herbst und Winter –, und auch wegen der wachsenden Belastung durch den Tourismus, versucht man heute wieder durch künstliche Wasserzufuhr zu begegnen. Solche Manipulationsversuche wurden schon zu Römerzeiten unternommen, sei es, daß man ihn wegen häufiger Malariaepidemien trockenlegen wollte, ein Plan, der ebenfalls schon in der Antike bestand und der bis Ende des 19. Jahrhunderts erwogen wurde, sei es, daß man dem Vorschlag Leonardo da Vincis folgen wollte, den See an die Flüsse, an den Tiber, den Arno oder die Chiana, anzubinden. Aber aus all diesen Plänen wurde nichts. Und so ist der See See und sind die Erhebungen in ihm Inseln geblieben.

In Ornithologenkreisen wird der seit 1963 mit Tiberwasser ›aufgelaufene‹ **Lago di Alviano** als Geheimtip gehandelt; er ist der Rückstausee eines zur

Stromgewinnung errichteten Damms. Von sieben Vogelwachtstationen aus lassen sich in dem seit 1978 unter Naturschutz gestellten Gebiet Wildenten, Schnepfen, Sumpffalken und Kormorane beobachten. Ansehnlicher – obschon ebenso von Menschenhand in die Natur eingefügt und daher auch mit Campingplatz und Restaurants bestückt – breitet der ebenfalls vom Tiber gespeiste **Lago di Corbara**, ein Stausee zur Stromgewinnung mit einem Fassungsvermögen von 137 Millionen Kubikmetern, seine fischreichen Wasser zwischen einsamen grünen Bergen entlang der belebten Straße Nr. 448 aus. Dagegen verdankt der bis zu neunzehn Meter tiefe, als Ausflugsziel sowie auch bei Wassersportlern beliebte **Lago di Piediluco** östlich von Terni, der in den Velino abfließt, seine Entstehung einer Laune der Natur. Er liegt 365 Meter über dem Meeresspiegel und kann sich rühmen, der zweitgrößte (natürliche) See Umbriens genannt zu werden; freilich nimmt er sich gegenüber dem Trasimenischen See, von dessen Fläche er nur einen Bruchteil ausmacht, bescheiden aus. Sein Umfang, der mit beachtlichen siebzehn Kilometern angegeben wird, kommt von seinen unregelmäßigen Ausläufern, die sich wie Zungen zwischen die anmutigen, bewaldeten Hügel schieben.

Einzigartig sind die schroff abfallenden **Tuffsteinplateaus** im Südwesten der Region, deren eines die Stadt Orvieto einnimmt. Sie erheben sich aus der Ebene des Flusses Paglia wie Inseln in einem grünen Meer von Getreidefeldern, Wein- und Olivenkulturen. Doch diese Plateaus prägen ebensowenig wie die Seen – den Trasimenischen See einmal wegen seiner Größe ausgenommen – das Landschaftsbild. Umbrien ist eine Bergregion, durch die sich Bäche und Flüsse engste Schluchten gegraben haben, deren Wasser Umbriens Tallandschaften und Ebenen ihre Fruchtbarkeit und üppige Vegetation verdanken.

In erster Linie bewässert der Tiber das grüne Land. Bevor seine Fluten schließlich Rom grüßen und sich bei Ostia ins Meer ergießen, durchläuft er Umbrien beinahe vollständig von Norden nach Süden. Er hat die **Alta Valle**

Wie die Jahresringe eines Baumstammes ziehen sich die Häuserreihen von Panicale um die Hügelkuppe. Die strenge mittelalterliche Trennung von Stadt und Land prägt noch heute die Region.

del Tevere, das heißt das Obere Tibertal, gestaltet, das sich etwa von San Giustino über Città di Castello bis Umbertide erstreckt, wo die Berghänge zu beiden Seiten wieder näher an die Ufer rücken. Das Tal gewährt einer intensiven Landwirtschaft, heute vor allem dem Tabakanbau, Wasser und Raum, bot aber auch Platz für die unvermeidliche Schnellstraße, die einer jahrtausendealten Spur folgt. Merklicher noch als am oberen Flußabschnitt haben sich im **Mittleren Tibertal**, das östlich an Perugia vorbei bis Todi reicht, Gewerbe und Industrie breitgemacht; von Nord nach Süd nimmt ihre Zahl jedoch deutlich ab, so daß der Tiber sich bereits vor Todi, das auf der Anhöhe über dem Fluß liegt, und auch danach wieder gemächlich durch Ackerfluren und Wiesen windet. Danach wird er von Bergen hart in die Mitte – und in die Pflicht – genommen: Zweimal muß er es sich gefallen lassen, daß Staumauern seinen Lauf hemmen und seine Wasser Stauseen füllen. Dann dient er schließlich noch über etliche Strecken als Grenzfluß, mit einem kurzen Umweg über das bereits zur Region Latium gehörende Städtchen Orte, bevor er sich dann südlich von Otricoli aus Umbrien verabschiedet.

Gewaltiger als vom Tibertal ist der Eindruck, den der Betrachter von der **Valle Umbra** gewinnt, jenem tischebenen Herzstück des »grünen Herzens«, das an den nördlichen Rändern scharfkonturig von Bergen gesäumt wird, die übergangslos aus dem Boden aufragen. Die Ebene erstreckt sich auf etwa vierzig Kilometern in leichter Krümmung von der Erhebung, die sie südöstlich von Perugia vom Tibertal trennt, vorbei am Subasio-Massiv mit Assisi über Foligno bis nach Spoleto. Nimmt man noch das hoch gelegene Trevi, die Festungsstadt Montefalco auf ihrer in das Tal vorgeschobenen Anhöhe, Bevagna – das Mevania der Umbrer und Römer an einer antiken Fünf-Wege-Kreuzung – sowie die schon von römischen Autoren gepriesenen Clitumnus-Quellen hinzu, erschließt sich unmittelbar, daß die Valle Umbra auch das historische Kernland Umbriens darstellt. Die Industrie- und Gewerbebetriebe, die sich heute entlang der Schnellstraße in zum Teil brutaler Häßlichkeit ausbreiten, aber auch ein Blick von den angrenzenden Bergen hinab, lassen kaum etwas von den Problemen erahnen, welche die frühere großflächige Versumpfung der Ebene mit sich brachte. Heute bewässern die zahlreichen Bäche, die wie der Topino am Ende in den Tiber münden, durch eine Vielzahl von Kanälen kontrolliert die landwirtschaftlichen Nutzflächen, die das Bild des weiten Tales nach wie vor bestimmen.

Imposant nimmt sich – etwa vom Aussichtspunkt Sant'Erasmo oberhalb Cesi herab – auch die **Ebene zwischen Terni und Narni** aus, in der sich die Wasser des Nera und dessen Nebenbächen verlieren. Aber meist ist die Aussicht durch die Dunstglocke getrübt, unter der die Stadt Terni mit ihren Hochhäusern, Fabriken, Verkehrsstraßen und unansehnlichen Vorortvierteln in der flimmernden Sommersonne zittert. Die Hauptstadt der gleichnamigen Provinz schiebt sich tief in die Ebene hinein und hat schon einen Wurmfortsatz ausgebildet, der vom Industrie- und Handelsfleiß der Umbrer zeugt und sich bis Amelia erstreckt.

Weit auch treten die Berge im **Eugubino**, der Talfläche vor Gubbio, zurück. Sie bilden Kulisse und Bühne für die Stadt Gubbio selbst, der vielleicht ›mittelalterlichsten‹ ganz Italiens. Ähnlich, wenn auch nicht in so ausgeprägter Weise, geben die Berge dem **Gualdese** Raum, jenem Talstück, das man von Gualdo Tadino aus nach Nordwesten überschaut. Wer sich hingegen von hier aus nach Süden und über Nocera Umbra in das **Tal des Topino** begibt, fühlt sich, bis etwa sieben Kilometer vor Foligno, in eine sanfte Mittelgebirgslandschaft versetzt, wie man ihr auch im Elsaß oder im Harz begegnen kann.

Vom Mittelgebirge ins Hochgebirge entrückt fühlt sich dagegen der Wanderer in der **Valnerina**, dem engen mittleren Nera-Tal nordöstlich von Terni, und in der faszinierenden **Schlucht des Corno und des Sordo** zwischen Triponzo und Norcia. Während schon in der Valnerina Landwirtschaft kaum mehr möglich ist, bleiben an den Uferwiesen von Corno und Sordo meist nicht einmal mehr die schmalen Streifen Bodens für Gemüsebeete übrig. Das Bild bestimmen bis ans Wasser herantretende, steil abfallende, von Bäumen und Buschwerk begrünte Hänge. Einsame Kirchen im Wiesengrund, Burgruinen, die zuweilen wie Raubvogelnester an den Felsen kleben – soweit sie die immer wieder auftretenden, zum Teil verheerenden Erdbeben überstanden haben –, und malerische Dörfchen verleihen den Taleinschnitten ein romantisches Gepräge.

Daß die Erde sich rührt, die Berge ins Wanken geraten, ist die Schattenseite dieser Romantik. 1979 wurde Norcia von einem Erdbeben heimgesucht, ebenso wie bereits in den Jahren 1703, 1730 und 1859. Noch in den sechziger Jahren des 19. Jahrhunderts sah der bereits erwähnte Ferdinand Gregorovius in Spello Häuser in Ruinen liegen, die dem schrecklichen Erdbeben von 1832 zum Opfer gefallen waren; auch der Kuppelbau von Santa Maria degli Angeli war eingestürzt. Das Beben von 1982 machte in Gubbio 1 500 Einwohner obdachlos und zerstörte etliche Dörfer. Naturschönheit und -gewalt gehen in Umbrien eine gefährliche Symbiose ein.

Besonders entlang der Ostgrenze der Region ist die umbrische **Gebirgswelt** von atemberaubender Grandiosität. Nach dem Überschreiten der Baumgrenze bei etwa 1 300 Metern dehnen sich schier endlose Weiden aus und türmen sich kahle Gipfel zu einer gigantischen Szenerie: der Monte Cucco (1 566 m), der Monte Serra (1 744 m) oder der Monte Patino (1 884 m) sowie der Kamm der Sibillinischen Berge, auf dem die Grenze zwischen Umbrien und den Marken auf einer höchsten Höhe von 2 448 Metern verläuft. Der Anblick des **Piano Grande**, jener einzigartigen, von der Sibillinischen Bergkulisse eingerahmten, absolut baum- und strauchlosen sowie gänzlich unbebauten und völlig planen Hochebene macht sprachlos.

Landwirtschaft, Handwerk, Gewerbe, Industrie

Der wirtschaftliche Aufschwung der Region setzte spürbar seit den 50er Jahren ein, mit der üblichen Ausbreitung des modernen Gewerbes und der Industrie. Die stereotypen Hinweise der Fremdenverkehrsbroschüren auf das immer noch lebendige traditionelle Kunstgewerbe, wie etwa der Keramikwerkstätten in Gualdo Tadino oder der Majolika-Produktion in Deruta, haben daneben beinahe Vertuschungs- oder Wiedergutmachungscharakter: Das Zeitalter der Technik hat auch hier Einzug gehalten. Die Landschaft verändert sich entsprechend den Gewichtsverschiebungen zwischen traditioneller Landwirtschaft und Industrie beziehungsweise Gewerbe.

1982 wurde per Gesetz festgelegt, daß die *mezzadria* bis 1992 abgeschafft sein mußte, also jenes mittelalterliche Halbpachtsystem, das die Bauern der Region, die früher Teil des Kirchenstaates war, jahrhundertelang in Abhängigkeit hielt und Landschaft wie Lebensgewohnheiten nachhaltig prägte. Es funktionierte in der Regel so, daß der meist in der Stadt wohnende Großgrundbesitzer dem Pächter das Land, ein Haus, Geräte und Saatgut zur Verfügung stellte und dafür die Hälfte des Ertrages für sich einbehielt. Dabei wurde den Bauern oft genau vorgeschrieben, was sie anzubauen hatten. Da ein zu starkes An-

Die umbrischen Bauern klagen über die Europäische Union. Viele meinen, daß es ihnen schlechter gehe als den Rindern und Schafen, die es sich auf den grünen Weiden wohl sein lassen.

wachsen der Landbevölkerung den Ertrag des Besitzers geschmälert hätte, griff er erheblich – etwa über seine zu Eheschließungen erforderliche Einwilligung – in die Familienplanung ein. 1982 wurde noch ein gutes Drittel aller landwirtschaftlichen Betriebe Umbriens, exakt 2326 Höfe, nach diesen Regeln der *mezzadria* geführt. Zeitweise sah man darin ein fortschrittliches System, weil sich dadurch Teile der ärmsten städtischen Bevölkerung zur Abwanderung in ländliche Gebiete bewegen ließen, wo Arbeit und damit die Sicherstellung ihrer Versorgung gewährleistet waren. Und auch heute noch, oder schon wieder, weint mancher der alten Ordnung nach: bot sie doch die Gewähr, daß die Menschen in den Haushaltsverband eines Hofes eingebunden und Großfamilien noch intakt blieben. Seit längerem schon geht die Entwicklung in die entgegengesetzte Richtung: Ganze Dörfer in Umbrien, vornehmlich in der Valnerina, verwaisen. Daß die zahlreichen Landwirte existenziell bedroht sind, liegt in Umbrien wie andernorts auch an den EG-Agrarreformen und insbesondere an dem Bemühen, die subventionsabhängige Landwirtschaft zu drosseln. Der »Nebenerwerbslandwirt«, der tagsüber in einer Fabrik arbeitet und am Abend mit Familienangehörigen den Acker bestellt, ist in Umbrien häufig anzutreffen.

Die *tramontana*, der kalte Nordwind, der über die Berge bläst, und der heiß vom Süden wehende *scirocco* – beide Strömungen könnten in politischer wie wirtschaftlicher Hinsicht symbolisch für die jüngste Lage Umbriens stehen. Dabei ist die in Umbrien vorherrschende Tendenz eindeutig: Hinwendung zum Norden. Selbst in einer von manchen Politikern geforderten Dreiteilung Italiens würden sich die Umbrer, der Mitte zugerechnet, abgehängt fühlen. Und das, obwohl die Region mit ihrem immer noch bestehenden, annähernden Gleichgewicht zwischen Industrie und Dienstleistung einerseits sowie Landwirtschaft und traditionellem Gewerbe andererseits eine Entwicklungschance eigener, zukunftsweisender Art böte.

Lebenslust auf Umbrisch

Die Umbrer sind ein diszipliniert lebensfrohes Volk, das gerne feiert und dabei nicht unbedingt raffiniertes, aber schmackhaftes und bekömmliches Essen sowie ›gestandene‹ Weine und das einheimische, berühmte Mineralwasser schätzt. Dazu kommt eine unüberhörbare, traditionelle Aufgeschlossenheit für Musik, die heute auf verschiedenen Festivals Ausdruck findet.

Umbrien, wie es ißt und trinkt

Felix Timmermans, flämischer Dichter (1886–1947) auf Italienfahrt, fühlte sich, abgesehen von den Weinen, in Assisi miserabel verköstigt: »Dort gibt es Artischocken mit gedämpftem Fleisch, ein Omelett mit ungekochtem Spinat darin, Spinat, wie er aus dem Garten kommt, als sei er durchs Fenster geflogen und zwischen die Eier gekrochen. Vegetarier würden Kopf stehen vor Vergnügen! Aber ich bin gar nicht begeistert, ich picke die Eierspeise heraus (die anderen übrigens auch!), und den Spinat lasse ich liegen, den können sie gleich wieder in den Garten pflanzen.«

Man könnte meinen, Timmermans habe sich von den bissig-ironischen Ausführungen des Schriftstellers Victor Hehn zum selben Thema leiten lassen. Dieser verspottete 1896 die Italienbegeisterung der deutschen Romantiker und schrieb, daß das Obst unreif auf den Märkten angeboten würde, die Makkaroni »für unsern Geschmack nicht zart genug« seien, das Gemüse durchgängig zu wenig auf dem Feuer gewesen und also strohern« sei, »ja manches [...] am liebsten ganz und gar roh gegessen« werde, die Suppen wässrig seien und allein durch übergestreuten Käse etwas Geschmack erhalten sollten, das Fleisch, sofern es überhaupt welches gebe, von zähen Arbeitsochsen stamme, der Wein nicht trinkbar, der Kaffee ungenießbar und das Brot »eine feste, dichte, geschmacklose Masse« sei. *Mamma mia!* – Man erkennt unschwer, daß von gerade nicht ›zerkochtem‹, sondern allenfalls blanchiertem Gemüse die Rede ist, vielleicht von gesunder Rohkost oder von Salat, dem, so wie er in Italien serviert wird, manche Fremde noch heute ratlos gegenübersitzen, die nicht bemerken, daß er mit Öl und Essig, mit Salz und Pfeffer nach eigenem Gusto angemacht werden soll. Und ganz offensichtlich wurden die *al dente* zubereiteten Nudeln ›mißverstanden‹.

Es soll Umbrer geben, die ›ihr‹ Mineralwasser am Geschmack erkennen. Zu den besten, die aus umbrischen Quellen geschöpft werden, zählen die Marken Sangemini und San Faustino, Nocera Umbra und Amerino.

Immer mehr Beachtung finden die Weine, die auf nur fünf Prozent der gesamten landwirtschaftlich genutzten Fläche Umbriens heranreifen. Die Mühen, welche die Winzer über viele Jahre auf sich genommen haben, zahlen sich allmählich aus. Viele der umbrischen Weine dürfen inzwischen das D.O.C.-Prädikat führen, was zunächst allerdings weniger über die Qualität aussagt, sondern garantiert, daß die Herkunft des Weines der Etikett-Angabe

vollständig entspricht: Verschnitte oder gar ›Panschereien‹ werden damit ausgeschlossen (D.O.C. ist die Abkürzung für *Denominazione di Origine Controllata*). Herausragende Anbaugebiete liegen um Orvieto, südlich von Perugia und im Gebiet Bevagna/Montefalco. Zwei Weine dürfen sich sogar des Qualitätsprädikats D.O.C.G. *(Denominazione di Origine Controllata e Garantita)* rühmen: der Sagrantino di Montefalco und der Torgiano Riserva. Bei einer Probe in der Enoteca Provinciale in Perugia, Via Rocchi 16, kann man sich davon überzeugen.

Wesentliche Grundlage eines jeden guten Essens ist das heimische »jungfräuliche« Olivenöl. Beim Einkauf sollte man auf die Auszeichnung »*Olio Extravergine di Oliva Tipico Umbro*« achten. Es wird natürlich zum Salat und auch zur Herstellung der *bruschette* oder *crostini* verwendet, den als Vorspeise beliebten Röstbroten, die nur mit Knoblauch und Olivenöl oder mit Leber-, Trüffel-, Sardellen- oder Heringsaufstrichen veredelt gereicht werden. Unter anderen *antipasti* sind unbedingt die äußerst schmackhaften (auch als Gemüsebeilage beliebten) *melanzane* anzuführen: in Olivenöl gebratene Auberginenscheiben. In verfeinerten Versionen können die Scheiben nochmals eingeschnitten, mit Schinken und einer Käse-Sahne-Soße gefüllt oder mit gebratenen Pilzen garniert sein. Zarter fällt eine *Insalata di sedano e pecorino* aus, das heißt ein Salat aus Stangensellerie und dünnblättrig gehobeltem Schafskäse, wie überhaupt stets frisches, den Jahreszeiten entsprechend wechselndes Gemüse und Kräuter auf den Tisch kommen. Wer seine Gaumenfreuden noch nicht auf etwas Spezielles ausgerichtet hat und noch auf der Suche nach ›seiner‹ Vorspeisen-Leckerei ist, begeht bei der Bestellung von *antipasti misti*, also einer Zusammenstellung aller möglichen *antipasti*-Häppchen, die auch als *Fantasia di antipasti*, als *Antipasto fantasia della casa*, *Antipasto assortito* oder ähnlich angepriesen sein können, keinen Fehler. Dann wird man auf dem Teller auch Wurst und Schinken aus Norcia vorfinden, die in einem so guten Ruf stehen, daß der Metzger, der – was in Italien nicht selbstverständlich ist – auch Wurst herstellt, sich in weiten Teilen Umbriens als *norcino* und seinen Laden als *norcineria* bezeichnet. Selbstverständlich stehen als Vorspeisen auch Suppen zur

Betörend sind die Düfte, die eine Pasticceria
mit ihren Backwaren oder eine Norcineria mit Würsten
und Schinken verströmt.

Lebenslust auf Umbrisch

Wahl: dicke aus Zwiebeln *(cipolle)* und eine für Umbriens bäuerliche Küche typische aus Dinkel *(farro)*, die freilich nicht jedermanns Geschmack ist. Zum ersten Hauptgericht, dem *primo* (Mehrzahl *primi*), fällt die Wahl zwischen allen nur denkbaren Nudelgerichten *(paste;* Einzahl: *pasta)* schwer. Doch was heißt in Italien schon einfach »Nudel«! Je nach Form und bisweilen auch Füllung wird zwischen *penne* (wie Schreibfedern – daher der Name – schräg geschnittene Röhrennudeln), den als »Makkaroni« eingedeutschten *maccheroni* (ebenfalls in Röhrenform), *fettuccine* oder *tagliatelle* (beides Bandnudeln), *tortellini* oder (den größeren, ebenfalls mit einer Fleischfüllung versehenen) *tortelloni*, (den noch größeren, ebenfalls gefüllten) *ravioli*, den wegen ihres Aussehens *caramelle* genannten Teigtaschen sowie natürlich *spaghetti* (Fadennudeln) unterschieden – um nur die geläufigsten Sorten zu nennen. Letztere können in Umbrien auch in einer etwas dickeren, spätzleartigen Variante als *umbrici* oder *umbricelli* aufgetischt werden. In Umbrien kommt noch die Unterscheidung zwischen *strangozzi* und *strascinati* (Bandnudeln, einmal mit und einmal ohne Ei) hinzu. Die Kreationen zu erkunden, die auf der Grundlage dieser Nudeln auf die Tische gezaubert werden, ist ein Erlebnis für sich – von einfachen umbrischen Schinkennudeln, etwa als *Strascinata di Cascia* auf der Speisekarte *(lista dei cibi; il menù)* angeboten, bis zu den *Penne alla norcina* (mit geriebenen Nüssen und Käse) und selbstverständlich allen Arten von Trüffel-Nudeln. Als *primi* werden aber auch *gnocchi* beziehungsweise – in der kleineren Ausführung – *gnocchetti* (Grießklößchen) oder *risotto* (Reis) mit den unterschiedlichsten Soßen offeriert.

Das *secondo*, der zweite Hauptgang, stellt in der Regel ein Fleischgericht dar. Wegen des geschätzten zarten Fleisches müssen dafür unzählige der berühmten weißen Rinder und Schweine ihr Leben lassen. Es wird gebraten *(arrosto)*, häufig auch gegrillt *(alla brace; alla griglia)* serviert; ein Gericht wie *grigliata umbra* beinhaltet von allen Fleischsorten eine Kostprobe. Daneben werden *cinghiale* (Wildschwein), Huhn *(pollo)*, Kalbsleber *(fegato di vitello)* oder beispielsweise Entenbrust *(petto d'anatra)* sehr geschätzt. Ein rustikaler Genuß vom Schwein sind »Leiterchen«, *costicciole di maiale*. Rund um den Trasimenischen See wird man zu einem Karpfen *(carpa)* – als *regina in porchetta* ein Gedicht! – oder Aal *(anguilla)* und in den Bergregionen zu einer aus klaren Bächen gefischten Forelle *(trota)*, oft mit Trüffeln zubereitet, greifen. Zum *secondo* werden auch Vegetarier auf der Karte fündig. Umbrischen Küchenchefs scheinen bei den Eier-, Gemüse-, Käse-, Pilz- und Trüffel-Kreationen keine Grenzen gesetzt. Doch man muß es selbst probieren: etwa *Verdure gratinate ai formaggi umbri* oder *Grigliata di verdure* oder *Parmigiana di patate, zucchine e melanzane*.

Beilagen *(contorni)* wie die berühmten umbrischen Linsen *(lenticchie)*, Bohnen (die weißen *fagioli* oder die grünen *fagiolini)*, grüner Spargel *(asparagi)*, Artischocken *(carciofi)*, Erbsen *(piselli)*, Auberginen *(melanzane)*, Broccoli oder Kartoffeln *(patate; patatine fritte)* werden nach eigenem Wunsch gesondert dazubestellt. Oft empfiehlt es sich allerdings wegen des meist schon reichlichen *primo*, sich bei den Beilagen mit einem gemischten Salat *(insalata mista)* zu bescheiden. Brot steht ohnehin immer auf dem Tisch.

Beim *dolce*, dem Nachtisch, zeigt sich Umbrien schließlich als Schlaraffenland. Die *pinolata*, ein Kuchen mit gerösteten Pinienkernen, die *torciglione* oder *tozzetti* mit Mandeln und Pinienkernen, die man mit einem Gläschen *Vinsanto (vino santo)* genießt und nicht zuletzt die für Perugia ›klassische‹ *Mousse al bacio perugina* oder mit Zimt und Zucker, gehackten Nüssen und einem Hauch Zitrone veredelten süßen *tagliatelle* muß man einfach gekostet haben! Gaumen, was begehrst du mehr?!

Eine Spezialität bietet Umbrien für den ›schnellen Hunger‹ unterwegs: *Porchetta*, Fleisch vom Ferkel, gefüllt mit Kräutern und Gewürzen. Es wird in zahlreichen Metzgereien, die den Verkauf durch ein Schild anzeigen, scheibenweise angeboten und ist für die Umbrer ein beliebter Imbiß.

Mythos in Schwarz und Weiß – oder vom Schwein auf den Hund gekommen

Thomas Gottschalk stellte in seiner »Late Night Show« am 6. April 1994 einen Herrn vor, der – beziehungsweise dessen Hund – in der Gegend von Braunschweig fündig geworden war: Zum Beweis legte er eine Handvoll Trüffeln auf den Tisch.

Nun hat diese Sensation Italien – vermutlich – nicht erreicht und in Umbrien kein neues Erdbeben ausgelöst, auch den in ausländischen Delikatessen-Läden zu zahlenden Kilo-Preis für weiße Trüffeln von bis zu 6 000 DM nicht sinken lassen, so daß davon auszugehen ist, daß auch künftig im November in Città di Castello und Ende Februar bis Anfang März in Norcia die berühmten Trüffel-Märkte abgehalten werden. Neu ist die

Meldung jedoch insofern, als bislang Trüffelgebiete nur aus Italien (Piemont, Lombardei, Veneto, Emiglia-Romagna, Toskana, Marken, Umbrien, Latium, Abruzzen, Kampanien), Frankreich (Périgord), Spanien (Navarra, Katalonien) und Jugoslawien (Dalmatien) bekannt waren.

(N.B.: Ich schreibe im folgenden stets »die Trüffel«, habe also der Knolle ein weibliches Geschlecht zuerkannt und den Plural analog zur Kartoffel = Kartoffel*n* gebildet – der Duden will es so. Bei »*der* Trüffel« erkennt er auf »umgangssprachlich«, obwohl *sie* mir, männlich gewandet, aufgrund des italienischen *tartufo* naheliegender erschiene und auch einfacher erklärte, weshalb dem Genuß *der* Trüffel beziehungsweise eben *des tartufo* seit Römerzeiten eine Steigerung der männlichen Potenz zugeschrieben wird.)

Weniger geläufig ist, daß die Trüffel, jener unterirdisch gedeihende Schlauchpilz mit seinen kartoffelähnlichen Fruchtknollen, auch im Vorderen Orient gut gedeiht. Dies muß erwähnt werden, weil von dort neues Ungemach droht, von einem gewissen Dr. Khanaqa, einem aus dem Irak gebürtigen Kurden, dessen ganze Liebe seit Kindertagen der Trüffel gelte, wie die Tagespresse Mitte April 1994 meldete, und dem es an der Universität Hannover gelungen sei, die Périgord-Trüffel, lateinisch *Tuber melanosporum*, zu züchten, weshalb das Schwein als unverzichtbarer Helfer bei der Trüffelsuche ausgedient habe.

Nun: Die Mär vom Trüffelschnüffelschwein ist eh längst überholt. Es wittert zwar die Trüffel, die zehn bis vierzig Zentimeter unter der Oberfläche gedeiht, unbestritten am besten, denn der Trüffelduft entspricht dem Sexualduftstoff, mit dem der Eber die Sauen lockt. Doch es zerwühlt auf der Suche den Boden so sehr, daß danach an diesem Platz nie mehr eine Trüffel wächst. Deshalb ist das Schwein seit vielen Jahren vom Hund in dieser Rolle verdrängt worden. Der professionelle *tartufaio* ist gar auf einen besonderen Hund gekommen, den seit 1991 als dreizehnte italienische Hunderasse anerkannten *lagotto*, ein mittelgroßes, robustes Tier mit lockigem Haar, das freilich den Eindruck nicht verwischen kann, daß es sich bei ihm um eine ganz üble Promenadenmischung handelt. Und: Gerade mit den schwarzen Trüffeln der Sorte *Tuber melanosporum* hat man in Umbrien, was deren Kultivierung angeht, inzwischen auch schon gute Erfahrungen gemacht. Erfolgreich werden heutzutage in eigens angelegten Eichenhainen Trüffeln angebaut. Hundert Jahre lange Versuche schlagen dabei zu Buche und belegen: Es geht der Trüffel ganz stark ums *ambiente*, um die richtige Umgebung. Der Kalk- oder Ton-Kalk-Boden sollte von gutem Waldhumus bedeckt sein, und Eichen mittlerer Höhe, das heißt nicht jünger als fünfzehn und nicht älter als dreißig Jahre, sollten vorhanden sein, da die Trüffel nur mit deren Wurzelwerk eine Symbiose eingeht; und den genau passenden Feuchtigkeitsgrad verlangt die empfindliche Trüffel auch noch. Zur Not nimmt sie mit Silber- und Schwarzpappeln, Weiden, Linden, Hainbuchen und Kastanienbäumen als Überbau vorlieb. Die besten Trüffeln werden in den Wintermonaten gestochen. Dann duftet – aus geöffneten Küchenfenstern – das ganze Land nach ihnen.

Umbrien, wie es geht und fährt

Beliebtestes Fortbewegungsmittel in Italien und anderswo ist ungebremst der Pkw. Die Entlastung der Innenstädte vom Individualverkehr erweist sich als schwieriges Geschäft. Wer indes Umbrien über Jahre hin beobachtet, kann dennoch einen – wenngleich langsamen – Wandel nicht verkennen. Die Fußgängerzonen mausern sich. Und die Städte unternehmen einiges, um den Zugang zu Fuß schmackhaft zu machen. Als beispielhaft ist Perugia mit seinen Rolltreppen zu nennen, die von einem großen Parkhaus an der Piazza dei Partigiani bis in die Rocca und damit ins Zentrum führen. Eher eine umwelt-kosmetische Dreingabe dagegen ist die kurze Rolltreppe, die in Assisi von einem Parkplatz unterhalb der Porta Nuova aus den ›Einstieg‹ erleichtert. Die Seilbahn in Orvieto dagegen, mit der man vom großzügigen Parkplatz am Bahnhof in die Stadt befördert wird, geht auf ein Vorgängermodell zurück, das ungewohnt vorausschauende Stadtväter schon im Jahr 1888 realisierten.

Wanderwege in der freien Natur, die immer mehr Zuspruch finden, sind lediglich im Bereich des Apennin markiert. Doch auch im Schatten der Städte kann man sich die Füße gut vertreten, etwa auf Wegen zu den zahlreichen Klöstern, die – wie etwa San Damiano vor Assisi – etwas außerhalb der Orte liegen. Die Einheimischen bevorzugen dagegen nach wie vor den beschaulichen Stadtbummel.

»Auto-rizzati« oder vom Fahren in autofreien Städten

Besonders die deutschsprachigen Prospekte, die für Umbrien werben, heben die »autofreien Innenstädte« von Perugia, Orvieto oder Assisi hervor. Ihre Verfasser halten die Adressaten offensichtlich für die Urheber der ums Auto entbrannten Diskussionen und glauben, ihnen damit entgegenzukommen: »Willkommen in Umbrien! Erlaufen Sie sich die historischen Zentren, ergehen Sie sich auf malerischen Plätzen, schlendern Sie, von Autos unbehelligt, durch schummrige, enge Gassen!«

Die Einladung zieht. Wer genießt hierzulande nicht die Annehmlichkeiten von Fußgängerzonen und verkehrsberuhigten Vierteln? Und sie beruhigt das Gewissen. Die einmal kurz überlegte Idee, die Fahrt ins »grüne Herz« Italiens – schon wegen der Alpen und so – mit dem Zug zu wagen, ist schnell vom Tisch: Man würde ›dort drunten‹ ja ohnehin dauernd laufen, den Wagen vor den Städten stehen lassen und sich voll ökobewußt in den Kollektivismus des Fußgängerdaseins einklinken.

Folgerichtig sind es vornehmlich deutschsprachige Umbrien-Urlauber, die artig ihre Vehikel verlassen, sobald eine Mauer den Weg verstellt, zu Fuß im Schatten des Torbogens verschwinden und ächzend auf immer steiler ansteigenden Straßen und Stufenwegen – das haben umbrische Städte so an sich – das Zentrum des Ortes auf der Bergkuppe erklimmen, stets bemüht, rechtzeitig zur Seite zu springen, um sich vor unvermutet auftauchenden Karossen in Sicherheit zu bringen. Man nimmt's hin, so was dauert eben, braucht Zeit, und man kennt ja ›die Italiener‹ und ihre Liebe zur *macchina*. Und spätestens jetzt, verschämt oder verärgert, zumindest nach Atem ringend,

Vom Fahren in autofreien Städten

erinnert man sich, am Stadttor kein Schild gesehen zu haben, das die Einfahrt verboten hätte.

In Perugia dagegen sorgen klare Regelungen – vermeintlich – für Ordnung und ersparen Zweifel. Meterhoch türmen sich an den Zufahrtsstraßen zur Innenstadt Schilder mit roten Kreisen auf weißem Grund: Öko-Barrikaden der Zeitenwende, die jede Weiterfahrt in die verwehrte Richtung als tolldreiste Unternehmung erscheinen lassen. Der Fremde nähert sich ehrerbietig den monströsen Tafeln, entkommt nur knapp durch einen kühnen Fahrbahnwechsel dem mehrspurigen Sog der Autoflut, die ihn – allen Verbotsschildern zum Trotz – in die Altstadt zu spülen droht, und kämpft sich zum ausgeschilderten *parcheggio* an der Piazza dei Partigiani durch. Dort stellt er sein Gefährt zwischen anderen heimischen Kennzeichen ab und wird sich, schließlich oben in der Stadt, abseits des tatsächlich Fußgängern vorbehaltenen Corso Vannucci nicht wenig darüber wundern, woher die vielen Autos kommen.

Ähnlich im »autofreien Assisi«, wo die Hauptzufahrt durch eine – allerdings nicht über die *ganze* Straßenbreite reichende – Schranke und ebenso abweisende Verbotsschilder verwehrt wird. Nun hat schon das *Handbuch für Reisende in Italien* von 1826, also zu prä-automobilen Zeiten, festgestellt, daß das Laufen *just for fun* des Italieners Sache nicht ist, zumindest einem »Mann von Stand« schlecht zu Gesicht steht. Ende desselben Jahrhunderts hat der bereits zitierte Victor Hehn gewarnt, dadurch nur blöde aufzufallen: »In Italien geht niemand zu Fuß und wer es dennoch unternimmt, wird verachtet oder verlacht [...]. Auch erhabene Punkte besteigt niemand, es müßte denn sein, daß oben eine Kapelle mit einem wunderthätigen Bilde stünde, dessen Gnadenwirkung den Betenden für die verhaßte Anstrengung entschädigte.«

Deswegen läuft auch kein Einheimischer in die – üblicherweise auf einer Anhöhe gelegene – Stadt. Und weil das so ist, gibt es auch in Bezirken außerhalb der historischen Stadtkerne so gut wie keine Gehsteige. Wenn sich daher der ausländische Umbrien-Besucher etwa den Fußweg vom Hotel Luisa zur fünfzehn Minuten entfernten Porta Romana, dem malerischen Eingang der Stadt Todi, zumutet, wird er von besorgten italienischen Autofahrern durch grelle Hupsignale auf die Waghalsigkeit seines Unternehmens hingewiesen. Wo es im Inneren Todis Gehsteige gibt, wie etwa an der Via Roma und der Via Matteotti, sind sie schmal und uneben. Touristen erkennt man daran, daß sie sie benutzen. Einheimische ziehen den aufrechten Gang – und vor allem die Fahrt – auf der Straße vor.

Eine Erklärung für die Fahrzeugdichte in »autofreien« Städten verbirgt sich hinter dem Begriff *autorizzati*, was ursprünglich gar nichts mit »Auto« zu tun hat, sondern unserem Fremdwort »autorisiert«, das heißt »berechtigt«, entspricht und in diesem Zusammenhang meint, daß die mit dem *autorizzato*-Prädikat ausgezeichneten Autofahrer über eine Park-, Einfahrts- oder Durchfahrtssondergenehmigung verfügen. Vor allem die größeren Städte Umbriens scheinen von Mitgliedern dieser *autorizzato*-Kaste überschwemmt zu sein.

Auf dem Land dagegen kann man das regellose Getriebeleben des Hominiden der Gattung *automobilista umbriensis* noch in unbeeinträchtigter Umgebung und in absolut un-autorisierter Form studieren. Das romantische Örtchen Monte Castello hat in vorbildhafter Weise die natürlichen Lebensgrundlagen des »reinen Autofahrers« bewahrt und dessen Instinkte so wach erhalten, daß er problemlos sämtliche Gassen durchfährt, obwohl deren Durchmesser kaum – und mit dem bloßen Auge nicht abschätzbar – die Breite eines Mittelklassewagens übersteigen; die rechten Winkel an den Stellen, wo sich andernorts Biegungen oder Kurven befinden, sind nach nur dreimaligem Vor- und Zurückstoßen problemlos zu meistern. Als kleines ›Extra‹ ist hervorzuheben, daß Monte Castello dabei auf die Einrichtung von Einbahnstraßen gänzlich verzichtet hat. Bereits zivilisationsgeschädigten, nicht mehr an die freie Wildbahn gewöhnten Fahrern ist – zumindest aus Rücksicht auf ihre Außenspiegel – von einer Durchfahrt dringend abzuraten und zu empfehlen, zuvor einige Trainingseinheiten in Todi, Amelia, Gubbio und – mit gesteigertem Schwierigkeitsgrad – in Cesi oder San Gemini zu absolvieren. Danach wird sich die mühsam aberzogene automobile Lebenslust bald wieder in ihrer ursprünglichen Ungehemmtheit einstellen. Eine in heimischen Gefilden zunehmend unterdrückte Entdeckerfreude keimt neu auf, man »er-fährt« all die winkligen, romantischen Landstädtchen in der wiedergewonnenen Erkenntnis, daß, wo nur genügend Zwischenraum besteht, das Auto auch hindurchbewegt werden kann – und fühlt sich richtig umbrisch.

Umbrien, wie es singt und – nicht mehr – spinnt

Umbrien ist voller Musik. Wie die Farben seiner Landschaft die Freskenmaler, so inspirierten seine Täler und Höhen den Menschen, die Stimme zum Gesang zu erheben, Lebensfreude wie Leid darin zum Ausdruck zu bringen und Gott zu preisen. Der Choral *Stabat Mater*, der dem Franziskaner Jacopone da Todi zugeschrieben wird, erklingt noch heute, siebenhundert Jahre nachdem er geschrieben wurde, in den Kirchen der ganzen Welt.

Zur Weltgeltung hat es das alljährlich im Juni/Juli in Spoleto abgehaltene »Festival dei due mondi« – gemeint sind die beiden Musik-Welten Europa und Amerika – gebracht, bei dem einmalige Klangerlebnisse aufgeführt werden und das vielen jungen Künstlern zum Sprungbrett einer bedeutenden Karriere dient. Doch auch außerhalb dieser Musikwochen möchte mancher seine Zelte in Spoleto aufschlagen, sobald er nur das ›normale‹ Programm des dortigen Kulturvereins L'Orfeo studiert hat. Città di Castello genießt durch sein sommerliches »Festival der Nationen«, bei dem jeweils die Musik eines bestimmten Landes den Ton angibt, seit 1967 bei Freunden der Kammermusik, die selbst aus Amerika und Japan anreisen, höchstes Ansehen. Das »Umbria Jazz Festival« in Perugia (im Juni), der Pianisten-Wettbewerb in Terni und viele andere Veranstaltungen sind aus dem kulturellen Leben Umbriens nicht mehr wegzudenken.

Maurizio Picchiò: Hauptsache Musik

Die *Giostra* ist vorüber. Der farbenfrohe, von wilden Trommeln und grellen Fanfaren untermalte Umzug und das Turnier im alten Stadion haben Akteure wie Zuschauer an diesem Septembersonntag erschöpft. Die Menge der einheimischen und auswärtigen Schaulustigen löst sich auf. Foligno leert sich. Die scharfkantigen, abstrakten Lichtgebilde, welche die Sonne im Wechsel ihres jeweiligen Standes tagsüber zwischen schattigen Gassen an die Hauswände warf, haben ihre Konturen verloren und verlöschen schließlich ganz. Abenddämmerung breitet sich kühlend über die Stadt.

Ich versuche den Weg zum Parkplatz, auf dem ich am Vormittag das Auto zurückließ, abzukürzen. Ich gehe die Via Santa Margherita stadtauswärts, zur Linken den schmalen Kanal mit den mittelalterlichen Handwerkshäusern. Der Weg endet vor einem braunen Holztor. Daneben macht eine kleine Tafel darauf aufmerksam, daß diesem Haus der Humanist Federico Flavio (1470–1540) entstammte. Sie stimmt mich zuversichtlich und läßt mich das Tor öffnen. Am Ende des überwölbten Hausdurchgangs gelange ich zu einer von schummrigen Glühbirnen erhellten Laube, in der für etwa vierzig Personen eine Tafel gedeckt ist. O glückliches Umbrien, denke ich, das du deine Bewohner so tafeln läßt! Da löst sich aus dem erleuchteten Hauseingang eine Gestalt, kommt auf mich zu und sagt im Vorübergehen: »Meine Familie.« Während der Mann ein Tablett mit Gläsern auf dem Tisch abstellt, melde ich Zweifel an: Ob er tatsächlich schon so viele Kinder habe? – Ich könne gern bleiben, um mich davon zu überzeugen, meint er ohne aufzuschauen und verteilt die Gläser auf dem Tisch. Mit dem letzten in der Hand fragt er mich, ob er mir vielleicht etwas zu trinken anbieten dürfe. Mein Zögern deutet er richtig als schiere Höflichkeit.

Als nach einer knappen Stunde die ersten Gäste eintrudeln, tun sie, als gehörte ich dazu. In der Tat hatte ich inzwischen drei Becher Wein und einen Teller Spaghetti geleert, während sich mein freundlicher Gastgeber, mehr noch seine Frau und seine Schwiegermutter weiter den Festvorbereitungen widmeten. Und über die Gäste, die mit einer großen Kinderschar anrückten, wußte ich auch schon halbwegs Bescheid: Freunde, darunter ein ergrauter Franziskanerpater, mit welchem man vor einem Monat eine Pilgerfahrt zum Papst nach Viterbo unternommen hatte. Ich bewundere die Leichtigkeit und Zwanglosigkeit, in der alles abläuft: die Begrüßung, das Einnehmen der Plätze, das Zurhandgehen beim Grillen, die Beschäftigung mit den Kindern, das gemeinsame Beten vor dem Essen. Es paßt alles zusammen. So störte sich auch keiner der Ankömmlinge daran, daß Maurizio Picchiò – so hieß der Gastgeber – die Lektion auf der Gitarre, die er gerade seinem Neffen erteilte, wegen ihnen nicht unterbrach. Über den Hals der Gitarre hinweg waren auch wir zuvor ins Gespräch gekommen. Ich mußte ihm erzählen, was mich nach Umbrien führte und womit ich mich zu Hause beschäftigte. Seine Beiläufigkeit verwandelte sich in Interesse; und ich erfuhr, daß er mittelalterliche Musik mache. Auf mehrmaliges Nachfragen von meiner Seite bot er an, mir einige Aufnahmen bereitzulegen, die ich mir gerne morgen abholen könne.

Tags darauf bin ich frühzeitig in Foligno. Maurizio Picchiò erwartet mich bereits in seinem Haus in der Via Firenze; die Feier am Abend zuvor hatte auf dem Anwesen seiner Schwiegermutter stattgefunden. Er bittet mich in das ebenerdig eingerichtete Studio und führt mir die zahlreichen alten beziehungsweise für viel Geld nachgebauten Musikinstrumente vor, die in Glasvitrinen verwahrt sind. Mein Blick fällt auf ein supermodernes Schlagzeug, eine richtige *batteria*, wie die Italiener sagen. Und Maurizo Picchiò klärt mich vollends auf: Im ›bürgerlichen‹ Leben ist er Musiklehrer. Seine erste Liebe galt und gilt dem Schlagzeug. Schon mit dreizehn Jahren erhielt er darin Unterricht und besuchte das Konservatorium F. Morlacchi in Perugia. Ebenso frühzeitig schlug sein Herz für den Jazz. Als *Drummer* wirkte er inzwischen in verschiedenen Big Bands mit. Seit 1983 ist er auf dem hochklassig besetzten »Umbria Jazz Festival« vertreten, 1988 erstmals mit seinem eigenen Maurizio-Picchiò-Quintett. Seine Auftritte fanden stets international Beachtung, ob im Londoner *jazz journal* oder in dem in Paris erscheinenden *Jazz Magazine*. Nicht weniger erfolgreich macht er Ballett- und Filmmusik. Er ist in allen Sparten zu Hause und hat auch an Unterhaltungsmusik, an *musica leggera*, Gefallen: So wirkte er beispielsweise in der Begleitband des Rock-Poeten Umberto Tozzi bei den Aufnahmen seiner CD *Gli altri siamo noi* mit.

Auslandsauftritte führten Maurizio Picchiò nach Japan, Ungarn, Deutschland, Österreich und Frankreich. Bewegende Arrangements mittelalterlicher Weisen hat er mit Freunden im »Ensemble Micrologus« beziehungsweise »Ensemble Timbrel« aufgenommen. Mit der Formation »Ethnic Timbrel« führt er traditionelle Volksmusik aus dem gesamten Mittelmeerraum auf und hilft dadurch mit, daß diese alten Weisen nicht für immer verklingen.

Es ist ein langer Vormittag geworden. Nach vielen Wochen, wieder zu Hause und somit 1200 Kilometer schmerzlich weit von Umbrien entfernt, höre ich die *Cantigas de Santa Maria*, die er mit René Zosso und dem »Ensemble Micrologus« 1990 aufgenommen hat, als das Telefon klingelt. Maurizio Picchiò meldet sich aus Foligno: Wann ich wieder nach Umbrien komme. Zufall, daß er gerade in diesem Augenblick...? – Unmöglich. Für mich hat alles Geheimnisvolle, Unergründliche inzwischen einen zweiten Namen: Umbrien.

Umbrien soll – so lautet eine hartnäckige, immer wieder nachlesbare Fama – nicht nur den Lebenskünstler, sondern auch den Prototyp des Spitzbuben, Ganoven oder Spinners hervorgebracht haben. Cerreto di Spoleto in der Valnerina (s. S. 297) mit seinen Bewohnern steht in diesem Verdacht. Doch es dürfte eher deren erfinderische Überlebenskunst gewesen sein, die ihnen diesen Ruf eintrug, als sie in Zeiten ärgster Not als ›wundertätige Medizinmänner‹ oder als Hausierer mit allen möglichen Kräutern und Tinkturen umherzogen, bisweilen auch bettelnd oder – wie es der aus den Bergen mitgebrachte Hunger gebot – stehlend. Zum anderen waren die *Cerretani* ein widerspenstiges Völkchen, dem nichts wichtiger erschien als die Freiheit. Diese aufrechte Haltung machte sie jahrhundertelang zu hartnäckigen Gegnern der Päpste und der Stadt Spoleto, die ihre Hand auf sie hielt. Menschen aufrech-

Kaum ein Wochenende in der warmen Jahreszeit ohne historische Feste und Umzüge. Viele gehen auf mittelalterliche oder gar antike Ursprünge zurück.

ter Gesinnung und trotzig verfochtener Prinzipien werden bis heute von den Mächtigen, gegen die sich die Auflehnung richtet, gern als ›Spinner‹ abgetan. Also: Hut ab vor den *Cerretani* dieser Welt! – Andererseits: Wenn in Gubbio bei der »Corsa dei Ceri« die Männer übergroße hölzerne Kerzennachbildungen in einem Wettrennen steil zum Ubaldo-Kloster hinaufschleppen, dann nennen sie sich selbst *matti*, Verrückte.

Auch das Kunsthandwerk, das an manchen Orten in Umbrien auf hohem Niveau ausgeübt wird, wurde häufig aus der Not geboren. So etwa die Leinenweberei in Città di Castello und in der Umgebung von Perugia sowie die Herstellung von Spitzen, wofür heute noch die Gegend um den Trasimenischen See, insbesondere die Isola Maggiore, aber auch Narni und Assisi berühmt sind. Doch die ›Spinnerei‹, für die Umbrien einst bekannt war, gehört der Vergangenheit an: Heute wird das Spinnen von Hanf, Wolle und Seide allenfalls noch zu historischen Festen wie etwa in Bevagna vorgeführt. Einen anschaulichen, interessanten Überblick handwerklichen Brauchtums bietet das in einem alten Bauernhof untergebrachte Museum *(Centro delle Tradizioni Popolari)* in Garavelle, einem Ortsteil von Città di Castello (ausgeschildert an der Straße Richtung Umbertide). Auf uralte Tradition geht die Herstellung von Kupferwaren, wie etwa in Magione oder Norcia, zurück. Für Majolika, der handbemalten Keramik, ist der Ort Deruta, südlich von Perugia, am bekanntesten. (Sammler meinen allerdings, daß die wertvollere Majolika heute in Gualdo Tadino produziert wird.)

Auf den an tradierten Techniken erworbenen Fertigkeiten und dem überlieferten Umgang mit seit Jahrhunderten gebrauchten Materialien basiert der in Umbrien besonders ausgeprägte Kunstsinn der Restauratoren. Kommerziell eingesetzt verleitet er wohl manchen Schreiner, ein Möbelstück als Antiquität anzubieten, das er selbst, wenn auch mit tatsächlich altem Holz und in überlieferter Herstellungsweise, angefertigt hat.

Umbrien, wie es feiert und tanzt

Kein Wochenende in der warmen Jahreszeit, an dem in Umbrien nicht irgendwo ein Fest stattfindet (s. S. 385 ff.). Sehr viele gehen auf mittelalterliche oder gar auf antike Ursprünge zurück; andere wurden ›wiederbelebt‹ oder auch, angesteckt von Nachbarstädten, neu kreiert. Gemeinsam ist allen die Hingabe, mit der sich die Einheimischen der durchweg aufwendigen Ausrichtung widmen: beim *Cantamaggio* in Terni, beim *Calendimaggio* in Assisi, bei der *Corsa all'Anello* in Narni, der *Corsa dei Ceri* in Gubbio, beim Blütenfest *Infiorata* in Spello, bei der *Giostra della Quintana* in Foligno, bei den *Giocchi delle porte* in Gualdo Tadino und vielen mehr. Dazu kommen religiös motivierte Feste wie die Krippenspiele in Assisi, die *Festa della Palomba* in Orvieto, Karfreitags- und Fronleichnamsprozessionen sowie die ländlichen Feste, die jedes Dorf zur Weinlese oder zur Feier des Lokalheiligen abhält.

Daß eine italienische *Bar* nichts Anrüchiges an sich und mit Nachtleben nichts tun hat, sondern eher einem Stehcafé mit reichhaltigerem Angebot gleicht, das man meist frühmorgens schon zum Frühstücken aufsucht, hat sich herumgesprochen. Und auch das, was man in Umbrien für Nachtleben hält, erweist sich durchweg als grundsolide und gipfelt im Besuch einer Diskothek wie z.B. des »Brooklyn Superdancing« oder »Etoile 54« in Perugia.

Kleiner Exkurs in die Kunstgeschichte Umbriens

Romanik

Das Hochmittelalter gab sich Gestalt in Bauwerken, die als »romanisch« bezeichnet werden. Der Begriff wurde Anfang des 19. Jahrhunderts in Frankreich geprägt und von dort als *romanesque* ins Englische und als *romanico* ins Italienische übernommen. Wie für Italien allgemein, so unterteilt man auch für Umbrien jene Epoche in eine vorromanische (900 – 1060) und eine romanische Phase (1060 – 1250). Auf Herrscherdynastien bezogen kann man demnach die Zeit der Vorromanik mit den sächsischen (ottonischen) und den ersten salischen Kaisern, die Zeit der Romanik mit den salischen und vor allem staufischen Kaisern in Beziehung setzen.

Umbriens Erscheinungsbild als eine der ›mittelalterlichsten‹ Regionen Europas resultiert zum Großteil aus den vielen romanischen Baudenkmälern. Gerade auf dem Land haben sich wahre ›Juwele‹ erhalten. In den Städten dagegen prangt die Romanik vor allem noch von den Fassaden der Dome und Basiliken. Die Romanik spricht den Beschauer durch die Schlichtheit ihrer Formen, die klare Gliederung der einzelnen Bauteile und die strenge Symmetrie an, die den Grundrissen und Fassaden der Kirchen zugrunde liegt. Die Norm

sind ein Mittelschiff und daneben jeweils ein etwa halb so breites Seitenschiff, eine oder drei Apsiden und ein Hochchor, zu dem in der Breite des Mittelschiffs angelegte Treppenstufen hinaufführen. Die Decke bildet ein offener Dachstuhl, selten eine gerade Holzdecke, häufiger ein Gewölbe, wobei zwischen Tonnengewölbe und Kreuzgratgewölbe zu unterscheiden ist. Die Seitenschiffe sind fast durchgängig eingewölbt. Die Abgrenzung der Schiffe gegeneinander erfolgt durch Pfeiler oder Säulen und deren Mischformen, bisweilen in der Weise einander abwechselnd, daß jeweils auf einen Pfeiler eine Säule folgt; in diesem Fall spricht man von einem Stützenwechsel.

Typisch für diese Bauten ist ferner die unter dem Hochchor angelegte Krypta, die vielfach einen noch älteren Bauzustand aufweist als die Kirche darüber. Ihre Funktion als selbständiger Sakralraum setzt sich später in den übereinander angelegten Doppelbasiliken, wie etwa bei der Kirche San Francesco in Assisi, fort.

Hervorstechendes Merkmal der äußeren Fassade ist die Fensterrose mit sechs, acht oder zwölf Blättern, die zusätzlich von einem zweiten Blätterkranz mit der entsprechend größeren Anzahl von Blättern eingefaßt sein kann. Ausgeführt sind die Blätter zumeist als Arkaden, die in gegen die Rosenmitte gestellte Säulchen auslaufen. Üppige Fassaden weisen drei, fünf oder gar – wie beim Dom in Spoleto – acht Rosen auf. Auffallend ist die Plazierung der Rose in einem Quadrat, dessen Ecken die Symbolfiguren der vier Evangelisten zieren: der Adler für Johannes, der Löwe für Markus, der Stier für Lukas und der Mensch oder Engel für Matthäus. Hinzutreten können noch in der Horizontalen Arkaden und Zwerggalerien, während die Außenwände, auch die der Apsiden, durch Lisenen und Pilaster gegliedert sind. Einen letzten Blickfang bilden schließlich die ein- oder mehrfach gestuften, oft reich ornamental verzierten Portaleinfassungen, vor denen meist ein Löwe zu jeder Seite Wache hält. Eine Besonderheit unter den romanischen Einzelkunstwerken stellt die Fontana Maggiore in Perugia dar, ein von Nicola Pisano und dessen Sohn Giovanni 1277/78 geschaffener monumentaler Brunnen (s.S. 140).

Der Fassadenschmuck der romanischen Kirche San Gregorio bei Castel Ritaldi bietet ein gutes Beispiel für den Einsatz von Spolien, das heißt für die Verwendung von Bauteilen älterer Gebäude.

Gotik

Als die ersten gotischen Bauwerke um die Mitte des 12. Jahrhunderts in Frankreich entstanden, hatten sie bei den italienischen Humanisten bereits ihren Namen weg: Sie bezeichneten diese als »gotisch«, was – in Anspielung auf den germanischen Volksstamm der Goten – für sie gleichbedeutend mit »barbarisch« war. Auffälligste Merkmale des neuen Stils sind die Streckung der romanischen Rundbögen in Spitzbögen und die außen angebrachten Strebebögen und -pfeiler, die den seitlichen Schub der überhöhten Gewölbe mit den markanten Rippen (Kreuzrippengewölbe) abfangen müssen. In den hohen Fenstern gelangt die Glasmalerei zur Blüte. Die Fensterrose wird zum filigranen, gigantischen Meisterwerk. Zwar noch im Geist der Romanik begonnen, empfiehlt sich der Dom von Orvieto als *das* gotische Bauwerk Umbriens. San Fortunato in Todi, die beeindruckendste Hallenkirche Mittelitaliens, wurde zwar auch im Stil der Gotik errichtet, weist aber infolge ihrer langen Bauzeit an der Fassade bereits Stilelemente der Frührenaissance auf.

Fresken

Wie man sich die Innenwände antiker Tempel fälschlicherweise oft kahl vorstellt, so vermittelt auf ähnliche Weise der heutige Bauzustand romanischer Kirchen den Eindruck, als seien die Mauern ohne Schmuck gewesen. In Umbrien dagegen gewinnt man durch die Erhaltung zum Teil großflächiger Ausmalungen eine realistische Vorstellung von der ursprünglichen Wirkung des Kircheninneren. Die Künstler, die die Kirchen ausmalten, brachten ihre Bilder mit Wasserfarben auf den noch feuchten Kalkwänden auf. Nach dem italienischen Wort *fresco* (= frisch) bezeichnet man diese Gemälde als Fresken. Da die feuchten Kalkwände von oben nach unten schnell abtrockneten, mußten sie ebenso schnell von oben nach unten bemalt werden. Die erforderliche Geschwindigkeit zwang dazu, abschnittsweise zu arbeiten, und führte zu einer relativ einfachen, großzügigen Malweise. Die Darstellung war zunächst flächenhaft; erst im 15. Jahrhundert trat, durch Perugino vermittelt, die Perspektive hinzu: schön zu betrachten auf dem Perugino-Fresko in der Kirche Santa Maria delle Lacrime oder auf den Wandmalereien Pinturicchios in der Capella Baglione der Kirche Santa Maria Maggiore in Spello. Die Motivwahl orientierte sich in Umbrien beinahe ausschließlich an religiösen Themen, was Wiederholungen unumgänglich machte. Anscheinend konnte man sich an Bildern von »Maria mit Jesuskind« nicht sattsehen. Auch das Leben des

heiligen Franziskus von Assisi findet sich – für Umbrien nicht verwunderlich – immer wieder abgebildet.

Während im 13. und 14. Jahrhundert die großen Meister der Freskenmalerei wie Cimabue (circa 1240/45 – 1302), Simone Martini (1284 – 1344), Pietro Lorenzetti (circa 1280 – 1348) und Giotto di Bondone (1267 – 1337) noch von außerhalb kamen, wurde Perugia später zu einem bedeutenden eigenständigen Zentrum umbrischer Freskenmalerei. Um 1500 wirkten dort Fiorenzo di Lorenzo, Benedetto Bonfigli, Bartolomeo Caporali und Pietro Vannucci (circa 1445 – 1523), der bald zum Repräsentanten der Peruginer Malschule wurde, was ihm den Beinamen Perugino eintrug. Zu seinen zahlreichen Schülern gehörten vermutlich Bernardino di Betto (1454 – 1513), bekannter unter dem Spitznamen Pinturicchio (»Malerchen«), den er seiner geringen Körpergröße verdankte, sowie der berühmte Raffael (1483 – 1520), eigentlich Raffael Sanzio, und Giovanni di Pietro (1450 – 1528), der Lo Spagna genannt wurde. Daneben begegnen einem in mittelalterlichen umbrischen Kirchen vor allem noch die Namen von Malern wie Tiberio d'Assisi, Francesco Melanzio, Pier Antonio Mezzastris, Niccolò di Liberatore, genannt Alunno, Benozzo Gozzoli, Dono Doni, Luca Signorelli sowie etlicher anonymer Künstler, die nach den Orten benannt sind, in denen sie am nachhaltigsten wirkten.

Renaissance und Barock

So sehr die Renaissance in Umbrien durch die Malerei eine Glanzzeit erlebt, so gering ist sie durch Bauwerke vertreten, die wieder Anschluß an die antike griechische und römische Architektur suchten. Bezüglich ihrer Standorte fällt auf, daß Renaissance-Kirchen häufig außerhalb der Orte errichtet wurden und heute oft einsam in der Landschaft stehen: Als typisch dürfen – auch was die Vorliebe für ihre Errichtung als Zentralbauten mit beherrschenden Kuppeln angeht – die Kirchen Santa Maria della Consolazione vor den Mauern von Todi, Madonna di Mongiovino nördlich von Tavernelle oder Madonna delle Lacrime bei Trevi gelten.

Giotto, der mit seinen Fresken als Vorläufer der modernen abendländischen Malerei gilt, schuf 1296 bis 1299 den einzigartigen Franziskus-Zyklus in der Oberkirche von San Francesco in Assisi.

Andere Kirchen wie etwa die Dome in Città di Castello und Foligno oder San Pietro in Perugia wurden im Renaissancestil umgestaltet. Charakteristisch für die Zeit ist die Loggia, wie sie zum Beispiel dem Palazzo Comunale in Montefalco vorgebaut wurde oder wie sie den Platz beim Palazzo Cesi in Acquasparta abschließt. Daneben sind einige Festungsbauten wie die Burg in Alviano mit vier runden Bastionen sowie die stattliche Anzahl von Palazzi – wie zum Beispiel der Palazzo Ducale in Gubbio – als Renaissancebauwerke bemerkenswert.

Noch rarer macht sich der Barockstil, zumindest nach außen hin, was die Fassaden anbelangt; denn im Inneren sind einige bedeutende romanische Kirchen, wie etwa die Dome von Spoleto und Assisi, barockisiert worden. Das bedeutendste Barock-Bauwerk ist die von 1569 bis 1679 in enormen Maßen errichtete Kuppelkirche Santa Maria degli Angeli.

3000 Jahre Geschichte in Umbrien

Das Volk aus dem Dunkel

Umbrien war bereits zu Zeiten von Menschen besiedelt, aus denen uns keine Namen und Volksbezeichnungen überliefert sind. Die Hügel von Perugia und Spoleto luden schon vor 1000 v. Chr. zur Ansiedlung ein. Damals war die Valle Umbra, wie noch zu Römerzeiten, weitgehend von einem See bedeckt. Die aufragenden Höhen zu beiden Seiten boten einen sicheren Ansitz, ähnlich wie weiter südlich beim heutigen Amelia oder Narni.

Wer in der Schule Latein gelernt hat und die Einsamkeit umbrischer Wälder durchwandert, wird durch den geheimnisvollen Klang des Namens »Umbrer« an das Wort *umbra* (= lat. Schatten, Einsamkeit) erinnert. Andere werden

Aus den Grabkammern der Etrusker,
die bis zum 3. Jahrhundert v. Chr. das Land westlich
des Tiber beherrschten, stammen Umbriens älteste
Kunstwerke und Schriftzeugnisse.

an *imber* (= lat. Regen, Wasser) denken, sollten sie Umbrien mit seinen zahlreichen Gewässern und den bisweilen heftigen Regengüssen, die im Herbst und im Frühjahr niedergehen, bereits kennengelernt haben. Auch der römische Autor Plinius der Ältere (23/24–79 n. Chr.) hielt die Umbrer für »Regenleute«, »weil sie bei einer Überschwemmung der Länder durch Regengüsse überlebt hätten«. Frühmittelalterlich-christliche Wortdeuter schlossen sich dieser Interpretation an und verlegten die Sintflut nach Umbrien. Erwähnt wurden die Umbrer erstmals von dem Griechen Herodot, dem »Vater der Geschichtsschreibung«, vor der Mitte des 5. Jahrhunderts v. Chr. als »Ombrikoi«. Sprachforscher haben diese und ähnliche griechische Namensformen sowie durch Inschriften erhaltene umbrische Sprachzeugnisse hin und her gewendet, um daraus die Urheimat der Umbrer zu erschließen. Doch über Vermutungen ist man nicht hinausgelangt; es muß offenbleiben, ob sie mit Schiffen über die Adria vom Balkan zugewandert sind, ob ihre Spuren in Tirol enden oder ihre ersten Sitze nördlich der Alpen zu suchen sind. Antike Autoren meinten, daß die Umbrer von den Galliern, d.h. Kelten, abstammten und zu den ältesten Völkern der Apenninenhalbinsel gehörten. Auf jeden Fall unterhielten sie sich in einer italischen Sprache, die sich deutlich vom Latein der Römer unterschied.

Der Siedlungsraum der Umbrer reichte von der Po-Ebene bis Mittelitalien, wo ihnen seit Ende des 7. Jahrhunderts v. Chr. von den Etruskern, die im Westen, unter anderem in Perugia und Orvieto, saßen, der Boden streitig gemacht wurde. Der Tiber bildete eine klare Trennungslinie zwischen diesen beiden Völkern. Assisi und Todi wachten auf dem östlichen, dem umbrischen Ufer über die Grenze: Denn nichts anderes als »Grenze« bedeutet das umbrische Wort »Tutere«, aus dem sich über das lateinische »Tuder« der Name Todi entwickelte. Doch die beiden Völker standen in regem kulturellen Austausch, wobei der ungleich größere Einfluß von den reicheren Etruskern ausging. Von ihnen übernahmen die Umbrer wohl auch die Organisation ihrer ›Stadtstaaten‹.

Die Umbrer geraten unter römische Herrschaft

Die keltischen Bojer verdrängten die Umbrer um 400 v. Chr. aus Oberitalien und zwangen sie in den damals noch um das Gebiet bis zur Adria erweiterten Raum. So war auch das heute zu den Marken zählende Camerino eine umbrische Hochburg. Es erlangte dadurch Bedeutung, daß die Römer im Jahr

310 v. Chr. seine Bewohner zu einem Militärbündnis gegen die Etrusker bewegen konnten. Mit anderen umbrischen Städten hatten die Römer nach ihrem Sieg über die Etrusker im Jahr 308 v. Chr. kein so leichtes Spiel, denn die Umbrer waren der ständigen Durchzüge römischer Truppen durch ihr Gebiet überdrüssig. Zudem wurden sie von den Etruskern, die noch nicht aufgegeben hatten, zum Widerstand gegen die Römer ermutigt. Doch als sie bei Bevagna die Entscheidung suchten, wurden sie, ebenfalls 308 v. Chr., vernichtend geschlagen. Otricoli begab sich darauf, wie das etruskische Perugia bereits 310 v. Chr., unter die Fittiche des immer mächtigeren römischen Adlers.

Im Jahr 300 v. Chr. belagerten römische Truppen das strategisch wichtige Nequinum, nahmen es im nächsten Jahr ein und legten auf demselben Berghügel die Kolonie Narni an. Die Operationsbasis der Umbrer wurde immer schmaler. Eine letzte Erhebung gegen die römischen Okkupatoren, die sie zusammen mit den Etruskern, Samniten und keltischen Verbänden 295 v. Chr. unternahmen, wurde in der Schlacht von Sentinum (heute: Sassoferrato in den Marken) im Blut erstickt. Die Umbrer streckten die Waffen und schlossen mit den Römern Friedens- und Bündnisverträge. Die Etruskerhochburg Orvieto, das alte Volsinii, wurde von den Legionären des Marcus Fulvius Flaccus 264 v. Chr. endgültig eingenommen.

Seit der zweiten Hälfte des 3. Jahrhunderts v. Chr. befand sich Umbrien fest in der Hand der Römer. 225 v. Chr. stellte Umbrien schon 20 000 Fußsoldaten und 2 000 Reiter als Hilfstruppen zum römischen Heer ab, das zum Krieg gegen die Gallier (Kelten) rüstete, und erhielt zur Erleichterung militärischer Operationen eine neue Straße: die Via Flaminia.

Umbriens Lebensader: Die Via Flaminia

Die wichtigste Verbindung, auf der bald der ganze Verkehr zwischen Rom und der Adriaküste beziehungsweise Po-Ebene abgewickelt wurde und die Umbrien eine bedeutende Wirtschaftsentwicklung bescherte, war die Via Flaminia; römische Baumeister unter dem Censor Caius Flaminius legten sie ab 220 v. Chr. unter Einbeziehung bereits vorgeschichtlicher Wege ins Land. Sie verlief nach der Tiberüberquerung bei Otricoli über Narni, San Gemini, Carsulae, Bevagna, Fulgini-

um (südöstlich des heutigen Foligno) und das Forum Flaminii, das Flaminius exakt in der Mitte der Strecke zwischen Rom und Senigallia an der Adria, von jedem Ort 99 Meilen entfernt, errichten ließ. Von dort führte sie zum Lacus Plestinus, einem heute weitgehend verlandeten See bei Colfiorito, an den die einsame Kirche Santa Maria di Plestia (oder Pistia) erinnert. Danach verlief sie über die Berge ostwärts nach Camerino in der Provinz Marken und über Sassoferrato nach Senigallia an der Adria. Eine Streckenvariante führte ab Foligno nordwärts nach Nocera Umbra, schwenkte nach Osten, um jenseits der heutigen Provinzgrenze bei Castelraimondo auf die obige Wegstrecke zu stoßen. Im Jahr 177 v. Chr. ließ Tiberius Sempronius Gracchus eine Abkürzungsroute bauen, die von Foligno über Nocera Umbra und Gualdo Tadino zum Scheggia-Paß ging, um nach dessen Überquerung – etwa gleichlaufend mit der heutigen Straße Nr. 3 – bei Fano die Adria zu erreichen.
Im 3. Jahrhundert n. Chr. erfolgte eine einschneidende Verlegung: Die Via Flaminia verlief nun ab Narni über Terni und Spoleto nach Foligno, wodurch die Städte Carsulae und Bevagna ihre Bedeutung verloren.

Unter römischer Herrschaft büßten die Umbrer ihre Eigenständigkeit ein: Umbria war unter der Leitung eines Konsuls römische Provinz geworden. Römische Verwaltung und römisches Recht hielten Einzug. Die alten umbrischen Gottheiten empfingen keine Gebete und keine Opfer mehr, wurden von den Altären verbannt oder erhielten die Namen römischer Götter. Umbrien erlebte eine tiefgreifende Veränderung.

Hannibal in Umbrien

Zur gleichen Zeit, als die Römer sich Umbrien einverleibten, schickte sich jemand an, dem mächtigen Rom die Grenzen aufzuzeigen: Hannibal aus Karthago, nahe dem heutigen Tunis in Nordafrika. In demselben Jahr 220 v. Chr., in dem Flaminius mit dem Bau der nach ihm benannten Straße durch Umbrien begann, hatte er bei Toledo in Spanien seine erste große Schlacht siegreich bestanden. Im Jahr darauf traf er Vorbereitungen für eine der gigantischsten Militäraktionen der Antike. Er wollte von Spanien her über die Alpen nach Italien einfallen und den Feind in seiner Heimat vernichten. Im Jahr 218 v. Chr. brach er mit circa 70 000 Mann und 37 Elephanten auf.

Im Frühjahr 217 stand er mit seinem Heer bereits vor Umbrien. Flaminius, der im März zum Konsul gewählt worden war, wich der Schlacht aus, die Hannibal suchte. Er verfolgte den Karthager lediglich in einigem Abstand, als dieser sich zur Überraschung der Römer nicht direkt nach Süden und damit gegen Rom wandte, sondern am Norduger des Trasimenischen Sees nach Osten zog. Möglicherweise beabsichtigte er, die von Flaminius neu angelegte Straße für seinen Vorstoß nach Rom zu nutzen. Flaminius unterrichtete seinen Konsulkollegen Servilius an der Adria über die Situation und forderte ihn auf, seine Legionen in Marsch zu setzen, um Hannibal in Umbrien in die Zange zu nehmen. Doch Hannibal lockte Flaminius in eine Falle. Er ließ seine Soldaten die Anhöhen nördlich des Seeufers besetzen.

Am Morgen des folgenden Tages, des 21. Juni 217, brach Flaminius früh auf. Dichter Nebel breitete sich vom Wasser her über die Uferzonen aus. Das römische Heer nahm Marschaufstellung und rückte in die Enge ein – links lagen die Berge, rechts der See. Als die vorderste Abteilung den Ausgang fast erreicht hatte, ließ Hannibal angreifen. Die ahnungslosen Römer wurden überrumpelt und gerieten in Panik. Nur von der Truppenspitze konnten sich etwa 6 000 Mann durchschlagen und entkommen. Flaminius selbst fiel. Mit ihm sollen 15 000 Römer den Tod gefunden haben, dazu 1 500 Mann von Hannibals Leuten. 10 000 Legionäre wurden gefangengenommen.

Wenige Tage später wurden Hannibals Truppen erneut gefordert. Servilius, der mit dem zweiten römischen Heer in Rimini stand, war bereits vor der Schlacht am Trasimenischen See über Hannibals Ankunft in diesem Raum informiert worden. Er war sofort aufgebrochen und hatte, während er mit dem Gros des Heeres nachfolgte, seine Reiterei mit 4 000 Mann vorausgeschickt. Auch diese Vorhut wurde von Hannibal vernichtet, vermutlich am See von Plestia in der Hochebene von Colfiorito. Anschließend nahm er wohl alle Orte entlang der Via Flaminia ein, ausgenommen Spoleto.

Es bleibt ein Rätsel der Geschichte, warum Hannibal nicht sofort das wehrlose Rom angriff. Der römische Senat hatte zwar eilends beschlossen, an der Via Flaminia ab Narni südwärts alle Brücken zerstören zu lassen; doch für Hannibals erprobte Pioniere dürften die Flüßchen, die auf dem Weg nach

Rom zu überqueren gewesen wären, auch ohne Brücken keine Hindernisse dargestellt haben. Auch die bis Otricoli vorgeschickten römischen Truppen können Hannibal nach den Erfolgen, die er bis dahin gegen die Römer erzielt hatte, keinen Schrecken eingejagt haben. Insofern lassen sich die strategischen Absichten, die ihn zu seinem Zug nach Osten bewogen, nicht mehr nachvollziehen. Militärhistoriker können nur festhalten, daß sie ebenso falsch waren wie der Verzicht Hannibals, nach seinem triumphalen Sieg in der Schlacht bei Cannae 216 v. Chr. gegen Rom zu marschieren und die Stadt einzunehmen. Hannibal hielt sich sechzehn Jahre in Italien auf, zum Schluß meist im Süden der Halbinsel. Er mußte während dieser Zeit keine einzige Niederlage hinnehmen. Doch als seine Situation vor allem wegen der ausbleibenden Unterstützung aus Karthago immer prekärer wurde, kehrte er schließlich als gescheiterter Mann dem Land zu Schiff den Rücken.

Umbrien als Provinz des Imperium Romanum

Das Jahr 91 v. Chr. bescherte Rom den Krieg mit seinen bisherigen Bundesgenossen um die Vorherrschaft in Italien. Hätte er in einer Niederlage geendet, wäre Rom in seiner Existenz bedroht gewesen. Nach dem Sieg, den es grausam errang, wurden die meisten umbrischen Städte römische Munizipien. Ihre Bewohner erhielten bis spätestens 89 v. Chr. römisches Bürgerrecht. Umbrische Angelegenheiten gerieten zur römischen Innenpolitik. Insofern wurde Umbrien wiederholt Schauplatz von Auseinandersetzungen, die um die Herrschaft in Rom ausgetragen wurden. Als etwa Sulla daranging, nach Jahren revolutionärer Wirren die Macht im Staat wieder für die Aristokratie zu sichern, wurden entlang der Via Flaminia heftige Kämpfe ausgefochten. Der junge Pompeius, der auf Sullas Seite stand, traf 82 v. Chr. bei Spoleto auf ein Heer der Gegenpartei und schlug es; doch die Unterlegenen konnten sich zu großen Teilen in die Stadt retten. Nachdem sie im Schutz der Nacht entkommen waren, übten die Truppen des Pompeius an der Stadt Vergeltung.

Auch der Bürgerkrieg zwischen Octavian, dem späteren Kaiser Augustus, und Marcus Antonius verschonte Umbrien nicht. Die dortigen Bauern befürchteten, Land für die Veteranen abgeben zu müssen, nachdem bereits bei Todi eine Kolonie für ausgemusterte Soldaten angelegt worden war. Marcus Antonius hingegen vertrat die Interessen der Bauern. Lucius Antonius, sein Bruder, der sich in Perugia festgesetzt hatte, wurde dort 41/40 v. Chr. von Octavian belagert. Erst der Hunger zwang die Stadt nach sieben Monaten zur

Aufgabe; sie wurde geplündert und ging in Flammen auf. Die Senatoren der Stadt, die zu Marc Anton gehalten hatten, wurden hingerichtet. Von Augustus, der sie wieder aufbauen ließ, trug sie dann den Namen »Augusta Perusia« und erlebte eine neue Blütezeit.

Auch andere Städte profitierten von dem wirtschaftlichen Aufschwung, den die Herrschaft des Augustus und die Bautätigkeit vornehmer Römer bescherten. Sie errichteten in Umbrien prächtige Landsitze, Theater, Foren, Brücken und Tore, Tempel und Thermen. Die Mutter Neros besaß eine Villa in der Gegend von Bevagna. Plinius der Jüngere liebte die Aufenthalte in seinem Landhaus nördlich von Città di Castello. Die Pracht der umbrisch-römischen Städte läßt sich noch in Carsulae nachempfinden, das die Flavinianer im sogenannten Dreikaiserjahr 68/69 n. Chr. zu ihrem Hauptquartier erwählt hatten. Bald brachte Umbrien selbst bedeutende ›Römer‹ hervor: den Dichter Properz, der um 50 v. Chr. in Assisi geboren wurde, oder auch den Kaiser Nerva, der 32 n. Chr. in Narni das Licht der Welt erblickte. Und Marcus Claudius Tacitus, der es von 275 bis 276 n. Chr. kurzzeitig zu Kaiserwürden brachte (nicht zu verwechseln mit dem berühmten Geschichtsschreiber Tacitus), kam um das Jahr 200 in Terni zur Welt.

Aus Verwaltungsgründen wurde Italien 13/14 n. Chr. in elf Regionen aufgeteilt; Umbrien war darunter die sechste (*regio VI*); es erstreckte sich, mit dem Küstenstreifen zwischen Rimini und Ancona, immer noch bis ans Adriatische Meer; Perugia und Orvieto wurden damals zu Etrurien, also zur *regio VII*, gerechnet, und Norcia gehörte zur *regio IV*, dem Bezirk der »wohl tapfersten Völker Italiens«, wie Plinius der Jüngere meinte. Bei der Verwaltungsreform, die Kaiser Diokletian (285-305 n. Chr.) vornahm, wurden die Umbrer dann mit den Etruskern in einer Region mit dem Namen »Tuscania et Umbria« zusammengefaßt. Später war von dieser Region nur noch als »Tuscania« die Rede, und Prokop, ein byzantinischer Historiograph des 6. Jahrhunderts, bezeichnete daher Perugia als »die erste Stadt« der Toskana.

Die Römer gründeten entlang der Via Flaminia
prächtige Städte. Als sie jedoch der Straße eine andere
Streckenführung gaben, war der Niedergang
von Carsulae besiegelt.

Harte Zeiten für die ersten Christen

Die Kunst des römischen Straßenbaus, deren Segnungen auch Umbrien zugute kamen, stand in den Diensten von Wirtschaft und Militär. Seit dem 2. bis 4. Jahrhundert nutzten die Via Flaminia jedoch auch Männer, die keine Transporte abwickelten oder Truppen in die Schlacht führten. Sie verkündeten eine Lehre, die weder dem Handel noch dem Krieg Wert beimaß: das Christentum.

Die Männer lebten gefährlich. Das Christentum war verboten, denn Rom wollte seine Staatskulte bewahren. Grausame Christenverfolgungen waren an der Tagesordnung. Auch in Umbrien fielen ihnen zahlreiche mutige Männer zum Opfer. So wurde im Jahr 175 in Spoleto der junge Poncianus umgebracht, weil er dem christlichen Glauben nicht abschwören wollte. Der heilige Rufinus erlitt in Assisi im Jahr 238 das Martyrium. Unter Kaiser Decius (249–251) ereilte den heiligen Felicianus, der missionierend Umbrien durchstreifte und der erste Bischof von Foligno wurde, dasselbe Schicksal. Der heilige Valentinus wurde 273 in Terni enthauptet. Im Jahr 298 wurde Vincentius, der vermutlich das Christentum nach Bevagna gebracht hatte und der erste Bischof dieser Stadt war, zum Märtyrer; im Jahr 302 wurde der Armenier Emilianus unterhalb von Trevi, wohl bei den Clitumnus-Quellen, grausam ermordet. Und in dem von ihm selbst 306 errichteten Oratorium, der heutigen Abbazia di San Felice, fand nach erlittenem Martyrium der heilige Felix, der Bischof von Massa, sein Grab. Katakomben und Gräber dieser ersten Christengemeinden wurden in Otricoli, Spoleto, Terni und bei Villa San Faustino gefunden. Umgekehrt wurde in Terni im August 253 der römische Kaiser Gallus wohl von seinen eigenen Soldaten ermordet.

Erst im 4. Jahrhundert kam es dann zu einem verträglichen Nebeneinander. Es ist verbunden mit dem Namen des Kaisers Konstantin (306–337), der das Christentum uneingeschränkt zuließ und die Kirche unter seinen Schutz stellte. Andererseits bestätigte er die Stadt Spello auch als heidnisch-religiöses Zentrum Umbriens, und man bewahrt dort heute noch ein Epigraph aus dem Jahr 333 n. Chr. auf, aus dem hervorgeht, daß der Kaiser erlaubt hatte, unchristliche Schauspiele und Gladiatorenkämpfe abzuhalten. Unter Kaiser Theodosius (379–395) wurde das Christentum zur ›Staatsreligion‹. Die ›heidnischen‹ Kulte wurden verboten und nun deren Anhänger verfolgt. Zu dieser Zeit hatte bereits jede umbrische Stadt ihren Bischof, insgesamt 22 an der Zahl.

Umbrien im Umbruch: Das frühe Mittelalter

Im Jahr 476 mußte der letzte weströmische Kaiser abdanken. Mit dem Niedergang der antiken Welt und nach der Ablösung des alten Götterglaubens durch das Christentum traten neue gestalterische Kräfte zutage. Nach außen hin wurden sie alsbald in den Gebäuden sichtbar, welche die Gläubigen für ihre Versammlungen und Gottesdienste errichteten. Nach innen hin drängten sie darauf, sich organisatorisch Form zu geben und für das Leben ›in der Nachfolge Jesu‹ allgemeingültige Regeln aufzustellen.

Benedikt von Nursia

An der Schwelle zum nachrömischen, das heißt zum christlichen oder mittelalterlichen Zeitalter, stand in Umbrien ein Mann, dessen Einfluß das ganze Abendland prägen sollte. Er wurde deshalb 1964 von der Kirche zum Schutzheiligen von Europa erklärt: Benedikt von Nursia, dem heutigen Norcia in der östlichen Bergwelt Umbriens. Dort, unter der mit seinem Namen bedachten Kirche San Benedetto, werden Mauerreste des Hauses gezeigt, in welchem er und seine Zwillingsschwester, die heilige Scholastica, um 480 angeblich geboren wurden. Nach seiner Ausbildung in Rom zog er sich in die Einsamkeit des Berges Subiaco in den West-Abruzzen zurück. Andere folgten seinem Beispiel, so daß über die Jahre zwölf kleine Einsiedeleien entstanden. Benedikts besondere Leistung bestand darin, eine Regel und eine Ordnung erarbeitet und aufgeschrieben zu haben, nach der das Leben in den frommen Gemeinschaften ausgerichtet sein sollte. Er verließ den Subiaco, riß auf dem weiter südlich gelegenen Monte Cassino das letzte Apollo-Heiligtum nieder und errichtete aus dessen Bauteilen im Jahr 529 ein Kloster. Er bezog es mit Gleichgesinnten und versuchte, seiner Ordensregel Gestalt zu geben, eben jener nach ihm benannten Benediktinerregel, an der sich das ganze abendländische Mönchtum orientierte (s. S. 72).

Die Idee zur Gründung von Klöstern und Einsiedeleien muß damals in der Luft gelegen haben. Ein Zeitgenosse Benedikts dürfte jener heilige Felix gewesen sein, der mit seinem Vater Anfang des 6. Jahrhunderts aus Syrien nach Umbrien gekommen war. Der Vater errichtete nach Felix' Tod über dessen Grab ein Kloster mit der nach ihm benannten (ersten) Kirche San Felice di Narco. Und auch die erste Einsiedelei am Monteluco oberhalb Spoletos wurde im selben Jahrhundert von einem Syrer namens Isaak gegründet. Als Zeitgenosse Benedikts kann auch der ebenfalls aus Syrien oder Oberägypten stammende heilige Euthicius (Eutizio) angesehen werden. Dieser lebte als Einsiedler in den Bergen der Valle Costoriana nordwestlich von Norcia, bei der Abbazia di Sant'Eutizio. Da die ältesten Formen des Mönchtums sich im christlichen Orient des 4. Jahrhunderts ausbildeten, liegt nahe, daß Benedikt durch diese »umbrischen Syrer« beeinflußt wurde.

Die Benediktiner-Regel: Die Ordensvorschrift des Benedikt von Nursia

Vom Schlaf der Mönche

Jeder soll in seinem eigenen Bett schlafen. Nach der Anweisung ihres Abtes erhalten sie [die Mönche] Bettzeug, wie es der klösterlichen Lebensweise entspricht. Wenn es möglich ist, schlafen alle in einem Raum; wenn die große Zahl es nicht zuläßt, ruhen sie zu zehn oder zwanzig mit ihren Älteren, die über sie wachen. Im Schlafraum brennt bis zum Morgen ständig eine Lampe.

Sie schlafen bekleidet und gegürtet mit Gürtel oder Strick. Während der Nachtruhe sollen sie ihre Messer nicht bei sich tragen, damit sie sich nicht etwa im Schlaf verletzen. Die Mönche seien stets bereit. Wenn das Zeichen gegeben wird, sollen sie unverzüglich aufstehen und sich beeilen, einander zum Gottesdienst zuvorzukommen, jedoch mit allem Ernst und Anstand [...].

Die Bestrafung minderjähriger Knaben

Jede Alters- und Erkenntnisstufe verlangt die ihr entsprechende Behandlung. Sooft sich daher Kinder und Jugendliche [...] verfehlen, bestraft man sie mit strengem Fasten oder züchtigt sie mit harten Schlägen, damit sie geheilt werden.

Das Maß der Speise

Wir glauben, daß zur täglichen Hauptmahlzeit [...] mit Rücksicht auf die verschiedenen Bedürfnisse, für jeden Tisch zwei gekochte Speisen genügen. Wer von der einen Speise nicht essen kann, hat so die Möglichkeit, sich an der anderen zu sättigen. Zwei gekochte Gerichte sollen also für alle Brüder genügen; ist noch Obst oder frisches Gemüse zu haben, so kann man noch ein drittes hinzugeben.

Ein gut gewogenes Pfund Brot [wohl 1 kg] genügt für den Tag, ob man nur einmal ißt (an Fasttagen) oder am Mittag und am Abend (an Nicht-Fasttagen). Gibt es auch ein Abendessen, so behalte der Cellerar ein Drittel von diesem Pfund zurück, um es den Brüdern am Abend zu geben.

War die Arbeit sehr anstrengend, so steht es im freien Ermessen des Abtes, etwas mehr zu gewähren, wenn es angebracht erscheint. Doch muß vor allem die Unmäßigkeit vermieden werden, und nie darf der Mönch bis zur Übersättigung essen; denn nichts verträgt sich so wenig mit jedem Christen wie die Unmäßigkeit [...]. Auf den Genuß des Fleisches von vierfüßigen Tieren aber sollen alle vollständig verzichten, mit Ausnahme der ganz schwachen Kranken [...].

Die Zeiten für das Essen
Von Ostern bis Pfingsten nehmen die Brüder die Hauptmahlzeit zur sechsten Stunde und den Imbiß am Abend ein. Von Pfingsten an fasten die Brüder während des ganzen Sommers am Mittwoch und Freitag bis zur neunten Stunde, wenn sie keine Feldarbeit haben oder die Sommerhitze nicht zu drückend ist. An den übrigen Tagen nehmen sie die Hauptmahlzeit zur sechsten Stunde ein [...]. Vom vierzehnten September bis zum Beginn der Fastenzeit ist die (einzige) Mahlzeit immer zur neunten Stunde. Während der Fastenzeit bis Ostern ist die (einzige) Mahlzeit gegen Abend. Die Abend-Hore jedoch werde so gehalten, daß man bei Tisch kein Lampenlicht braucht, sondern noch bei Tageslicht mit allem fertig wird [...].

(aus: *Die Regel des Hl. Benedikt*,
herausgegeben im Auftrag der Salzburger Äbtekonferenz)

Goten und Byzantiner

Das weströmische Reich war zerfallen, die Stadt Rom – weltpolitisch betrachtet – ins Abseits gedrängt. Nun repräsentierte das oströmische Byzanz allein das europäische Kaisertum, soweit es seine Macht und seine Mittel zuließen. Die aus dem Norden andrängenden germanischen Völker verstand es zumeist geschickt abzuwehren oder ›umzuleiten‹. Auf diese Weise war Theoderich mit seinen Ostgoten nach Italien gekommen. In Spoleto, wo er mit seinen Truppen eine Zeitlang im Amphitheater lagerte, ließ er die ramponierten Stadtmauern und die Thermen erneuern. Seine Ermordung im Jahr 526 wollte der oströmische Kaiser Justinian dafür nutzen, das Römische Imperium in seiner früheren Einheit und alten Größe wiederherzustellen und Italien für Byzanz wiederzugewinnen.

Die Orte entlang der Via Flaminia bekamen die Auswirkungen des oströmischen Rückeroberungsfeldzugs unter der Leitung des Feldherrn Belisar zuerst zu spüren. Etliche wurden von der Bevölkerung aufgegeben. Narni ergab sich ohne Kampfhandlung; Spoleto, in das eine byzantinische Besatzung gelegt wurde, und Perugia, in dem ein Teil der Armee Quartier bezog, sowie weitere umbrische Städte wurden ohne Waffeneinsatz gewonnen. Das Heer der Ostgoten, das unter König Wittigis, dem Nachfolger Theoderichs, von Ravenna aus gegen die Byzantiner in Umbrien ins Feld zog, wurde vor Perugia niedergerungen. Nachdem Wittigis auch beim Kampf um Rom gegen Belisar gescheitert war und die Byzantiner zwischenzeitlich Rimini erobert hatten, zogen die Ostgoten durch Umbrien zurück. In Orvieto ließen sie 1000 Mann und in Todi 400 Mann als Besatzung zurück. Um andere befestigte Orte an der Via Flaminia, die in byzantinscher Hand waren, machten sie einen weiten Bogen. Als die Byzantiner mit 2000 Berittenen nachstießen, ergaben sich die in Todi zurückgelassenen Ostgoten 538 kampflos, und die Stadt wurde unter byzantinische Besatzung gestellt. Zur schwierigen Belagerung und wohl auch Eroberung der durch ihre natürliche Lage besonders geschützten Stadt Orvieto schritt Belisar erst zu Beginn des folgenden Jahres 539. Im Mai 540 kapitulierte Wittigis. Er fand in Totila einen Nachfolger, der für die Byzantiner ab 541 noch einmal gefährlich wurde, und sie erlitten eine Niederlage nach der anderen.

Die Situation änderte sich erst, als Belisar erneut von Kaiser Justinian nach Italien geschickt und mit der Kriegsführung betraut wurde. Während der byzantinische Feldherr die Adriaküste zurückzugewinnen suchte, belagerte Totila die Städte Assisi und Spoleto und konnte sie 545 einnehmen – Spoleto nach freiwilliger Übergabe und Assisi, nachdem die byzantinische Besatzung einen verlustreichen Ausfall gewagt hatte. Der Ostgote ließ den Mauerring um Spoleto bis auf den Grund niederreißen und legte zur Kontrolle der Umgebung eine Mannschaft, die teils aus Goten, teils aus Überläufern bestand, ins Amphitheater vor der Stadt, das er zu diesem Zweck befestigen ließ. Auch Gubbio fiel den Ostgoten in die Hände, und Città di Castello wurde wohl ebenfalls von ihnen zerstört. Nur von Perugia mußte Totila 547 erfolglos abziehen, obwohl es ihm gelungen war, den Anführer der dortigen byzantinischen Truppe meuchlings ermorden zu lassen. Doch im Gegensatz zu Assisi, wo die Einwohner die Tore geöffnet hatten, wußte Bischof Herculanus dies in Perugia zu verhindern; er fand dabei den Tod und wird seitdem als Märtyrer und Stadtpatron verehrt.

Nachdem Rom an die Ostgoten gefallen war, wurde Belisar nach Byzanz zurückbeordert. An seiner Stelle übernahm Narses den Oberbefehl. Die Entscheidungsschlacht zwischen ihm und Totila wurde 552 in Umbrien, genauer gesagt vor den Mauern von Gualdo Tadino, ausgetragen. Totila hatte ein Standquartier bei dem Dorf Taginae bezogen, als vom Apennin her Narses mit seiner Streitmacht von etwa 30 000 Mann heranrückte. Als das ostgotische Heer nach langem, tapferem Kampf heillos die Flucht ergriff, war es bereits Nacht geworden.

6 000 Goten waren gefallen; diejenigen, die sich gefangennehmen ließen, wurden von den Byzantinern umgebracht. Totila selbst wurde entweder bei der Flucht von nachsetzenden Byzantinern oder bereits während des Kampfes schwer verwundet. Er konnte sich in das 84 Stadien (ca. 17 km) entfernte Caprae (wohl das heutige Caprile an der Straße zwischen Sigillo und Scheggia oder das kleine Dorf Caprara nordwestlich von Gualdo Tadino) retten, wo er seiner Verletzung erlag und begraben wurde.

Im Juli 552 ergaben sich schließlich die Städte Narni und Spoleto kampflos der byzantinischen Übermacht; Narses ließ die von den Goten niedergerissenen Teile der Stadtmauer wieder aufbauen. Perugia ergab sich, nachdem einer der beiden gotischen Befehlshaber ermordet worden war: Das mit seinen Durchgangstraßen nach Rom strategisch wichtige Umbrien war wieder in den byzantinischen Machtbereich integriert, der vom Exarchen, dem Stellvertreter des oströmischen Kaisers auf italienischem Boden mit Sitz in Ravenna, kontrolliert wurde.

Die Langobarden erheben Umbrien zum Herzogtum Spoleto

Mit dem Einfall der Langobarden 568 in Norditalien drohte den Byzantinern keine zwanzig Jahre nach ihrem Sieg über die Goten erneut Ungemach. Ihrem Ausgreifen nach Mittelitalien bis 571 unter Herzog Faroald I. verdankt das Herzogtum Spoleto, der »Dukat Spoleto«, seine Entstehung. Nur mit Mühe konnten sich die Byzantiner in ihrem Exarchat Ravenna halten und einen schmalen Korridor durch Umbrien als Verbindungsstück zwischen dem Exarchat und Rom behaupten.

Der ständige Gegensatz zum Papst, der eigene territorialpolitische Ziele verfolgte, hinderte die Langobarden, die zunächst der arianischen Glaubensrichtung des Christentums angehörten, dann zum Katholizismus übertraten, nicht daran, zahlreiche Klöster zu stiften, sie mit Land auszustatten und Kirchen zu bauen. So entstand etwa 617 der Vorgängerbau des Domes von Spoleto oder die Abtei San Pietro in Valle, in der sich Herzog Faroald II. 728 beisetzen ließ. Zu einer bleibenden Verständigung mit Rom kam es darüber dennoch nicht. Erst nach dem Tod von Papst Gregor III. im Jahr 741 hielt es dessen Nachfolger, der Grieche Zacharias, gegen Gebietszusicherungen mit dem Langobardenkönig Liutprand (712–744). Dieser drang darauf in harten Kämpfen 742 bis Spoleto vor. Herzog Transamund mußte sich ergeben, wurde zum Mönch geschoren und in ein Kloster gesteckt. Das Herzogtum Spoleto erhielt Liutprands Neffe Agiorand, der Herzog von Chiusi. Doch Liutprand, der bereits Papst Gregor ehemals byzantinisches Territorium übereignet hatte, ohne daraus bleibenden politischen Gewinn zu schlagen, zögerte nun, Papst Zacharias die zugesagten Gebiete, darunter das umbrische Amelia, auszuhändigen. Aber der Papst begab sich nach Terni und konnte Liutprand dazu bewegen, der römischen Kirche Teile des Exarchats von Ravenna sowie den ebenfalls bis dahin byzantinischen Gebietsanteil des Herzogtums Spoleto zu übereignen. Damit wurde Umbrien plötzlich zum Schauplatz einer Entwicklung, die für die spätere Herausbildung des Kirchenstaates den ersten Grundstein legte.

Der Altarstein (oben) mit der Nennung Herzog Hilderichs und der Sarkophag Herzog Faroalds I. (unten) dokumentieren die Bedeutung von San Pietro in Valle als ›Hauskloster‹ der Langobardenherzöge.

Die Herrschaft der Franken kündigt sich an

Als es zwischen dem Langobardenkönig Aistulf (749–756), der sowohl die Herrschaft über den Exarchat von Ravenna wie auch über das Herzogtum Spoleto innehatte, und dem Papst erneut zu Spannungen kam, erwuchs der römischen Kirche in den Franken der erwünschte – weil abhängige – Partner. Zunächst hatte es gar nicht danach ausgesehen. Karl Martell (714–741) aus der Adelsfamilie der später so genannten Karolinger, Hausmeier der im Niedergang begriffenen Dynastie der Merowinger und mächtigster Mann im Fränkischen Reich, hatte 739/740 das gegen die Langobarden und Byzanz gerichtete päpstliche Angebot, die Schutzherrschaft über Rom zu übernehmen, noch abgelehnt; er hielt den Langobarden die Treue, die ihn im Kampf gegen die Araber unterstützt hatten. Das Blatt wendete sich jedoch, als Karls Sohn Pippin III. (751–768) nach der Königswürde griff. In einem geschickten diplomatischen Manöver ließ er sich von Papst Zacharias seine Anwartschaft auf den fränkischen Thron bestätigen – mit nachhaltigen Auswirkungen auf Umbrien beziehungsweise das Herzogtum Spoleto.

Der Trick des Papstes mit der »Konstantinischen Schenkung«

Papst Zacharias hatte sich nicht umsonst dem Franken Pippin gegenüber so wohlwollend gezeigt. Er versprach sich davon eine Gegenleistung, konkret das militärische Eingreifen der Franken gegen die Langobarden, die unter ihrem König Aistulf (749–756) ihre Expansionspolitik gegen die Byzantiner und die römische Kirche wieder aufgenommen hatten.

Als der Frankenkönig Pippin 754 eingriff, zeigte sich Aistulf kompromißbereit und erkannte die fränkische Überlegenheit an. Zwei Jahre danach mußte der Langobarde die ehemals byzantinischen Gebiete und andere, jüngst vorgenommene Eroberungen dem Papst übertragen. Dazu gehörten auch die umbrischen Landstriche entlang der Strecke Gubbio, Perugia samt dem Gebiet um den Trasimenischen See, Todi, Amelia und Narni. Die Übertragung dieser Territorien auf den Papst stellte eine historische Begebenheit von epochalen Ausmaßen dar: Zum einen bedeutete sie die Entstehung des Kirchenstaates, dem Umbrien zwar zu diesem Zeitpunkt noch nicht angehören sollte, aber später, vom Hochmittelalter bis ins 19. Jahrhundert hinein. Vorerst aber blieb das Herzogtum Spoleto weiter in den Händen der Langobarden, die den Franken dafür Tribut entrichten mußten. Zum anderen schuf der Einsatz der Franken für den Papst die Grundlage für die künftige Italienpolitik der deutschen Kaiser, eine Hypothek mit Folgen, die Pippin nicht absah, als er persönlich dem Papst die Gebietsübertragung in der sogenannten »Pippinischen Schenkung« urkundlich bestätigte. Er glaubte vielmehr, dem Papst zu seinem Recht zu verhelfen. Denn dieser verwies darauf, daß ihm die Gebiete ohnehin gehörten: Kaiser Konstantin habe sie bereits zu Beginn des 4. Jahrhunderts an die Kirche abgetreten. Den ›Beweis‹ dafür konnte der Papst sogar schriftlich liefern, nämlich eine entsprechende Urkunde jenes spendablen Kaisers, bekannt als »Konstantinische Schenkung«. Daß es sich bei der verschollenen Urkunde um eine dreiste, in der päpstlichen Kurie hergestellte Fälschung handelte, kam erst später heraus.

Karl der Große (768–814), der 774 die »Pippinische Schenkung« bestätigte, überließ der Kirche ab 787 weitere Gebiete, darunter Orvieto samt Umgebung. Nur bezüglich des Herzogtums Spoleto war er hart geblieben. Als Papst Hadrian I. bei einem Besuch Karls in Rom in den Jahren 780/781 diesen darum ersuchte, ihm auch Spoleto zu überlassen, spielte Karl nicht mit: Das Herzogtum blieb in fränkischer Hand. Ein Besuch Karls in Spoleto, der zu seiner Kaiserkrönung im Jahr 800 wohl schon den Weg über Umbrien nach Rom nahm, läßt sich für den 30. April 801 nachweisen.

Das Machtvakuum, das der Niedergang der Karolinger nach dem Tod Karls des Großen 814 hinterließ, machte das Herzogtum Spoleto zum Zankapfel zwischen Herzögen, Päpsten und west- wie ostfränkischen Königen. Es gab niemanden, der Umbrien wirkungsvoll vor den Einfällen der Sarazenen 881 – wobei die Abtei San Pietro in Valle verwüstet wurde – wie auch der Ungarn 915 und 924, die unter anderem Trevi heimsuchten, hätte schützen können.

Station in Umbrien – Das Reisekönigtum der Ottonen

Geschichte geschrieben hat erst wieder Otto I. (936–973), genannt »der Große«. Er zog im Winter 961/962 aller Wahrscheinlichkeit nach über Ravenna und durch Umbrien zu seiner Kaiserkrönung nach Rom, wo er die karolingischen Schenkungen an die Kirche bestätigte, darunter auch die Orte Amelia, Todi, Perugia mit dem Trasimenischen See samt Inseln, Narni, Otricoli, Gubbio, Città di Castello und Orvieto sowie, über die karolingische Schenkung noch hinausgehend, Norcia und Terni. Seine Oberhoheit über die genannten Gebiete wurde dadurch jedoch nach wie vor nicht tangiert. Auch im Frühjahr des Jahres 964 durchquerte er die Region Umbrien in Richtung Camerino, wohin ihm der von den Römern vertriebene Papst Leo nachfolgte.

Bei seinem zweiten Italienaufenthalt lassen sich konkrete Stationen festmachen: Spoleto im Frühjahr 967 sowie die heute unbedeutenden Orte Azzano östlich der Clitumnus-Quellen und Plestia, heute die Kirche Madonna di Plestia (Pistia) bei Colfiorito an der Straße nach Ravenna, wo Otto im Juni 969 diverse Urkunden ausstellen ließ. Drei Monate später befand er sich in Foligno und danach zur Herbstjagd in dem zwischen Assisi und Perugia gelegenen Colle Strada, wo er bei seiner Wiederkehr aus Rom 972 Station machte.

Ottos Aufenthalte in Umbrien hatten einen denkwürdigen und kuriosen Nebenzweck: die Suche nach Reliquien. So wurden Teile der sterblichen Überreste des heiligen Felicianus 965 aus Foligno nach Minden in Westfalen und 969 nach Metz geschafft. Auch das Kloster St. Paul zu Verdun wurde mit Partikeln seines Leichnams bedacht. 966 plünderten die ottonischen Reliquiensammler in Spoleto das Grab des Märtyrers Poncianus und nahmen Teile vom Leichnam des Heiligen mit nach Utrecht, weshalb man dort heute noch sein Fest feiert. 969 wurde diese Praxis von höchster Stelle abgesegnet. Bischof Dietrich von Metz, der auf Geheiß des Kaisers der eifrigste Sammler war, ließ sich von Papst Johannes XIII. eine Erlaubnis zur Öffnung der Gräber von Heiligen erteilen. Dadurch gelangten auch Körperreliquien des heiligen Vincentius und des heiligen Benignus nach Metz und Magdeburg.

Aber die Ottonen nahmen nicht nur mit; sie sollten auch etwas hinterlassen: die Bezeichnung »Wald«, im Italienischen zu *Gualdo* verwandelt. Drei umbrische Orte schmückten sich damit, nämlich Gualdo Cattaneo, Gualdo Tadino und Gualdo, ein Dorf mit 81 Einwohnern zwischen Narni und Otricoli; außerdem gab sie den *Gualdi Ranieri*, die im 11./12. Jahrhundert bezeugt sind und im wesentlichen die heutige Gebietsgemeinde Campello sul Clitunno umfassen, ihren Namen.

Mit dem sechzehnjährigen Otto III. geriet ein anderer umbrischer Flecken ins Blickfeld: Palazzolo, wie der Name verrät, wohl eine kleine Pfalz oder ein Königshof an der Via Flaminia. Otto hielt sich hier am 6. Mai 996 auf, bevor er am 21. Mai in Rom zum Kaiser gekrönt wurde. Am 12. Juni war er bereits zurück in Foligno. Als die Hitze über dem im Tal gelegenen Ort unerträglich wurde, rückte er in die Berge nach Norden ab. Ende Juni befand er sich zu einem längeren Aufenthalt in Plestia bei Colfiorito. Auf der Heimreise muß Otto III. das in der Ebene liegende Tadinum zerstört haben; der neue Ort Gualdo Tadino wurde danach auf dem Hügel angelegt. Im selben Jahr ließ Otto die 881 von den Sarazenen zerstörte Abtei San Pietro in Valle bei Spoleto wieder herrichten, ein Werk, das der letzte Ottone, der fromme Kaiser Heinrich II., 1016 zu Ende brachte, nachdem er 1014 auf der Reise zur Kaiserkrönung in Rom Umbrien durchquert hatte. Er erhielt von Papst Benedikt VIII. für die Ausstattung des neuen Bistums Bamberg einige Ortschaften in Deutschland zugesprochen; im Gegenzug überließ Heinrich dem Papst umbrisches Reichsgut.

Die Städte als neue Machtfaktoren

Seit dem 11. Jahrhundert versuchten europaweit die Bürger der Städte, sich – im Bewußtsein ihrer wirtschaftlichen Stärke – der weltlichen oder bischöflichen Stadtherren zu entledigen und die Verwaltung ihrer Kommunen selbst wahrzunehmen. Nicht immer gelang dies ohne kriegerische Auseinandersetzungen. Umbrien bildete hierbei keine Ausnahme. Die Stadt Gubbio etwa mußte ihre Unabhängigkeit in zahlreichen Kriegen gegen die Begehrlichkeit Perugias durchsetzen. Narni durfte sich seit dem Jahr 1112, nach einer Erhebung gegen den Papst, als freie Stadt ansehen. 1137 wurde Orvieto als *Commune civitatis* bezeichnet und hatte – wie andere Städte auch zu Wohlstand gekommen – weitgehende Autonomie erlangt. Der Papst gab sich meist kooperativ, denn er hoffte, die Städte damit gegen den Kaiser einzunehmen. Er verlangte lediglich ihren Treueid – und wohl auch Abgaben – und entschied darüber, ob sie Fernhandel treiben durften. Aus diesem Grund war Perugia um ein gutes Auskommen mit dem Papst bemüht; das kaisertreue Foligno dagegen mußte auf Einnahmen durch den Handel weitgehend verzichten.

Verstärkt übernahmen nun städtische Konsuln die Verwaltung und Rechtsprechung. Bei der Abgrenzung des jeweiligen *contado* (lat. *comitatus* = Grafschaft), also des städtischen Umlandes, aus dem die Stadtbürger zum Großteil ihre Wirtschaftsmacht bezogen, kam es zu Kriegen zwischen den Städten, und schwächere Kommunen gerieten in neue Abhängigkeit. So stritten sich Orvieto und Perugia um die Oberherrschaft über Città della Pieve, das bis 1171 Perugia, danach Orvieto und ab 1188 wieder Perugia unterstand. Und vermehrt gerieten die Städte im 12. Jahrhundert auch zwischen die Fronten von Papst und Kaiser. Der meiste Ärger, den Kaiser und Kommunen miteinander hatten, resultierte aus dieser Gegnerschaft.

Kaiser Friedrich I. Barbarossa verheert Spoleto

Auf dem Rückweg von der Kaiserkrönung in Rom im Sommer 1155 verlegte Kaiser Friedrich I. »Rotbart« (nach seinem italienischen Spitznamen *barba rossa*) wegen der drückenden Hitze sein Heer ins höher gelegene, kühlere Nera-Tal. Dabei zog er von den Burgen und Städten der Umgebung das *fodrum* ein, ursprünglich eine Futterabgabe, die aber später in Geld beglichen wurde. Spoleto brachte den Kaiser gegen sich auf, als es die Steuer in Höhe von 800 Pfund (lat. *libra*; daher die Bezeichnung *Lira* für die italienische Währung) zum Teil unterschlug, zum Teil mit gefälschten Münzen bezahlen wollte. Barbarossa ließ darauf am 27. Juli die Stadt angreifen. Trotz tapferer Gegenwehr wurde sie eingenommen und völlig zerstört. Als sich Friedrich danach gegen Gubbio wandte, traf er dort ebenfalls auf verschlossene Tore. Allein Ubald, der Bischof der Stadt, vermochte ihn vom Angriff abzuhalten.

Im Auftrag Friedrichs zerstörte 1174 der Mainzer Bischof Christian, der danach über Assisi herrschte und einer der wichtigsten Heerführer Barbarossas in Italien war, die Stadt Terni, die sich auf die Seite von Papst Alexander III. gestellt hatte. Ruhe kehrte erst ein, nachdem der Kaiser im Mai 1176 in der Lombardei vernichtend geschlagen wurde und sich anschließend mit dem Papst aussöhnte. Konrad von Urslingen (Irslingen bei Rottweil am Neckar) erhielt das Herzogtum Spoleto und die Grafschaft Assisi übertragen, wo sich Barbarossa im Dezember 1178 aufhielt, bevor er sich über die Burg Agello und am Trasimenischen See vorbei in die Toskana begab. Auch sein sechster Italienzug führte Friedrich 1185 nach Umbrien. Ende August bezog er im stets staufertreuen Foligno Quartier. Bei dieser Gelegenheit empfing er Konstanze von Sizilien, die spätere Gattin seines Sohnes und Nachfolgers Heinrich VI. Im September hielt er sich einige Tage im nahen Montefalco auf und söhnte sich, dreißig Jahre nachdem er Spoleto zerstört hatte, mit der Stadt aus. Zum sichtbaren Zeichen seines guten Willens stiftete er zusammen mit anderen Reliquien ihrem Dom eine byzantinische Marien-Ikone, die dort heute noch gezeigt wird. In diesen Jahren war Friedrich um einen friedlichen Ausgleich mit den Städten bemüht, und es gelang ihm, das Herzogtum Spoleto mit Zentrum Foligno zu einem neuen Schwerpunkt kaiserlicher Macht in Mittelitalien auszubauen.

Ein Gegengewicht stellten die papsttreuen Städte Perugia mit seiner Herrschaft über Umbertide und das Gebiet um den Trasimenischen See sowie Orvieto mit seinem Territorium dar. Die Soldaten Heinrichs VI., Barbarossas

Sohn, holten sich bei der Belagerung von Orvieto 1186 nichts als blutige Köpfe. Die Stimmung gegen die fremden Herren brachte Papst Innocenz III. in einem Schreiben an die Stadt Spoleto auf den Punkt: »Die Deutschen sind ein gewalttätiges Volk, sie reden in einer unverständlichen Sprache...«

Der Konflikt zwischen Guelfen und Ghibellinen

1195 wurde Philipp, der Bruder Kaiser Heinrichs VI., zum Herzog von Tuszien (Toskana) einschließlich Spoleto erhoben. Während seiner sechzehnmonatigen Amtszeit eignete er sich nach Meinung des Papstes auch Besitzungen des Kirchenstaates an und wurde deshalb exkommuniziert. Perugia allerdings, das Philipp im Juni 1195 belagerte, vermochte er nicht einzunehmen.

Im unweit in den Marken gelegenen Iesi war zur Weihnachtszeit des Jahres 1194 Friedrich, der Sohn Kaiser Heinrichs VI., zur Welt gekommen. Seine Mutter, die drei Monate später ihrem Gemahl nach Sizilien folgte, übergab den Kleinen der Obhut Konrads von Urslingen, des Herzogs von Spoleto mit ›Wohnsitz‹ in Foligno, beziehungsweise dessen (wohl italienischer) Gattin. Im September 1197 machte sich Herzog Philipp von Schwaben erneut nach Umbrien auf, um den dreijährigen Friedrich zur Krönung nach Deutschland zu holen. Doch Ende des Monats verstarb Kaiser Heinrich, und überall im Land erhoben sich Revolten gegen die Deutschen. Philipp konnte sich nur knapp in die Heimat retten, und zwar ohne das Kind, das nach Palermo gebracht und dort im Mai 1198 zum König von Sizilien gekrönt wurde. In Deutschland rettete Philipp den Kaiserthron für die Staufer, zumindest halbwegs: Denn neben sich mußten sie nun als Gegenkönig den von einer antistaufischen Gruppierung gewählten Welfen Otto IV. ertragen.

Der kaiserlichen Macht ledig, versuchten zahlreiche Städte Mittelitaliens ihre Freiheit zu erlangen – durchaus zur Freude des antistaufischen Papstes, aber auch gegen den einheimischen Adel, der bislang mit den Kaiserlichen paktiert hatte. In Assisi stürmten die Einwohner mit päpstlicher Zustimmung die staufische Festung und schleiften sie; sie hatten die Abwesenheit des kaiserlichen Statthalters Konrad von Urslingen in ihrem Sinn gut genutzt. Im selben Jahr 1198 weihte Papst Innocenz III. in Spoleto den Dom ein. Es war ihm trotz des Widerstandes Markwards von Annweiler, der die kaiserlich-deutschen Interessen wahrzunehmen versuchte, gelungen, das Herzogtum Spoleto der päpstlichen Verwaltung zu unterstellen.

Lichtgestalten in Sack und Asche:
Der heilige Franziskus von Assisi und die heilige Klara

Zwischen Perugia und Assisi war 1202 wieder einmal Krieg ausgebrochen. Die Einwohner von Assisi unterlagen an der Tiberbrücke (Ponte San Giovanni); dabei geriet Giovanni di Bernardone, später als heiliger Franziskus von Assisi bekannt, in Gefangenschaft. Dieses Kriegserlebnis der Machtkämpfe zwischen Assisi und Perugia geriet für den auf den Namen Giovanni (Johannes) getauften, aber wegen seiner französischen Mutter wohl »Francesco« gerufenen reichen Kaufmannssohn zum ersten Wendepunkt seines bis dahin unbeschwerten Lebens, der ihn nach einem tieferen Sinn seines Daseins fragen ließ. Es kam darüber zum Bruch mit seinem Vater.

Franziskus berief sich auf göttliche Inspirationen, auf die Stimme Jesu, die ihm vom Kreuz in San Damiano herab aufgetragen habe: »Geh hin, Franziskus, und baue mein Haus auf, das einzustürzen droht!« Franziskus nahm den Auftrag wörtlich. Er reparierte das Kirchlein und betätigte sich danach als Maurer an der Kirche San Pietro. Dann ließ er sich von den Benediktinern die verfallene Kapelle Santa Maria degli Angeli schenken, die unterhalb von Assisi liegt und nach dem kleinen Grundstück, auf dem sie stand, auch Piccola Porziuncula genannt wurde; diese richtete er mit eigenen Händen wieder her. Als er hier am 24. Februar 1209 zusammen mit dem alten Priester von San Damiano die Messe feierte, empfing er aus dem Tagesevangelium die wegweisende Eingebung: »So geht denn hin und verkündet: Das Himmelreich ist nahe! [...] Erwerbet kein Gold und kein Silber, keine Münze für eure Gürtel; nehmt kein Felleisen mit auf den Weg, nicht zwei Röcke, keine Sandalen und keinen Stock [...]!«

Franziskus entledigte sich seiner Schuhe, warf den Stock weg, tauschte sein Gewand mit der Wollkutte eines Schäfers und band sich statt des Gürtels einen Strick um. Mit den ersten Gefährten, die ihm schon beim Reparieren der Kirchen geholfen hatten, begann er nun zu predigen. Bald fanden sich weitere

Franziskus und Klara –
in ihrer Geistes- und Seelenverwandtschaft ein Paar,
so wie Giotto sie in der Oberkirche von San Francesco
in Assisi darstellte.

Brüder ein. Ihren Lebensunterhalt bestritten sie, indem sie sich in Bürgerhäusern oder auf Bauernhöfen verdingten. Im Frühjahr des Jahres 1210 begab sich Franziskus zum Papst nach Rom und erlangte die Anerkennung seiner Gemeinschaft als Orden. Schwierigkeiten ergaben sich noch einmal, als sich die achtzehn Jahre alte Chiara (Klara) Offreduccio gegen den Willen ihrer Eltern zusammen mit einer Freundin und später noch ihrer Schwester Katharina (von Franziskus Agnes genannt) den Bettelmönchen anschloß. Franziskus gründete für sie seinen Zweiten Orden der »Armen Frauen«, nach Klara später Klarissinnen genannt; zu ihrer ersten Niederlassung erhielt er vom Bischof die Kirche San Damiano geschenkt.

Der neue Minderbrüderorden der Franziskaner breitete sich rasch aus. Predigtreisen brachten Franziskus bis nach Frankreich und Spanien, wo er freilich seinen Plan, den Sultan von Marokko zu bekehren, wegen einer Erkrankung aufgeben mußte. Auch die Missionierung beim Sultan von Ägypten, der ihm die Predigt in seinem Heerlager gestattet hatte, scheiterte. Nach seiner Rückkehr vom Kreuzzug 1220 nahmen ihn Organisationsfragen seines inzwischen weitverbreiteten Ordens in Beschlag. Doch zum ›Bürokraten‹ fühlte er sich nicht berufen. Es zog ihn wieder in die Einsamkeit, die er in den Höhlen von La Verna, circa 35 Kilometer nördlich von Arezzo in der Toskana, fand, wo er nur noch fastete und betete. Sein Bett bestand aus einem blanken Stein. Am Fest der Kreuzerhöhung empfing er die Stigmatisation, die fünf Wundmale des gekreuzigten Christus.

Seine Heimkehr nach Assisi geriet zum Triumphzug. Vom Fasten ausgezehrt und wegen der Wundmale an den Füßen unfähig zu gehen, ritt er auf einem Esel. Trotzdem mußte er sich einen Monat lang bei seinen Ordensbrüdern in Città di Castello aufhalten, um wieder etwas zu Kräften zu kommen. Das Weihnachtsfest beging er in der Porziuncula in Santa Maria degli Angeli. Dann begab er sich 1225 auf seine letzte Predigtreise durch Umbrien. Fünf Monate schleppte er sich auf dem Rücken eines Esels durch das Land, meistens begleitet von einer ekstatischen Volksmenge, die ihn allerorten bereits als ›Heiligen‹ begrüßte. Sein Augenlicht schwand. In beängstigendem Zustand durchlebte er qualvolle Wochen in einer Hütte, die ihm Klara im Garten von San Damiano hatte errichten erlassen. Hier fand er noch die Kraft, seinen bekannten *Sonnengesang* zu schaffen. Berühmte Mediziner, darunter der Leibarzt des Papstes, mühten sich vergebens um seine Genesung. Auch ein – aus klimatischen Gründen – vorgenommener Ortswechsel in eine Einsiedelei in der Nähe von Siena brachte keine Linderung.

Die von Bruder Elias, dem Ordensoberen, verfügte Rückführung des unheilbar Kranken nach Santa Maria degli Angeli artete zur frommen Groteske aus. Um Perugia zu umgehen, wo ihnen, wie die Brüder befürchteten, der bereits als ›Reliquie‹ verehrte Franziskus entrissen würde, transportierten sie ihn auf einer Bahre durch die Berge bis Nocera Umbra. Von dort aus begleitete sie eine bewaffnete Eskorte nach Assisi. Gestorben ist er seinem Wunsch gemäß in Santa Maria degli Angeli, in der Nacht vom 3. auf den 4. Oktober 1226. Er wurde in der Kirche San Giorgio in Assisi bestattet, bevor sein Grab später in die Franziskus-Basilika verlegt wurde. Bereits zwei Jahre später wurde er hier von Papst Gregor IX. heiliggesprochen.

Klara überlebte ihren geistigen Mitbruder Franziskus um 27 Jahre. Sie verfaßte selbst die Regel für ihren Orden und war in ihrer Genügsamkeit und im Fasten beispiellos. In den ersten Augusttagen des Jahres 1253, als sich ihr Tod bereits abzeichnete, suchte Papst Innocenz IV. sie in Begleitung von Bischöfen und Kardinälen auf und krönte ihr Lebenswerk durch die ›amtliche‹ Bestätigung ihrer Ordensregel. Am 11. August verstarb sie im Kreis ihrer Ordensschwestern und zahlreicher Franziskaner und wurde wie Franziskus zunächst in San Giorgio, der späteren Kirche Santa Chiara, beigesetzt. Ebenfalls zwei Jahre später wurde sie heiliggesprochen.

Kaiser Friedrich II.: Ein Leben wie eine Legende

Friedrich war, indem man ihn von Foligno nach Sizilien verbracht hatte, den Machtkämpfen im Deutschen Reich weit entrückt. Als Nachfolger auf dem Königsthron, zu dem er in Kindertagen bestimmt worden war, rechnete keiner mehr mit ihm. Der Papst war sich mit den meisten Reichsfürsten in seiner stauferkritischen Haltung einig. Als König von Sizilien, unter der Lehnshoheit des Papstes, schien der junge Mann allen gut aufgehoben. Daß Friedrich doch noch deutscher König und Kaiser werden sollte, damit konnte niemand rechnen, er selbst am wenigsten.

Friedrich II. aus der Sicht eines Zeitgenossen

In dem Brief eines Unbekannten aus dem Jahr 1208, der den vierzehnjährigen Friedrich beschreibt, heißt es:
»Die Gestalt des Königs ist weder kleiner noch größer, als man es bei seinem Alter erwarten kann. Aber der Herr des Himmels hat ihm kräftige Glieder und einen starken Körper verliehen, so daß sein kraftvoller Geist alles, was er unternimmt, zu Ende führen kann. Er ist nie untätig, sondern verbringt den ganzen Tag mit irgendeiner Beschäftigung. Er stärkt seinen gelenkigen Körper durch jede Form des Waffengebrauchs. Seine Waffen trägt er stets bei sich. Er ficht mit dem Schwert, das er besonders geschickt zu handhaben versteht [...]. Er ist ein guter Pfeilschütze und übt sich ständig in der Kunst des Bogenschießens. Er liebt feurige Pferde, und ich glaube, niemand versteht es wie er, sie zu zügeln und dann in vollen Galopp überzugehen. Hinzu kommt eine königliche Haltung und Miene, die mit Güte und Anmut, einer klaren Stirn, leuchtenden Augen, einem ausdrucksvollen Antlitz, einem feurigen Geist und raschem Witz gepaart sind. Manchmal freilich sind seine Handlungen seltsam und vulgär, was jedoch nicht seiner Natur, sondern der rüden Gesellschaft entspringt, die ihn umgibt. Aufgrund seiner guten Anlagen kann der königliche Wille das alles jedoch zum Besseren wenden.

Jede Ermahnung erregt seine Ungeduld, er hält es für schimpflich, einem Vormund unterstellt zu sein und als Knabe behandelt zu werden. Das führt dazu, daß er die Anordnungen seines Lehrers nicht befolgt. Mit dem einem König zustehenden Freimut spricht und diskutiert er mit allen in einer Weise, die die Ehrfurcht vor seiner Majestät mindert. Seine Tugenden sind indes weit größer, als man bei seinem Alter erwarten könnte; obwohl noch ein Knabe, ist er reich an Wissen, er besitzt die Gabe der Klugheit, die bei anderen erst im Lauf der Jahre wächst. Bei ihm braucht man die Reife nicht abzuwarten, denn sein Wissen ist so groß wie die Majestät des Herrschers.«

(aus Hansheinz Werner, *Die Jugend Friedrichs I. von Hohenstaufen*, S. 595)

Kaiser Friedrich II.

Am 21. Juni 1208 wurde Friedrichs Onkel, König Philipp, in Bamberg ermordet, und der Welfe Otto IV., der im Kampf um den Thron schon aufgeben wollte, war unversehens Alleinregent geworden. 1209 zog Otto nach Italien und durchquerte im September mit 6 000 Berittenen und Armbrustschützen Umbrien auf der alten Via Flaminia. Er war auf dem Weg zum Papst, den er zu Verhandlungen über seine Kaiserkrönung in Viterbo treffen sollte. Als Kaiser dann verbrachte er den Dezember und die ersten Januartage in Foligno und Terni und unterstellte Montefalco direkt dem Reich. Zum Dissens mit dem Papst kam es, als Otto IV. entgegen den Zusagen, die er vor seiner Kaiserkrönung abgegeben hatte, plötzlich – ganz nach Art der Staufer – in Italien territoriale Ziele verfolgte, die der Papst nicht hinnehmen konnte. Im Herbst 1210 hielt er sich dazu im Raum Todi und Assisi auf, kurz bevor ihn die Exkommunikation durch Papst Innocenz III. ereilte.

Aus der Zwietracht zwischen Otto IV. und dem Papst erwuchs Friedrichs große Stunde. Der Papst selbst, der sich zuvor heftig gegen eine staufische Dynastie gestemmt hatte, hob Friedrich nun gegen Otto auf den Schild, als den ›eigentlichen‹ deutschen König. Die Gegenrechnung, die der Papst stellte, blieb nicht aus: 1209 ließ er sich von dem vierzehnjährigen Friedrich den Verzicht auf Kirchenstaatsterritorium, darunter das Herzogtum Spoleto, schriftlich geben. Die Reichsfürsten schlossen sich zunächst nur zögernd der päpstlichen Meinung an, und einige wählten in Nürnberg im September 1211 den inzwischen sechzehnjährigen Friedrich in Abwesenheit zum deutschen König. Doch als er sich im Jahr darauf selbst nach Deutschland aufmachte und sich in Frankfurt erneut wählen ließ, stand die überwiegende Mehrheit der Fürsten hinter ihm. Auf jeden Fall befand er sich in Deutschland, als 1216 Papst Innocenz III. in der Kirche Sant'Andrea in Orvieto den vierten Kreuzzug ausrief, später hier auch starb und im Dom beigesetzt wurde.

Aus dem Jahr 1216 – das sei hier nebenbei angeführt – datiert auch der früheste Beleg für zwei Begriffe, mit denen man in der italienischen Mittelaltergeschichte permanent konfrontiert wird: Guelfen und Ghibellinnen. Mit ihnen wurde die Anhängerschaft entweder des Guelfen (= Welfen) Otto oder des Ghibellinen (= »Wibelinen«, nach dem alten staufischen Besitz Waiblingen) Friedrich bezeichnet. Später standen die Begriffe Ghibellinen allgemein für pro-kaiserlich und Guelfen für pro-päpstlich Gesinnte.

Friedrich kam erst zu seiner Kaiserkrönung 1220 wieder nach Italien; dabei reiste er vermutlich durch das Herzogtum Spoleto. Doch sicher nachweisbar machte er mit seinem Hof erst Ende des Jahres kurzzeitig auf der Burg von Narni Station. Das nächste Mal war er 1226, ebenfalls nur auf der Durchreise, im Herzogtum Spoleto, an dessen Spitze er Rainald, den Sohn Konrads von Urslingen, stellte, mit dem er die ersten Kindheitsjahre in Foligno zugebracht hatte. Als der Papst den Bewohnern des Herzogtums Spoleto 1239 verbot, zur Unterstützung Friedrichs Truppen in die Lombardei zu schicken, unterstellte dieser das Herzogtum seiner Gewalt mit der Begründung, daß es ihm die geschuldeten Dienste versagt habe. Im Januar 1240 zog er deshalb selbst nach Umbrien und nahm zunächst von Città di Castello Besitz, das sich der Papst 1228 nach der ersten Exkommunikation Friedrichs ›unter den Nagel gerissen hatte‹. Auf seinem Weitermarsch auf Foligno zu nahm er nicht die bequeme Straße entlang des Tiber – vermutlich wollte er den feindlichen Städten Perugia und Assisi ausweichen –, sondern begab sich durch die Berge nach Gubbio und von dort weiter nach Gualdo Tadino, wo er die Erweiterung der Burg veranlaßte. Nocera Umbra, seine nächste Station, mußte er unterwerfen, was allerdings nicht viel Zeit in Anspruch genommen haben kann, da er bereits anderntags in Foligno eintraf, wo er festlich empfangen wurde. Friedrich blieb eine gute Woche. Montefalco, das er danach aufsuchte, unterwarf sich ihm zwar ebenso wie die umliegenden Orte Bevagna, Budino, Spello und auch Trevi; doch die großen Städte wie Perugia, Assisi, das er 1240 verwüsten ließ, Todi, Spoleto und Terni trotzten ihm nach wie vor.

Im Juni des folgenden Jahres 1241 stand Friedrich vor Spoleto. Als sich die Stadt endlich unterwarf, verzieh er ihr und nahm sie in Gnaden auf. Er verpflichtete sich aber, dort keine neue Burganlage zu errichten. Auch Terni unterstellte sich nun seiner Herrschaft. An Assisi freilich scheiterten seine Sarazenentruppen, und auch vor Narni traf er weiterhin auf Widerstand, weshalb er die Umgebung ringsum verwüsten ließ.

In den folgenden Jahren gehörte Umbrien für Friedrich noch zu den sichersten Regionen Italiens, vielleicht nicht zuletzt deshalb, weil sein unehelicher Sohn Friedrich von Antiochien als Generalvikar von Tuszien und auch von

Stauferkastelle wie die Rocca oberhalb von Assisi manifestierten die Macht der – nicht immer geliebten – deutschen Kaiser in Italien.

Amelia die Sache des Vaters betrieb. Auf dem im Februar 1247 in Terni abgehaltenen Hoftag setzte er Heinrich, einen Sohn aus seiner dritten Ehe mit Isabella von England, zum kaiserlichen Statthalter im Königreich Sizilien ein. Im selben Jahr ließ er die Festung von Castiglione del Lago neu errichten. Auf antistaufische Widerstände reagierte er mit unerbittlicher Strenge und ließ 1249 Bevagna und Montefalco verwüsten. Dies waren Friedrichs letzte ›Amtshandlungen‹ in Umbrien. Am 13. Dezember 1250 verstarb er; fast auf den Tag genau ein Jahr zuvor hatte er noch, in einem Brief, der Stadt Foligno für ihre Treue gedankt und ihr seine besondere Zuneigung ausgesprochen.

Die Zeit der Päpste

Mit den Staufern ging auch die Vorherrschaft der kaisertreuen Ghibellinen in Italien dahin. Die letzten Nachfahren Friedrichs II. wurden blutig ausgelöscht. Karl von Anjou war der neue mächtige Mann des papsttreuen Guelfenbundes unter der Vorherrschaft von Florenz, dessen Territorium sich von Perugia bis Bologna erstreckte.

Die Päpste entdeckten eine neue Vorliebe für Umbrien. Papst Urban IV., der sich fast zwei Jahre lang ununterbrochen in Orvieto aufhielt und am 2. Oktober 1264 in Perugia starb, ernannte zuvor im selben Jahr in Orvieto Karl von Anjou zum König von Apulien und Sizilien; Papst Gregor X. empfing in Orvieto 1273 den englischen König Edward I., als dieser vom Kreuzzug zurückkehrte; Papst Martin IV. wurde hier 1281, in Anwesenheit Karls von Anjou, zum Papst erhoben und König Ludwig von Frankreich 1297 durch Papst Bonifaz VIII. in San Francesco heiliggesprochen: eine glanzvolle Zeit für den Kirchenstaat. Mit der Macht der deutschen Kaiser in Italien hatte es allerdings unwiederbringlich ein Ende. Rudolf von Habsburg, der sich das Geld für seine mehrfach geplante, doch nie durchgeführte Romfahrt zur Kaiserkrönung 1275 vom Papst leihen wollte, hatte dafür auf Ansprüche an den Kirchenstaat und damit auf das Herzogtum Spoleto verzichtet.

Als Teil des Kirchenstaates bekam Umbrien oft die harte Hand der Päpste zu spüren. Doch es gab auch Förderer, wie Papst Julius I., dem Perugia aus Dankbarkeit 1555 ein Denkmal setzte.

Religion in Bewegung: Katharer, Geißler und Franziskaner

Der Argwohn, den die Amtskirche Franziskus zunächst entgegenbrachte, war darin begründet, daß andere religiöse Bewegungen ihre Kirchenkritik nicht bei Worten beließen, sondern zum Teil gewaltsam gegen Bischofspaläste und wohlhabende Klöster vorgingen. So waren beispielsweise die Katharer weit verbreitet. Ihre Lehre, welche die Katharer zum »Gottesvolk« erhob, hatte von Frankreich aus um 1155 in Italien Fuß gefaßt und wurde von der Amtskirche als ketzerisch verfolgt. In Orvieto hatten sie zahlreiche Anhänger, und in Assisi war 1203 der Katharer Giraldo zum *Podestà*, das heißt zum Stadtregenten, gewählt worden.

In Perugia nahmen 1260 die Geißlerzüge der sogenannten Flagellanten ihren Ausgang. Zum Erschrecken der Amtskirche verbreitete sich die Bewegung über ganz Europa. Gerade auch Umbrien erlebte so im 13. Jahrhundert die Kehrseite eines überzogenen religiösen Fanatismus. Die Absichten der neuen Strömungen, den maroden Klerus und die reich gewordenen Benediktiner- und Zisterziensermönche an die Armutslehre des Neuen Testaments zu erinnern, wurden jedoch durch den Fundamentalismus, mit dem ihre Durchsetzung betrieben wurde, letztlich zunichte gemacht, und es gelang der römischen Amtskirche, ihre Anhänger wieder um sich zu scharen und mit nicht geringerer Brutalität zurückzuschlagen. In Orvieto ließ der Papst die starke Katharer-Gemeinde blutig verfolgen. Selbst ein Mann wie der Franziskaner Jacopone da Todi, der Dichter des Marienhymnus *Stabat mater* und anderer Kirchenlieder, wurde verfolgt. Er hatte Kirche und Papst wegen ihrer Korruption angeklagt und kam deshalb von 1298 bis 1303 in Haft. Von der Amtskirche unbehelligt blieb dagegen die Franziskanerin des Dritten Ordens Angela von Foligno (1248–1309), die als eine der bedeutendsten Mystikerinnen Europas gilt.

Der Kirchenstaat verändert sein Gesicht

Häufig begegnet uns in Umbrien der Name Albornoz. Er kommt einem zu Recht ›spanisch‹ vor: Papst Innocenz VI., der als Verbannter im französischen Avignon residierte, machte 1353 den spanischen Kardinal Aegidius Albornoz zu seinem Stellvertreter in Italien. Er hoffte, mit dessen Hilfe die Städte in Umbrien, die sich selbständig gemacht hatten, wieder in den Kirchenstaat einzugliedern und zur Räson zu bringen.

Die Bürger der jungen Stadtgemeinden hatten dem kriegserfahrenen Kirchenmann kaum etwas entgegenzusetzen, als er 1354 die päpstliche Ordnung wiederherstellte, obwohl er zunächst nur über bescheidene finanzielle und militärische Mittel verfügte. Die Wende trat ein, als sich überraschend Giovanni III. di Vico, der Tyrann von Orvieto, im Juni 1354 ergab, wohl gegen die Zusicherung, daß die Stadt den Status einer freien Kommune beibehalten durfte. Die im folgenden errichteten Zwingburgen von Assisi, Narni, Orvieto, Spello, Spoleto und Todi gehen alle auf Albornoz zurück. Nur Perugia vermochte sich bis 1370 eigenständig zu halten, aber da war Albornoz, am 23. August 1367, schon verstorben. Er wurde zunächst in der Franziskus-Basilika in Assisi bestattet, 1372 aber nach Toledo in Spanien überführt. Über seinen Tod hinaus bekannt und fünfhundert Jahre lang im Kirchenstaat in Kraft blieben die nach ihm benannten Aegidianischen Konstitutionen, ein grundlegendes Gesetzeswerk von Verfassungsrang.

Doch die Städte, die sich zu lange ihrer Unabhängigkeit erfreut hatten, konnten nicht auf Dauer für die Kirche wiedergewonnen werden. Der Tod Albornoz' 1367 wirkte auf sie wie ein Signal, erneut die kirchlichen Fesseln abzustreifen. Als sich darüber hinaus der päpstliche Legat in Perugia wie ein Tyrann aufführte, erhob sich dort 1375 die Bevölkerung. Die verhaßte Festung wurde erstürmt und zerstört. Örtliche Signoren übernahmen allerorten wieder die Herrschaft. Die Einheit des Kirchenstaates zerbrach erneut.

Die Signorien – Städtische ›Herrschaften‹

Karl von Anjou (geb. 1254) war als *Signore* von Florenz (ab 1267) ein herausragendes Beispiel für die neue Herrschaftsschicht in den Stadtstaaten, doch was seinen hohen Rang angeht – er war der Sohn König Ludwigs VIII. von Frankreich –, stellte er zunächst eine Ausnahme dar. Nur daß er ein Fremder war, entsprach den Gepflogenheiten der Zeit. Denn normalerweise wählten sich die führenden Kreise einer Stadt früher bewußt einen Mann von außerhalb als *Podestà*. Er sollte über allen, häufig bitter verfeindeten Parteien stehen und für ein gerechtes, zwischen den verschiedenen Interessen ausgleichendes Stadtregiment sorgen. Ein *Podestà* konnte wegen Unfähigkeit auch entlassen werden, was man in Chroniken um die Wende vom 12. zum 13. Jahrhundert nachlesen kann. War man indes mit der Amtsführung zufrieden, wurde seine Regierungszeit verlängert. Seine Herrschaftsgewalt nahm im selben Maße zu.

Ähnlich verlief die Entwicklung zur *Signoria*, die sich aus dem Amt des *Capitano del popolo*, dem Anführer der Stadtmiliz, herausbildete. Auch er wurde zunächst von außerhalb berufen und nur auf Zeit bestellt. Doch dieser Signore, der die Waffengewalt innehatte, war ungleich schwerer aus seiner Stellung wieder zu entfernen, oft auch gar nicht mehr. Aus der so widerrechtlich erlangten Machtbefugnis heraus konnten Vertreter eingesessener Adelsfamilien ebenso wie fremde Emporkömmlinge die Herrschaft über einzelne Städte und das Umland errichten. Sie konnten auch mehrere Ämter in verschiedenen Städten zugleich ausüben. Ihre Regierungen waren oft von Grausamkeit, Despotie und Tyrannei gekennzeichnet. Zusätzlich suchten Kriege der Städte gegeneinander das Land heim. So wurde Ende des 14. Jahrhunderts etwa Assisi von Perugia erobert, wo erstmals 1393 der bürgerliche Biordo Michelotti eine Willkürherrschaft errichten konnte, nachdem er zwei Angehörige der adligen Baglioni durch Mord beseitigt hatte. Er war auch Chef der Florentiner Armee und verbündete sich mit den Visconti, an die anschließend, unter Giangaleazzo Visconti, 1400 bis 1402 die Herrschaft über die Kirchenstaatsstädte Perugia und Assisi überging. Als Giangaleazzo starb, hinterließ er nur zwei unmündige Söhne, und sein Staat, der von Umbrien bis Norditalien reichte, drohte wieder zu zerfallen; Perugia und Assisi mußten 1403 an den Papst zurückgegeben werden.

Von 1416 bis 1424 leitete der Condottiere Braccio »Fortebraccio« da Montone die Amtsgeschäfte in Perugia, aber auch in Assisi, Città di Castello, Todi, Foligno und sogar in Rom mit strenger Hand. Nach seinem Tod war die Kirche wieder am Zug und schickte sich an, die umbrischen Städte fest in den Kirchenstaat einzubinden. Dabei kamen ihr die Zwistigkeiten zwischen den Adelsfamilien innerhalb der Kommunen entgegen.

So betätigten sich die Peruginer Baglioni fortgesetzt als Quertreiber, deren Rivalität mit den Oddi die Stadt in Mitleidenschaft zog. Am 14. August 1500 wurde die Familie der Baglioni durch eine Verschwörung ihrer Gegner ausgelöscht, mit Ausnahme von Gian Paolo Baglioni, der daraufhin blutig Rache nahm. In Orvieto rieben sich bis in die erste Hälfte des 14. Jahrhunderts die guelfischen Monaldeschi und die ghibellinischen Filippeschi gegeneinander auf. 1334 schwang sich Manno Monaldeschi durch einen (Stadt-)Staatsstreich zum *Signore* von Orvieto auf und bahnte den Weg für die Tyrannei der nächsten Jahrzehnte, mit der auch seine Nachfolger die Städt brutal in Schach hielten. In Todi bestimmten vor allem die Familien Atti und Cesi bis ins 16. Jahrhundert das Geschehen, bevor die Stadt endgültig im Kirchenstaat aufging.

Die Signorien – Städtische ›Herrschaften‹

Als Kardinal Giovanni Vitelleschi im Auftrag von Papst Eugen IV. (und sicherlich auch eigenen Vergeltungswünschen nachgebend, denn die Vitelleschi waren von den Trinci aus Foligno vertrieben worden!) 1439 gegen die tyrannische Herrschaft der Trinci in Foligno mit Truppen vorging, wurde dies als Erleichterung empfunden. Zufrieden war man vor allem wohl in den Städten Bevagna, Montefalco, Spello, Assisi, Giano dell'Umbria, Trevi und Nocera Umbra, die zuvor mit päpstlicher Billigung unter die Herrschaft Folignos geraten waren. Corrado Trinci und seine beiden Söhne verloren dabei ihre Köpfe, und Foligno und die anderen Städte wurden wieder fest in den Kirchenstaat eingebunden. Wie merkwürdig sich allerdings die Besitz- und Herrschaftsverhältnisse jener Zeiten bisweilen gestalteten, zeigt das bizarre Beispiel des Örtchens Cospaia, das heute fast auf der Grenze zur Toskana liegt. Die wenigen Häuser bildeten bis 1826 eine unabhängige Republik, nachdem Papst Eugen IV. den Ort schlichtweg übersehen hatte, als er 1440 das Gebiet rund um das toskanische Sansepolcro an die Republik Florenz abtrat.

1450 fiel Orvieto endgültig an den Kirchenstaat, hatte aber auch zuvor den Päpsten stets als beliebte Residenz gedient. Eher als in Rom, das zudem im Sommer häufig von Malariaepidemien heimgesucht wurde, fanden die Päpste hier Anerkennung und Respekt. Als Papst Alexander VI. (1492–1503), der Vater der berühmt-berüchtigten Lucrezia Borgia, vor einem Aufruhr in Rom fliehen mußte, wich er nach Orvieto aus. 1499 betraute er seine Tochter Lucrezia, »die Kleopatra des 15. Jahrhunderts«, kurze Zeit mit der Herrschaft über Spoleto, die sie Mitte August antrat. Doch das einzige Ereignis, was man mit ihr als Regentin in Verbindung bringen kann, ist die Aussöhnung zwischen den verfeindeten Städten Spoleto und Terni. Im Jahr darauf übertrug der Borgia-Papst Spoleto einem anderen Verwandten, nämlich Lodovico Borgia, der gleichzeitig Bischof von Valencia war.

Der Kirchenstaat erzitterte, als Papst Julius II., »il papa terribile«, es sich 1503 zum Ziel setzte, auch die weltliche Herrschaft unangefochten auszuüben. Selbst die mächtigen Baglioni von Perugia kuschten vor ihm und unterwarfen sich. Ihr Oberhaupt wurde auf Befehl von Papst Leo X. (1513–1521) in der Engelsburg in Rom enthauptet. Auch Assisi geriet wieder unter kirchliche Herrschaft und 1529 Città della Pieve. Perugia konnte sich zwar kurzfristig gegenüber der Kirche wieder etwas Luft verschaffen, aber als letzte Stadt Mittelitaliens verlor schließlich auch sie endgültig ihre Freiheit: Nach einem Aufstand, der sich im sogenannten Salzkrieg (»Guerra del Sale«) gegen das päpstliche Besteuerungswesen entlud, ließ Papst Paul III. die Stadt 1540 von seinen

Truppen einnehmen. Er entzog ihr die bisher zugestandenen Privilegien, ließ den Sitz der angesehenen Familie Baglioni niederreißen und auf diesem eine Zwingburg errichten, die Rocca Paolina, die zum Symbol der Unterdrückung wurde. Umbrien war – mit Ausnahme des Gebiets von Gubbio – damit wieder fester Bestandteil des Kirchenstaates geworden.

Aufbruch in die Neuzeit – Umbriens und Italiens Einheit

Die gebietsmäßige Abrundung des Kirchenstaatsgebietes schien – was Umbrien betraf – mit dem Anschluß Gubbios 1631 zu einem für die Päpste befriedigenden Abschluß gekommen zu sein, und die Region hätte mit innerer Ruhe den Weg in die Neuzeit antreten können. Aber da war die Kirche vor: so hatte 1625 Papst Urban VIII. die Universität von Perugia der Aufsicht des dortigen Bischofs unterstellt. Und dieser Zustand der geistigen Unfreiheit sollte noch über zweihundert Jahre andauern; auch darauf bezog sich das Wort von der »elenden päpstlichen Politik«, das Johann Gottfried Herder sich während seiner Italienreise 1788/1789 ins Tagebuch notierte.

Ende des 18. Jahrhunderts griffen die revolutionären Umwälzungen aus Frankreich nach Italien über. Napoleons Armeen kamen nach Umbrien und siegten unter General Lemoine 1798 bei Terni gegen die Neapolitaner. Umbrien wurde in die Departements Trasimeno (mit der Hauptstadt Perugia) und Clitunno (mit der Hauptstadt Spoleto) aufgeteilt, als Teile der von den Franzosen kontrollierten Römischen Republik. Gleichzeitig sollte, wie Napoleon sich vertraglich gegenüber Papst Pius VI. im Jahr davor verpflichtet hatte, Umbrien weiterhin auch Teil des Kirchenstaates bleiben. Doch die vollständige Rückgabe an den Papst erfolgte erst 1799, nachdem österreichische und neapolitanische Truppen den Landstrich besetzen konnten. Zehn Jahre später, 1809, wurde Perugia freilich von Frankreich annektiert, und Umbrien gehörte bis 1814 als einheitliches Departement Trasimène (mit der Hauptstadt Spoleto) zum napoleonischen Kaiserreich.

Da Umbrien nicht nur mit französischen Soldaten, sondern auch mit bürgerlich-revolutionärem Gedankengut konfrontiert wurde, sind die Erhebungen gegen das klerikale Regime nach 1815 nicht verwunderlich. Ein Aufstand, der im Februar 1831 im päpstlichen Bologna ausbrach, griff auch auf Umbrien über. Ziel war es, die »Vereinigten Provinzen Mittelitaliens« zu gründen; die Herrschaft des Papstes wurde für beendet erklärt. Doch die Anführer der Erhebung erwiesen sich als politisch unerfahren, und die Hoffnungen, die man auf Frankreich setzte, verflogen, nachdem sich Frankreich wieder mit Österreich arrangiert hatte und nichts unternahm, als der Papst Österreich gegen die Aufständischen zu Hilfe rief. Die Truppen, die Metternich darauf nach Italien schickte, stießen kaum auf Widerstand. Nach einer neuerlichen Erhebung und erneutem Einmarsch österreichischer Truppen entsandte auch Frankreich Soldaten – zum Schutz des Papstes, dessen Haltung zunehmend restriktiver und autoritärer wurde. Er lehnte es weiterhin ab, Nicht-Kleriker zu Staatsämtern zuzulassen und auf kommunaler wie provinzieller Ebene Wahlen zu gestatten.

Erst durch den neuen, bedingt liberalen Papst Pius IX. (1846–1878) wurden ab 1846 erste Schritte zu einem Kurswechsel unternommen. Die europaweite Revolution des Jahres 1848 griff dennoch auf den Kirchenstaat und Umbrien über. Der Papst gab sich enttäuscht darüber, daß seine Reformansätze, zum Beispiel bei der Gewährung der Pressefreiheit, sich letztlich gegen ihn selbst gerichtet hatten, und kehrte zur konservativen Politik seines unbeliebten Vorgängers zurück.

Im Verlauf des von dem liberalen Politiker Camillo Cavour (s. S. 100 f.) lange betriebenen Krieges zwischen dem von Frankreich unterstützten Piemont und Österreich kam es auch in anderen Teilen Italiens 1859 wieder zu nationalen Bestrebungen, die auf eine Einheit des Landes und auf Ablösung des päpstlichen Regimes in Mittelitalien ausgerichtet waren. Während die päpstlichen Beamten tatsächlich zum großen Teil ihre Plätze räumen mußten, konnten die Truppen des Papstes Umbrien wiedergewinnen. Die Schweizergarde, die der Papst aufgeboten hatte, richtete bei der Rückeroberung Perugias ein Massaker an. Doch die Truppen des Kirchenstaates waren nicht mehr in der Lage, ein dauerhaftes päpstliches Regime aufzurichten. 1860 kam es in Perugia zur letzten Auflehnung und zur Zerstörung der päpstlichen Festung durch die Bevölkerung. Nach harten Kämpfen, die im September vor allem um Spoleto tobten, wurde Umbrien erstmals wieder unter dem antiken Namen, als »Region Umbria«, Teil des italienischen Staates. Gleichzeitig wurde die territoriale Zersplitterung aufgehoben und die Region zur Einheit zusammengeführt.

Doch der äußere Glanz nationaler Einheit stand der Krise im Innern gegenüber. Sie war von Arbeitslosigkeit und Hungersnot geprägt und hatte in den letzten Jahrzehnten des 19. Jahrhunderts Massenauswanderungen zur Folge.

Eine andere Folge war, daß man sich stark am deutschen Vorbild orientierte: Ein Teil der Bevölkerung wandte sich gewerkschaftlichen bis revolutionären kommunistischen Ideen zu, die wirtschaftlich Mächtigen indessen widmeten sich dem Aufbau der Schwerindustrie. In Terni entstand 1884 das erste Stahlwerk Italiens, das unter Mussolini zur Waffenschmiede wurde und gerade in diesen Tagen, Anfang 1994 – mit den Folgen einer drastischen Erhöhung der Arbeitslosenzahl in der Region – geschlossen wurde. In Narni vor allem hatte sich damals die chemische Industrie angesiedelt. Aber der von der staatlichen Einheit Italiens erhoffte wirtschaftliche Aufschwung stellte sich nicht ein. Vor allem die Beibehaltung des Pachtsystems der *mezzadria* hielt das Land in beträchtlicher Rückständigkeit.

Cavour, Garibaldi, Vannucci und Co. – kleine Namenskunde italienischer Straßen und Plätze

Wie italienische Kirchen immer wieder nach »San Francesco« oder »San Domenico« benannt sind, stößt man auf den Streifzügen durch die umbrischen Städte stets auch auf die gleichen Namen von Straßen und Plätzen. Ein Teil der Namen, der Corso Vannucci in Perugia zum Beispiel, ehrt Künstler aus früheren Epochen wie eben den Maler **Pietro Vannucci** (1445 – 1523), der vielen als Perugino – nach Perugia, dem bedeutendsten Ort seines Schaffens – vertrauter ist. Auch **Alighieri Dante** (1265 – 1321), dem Dichter der *Göttlichen Komödie*, wird häufige Ehrung zuteil. Der weitaus größere Teil der Straßennamen jedoch würdigt Gestalten des 19. Jahrhunderts, die sich Verdienste um die Einigung Italiens erwarben.

Vittorio Emanuele (Viktor Emanuel II., 1820 – 1878) galt und gilt den meisten Italienern als Symbolfigur der Einigung Italiens zum Nationalstaat. Seiner Volkstümlichkeit entsprang wohl seine frühe Sympathie für liberale Ideen und für die patriotische Bewegung. 1849 wurde er König von Sardinien-Piemont, 1861 König von Italien, als welcher er von Papst Pius IX. mehrmals exkommuniziert wurde. Sein wichtigster Minister war **Camillo Graf Benso di Cavour** (1810 – 1861), der als eigentlicher Begründer des Königreichs Italien gilt. Die von ihm

Kleine Namenskunde italienischer Straßen und Plätze

1847 gegründete Zeitschrift *Il Risorgimento* gab der Epoche ihren Namen. Tief durchdrungen von Rationalität war er gegen Schwärmereien und Überschätzungen der national-revolutionären Bewegung gefeit und schon dadurch zu einer pragmatischen Politik befähigt, die schließlich zum Ziel führte.

Diese Haltung hatte ihn stets in einen Gegensatz zu **Giuseppe Mazzini** (1805–1872), den »Vater der Demokratie« Italiens, gebracht, der auf einen revolutionären Umsturz baute, um auch sein Lebensziel, die Einigung und Erneuerung Italiens, zu bewerkstelligen. Er setzte auf die Jugend, auf die Taktik des Guerillakriegs, auf die Einführung der Demokratie und lehnte jegliche monarchische Regierungsform ab. Er wurde zweimal zum Tode verurteilt, mehrmals inhaftiert und verbannt, weshalb er seit 1834 fast ausschließlich im Ausland, ab 1850 in London lebte. Erst 1869 kehrte er nach Italien zurück.

Zu seinen bedeutendsten Anhängern gehörte **Giuseppe Garibaldi** (1807–1882), dessen Laufbahn als »Freiheitsheld« durch zahlreiche Legenden noch überhöht wurde. 1834 wurde er zusammen mit Mazzini wegen seiner Beteiligung am Aufstand in Genua zum Tode verurteilt, floh nach Frankreich, kämpfte anschließend in Brasilien und lebte von 1849 bis 1853 nach seiner erneuten Verbannung aus Italien, wo er 1848/49 eine Gruppe Freischärler angeführt hatte, als Bauer auf der Insel Caprera vor Sardinien. Berühmt wurde er durch seinen »Zug der Tausend«, an dessen Spitze er 1860 das Königreich Sizilien eroberte und damit den letzten entscheidenden Anstoß zu der ins Stocken geratenen Einigung Italiens gab. Sein dreimaliger Versuch, Rom einzunehmen, scheiterte zwar, trug ihm aber in der Bevölkerung höchste Bewunderung ein.

Ein Adjutant Garibaldis war **Goffredo Mameli**. Er wurde 1849 tödlich verwundet, erlangte aber als Verfasser des Kampfliedes *Fratelli d'Italia* Unsterblichkeit: es wurde 1946 zur italienischen Nationalhymne erhoben. **Aurelio Saffi** (1819–1890) machte sich auf der Seite der »Erneuerer Italiens« als Literat einen Namen. **Umberto I.** (1844–1900) regierte ab 1878 als König von Italien, bis er von einem Anarchisten erschossen wurde.

Im Jahr 1916 wurde **Cesare Battisti** (1875-1916), der, in Trient gebürtig, 1911 Mitglied des österreichischen Reichsrats geworden und 1914 nach Italien geflohen war, von den Österreichern wegen seiner Sympathien für die italienische Freiheitsbewegung, das heißt wegen Hochverrats, hingerichtet. **Giacomo Matteotti** (1885-1924) schloß sich, trotz seiner konservativen Herkunft, früh den Sozialisten an und bemühte sich vorrangig um die Bildung der Arbeiterschaft. Als Generalsekretär seiner Partei bot er Mussolini couragiert Paroli. Anfang Juni 1924 wurde er von Faschisten überfallen, aus Rom entführt und ermordet. Ähnlich wie Matteotti wirkte auch der Marxist und Faschisten-Gegner **Antonio Gramsci** (1891-1937). Er wurde zu zwanzig Jahren Haft verurteilt. Seine im Gefängnis entstandenen Aufzeichnungen zu kulturellen, philosophischen, historischen und politischen Themen übten auf die Nachkriegskultur tiefen Einfluß aus.

Neben den gefeierten Freiheitskämpfern und bedeutenden Politikern sind häufig der Komponist **Giuseppe Verdi** (1813-1901), der patriotische Dichter **Giosuè Carducci** (1835-1907) sowie der Funktechniker **Guglielmo Marconi** (1874-1937), der für seine Leistungen bei der Entwicklung der Telegraphie 1909 den Nobelpreis erhielt, an umbrischen Straßen und Plätzen verewigt. Neben den herausragenden Persönlichkeiten erinnern zahlreiche Straßenbezeichnungen mit Tages- und Monatsangaben – wie etwa die Via XXV Aprile, die des Endes der faschistischen Herrschaft 1945 gedenkt – an wichtige historische Daten und Ereignisse: der 29. März (1943) an den Waffenstillstand zwischen Italien und den Alliierten, der 20. September (1870) an die Einnahme des päpstlichen Roms durch die Truppen des vereinigten Königreichs Italien und der 4. November (1918) an den Waffenstillstand zwischen Italien und Österreich.

Straßen und Plätze in dieser Weise zu benennen ist keine umbrische Eigenart, sondern in ganz Italien anzutreffen. Nur: Der mehrheitliche politische Wille hat in Umbrien dafür gesorgt, daß ein wenig überdurchschnittlich häufig die Namenszüge ›linker‹ Politiker von den Schildern prangen.

Faschismus und Widerstand

Nachdem Mussolini 1922 zum Ministerpräsidenten aufgestiegen war, unterschied sich Umbrien in seiner ablehnenden oder zustimmenden Haltung bezüglich des Faschismus nicht von anderen Landesteilen Italiens. Zudem hat sich die im Jahr zuvor gegründete Kommunistische Partei, die etwa in Terni stark vertreten war, sogleich durch eine Abspaltung in ihrem antifaschistischen Widerstand geschwächt. Die Ober- und Mittelschicht, die alten Eliten und Teile des Klerus wußten sich dagegen gut mit den Faschisten zu arrangieren. Als typisches Beispiel darf Assisis Bürgermeister gelten, Arnaldo Fortini, Faschist und gleichzeitig Vorsitzender der Internationalen Gesellschaft für Franziskanische Studien, der glaubte, eine Brücke zwischen franziskanischen Glaubensvorstellungen und faschistischer Ideologie schlagen zu können. Wie später in Deutschland, wo die Nazis versuchten, die SS in die Tradition der mittelalterlichen Ordensritter zu stellen, bedienten sich auch die italienischen Faschisten der Besinnung auf alte Traditionen, auf die Antike wie das christliche Mittelalter gleichermaßen. Umbrien bot mit seinen mittelalterlichen Stadtanlagen und seinen von Palazzi dominierten Plätzen willkommene Kulissen für die Aufmärsche und Demonstrationen faschistischer Macht. Zahlreiche Gebäude, Plätze und Mauern, die heute als ›echt mittelalterlich‹ bestaunt werden, wurden in dieser Zeit, mitunter auch verfälschend, restauriert oder ›wieder‹hergestellt. Perugia wurde den Faschisten ein geschätzter Stützpunkt, es sollte in der »Faschistischen Epoche« einen Rang einnehmen, wie er Bologna für das Mittelalter zuerkannt war; Mussolini selbst schätzte es als »Umbrisches Athen«, als »Italienisches Oxford«. Terni dagegen, das 1927 als umbrische Provinz eingerichtet wurde, sollte als Waffenschmiede, als moderne »Stadt der Bewegung« aus- und aufgebaut werden, während Assisi als geistliches und religiöses Zentrum der Region zum »Umbrischen Bethlehem« stilisiert wurde.

Die deutschen Truppen in Umbrien

Im Juni 1944 näherte sich der alliierte Vorstoß Umbrien von Süden her. Nach Tagen, an denen aus Richtung der Stadt Orte Geschützdonner zu hören war, drängten Briten und Italiener der sich zurückziehenden 10. Armee der deutschen Wehrmacht auf umbrisches Gebiet nach. Am 14. Juni verlagerte sich der Schwerpunkt der Kämpfe in den Raum Orvieto. Die Deutschen mußten die Stadt aufgeben und konnten die Alliierten auch am Überschreiten des

CITTÀ DI NARNI

13 GIUGNO 1944, ORE 12: LIBERAZIONE DAL NAZIFASCISMO!

Una foto storica: 13 giugno 1944, ore 12, Narni è liberata.

"Ci affrettammo a grande velocità a raggiungere il nostro obiettivo: Narni, a mezzogiorno. Le strade della piccola cittadina italiana erano gremite da una moltitudine eccitata che ci gridava il benvenuto. Gli abiti vivaci delle ragazze, i volti animati, lo sventolio delle bandiere ed il getto dei fiori resero il nostro ingresso un trionfo. Purtroppo le bandiere tendevano ad essere quasi tutte di color rosso (ed una aveva persino il simbolo della falce e martello) tuttavia noi non eravamo nello spirito di lesinare al nostro alleato una parte del tributo.
Mentre la gola a sud di Narni veniva presa in considerazione come un possibile luogo di attraversamento, lo Squadrone B girò ad est, guadò l'Aja con una squadra anti mine agli ordini del Serg. Robertson che faceva miracoli in avanti e riuscì a raggiungere la città di Terni. Quivi il nemico stava per distruggere l'unico ponte"....
(da "Driver advance!", il diario del 2° Lothians and Border Horse, 1947)

NARNI - 25 APRILE 1994

50 ANNI DOPO: ANCORA UN GRANDE IMPEGNO PER LA PACE E LA LIBERTÀ

Die deutschen Truppen in Umbrien

Flusses Paglia und am weiteren Vormarsch nach Norden nicht nachhaltig hindern. Bereits am Nachmittag des nächsten Tages griff eine alliierte Einheit mit zwanzig Panzern Todi an. Die Deutschen setzten sich weiter nach Norden ab; ihr Nachschubverkehr und ihre Nachrichtenverbindungen wurden dabei von Partisanenverbänden empfindlich gestört.

Am 16. Juni setzten die Alliierten ihren Vormarsch auf Perugia fort, nur kurzzeitig von verlustreicher deutscher Gegenwehr bei Montegabbione, südwestlich von Città della Pieve, gestoppt. Dagegen wurden die letzten Reserven, welche die Deutschen aus der 94. Infanterie-Division aufgeboten hatten, nördlich von Todi beim ersten Ansturm überrannt, und über Collazone stießen die Alliierten bis Deruta vor. Gleichzeitig gelang es den Engländern, nach schweren Kämpfen in Foligno einzudringen. Die deutsche Besatzung gab Assisi, das ihnen als Lazarettstadt gedient hatte, auf und Hunderte von Juden, die in den Klöstern der Stadt versteckt waren, überlebten den Naziterror. Am 17. Juni rollte eine englische Panzerdivision nach der Einnahme Folignos auf Assisi zu und nahm das in Bastia stationierte SS-Bataillon gefangen. Es leistete keine Gegenwehr mehr: Nachdem die Briten die Brücke über den Chiano gesprengt hatten, war die SS-Einheit von jedem Fluchtweg abgeschnitten.

Pater Rufino, der Retter der Juden in Assisi

Während der letzten Kriegsmonate der Jahre 1943/44 auf italienischem Boden bot Assisi Hunderten von Juden vor der drohenden Verschleppung nach Deutschland und der Vernichtung in den Gaskammern Unterschlupf. Eine der zentralen Figuren war dabei der Franziskanerpater Rufino Salvatore Niccacci. Auf Anordnung des Bischofs von Assisi übernahm er es, die Unterbringung jüdischer Familien – als Christen oder gar als Mönche getarnt –, in den Klöstern der Stadt sowie ihre

Im Juni/Juli 1944 mußte die Deutsche Wehrmacht Umbrien aufgeben. Am 25. April, dem Staatsfeiertag der Befreiung vom Faschismus, gedenkt Narni des Einzugs einer britischen Division am 13. Juni.

Versorgung mit gefälschten Papieren und ihren Weitertransport in Gebiete zu organisieren, wo sie vor dem Zugriff der Nazis sicher waren. 1974 erhielt Pater Rufino die höchste Ehrung des Staates Israel, die an einen Christen vergeben werden kann. Er starb 1977 im Alter von 66 Jahren.

Alexander Ramati, einer der ersten Kriegsberichterstatter, die Assisi nach der Vertreibung der deutschen Wehrmacht betraten, hat den bewegenden Lebensabschnitt Pater Rufinos recherchiert und zu einer Ich-Erzählung des mutigen Franziskaners verarbeitet; sie diente als Vorlage für den Film *Assisi Underground* mit Maximilian Schell, James Mason und Irene Papas. – Pater Rufino erinnert sich:

»Ich werde wohl nie erfahren, ob die Deutschen es von Anfang an so vorgehabt hatten, oder ob sie über den Rücktritt des Bürgermeisters und seine Weigerung, die Geiseln auszuliefern, so wütend waren. Aber die Prozession war kaum eine Stunde zu Ende, als die erste Razzia in Assisi begann.
Bei Sonnenuntergang am 4. Oktober trafen sie von überallher ein, das Sonderkommando aus Bastia, Waffen-SS aus Foligno und Gestapo-Leute aus Perugia, errichteten rasch Straßenblockaden, rückten dann in die Stadt vor und verbarrikadierten alle sieben Stadttore. Sie hatten die Bewohner hinter ihren Mauern in der Falle. Dann, perfekt berechnet, fuhren genau mit Beginn der Ausgangssperre Lastwagen voller bewaffneter Soldaten bedrohlich und stumm durch die verlassenen Straßen, die ihre verhüllten Scheinwerfer in ein gespenstisches Licht tauchten. Auf den Hauptplätzen machten sie halt, wo sie mit den in der Stadt stationierten deutschen und italienischen Polizeieinheiten, die durch die Stadt patrouillierten, zusammentrafen. Von dort aus schwärmten einige aus Soldaten und Polizisten zusammengesetzte Gruppen durch die mittelalterlichen Gäßchen und begannen ihre Suche nach vermutlichen Partisanen, Antifaschisten und Italienern, die ihrer Einberufung zum Militärdienst nicht Folge leisteten, und nach Juden, die sich vor der Deportation versteckten. Schwarze Volkswagen kreisten durch die Stadt, besetzt mit deutschen Offizieren und OVRA-Leuten, die jedem hohe Belohnung versprachen, der Feinde

des Dritten Reiches und der Italienischen Sozial-Republik [Mussolinis] meldete, und allen mit dem Tod drohten, die es verabsäumten, Anzeige zu erstatten.

Die steinernen Häuser waren dunkel, die Fensterläden geschlossen und die Türen versperrt, drinnen saßen die Menschen eng aneinandergedrängt und horchten auf die Tritte schwerer Stiefel und die scharfen Armeebefehle, die an Haustore pochenden Fäuste und das Krachen der Gewehrkolben. Sowie ich von der Razzia erfuhr, sauste ich [vom Kloster San Damiano] in fliegender Hast in die Stadt und erreichte [das Klarissen-Kloster] San Quirico gerade, als die Externen die Mutter Oberin von der Razzia unterrichtet hatten, die sofort sämtliche Nonnen im Altarraum zum Gebet um die Fürbitte der heiligen Klara versammelt hatte. Zur gleichen Zeit saßen die Juden, die Gelbs, die Kropfs, die Maionicas und alle anderen, die ihnen in den ersten Oktobertagen in dieses Versteck gefolgt waren, in ihren Zimmern. Angsterfüllt lauschten sie auf jedes Geräusch, das die Stille der Nacht durchbrach, auf Stimmen in der Ferne oder das Gerumpel der Fahrzeuge. Die alten Männer hatten ihre Käppchen aufgesetzt und beteten, Frauen weinten still vor sich hin, junge Männer wälzten verzweifelt Pläne, wie sie sich freikämpfen wollten, falls sie gefunden werden sollten.

Als sie erfuhren, daß ich im Empfangsraum sei, kamen sie zu mir gestürzt, als wäre ich der zu ihrer Errettung erschienene Messias. Aber ich hatte keine Zeit, ihre Ängste zu zerstreuen, ich brüllte Schwester Amata an: ›Wo zum Teufel ist die Oberin?‹ – ›Im Altarraum, mit den Schwestern, beten.‹

›Du lieber Himmel!‹ rief ich. ›Beten – in so einem Augenblick? Bringen Sie mich zu ihr!‹

›Ich kann ihr Gebet nicht stören.‹

›Rufen Sie sie augenblicklich ins Sprechzimmer!‹ Ich trat einen Schritt auf sie zu, und die dicke Nonne flüchtete aus dem Zimmer. Einen Augenblick später sah ich mich Mutter Giuseppina hinter dem vergitterten Fenster gegenüber. ›Öffnen Sie diese Türen, Mutter!‹ sagte ich und wies auf die hölzerne Tür hinter einem doppelten Gitter, zu der nur die Oberin und eine Pförtnerin der Nonnen den Schlüssel hatten.

›Was? Das ist die Klausur!‹

›Glauben Sie, ich weiß das nicht? Bringen Sie alle Juden dort hinein.‹ – ›Männer? Männer in die Klausur? In die Klausur eines Nonnenklosters? Sie sind von Sinnen, Pater! Wir haben alle unser Gelübde abgelegt, uns von der Welt zurückzuziehen.‹
›Dann brechen Sie es!‹ schnauzte ich sie an.
Die Nonne bekreuzigte sich. ›Niemals! Niemals in den siebenhundert Jahren, seit Papst Innozenz IV. unseren Orden gründete, ist unsere klösterliche Klausur durchbrochen worden. In der päpstlichen Bulle hat die heilige Klara in ihrem eigenen Namen und im Namen ihrer Nachfolgerinnen dem Papst Gehorsam gelobt, und nur der Papst kann mir befehlen, das Gelübde zu brechen.‹
›In dem gleichen Artikel eins der Bulle, auf die Sie verweisen, Mutter, gelobten die Oberinnen den Nachfolgern des heiligen Franziskus Gehorsam. Ich als Pater Guardian von San Damiano gebe Ihnen jetzt einen Befehl.‹
›Sie sind ein schlauer Mann, Pater. Ich weiß das, wir alle wissen das, [...] aber Sie können mich nicht herumkommandieren. Nur der Papst oder sein für den Franziskaner-Orden zuständiger Kardinal könnten mir befehlen, Männer in die Klausur einzulassen.‹
›Der Papst und der Kardinal sind weit weg.‹
›Die heilige Klara ist nahe. Sie wird uns beschützen, wird uns alle beschützen. Ist es ihr nicht gelungen, 1241 die Sarazenen Friedrich des Zweiten in die Flucht zu schlagen? Sie werden sehen, die Deutschen werden das Kloster nicht einmal betreten.‹ – ›Mutter!‹ Ich würde wütend. ›Es geht um Leben und Tod.‹
›Was ist der Tod‹, antwortete die Nonne gelassen, ›wenn nicht ein Schritt zum wahren Leben?‹
Ich faltete verzweifelt die Hände. ›O Gott!‹ Einen Augenblick lang glaubte ich explodieren zu müssen, aber ich biß mir auf die Lippen, um meinen Zorn zu unterdrücken, und rannte aus dem Sprechzimmer. Oben auf der Treppe begegnete ich einem sehr bleichen Giorgio Kropf, der mich mit angstverschleierten Augen fragend ansah. ›Diese starrköpfige Nonne‹, brummte ich. ›Was kann man schon erwarten von Frauen, die sich die Köpfe kahl rasieren und den ganzen Tag beten! Herrgott nochmal, es gibt eine Zeit zu beten, aber auch eine Zeit zu handeln!

Ich gehe den Bischof holen.‹ Und damit rannte ich die Treppe hinunter, zum Tor hinaus und eilte zur Piazza del Vescovado. Als ich eben die Piazza erreichte, hörte ich Motorengeheul. Ein SS-Motorradfahrer mit Stahlhelm blieb scharf bremsend neben mir stehen. ›Was bilden Sie sich eigentlich ein, jetzt herumzulaufen, Pater?‹ rief er auf deutsch, aber ich verstand ihn schon. Ich warf einen Seitenblick auf das auf der Lenkstange montierte leichte Maschinengewehr. ›Eine Schwester‹, sagte ich auf italienisch, ›eine Nonne – ist sehr krank. Sie braucht einen Priester.‹ Der Deutsche kniff die Augen zusammen; er verstand kein Wort, daher versuchte ich mit Gesten darzustellen, was ich gerade gesagt hatte, deutete auf meine Kutte, imitierte einen Sterbenden und zeigte auf den bischöflichen Palast.

›Aha‹, nickte der SS-Mann. ›Das letzte Sakrament. Ich verstehe, ich bin selber katholisch.‹ Und der katholische Soldat des Dritten Reiches bedeutete mir mit einer Handbewegung weiterzugehen.

›Danke, heilige Klara‹, flüsterte ich, um Mutter Giuseppina Gerechtigkeit widerfahren zu lassen. Ein paar Minuten später klopfte ich an das Tor des Bischofs, bis Elena Cargol öffnete und mich einließ.

Nicolini kam mir auf halber Treppe entgegen. ›Was ist los?‹ Ich berichtete ihm von der Situation. Der Bischof wandte sich an seine Schwester: ›Meinen Mantel!‹ Er riß ihn ihr fast aus der Hand und stieß mich voran. ›Kommen Sie, rasch!‹

Wir eilten mit vor Anstrengung und Angst klopfenden Herzen die Via Giacomo di Martino hinunter. ›Wie sind Sie zu mir durchgekommen?‹ fragte Nicolini.

›Ich erzählte einem patrouillierenden Soldaten, daß eine Nonne im Sterben liegt und nach Ihnen verlangt hat.‹

Von irgendwo gellte plötzlich ein Schrei durch die nächtliche Stille. ›Ich bin unschuldig! Ich bin nicht bei der Resistenza!‹. Dann herrschte wieder Schweigen. Wir gingen rasch weiter, und einen Augenblick später sahen wir in einer Seitengasse einen Lastwagen stehen, in den ein Junge hineingestoßen wurde. Seine Mutter lief hinter ihm her und flehte die Soldaten an, ihn laufen zu lassen, weil er erst siebzehn Jahre und noch zu jung für die Armee sei.

›Heda – Sie!‹ Der Bischof und ich erstarrten. Ein italienischer

Polizist kam auf uns zugerannt, gefolgt von einem Gestapo-Mann. ›Es ist Ausgangssperre.‹ Dann, als er Nicolini erkannte, salutierte er. ›Monsignore‹, sagte er in höflichem Ton, ›die Ausgangssperre gilt auch für Sie.‹

›Eine Nonne liegt im Sterben‹, sagte der Bischof von Assisi, ohne mit der Wimper zu zucken, ›und sie hat gebeten, daß ich ihr die letzte Ölung verabreiche.‹

›Oh, ich bedaure ...‹ Der Polizist erklärte dem Gestapo-Mann die Angelegenheit, und der winkte den Bischof und mich weiter. Als wir gerade beim Eingang von San Quirico waren, sah ich eine andere Patrouille weiter unten auf der Straße an die Pforte eines Benediktiner-Klosters klopfen. ›Sie kontrollieren die Klöster also doch‹, sagte ich düster.

›Wenn sie doch bloß falsche Identitätskarten hätten‹, seufzte Nicolini, als er die Treppe hinaufstieg.

Beim Anblick des Bischofs kam Schwester Amata ein paar Stufen heruntergeeilt, knickste und küßte seinen Ring. ›Oh, Monsignore! Ich sage der Mutter Oberin, daß Sie hier sind.‹

›Beeilen Sie sich, Schwester, es ist keine Zeit zu verlieren.‹ Der Bischof stürzte in das Sprechzimmer, und ich ihm dicht auf den Fersen. Eine Sekunde später öffnete sich das Fenster. Mutter Giuseppina erschien, ließ sich auf einen Schemel nieder und faltete die Hände in der für sie typischen Haltung wie zum Gebet. ›Öffnen Sie die Klausurabsperrung, Mutter‹, sagte der Bischof kurz angebunden. ›Lassen Sie alle Juden hinein.‹

›Ich brauche die Anweisung des Papstes. Oder des Kardinals.‹ Sie warf einen Blick auf mich, der an der Tür stand.

›Ich bin der Vertreter des Papstes in dieser Diözese und ich führe die Anweisungen des Papstes aus‹, sagte Nicolini.

Die Nonne öffnete den Mund und schloß ihn wieder. ›Das wußte ich gar nicht, Monsignore.‹ Sie ergriff seine Hand durch das Gitter hindurch und erwies ihm ihre Ehrerbietung.

›Seine Heiligkeit hat befohlen, Menschenleben um jeden Preis zu retten. Und jetzt beeilen Sie sich bitte, Mutter. Die Deutschen sind auf der anderen Straßenseite beim Benediktinerkloster.‹

Ungläubig hob Mutter Giuseppina die gefalteten Hände zum Kinn. ›Sie sind in ein Kloster eingedrungen?‹

›Sehr richtig. Bitte, beeilen Sie sich!‹

Ohne ein weiteres Wort winkte die Oberin eine der Nonnen in ein angrenzendes Zimmer der Klausur und wies sie an, allen Nonnen ihre Entscheidung mitzuteilen. Dann ging sie auf die Tür zu, nahm ihren Schlüssel, bekreuzigte sich und schloß zuerst die hölzerne Tür auf und dann das eiserne Schutzgitter. Der Bischof und ich lächelten einander erleichtert zu. Ich eilte hinüber ins Gästehaus und klopfte an sämtliche Türen. ›Kommen Sie sich rasch verstecken, alle!‹

Das mußte man keinem zweimal sagen. Sie nahmen ihre paar Habseligkeiten und eilten damit in das Sprechzimmer des Klosters. Mutter Giuseppina stand in der offenen Tür, und jedesmal, wenn ein Flüchtling in die Klausur eintrat, schlug sie ein Kreuz und sagte: ›Sia laudato Gesú Cristo.‹ Einer nach dem anderen gingen sie hinein, mehr als dreißig Menschen – die Kropfs, die Gelbs und die Maionicas, die provenzalische Familie aus Libyen, die Familie Jacobson aus Holland, sowie ein anderer Zweig der Maionicas, die erst am Tag zuvor angekommen waren, zwar getauft, aber gemäß den Rassengesetzen Deutschlands und Italiens nach wie vor Juden. ›Wo sollen wir sie alle unterbringen?‹ Schwester Amata schlug die Hände zusammen.

›In den Räumen der Nonnen, aller Nonnen‹, sagte der Bischof, ›sogar in ihrem, Mutter Oberin.‹ Mutter Giuseppina nickte, jetzt voll hilfsbereitem Eifer.

›Ein Glück, daß die Anordnung des Heiligen Vaters gerade noch rechtzeitig kam‹, sagte ich leise zum Bischof. Niemand hörte uns. ›Der Heilige Vater, dessen bin ich sicher‹, antwortete der Bischof gelassen, ›hätte die gleiche Anweisung gegeben, wenn er an meiner Stelle wäre.‹

Aber kaum daß der letzte Flüchtling in der Klausur verschwunden war, hörten wir draußen auf der Straße schon ein Fahrzeug halten, lautes Durcheinander italienischer und deutscher Stimmen und dann das harte Poltern eines Gewehrkolbens am Klostertor. Der Bischof und ich verschwanden schleunigst in der Klausur. Während Schwester Amata hinunterging, sperrte uns Mutter Giuseppina alle ein, hinter dem doppelten Gitter. Von unten hörte man das Geräusch eines sich öffnenden Tores und eine schroffe italienische Frage: ›Haben Sie Flüchtlinge im Hause?‹

›Wir haben derzeit niemanden in unserem Gästehaus‹, antwortete Schwester Amata.
›Zeigen Sie mir Ihr Gästebuch.‹ Wir hörten Stiefel die Treppe heraufpoltern, dann, nach einer Weile, sagte die gleiche italienische Stimme, nein, im Gästehaus seien keine Gäste registriert, worauf ein scharfer deutscher Befehl folgte, dann rasche Schritte und Fußtritte gegen die Türen; die Gestapo-Leute kontrollierten die Zimmer.
Da sperrte Mutter Giuseppina die doppelte Gittertür auf und schoß quer durch das Sprechzimmer. ›Wie können Sie es wagen!‹ hörten wir ihre empörte Stimme aus dem Empfangszimmer. ›Wie können Sie es wagen, mit Waffen in das Kloster einzudringen und uns zu verhören, die Töchter Gottes?‹
Die nächsten Sekunden waren derart spannungsgeladen, daß der Bischof und ich den Atem anhielten, die Blicke auf das Doppelgitter zur Klausur geheftet, das Mutter Giuseppina in ihrer Hast offengelassen hatte.
Dann hörten wir, wie die Soldaten hinausbefohlen wurden und eine Stimme sagte: ›Ich bedaure, Mutter. Bitte, verzeihen Sie uns. Es ist alles in Ordnung.‹ Die Tritte der Soldaten verhallten die Treppe hinunter. Wir traten aus der Klausur und streckten die Köpfe hinaus in den Korridor, der das Sprechzimmer vom Gästehaus trennte. Auf der anderen Seite, durch die offene Tür des Empfangsraumes, sahen wir die kleine Gestalt der Mutter Oberin, die Hand gebieterisch erhoben, darauf wartend, daß sich das Klostertor wieder schloß.
›Sia laudato Gesú Cristo‹, seufzte sie und schlug ein Kreuz, wahrscheinlich fast genauso, wie es die heilige Klara hinter den zurückweichenden Sarazenen im Jahre 1241 getan hatte.«

(Alexander Ramati, *Der Assisi-Untergrund*, S. 30 – 36)

Die Kampfhandlungen nahmen am 18. Juni 1944 an Schärfe zu. Die 10. Armee der Deutschen versuchte mit allen Mitteln, Perugia zu halten, weshalb während der nächsten Tage vor allem um die Höhenstellungen Monte Malbe und San Marco rund um Perugia gefochten wurde. Beide Seiten erlitten hohe Verluste. Zudem erzielten die Partisanen mit Brückensprengungen und Überfällen auf Fahrzeuge der deutschen Wehrmacht Erfolge. Am 26. Juni konnten die Alliierten die Hauptkampflinie der Deutschen im Nordosten von Perugia durchbrechen und die feindlichen Truppen weiter nach Norden abdrängen. Ab Juli – Castiglione del Lago war längst eingenommen und Perugia befreit – verlegten sich die Kämpfe in den Raum von Umbertide, Città di Castello und Gubbio, wobei es nochmals zu einer größeren Auseinandersetzung um den Ort Pietralunga kam. Währenddessen setzten sich zunehmend Soldaten verbündeter italienischer Verbände und ganze Carabinieri-Abteilungen von den Deutschen ab. Am 14. Juli befand sich Umbrien nur noch nördlich der Linie Città di Castello, Pietralunga und Gubbio in feindlicher Hand. Doch als eine Woche später den Deutschen Città di Castello genommen werden konnte, war der Krieg für Umbrien fast zu Ende. Die letzten Kampfhandlungen auf umbrischem Boden fanden am 25. Juli 1944 in dem Ort Pistrino, nahe der Grenze zur Toskana, statt.

Die letzten fünfzig Jahre

Den wirtschaftlichen Aufschwung, den Italien nach dem Krieg nahm, schien Umbrien etwas zu verschlafen. Das förderte den Erhalt ländlicher Idyllen, die sich freilich für die Einheimischen oft als Nischen der Armut darstellten. Die Landfluchtbewegung griff erneut um sich; die Menschen gerieten in den Sog der Industrie- und Dienstleistungszentren in den größeren Städten. Trotzdem: Umbrien hat den Anschluß inzwischen nicht nur geschafft, sondern gilt unter wirtschaftlichen Gesichtspunkten als Region mit Zukunft.

Politisch war und ist Umbrien – trotz Stimmenverlusten bei den Parlamentswahlen im März 1994 – überwiegend eine ›linke‹ Region. So erhielten zum Beispiel in Perugia die Kandidaten der Vereinigten Linken *(Progressisti)* für den Senat 49,6 Prozent, für die Kammer 46,9 Prozent der Stimmen; die Kandidaten der in diesen Wahlen am Ende siegreichen Rechten haben, mit Berlusconis *Forza Italia*, Bossis *Lega Nord* und Finis neofaschistischer *Alleanza Nazionale*, in Perugia nur 27,4 Prozent (für den Senat) und 32,3 Prozent (für die Kammer) erzielt. In anderen Städten wie etwa in Città di Castello ist das Ergebnis zugunsten der Linken noch besser ausgefallen. Vielleicht haben zu diesem Ergebnis auch die für Umbrien besorgniserregenden Meldungen beigetragen, wonach die Rechten planen, die Anzahl der jetzigen Regionen mindestens zu halbieren, dabei Umbrien zu teilen und angrenzenden Regionen zuzuschlagen.

Fünfzehn mal X Möglichkeiten, sein Herz an Umbrien zu verlieren

Für Urlauber, die Angebote wie »Europa in vierzehn Tagen« nicht als ›Horror-Trips‹ ansehen, ist Umbrien leicht zu übersehen. Von Città di Castello im Norden der Region bis Narni im Süden sind es 130 Straßenkilometer und einmal quer durch, von Castiglione del Lago bis Norcia, trotz mitunter kurvenreicher Strecke auch nicht mehr als 140. Eine Angelegenheit für einen Tag, höchstens. Das andere Extrem bilden Umbrien-Besucher, die jedes Jahr für mehrere Wochen die Region bereisen und nicht genug bekommen, immer neue Entdeckungen machen oder es sich einfach in der gegensätzlichen Landschaft gutgehen lassen: in den Seen schwimmen, surfen, drachenfliegen, wandern, bergsteigen oder Museen und Galerien besuchen, Kirchen und Burgen besichtigen, essen gehen, Weine probieren, durch Städte bummeln.

Die Kleinräumigkeit Umbriens erlaubt es, je nach Herzenslust rasch zwischen den verschiedenen Landstrichen zu wechseln. Gleichzeitig lassen sich stets Abstecher von einem bestimmten Tal ins Hinterland oder umgekehrt von einer Bergregion in die Ebene verbinden. Insofern ist die folgende Einteilung der Region mit den lohnendsten Besichtigungen lediglich eine Empfehlung, die stets individuelle Variationen zuläßt. Die Einteilung versucht weniger, Landschaftsräume geschlossen abzuhandeln, als vielmehr einzelne Routen anzubieten, auf denen die Region möglichst praktikabel zu erschließen ist. Ähnliches gilt für die Besichtigung der Städte, sofern sich dabei ein vorteilhafter Rundweg anbietet.

»Bei der ersten Begegnung fasziniert Umbrien
vor allem durch sein Licht, [...] das [...] die Kuppen des
Mittelgrundes blau aus dem Sfumato der Talnebel
emporsteigen läßt.« (Roger Willemsen)

Der Trasimenische See

Binnenmeer, lieblichste Landschaft Mittelitaliens, größter See der Apenninenhalbinsel – nur der Gardasee, der Lago Maggiore und der Comer See in den italienischen Alpen sind größer – und für Italien ein unvergleichlicher Biotop: Mit welchen Attributen kann er sich nicht schmücken, dieser Trasimenische See, dem auch Goethe und Stendhal ihre Bewunderung nicht versagten und Fontane in seinem Roman *Der Stechlin* die Ehre erwies.

Schon in der Altsteinzeit ließen sich Siedler hier nieder. Um 500 v. Chr. zählte der König von Chiusi den See samt Hinterland zu seinem Herrschaftsbereich. Und Hannibal nutzte den Küstenstreifen zwischen dem Wasser und den angrenzenden Bergen im Norden zu einem Hinterhalt und schlug dort 217 v. Chr. das römische Heer vernichtend. Bei den Kämpfen im Mittelalter ging es um den See selbst, seinen Fischreichtum in erster Linie sowie um die überdurchschnittlichen landwirtschaftlichen Erträge der Umgebung. Die Stadt Perugia machte dabei das Rennen und betrachtete den *Lago* als ihren »Haus-See«. Alte Gemälde von Perugia lassen ihn bis vor die Mauern der Stadt reichen, um die Besitzverhältnisse zum Ausdruck zu bringen.

Dabei wäre man ihm ums Haar schon einige Male ans Wasser gegangen; die 128 Quadratkilometer, die der See bei einer durchschnittlichen Tiefe von circa drei bis vier Metern und einem Umfang von circa 50 Kilometern bedeckt, reizten, ihn trockenzulegen und dadurch Land zu gewinnen: in der Antike zur Ansiedlung römischer Veteranen, im Mittelalter zur Errichtung einer eigenen Grafschaft. Häufig auftretende Malariaepidemien ließen ebenfalls an seine Entwässerung denken. Doch zu allen Zeiten haben sich diejenigen durchgesetzt, die für seine Erhaltung eintraten. Schon die Römer haben, nicht anders als die Peruginer im 15. Jahrhundert, Anstrengungen zur künstlichen Regulierung des Wasserstandes unternommen. Bleiben die Regenfälle unter dem gewohnten Mittel und sind die Sommer extrem heiß, dann kann sein Wasserspiegel bedrohlich um ein bis zwei Meter abfallen. Die Wassergüte soll darunter nicht leiden, wie offizielle Stellen versichern. Gerade Familien mit Kleinkindern schätzen die sanft abfallenden, gepflegten Badestrände von Passignano, Tuoro (Navaccia) und Castiglione del Lago. Wer sich mit Tretbootfahrten nicht zufriedengeben mag, findet Möglichkeiten zum Surfen und Segeln. Auf ›hohe See‹ geht es mit den Fährschiffen, die – etwa ab Ostern bis Ende September – von Passignano (Anlegestelle direkt an der Uferstraße),

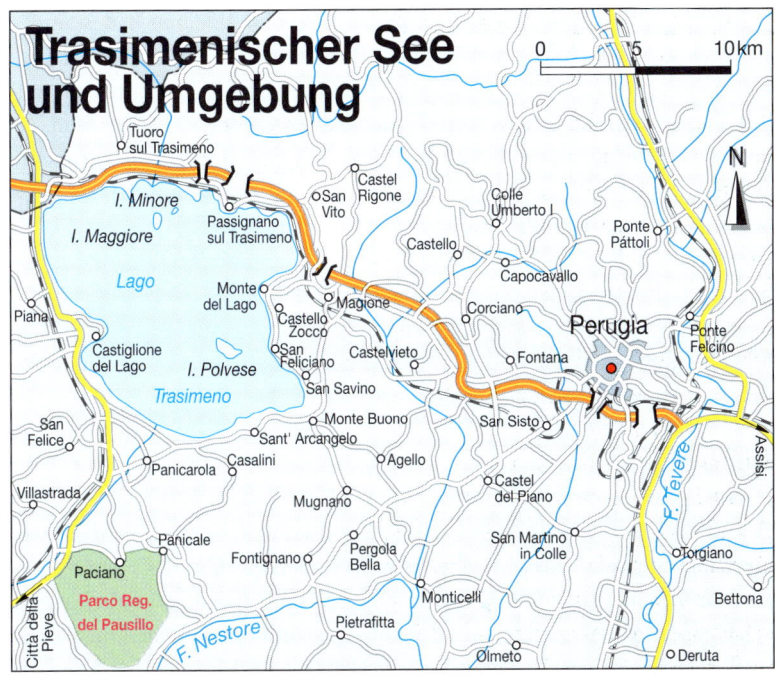

von Tuoro (beim Campo del Sole), von Castiglione del Lago, San Feliciano und von Sant'Arcangelo aus die Inseln im See ansteuern.

Während sich die Isola Minore in Privatbesitz befindet und nicht zu betreten ist, erfreut sich die autofreie **Isola Maggiore** in den Sommermonaten großen Zulaufs. Um sich ihrer Beschaulichkeit hingeben und ungestört auf den Spuren des heiligen Franziskus von Assisi wandeln zu können, der hier im Jahr 1211 zweiundvierzig Tage fastend zubrachte, sollte man einen der ersten Ausflugsdampfer nehmen, der bei der alten Fischersiedlung anlegt. Am nördlichen Ende des mit Ziegelsteinen befestigten Dorfsträßchens, das von Häusern aus dem 15. und 16. Jahrhundert gesäumt ist, führt ein Fußweg hinauf zu der im 12. Jahrhundert errichteten Kirche San Salvatore mit Resten eines Flügelaltars (Polyptychons) von Sano di Pietro um circa 1480. Die Kirche San Michele Arcangelo dagegen, mit einem Kruzifix von Bartolomeo Caporali von 1460 und Fresken des 14. bis 16. Jahrhunderts, geht auf das 14. Jahrhundert zurück, und die malerische, wie ein Kastell anmutende Villa Isabella am südlichen Ende der Insel, die sich in Privatbesitz befindet, entsprang dem romantischen Geist des ausgehenden 19. Jahrhunderts.

Ein Naturerlebnis bietet die **Isola Polvese**: Trotz eines kleinen Badestrandes steht sie als Vogelschutzgebiet in gutem Ruf, und man kann dort Rohrdommeln, Eisvögel, Fischreiher und Kormorane beobachten. Auf einem anmutigen Weg durch Olivenhaine und Obstkulturen, vorbei an Eichen und Zypressen, läßt sich diese größte der drei Inseln in etwa einer Stunde umrunden. Die Ruinen einer Burg aus dem 14. Jahrhundert präsentieren sich inmitten von Pappeln und Tamarisken. Bei der Durchquerung der grünen Insel stößt man auch auf die Reste einer Abtei aus dem 12. Jahrhundert, die 1624 aufgegeben wurde. Ansonsten erinnert nichts mehr daran, daß die Bewohner ihre Insel im 17. Jahrhundert wegen ständiger Malariaepidemien verlassen hatten. Gerade zehn Bewohner sind es noch, die heute hier leben.

Rund um den See

Besonders eindrucksvoll breitet »das strahlende Auge Umbriens«, der Trasimenische See, sein unermeßliches Blau zu Füßen des Örtchens **San Savino** aus, die Vormittagssonne und die auf das Jahr 1006 zurückgehende Burg im Rücken. In dem breiten Gras- und Schilfgürtel befinden sich die künstlichen Abflußvorrichtungen, die von römischer Zeit bis Ende des 19. Jahrhunderts angelegt und genutzt wurden, um Hochwasser zu verhindern.

An der Uferstraße weiter in Richtung Nordwesten liegt **San Feliciano**, benannt nach dem ersten Bischof von Foligno, der sich hier im Jahr 220 aufgehalten haben soll. Der Ort erinnert mehr durch sein Museo della Pesca – ein Fischereimuseum mit sehenswerten Gerätschaften, das in einem ehemaligen, leider sehr an eine Doppelgarage erinnernden Bootshaus untergebracht ist – als durch Fischerdorfromantik an den traditionellen Erwerb seiner Bewohner. (Öffnungszeiten s. S. 399). So sind es denn weniger die in der Sonne ein Schwätzchen haltenden Fischer, die den Etat der Gemeinde aufbessern, sondern die Eigentümer der im kleinen Hafenbecken daneben vertäuten Motor- und Segelboote und natürlich die Touristen, die von hier zur Isola Polvese übersetzen.

Ungeschminkt zeigt der folgende Ort **Castello di Zocco**, daß die Gegend schon bessere Tage erlebt hat. Denn so malerisch sich das wegen Einsturzgefahr nicht betretbare Dorf hinter den hohen Mauern rechts neben der Straße zeigt, so tot sind seine Fenster. Obwohl hier einst ein Franziskanerkloster und später eine der mächtigsten Festungen am See stand – ihre Ruine ist sehens-

Rund um den See

wert –, haben schon vor über fünfzig Jahren die letzten Bewohner Castello verlassen. Hoch über das Seeufer erhebt sich eine Burganlage aus dem 14. Jahrhundert, die im wesentlichen das Dörfchen **Monte del Lago** bildet. Es diente dem (seit 1810 mit Therese von Sachsen-Hildburghausen verheirateten) bayerischen Kronprinzen Ludwig I. 1823 als verschwiegenes Liebesnest, als er hier seiner umbrischen Liebe, einer gewissen Marchesa Lorenzi, huldigte. Die Villa Palombara, wo die beiden sich trafen, bot später noch weiteren illustren Gästen Obdach, wobei schwer zu entscheiden ist, ob sich die Herren Komponisten Puccini, Mascagni und Giordano im Belcanto oder in der Entenjagd übten.

Von Monte del Lago bietet sich ein Abstecher von circa drei Kilometern in das höher gelegene **Montecolognola** an, ein wehrhafter mittelalterlicher Flekken, den die Bewohner des benachbarten Ortes Magione 1293 als Bergfestung angelegt hatten und der im 15. Jahrhundert erneuert wurde. Bereits die Zufahrtsstraße gestaltet den Blick über den Trasimenischen See und danach weit über das Land nach Osten zum grandiosen Erlebnis. In der Ferne mahnt der stets eingerüstete Turm von **Magione**, die Torre dei Lombardi, einen Besuch an. Wenn man sich – von San Savino oder der Schnellstraße (Nr. 75 bis) kommend – in Richtung Zentrum hält, liegt in einer langen Rechtskurve hinter einer mit Zypressen bestandenen Mauer das Castello dei Cavalieri di Malta, eine Burg des Malteserordens, die um 1420 an der Stelle eines einfachen Pilgerhospizes aus dem 12. Jahrhundert erbaut wurde, 1502 Versammlungsort umbrischer Verschwörer gegen Cesare Borgia war und sich nun in Privatbesitz befindet. Einen friedlicheren Charakter gibt sich Magione als Geburtsort des Fra Giovanni (1190–1252), eines der ersten Gefolgsleute des heiligen Franziskus von Assisi; 1225 von Papst Innocenz IV. zu den Tataren entsandt, verfaßte er anschließend die erste europäische Geschichte der Mongolen.

Setzt man indes die Seeumrundung fort, passiert man in Uferhöhe das touristisch sehr erschlossene **Torricella**, das von Reisenden der letzten Jahrhunderte als Poststation erwähnt wurde. Nach Überquerung der Bahnlinie und Unterquerung der Schnellstraße fährt man geradeaus und nimmt die zweite Abzweigung rechts Richtung Castel Rigone beziehungsweise San Vito, dann die nächste Straße, ohne Hinweisschild, ebenfalls rechts, bis man zu einer Handvoll Häusern kommt, die den Weiler **San Vito** bilden. Nach dem letzten Haus gelangt man links über eine Wiese zur romanischen Kirche San Vito del Lago – einem Platz des Friedens, der zwischen Olivenbäumen und Ginster eine herrliche Aussicht über den Trasimenischen See bietet. Die Kirche, deren Ap-

sis wiederhergestellt wurde, besitzt einen eigentümlichen freistehenden Glockenturm. Er dürfte älter als die Kirche sein und ursprünglich dazu gedient haben, durch Feuerzeichen Nachrichten weiterzugeben. Die kleinere der beiden Glocken, die in ihm Platz haben, trägt die Jahreszahl 1488. Im Inneren zeigt Pfarrer Don Egisto Magrini, der hier 130 Seelen betreut, rechts neben der Apsis das älteste Fresko aus dem 15. Jahrhundert und an der linken Wand ein Bartolomeo Caporali (1420-1505) zugeschriebenes Tafelbild, das die *Kreuzigung Jesu* darstellt.

In einiger Entfernung auf der Höhe, gegen Nordwesten zu, markiert die zur Hälfte abgetragene **Torre di Monteruffiano** den Platz einer um das Jahr 1000 angelegten Burg; das dazugehörige Burgdorf, in dem bis 1292 etwa 230 Personen lebten, wurde Mitte des 17. Jahrhunderts aufgegeben. Folgt man der Straße von San Vito bergwärts, erreicht man nach fünf Kilometern das 653 Meter hoch gelegene **Castel Rigone**, dessen Ursprung im 6. Jahrhundert n. Chr. liegen soll. Am Ortsende links steht die regional bedeutsame Renaissance-Wallfahrtskirche Madonna dei Miracoli, mit deren Bau 1495 begonnen wurde. Die Skulpturengruppe in der Lünette über dem Portal stammt von 1512, die Freskenmalerei im Inneren aus dem 16. Jahrhundert. Der Campanile, den ein Erdbeben zum Einsturz gebracht hatte, wurde im 19. Jahrhundert wieder aufgebaut.

Nach der Ab- beziehungsweise Rückfahrt, die unvergleichliche Ausblicke über den See bietet, wartet drunten am Ufer das mit einigen Hotels und Restaurants gastliche Städtchen **Passignano**, das bereits die Römer unter dem Namen »Passum Jani« zu schätzen wußten. Ab dem letzten Juli-Wochenende, an dem die Fischer eine urtümliche Regatta abhalten, und im August nimmt die Touristenschar, die hier jeglichem Wassersport frönen und ›Seereisen‹ zu den Inseln unternehmen kann, freilich bedenkliche Ausmaße an. Am besten entflieht man dem Trubel auf dem Weg durch den mittelalterlichen Ortskern hinauf zum **Castello**, das im 13. bis 14. Jahrhundert errichtet wurde und für Perugia die Wacht am See hielt. Die Ruhe, die der Rundblick über den See

Abendstimmung über dem Trasimenischen See.
Mit langen Stecken haben die Fischer die Reusen markiert,
die sie am Morgen zu leeren hoffen.

vermittelt, hat vor der historischen Rückbesinnung freilich wenig Bestand. Im 2. Weltkrieg wurde Passignano wegen seiner Wasserflugzeugwerft bombardiert; im Mittelalter war es häufig Zankapfel zwischen den rivalisierenden Kommunen Perugia, Arezzo und Florenz. Und früher noch, in der Antike, schlug Hannibal hier in der Umgebung im Jahr 217 v. Chr. die Römer.

Eindringlicher als Ort jener »Schlacht am Trasimenischen See« hat sich jedoch **Tuoro sul Trasimeno** ins Gespräch gebracht, nicht zuletzt mit den Namen der Weiler Sanguineto (lat. *sanguis* = Blut), wo ein historischer Lehrpfad *(Percorso storico archeologico della battaglia)* das Ereignis erläutert, und Ossaia (lat. *ossa* = die Knochen), beide nordwestlich von Tuoro gelegen, letzteres jedoch bereits auf toskanischem Gebiet. Eine antike Säule in der Via Cartaginese, die 1961 vom Forum aus Rom hierher gebracht wurde, gibt den Stand des damals höher gelegenen Seeufers an. Auf gänzlich andere Weise beeindrucken die bizarren Säulen, die Künstler zwischen 1985 und 1988 schufen, auf dem **Campo del Sole** am heutigen Ufer, das mit Strandleben (Disko inbegriffen) und Anlegestelle für Fährschiffe aufwartet.

Der Weg von Tuoro nach Castiglione del Lago geht notgedrungen über toskanisches Gebiet: Straßenführung und Grenzverlauf zwischen der Toskana und Umbrien, die hier die Nordwestkante des Seeufers streifen, wollen es so – für zwei, drei Auto-Minuten. Nach weiteren zehn Minuten baut sich vor dem Ankömmling recht unvermittelt aus der flachen – und nicht eben lauschigen – Küstenzone der Hügel auf, von dem aus **Castiglione del Lago** Land und See beherrscht: ein herausgeputzter, sauberer Ferienort. Die ›Rundumerneuerung‹ der Stadtmauer, der Häuser und Gassen im alten Kern war sicher aufwendig und gut gemeint, hat ihm aber einiges von seiner früheren Patina genommen.

Hier wie generell westlich des Tiber befindet man sich in ehemaligem Etruskerland, und daher haben sich auch Angehörige dieses Volkes als erste jene Erhebung am See zur Ansiedlung erwählt. Seit dem 3. Jahrhundert v. Chr. kontrollierten dann die Römer von hier oben Land und Leute, was nicht immer friedlich abging. Für die Zeit des Mittelalters ist nicht bekannt, ob die Bewohner von Castiglione mehr unter der Last der Abgaben stöhnten, die sie im 10. Jahrhundert dem Kloster des heiligen Ianuarius in Capolona (bei Arezzo in der Toskana) zu leisten verpflichtet waren, oder unter der Knute Perugias, dem der Ort samt See ab 1184 zugehörte. Perugias Machtfülle hatte sich selbst Kaiser Heinrich VI. zu beugen: Er mußte sich 1196 dazu herbeilassen, die Burg von Castiglione, in der er sich im selben Jahr aufhielt, aufzugeben und zu zerstören. Erst sein Sohn, Kaiser Friedrich II., forcierte in seinem Bestreben, das Land dem Reich erneut einzugliedern, wenige Jahre vor seinem Tod den Wiederaufbau der Festung. Ab 1490 lastete das strenge Regiment des Baglioni-Clans aus Perugia über Castiglione. 1550 ging der Ort an einen gewissen Ascanio Della Corgna über, der ein kriegerischer Herr und Neffe von Papst Julius III. war und Giovanna Baglioni geheiratet hatte.

Diesem ersten Della Corgna, dessen Geschlecht in herzoglicher Würde bis 1643 die Geschicke Castigliones lenkte, begegnet man im Palazzo Della Corgna – auch Palazzo Ducale oder Palazzo Comunale genannt – an der Piazza Gramsci. Nicht nur daß er den Palast erbauen ließ, wobei er einen Geschlechterturm aus dem 13. Jahrhundert integrierte –, gleich nach dem Betreten der Eingangshalle, wozu die Erlaubnis bei der Kommunalverwaltung im Hause einzuholen ist, wird der Besucher durch Fresken von Salvio Savini an die Hochzeit des Herzogs mit der Baglioni-Tochter erinnert. Im zweiten Saal sind unter anderem seine Glanztaten verewigt.

Keine hundert Meter weiter liegen die imposanten Ruinen der mittelalterlichen Festung. Sie sind durch die kleine Gartenanlage und ein folgendes Tor zu betreten. ›Stilvoller‹ ist es jedoch, den versteckten Pfaden der einstigen hohen Herren zu folgen und sich in den schier endlosen, düsteren Gang zu begeben, der seit Jahrhunderten den Palazzo Ducale mit der Festung verbindet. Der Gang, den man rechts neben dem Palazzo betritt, ist so schmal, daß, sobald sich jemand von der anderen Seite nähert, ein fröhliches Zusammentreffen garantiert ist. Er erweckt indes auch weniger freudvolle Assoziationen an den Theoretiker skrupelloser Machtpolitik Niccolò di Bernardo dei Machiavelli, der 1503 in Castiglione zu Gast war. Ob er hier Eindrücke für sein elf Jahre später verfaßtes Hauptwerk *Il Principe* gewonnen hat? Die Art, wie die Baglioni und Della Corgna hier regierten, könnte ihm manches Vorbild für seine Auffassung einer erfolgreichen Herrschaft geliefert haben.

Die Festung – ein wahres ›Pentagon‹ des Trasimenischen Sees – zählt zu den eindrucksvollsten Wehrbauten Europas. Ihren Grundriß bildet ein unregelmäßiges Fünfeck. Die Anlage geht auf Friedrich II. zurück, wurde aber von Ascanio Della Corgna nochmals verstärkt. So eng und finster der völlig ungefährliche, doch am besten mit einer Taschenlampe zu bewerkstelligende Aufstieg auf den mit 39 Metern höchsten ihrer erhaltenen Türme ist, so einmalig bietet sich von oben der Blick über den See, auf das weite Umland und auf

Der Trasimenische See

Castiglione selbst. Man sieht hinab auf die Via Vittorio Emanuele, die geradeaus – vom Herrschafts›viertel‹ mit Festung und Palazzo weg – durch die Altstadt verläuft. Sie bildet als Hauptstraße gewissermaßen das Rückgrat des Siedlungsovals auf der Anhöhe, das von der Stadtmauer eingefaßt wird. Auf der Straße bummelt es sich angenehm an einfachen Lädchen vorbei, die von der Bluse über den Kochtopf bis zum Olivenöl alles mögliche anbieten, zur kleinen Piazza Mazzini, wo ein Café zum Verweilen einlädt. Hierher sieht man des öfteren – gerade in den heißen Mittagsstunden – im harten Familienferien-Dienst erschöpfte Väter vom Strand hochschleichen und bei einem Täßchen Cappuccino hinter der *Gazetta dello Sport* Zuflucht nehmen.

Nach der Piazza Mazzini setzt sich der Weg als Corso Matteotti fort; nach wenigen Schritten tritt man vor den neoklassizistischen Kuppelbau der Kirche Santa Maria Maddalena, in der eine Altartafel von Eusebio da San Giorgio aus dem Jahr 1500 zu besichtigen ist. Sie zeigt die Muttergottes mit Jesuskind, daneben den heiligen Antonius und Maria Magdalena. Wen es danach noch nicht zum Strand hinabzieht, wo es übrigens einen großen Parkplatz gibt, der kann sich auf den Wehranlagen rund um die Altstadt ergehen.

Die Meinungen über die Südküste des Sees gehen auseinander; sie reichen von trist und öde bis – im positiven Sinn – einsam. Doch der Eindruck wandelt sich, sobald die Straße im südlichen Hügelland wieder an Höhe gewinnt. Aber bleiben wir zunächst auf dem Rundkurs um den See und damit in südöstlicher Richtung direkt am Ufer. In **Panicarola** kommt möglicherweise auf seine Kosten, wem einmal nicht der Sinn nach Fresken und Kirchenfassaden steht: Im Agriturismo-Golfclub (ausgeschildert) ist an sehenswerten Exponaten nachzuvollziehen, wie Ferruccio Lamborghini den faszinierenden Weg vom einfachen Traktorbauer bis hin zum Hersteller legendärer Sportwagen beschritten hat.

Hinter **Sant'Arcangelo**, das fest in Händen von Campingurlaubern ist, erreicht man – von der Straße Richtung Monte Buono rechts abbiegend – die alte Abtei *(La Badia)* von Sant'Arcangelo. Sie hatte ihre Glanzzeit im 14. Jahrhundert, befindet sich heute in Privatbesitz und ist nicht zugänglich. Im Hinterland grüßt aus 411 Metern Höhe der romantische Burgort **Agello**, eine *der* Aussichtsterrassen Umbriens. Hierher sollen sich die Römer geflüchtet haben, die der Schlacht gegen Hannibal 217 v. Chr. entkommen waren. Zur Jahreswende 1178/1179 machte Kaiser Friedrich I. Barbarossa Station auf der Burg, von der sich an der höchsten Stelle des Ortes Ruinen erhalten haben.

Abstecher vom Trasimenischen See nach Süden bis Città della Pieve

Der Ausflug führt in die waldreiche Bergregion des Regionalparks um den Monte Petrarvella (645 Meter). Auf einem seiner Ausläufer hockt in luftiger Höhe, von Castiglione etwa dreizehn Kilometer entfernt, die Ortschaft **Panicale**, die bereits in etruskischer Zeit bewohnt war. Sie hat sich nicht nur dank ihres an höchster Stelle gelegenen Palazzo Comunale aus dem 14. Jahrhundert, der malerischen Piazza Umberto I und der zum Teil noch älteren, aus dem 13. Jahrhundert stammenden Stadtmauer ihren mittelalterlichen Charakter bewahrt. Naturfreunde schätzen den unvergleichlichen Ausblick über den Trasimenischen See. Kunstliebhaber gedenken eher des Malers Tommaso Fini, bekannt als Masolino da Panicale, von dem ein Fresko in der Kirche San Fortunata in Todi erhalten ist und der hier 1383 das Licht der Welt erblickte. Sie geben sich der Betrachtung eines Tafelbildes aus dem Jahr 1519 von Giovanni Battista Caporali hin, das die dritte Kapelle auf der linken Seite der im 17. Jahrhundert erbauten Collegiata di San Michele schmückt, oder sie suchen das vor dem Stadttor gelegene Kirchlein San Sebastiano auf: Wird einem dort geöffnet, nachdem man rechts neben der Treppe beim Haus mit der Nr. 13 geklingelt hat, läßt sich mit der Darstellung des Martyriums des heiligen Sebastian vor dem Hintergrund der Landschaft des Trasimenischen Sees eines der schönsten Fresken von Perugino aus dem Jahr 1505 bewundern.

Gestorben ist der verehrte Meister Perugino (s. S. 127), der zum Ende seines Lebens kaum mehr Aufträge erhielt, 1523 ganz in der Nähe: in **Fontignano**, zu erreichen von Panicale zur Straße Nr. 220, dann links Richtung Perugia und nach circa sechs Kilometern erneut links. Dort steht die unscheinbare Annunziata-Kirche mit einem Madonnenbild, das Perugino ein Jahr vor seinem Tod schuf und das hier die Erinnerung an den Künstler wachhält. Zuvor, in der Ortschaft **Tavernelle**, bieten sich kurze Abstecher in zwei entgegengesetzte Richtungen an. Nordwärts führt der Weg zur Kirche Madonna di Mongiovino, einem typischen Zentralbau der Renaissancezeit; südwärts geht es zu der inmitten von Wäldern gelegenen Kirche Madonna delle Grondici, wo sich mit einer Holzstatue *Madonna mit Kind* von 1495 ein deutscher Künstler, Gregorius Theotonicus, verewigt hat.

Von Tavernelle sind es auf landschaftlich reizvoller, zum Teil kurvenreicher Strecke etwa sechzehn Kilometer bis **Città della Pieve**. Der seit 1600 gebräuchliche Name löst die römische Bezeichnung »Castrum plebis« ab. In der

Der Trasimenische See

wechselvollen Geschichte des 509 Meter hoch gelegenen Ortes waren die Etrusker Ende des 4. Jahrhunderts v. Chr. von den Römern verdrängt worden. Unruhige Zeiten herrschten im Mittelalter, in dem die Stadt sich durch interne Querelen das Leben selbst schwer machte: Die kaisertreuen Ghibellinen gerieten im Vertrauen auf die Unterstützung durch Kaiser Friedrich II. (s. S. 87 ff.) mit den papsttreuen Guelfen aneinander; später lehnte sich die Stadt gegen die Herrschaft Perugias auf, und erst nach Jahren, in welchen sie von Orvieto und Perugia umkämpft wurde, kehrte hier ab 1529 unter der Herrschaft der Päpste Ruhe ein. Heute macht Città della Pieve mit seinen circa 2600 Einwohnern den geschäftigen Eindruck eines großen Dorfes, das von seinem früheren, kleinstädtischen Glanz einiges eingebüßt hat. Einfache Geschäfte bestimmen das Bild. Dafür kann man noch einem ›fleißigen Schneiderlein‹ durch die Scheibe seiner leeren Auslage bei der Arbeit zusehen und den Metzgern, die mit blutigen Schürzen zwischen Schweinehälften ihre Kundschaft bedienen. Was man an Verschönerungen in Castiglione vielleicht ein wenig zuviel, das hat man hier noch kaum getan. Es mag aber auch an der reichlichen Verwendung von Backsteinen liegen – die ganze Rocca besteht daraus! –, daß dem Städtchen die sonst in Umbrien allgegenwärtige heitere Ausstrahlung etwas abgeht.

Mit einigem Glück läßt sich im Zentrum an der Piazza Gramsci im Schatten des Doms Santi Gervasio e Protasio ein Parkplatz finden. Lediglich rudimentäre Reste seiner romanischen Fassade und Apsis verraten, daß er schon im 12. Jahrhundert errichtet wurde. Doch die Erhebung zum Bischofssitz im Jahr 1600 ließ einen gründlichen Umbau notwendig erscheinen, und so präsentiert er sich im Stil jener Jahre. Im Inneren mag man dennoch neben anderen Fresken wenigstens die zwei von Perugino in Augenschein nehmen: die *Taufe Christi* von circa 1510 am ersten Seitenaltar links und seine *Madonna*, mit den Stadtpatronen Gervasius und Protasius sowie den Aposteln Petrus und Paulus von 1514 über dem Hauptaltar. Aufmerksamkeit verdient schließlich das Holzkruzifix des ausgehenden 16. Jahrhunderts am ersten Seitenaltar rechts.

Der 38 Meter aufragende Stadtturm, die Torre pubblica, war bis zur Erweiterung des Doms 1580 freistehend. Er geht wie der eigentliche Kirchturm, der Campanile an der Rückseite des Doms, auf das 12. Jahrhundert zurück. Dem Stadtturm gegenüber steht auf der anderen Straßenseite der Palazzo Corgna (Haus-Nr. 15), der an jenen Ascanio Della Corgna, der uns bereits in Castiglione begegnete, erinnert; der Palazzo war seine hiesige Residenz als päpstlicher Gouverneur. In der Via Garibaldi, ein Stückchen weiter unten, zeigt sich bei

Haus-Nr. 86 frisch restauriert der Palazzo Fargna aus dem 18. Jahrhundert, in dem die Kommunalverwaltung sitzt. In der entgegengesetzten Richtung gelangt man, am Dom vorbei, am Ende der Piazza Plebiscito an das Haus Nr. 23, das eine Gedenktafel als Geburtshaus Peruginos ausweist.

Der große Meister Perugino: Arm geboren, arm gestorben

So wie das Geburtshaus Peruginos an der Piazza Plebiscito heute dasteht, kann er darin nicht das Licht der Welt erblickt haben, denn es ist zweifellos jünger. Es mag sich aber in einem älteren Gebäude an dieser Stelle zugetragen haben, daß er als Pietro Vannucci 1445 geboren wurde. Seine Eltern waren einfache Leute und schlugen sich mehr schlecht als recht durchs Leben. Sie mußten ihren Sohn zum Broterwerb frühzeitig weggeben. Dessen Glück war es, daß er zu einem Maler nach Perugia kam, wo sich ihm eine neue Welt eröffnete. Er fand Gefallen an der Betätigung mit Pinseln und Farben und entdeckte sein Talent. Ehrgeizig geworden, drängte es ihn nach Florenz. Dort ging er wohl bei Andrea Verrocchio in die Lehre und machte anschließend eine unvorhersehbare Karriere. Ganz Italien verlangte bald nach ihm. Selbst zur Ausmalung der Sixtinischen Kapelle in Rom wurde er hinzugezogen. Zu höchstem Ruhm stieg er auf, als er nach Perugia zurückkehrte. Selbstbewußt fügte er den Fresken, die er zwischen 1497 und 1500 ins Collegio del Cambio zauberte, sein Selbstbildnis hinzu. Zu dieser Zeit war er allen Zeitgenossen schon als *Perugino*, als »der aus Perugia«, bekannt. Unter den Schülern, die sich in Perugia um ihn scharten, sollte Raffael der berühmteste werden.

Doch in dem Maße, wie Perugino selbst alterte, wurde nach der Wende vom 15. zum 16. Jahrhundert auch seine Kunst als altmodisch empfunden. Er mußte es hinnehmen, daß der große Michelangelo sich über seine Malweise lustig machte. Verbittert und ohne Aufträge mußte er Florenz 1510 verlassen. Er tingelte in Umbrien von Ort zu Ort, von Dorfkirche zu Dorfkirche, und malte ums nackte Überleben. Immer wieder setzte er hinter Madonnen und Heiligen die Landschaft seiner Heimat ins Bild. Völlig verarmt starb er 1523 in Fontignano südlich des Trasimenischen Sees.

In Città della Pieve besitzt man kein Verständnis dafür, daß ihr großer Sohn Pietro Vannucci überall nur als »der aus Perugia« bekannt ist. Sie reklamieren ihn für sich. Deshalb fragt man hier, wenn man sich etwa nach dem Geburtshaus des Meisters erkundigt, besser nicht nach »Perugino«. Es könnte sein, daß sich der so Gefragte taub oder unwissend stellt.

Weiter auf der Via Vittorio Veneto stadtauswärts steht nach circa hundert Metern rechts die wenig ansehnliche Rocca. Sie wurde in der ersten Hälfte des 14. Jahrhunderts von der Stadt Perugia errichtet, um die Präsenz ihrer allgegenwärtigen Macht über Città della Pieve zu demonstrieren; später wurde die Festung häufig umgebaut.

Die meisten Besucher zieht es im August in die Stadt, zum historischen »Palio dei Terzieri«, einem mittelalterlichen Wettkampf der Stadtviertel, oder aber zur Weihnachtszeit, wenn bis 13. Januar die monumentale Krippe aufgestellt ist. Die übrigen Fremden, die über das Jahr verteilt hierher kommen, pilgern vor allem die Via Vannucci, die gegenüber dem Dom beginnt, entlang zum Oratorio dei Bianchi, in dem das Fresko *Anbetung der Könige* von 1504 gezeigt wird: Es gilt als das bedeutendste Meisterwerk Peruginos, mit dem sich Città della Pieve, seine Geburtsstadt, schmücken kann. Sollte zu den Öffnungszeiten wider Erwarten der Zugang verschlossen sein, hilft es, bei Haus-Nr. 29 zu läuten. Auf der Via Vannucci stadtauswärts stößt man auf die Via Santa Maria Maddalena. Von ihr zweigt zwischen Haus-Nr. 29 und 31 der Vicolo Baciadonne ab, welcher nach der unerschütterlichen Überzeugung der Ortsansässigen die engste Gasse Italiens sein soll.

Auf der Rückfahrt nach Castiglione del Lago vermag ein Umweg über **Paciano** nochmals den Eindruck eines typischen mittelalterlichen Städtchens zu vermitteln. Wen es statt dessen in den schattigen Wald zieht, der läßt sich sicherlich zu einem Ausflug auf den Monte Pausillo überreden, um dort beim Vespern auf der Wiese Wildschweinen und Hirschen Gute Nacht zu sagen.

Perugia – strahlende Hauptstadt

Mehr als die anderen Teile Umbriens hat immer schon das Zentrum, mit den Städten Perugia und vor allem Assisi, Besucher angelockt. Die neue Schnellstraße, die von Westen und damit von der Autostrada del Sud her das Land öffnet, erleichtert seit etlichen Jahren den bequemen Zugang. Ein Ausflug nach Assisi gilt vielen, die sich zu einem Badeurlaub am Trasimenischen See aufhalten, als willkommene Unterbrechung und kulturelle Bereicherung. Der europaweit verbreitete Mythos des heiligen Franziskus, der in Assisi lebendig nachvollziehbar ist, schlägt alljährlich Hunderttausende in seinen Bann. Perugia bleibt dabei oft – im wahrsten Sinn des Wortes – links liegen. Zu abweisend, zu brutal präsentiert es sich beim Vorbeifahren durch die häßliche Front seiner lieblos und vermeintlich ungeordnet hochgezogenen Mietskasernen und Wohnsilos, die sich bergwärts auftürmen – und teilt im äußeren Erscheinungsbild doch nur das Schicksal so vieler italienischer Städte. Es ist der übliche Tribut, den auch Perugia, mit seinen 105 000 beziehungsweise mit ›Eingemeindungen‹ 145 000 Einwohnern, für seine Rolle als Hauptstadt der Region zu zahlen hatte; er wurde geleistet in gigantischen Straßenprojekten, die den fast als naturgegeben hingenommenen Autoverkehr bändigen sollten und es – wie in anderen Städten auch – dann doch nicht konnten, und in einem planlosen Mietwohnungsbau, der wohl einigen Grundstücksspekulanten, nicht aber dem Stadtbild diente.

Doch wie Assisi vermag auch das bis zu 493 Meter hoch gelegene alte Perugia, sobald man die unwirtlichen Vorstadtqartiere passiert, den Wagen nach langer Schleifenfahrt und mehreren Stadtumrundungen geparkt hat, und sich durch das Treppauf, Treppab der winkligen, engen Gassen, durch Torbogen und über Viadukte treiben läßt, den unverfälschten Geist des Mittelalters lebendig werden zu lassen. Licht und Dunkel wechseln in rascher, unerwarteter Folge und erinnern an die glanzvollen Höhepunkte wie die blutigen Abgründe seiner Geschichte, an Weltoffenheit und sinistre Zurückgezogenheit. Es ist dabei weniger das eine oder andere der zahlreichen sehenswerten Bauwerke, als vielmehr der Gesamteindruck, der Perugia im Zusammenspiel von Vergangenheit und Moderne zu einem unverwechselbaren Erlebnis macht.

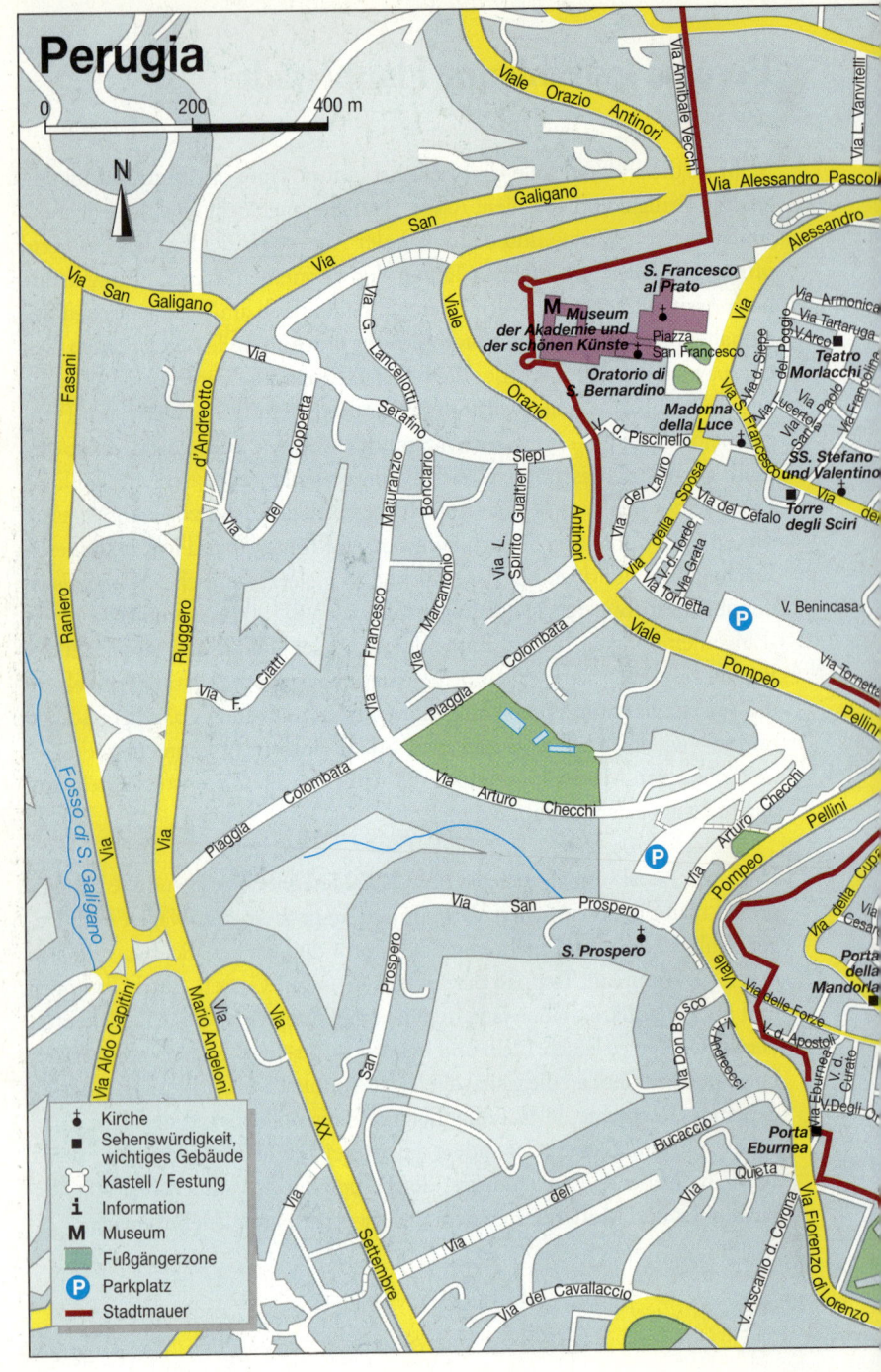

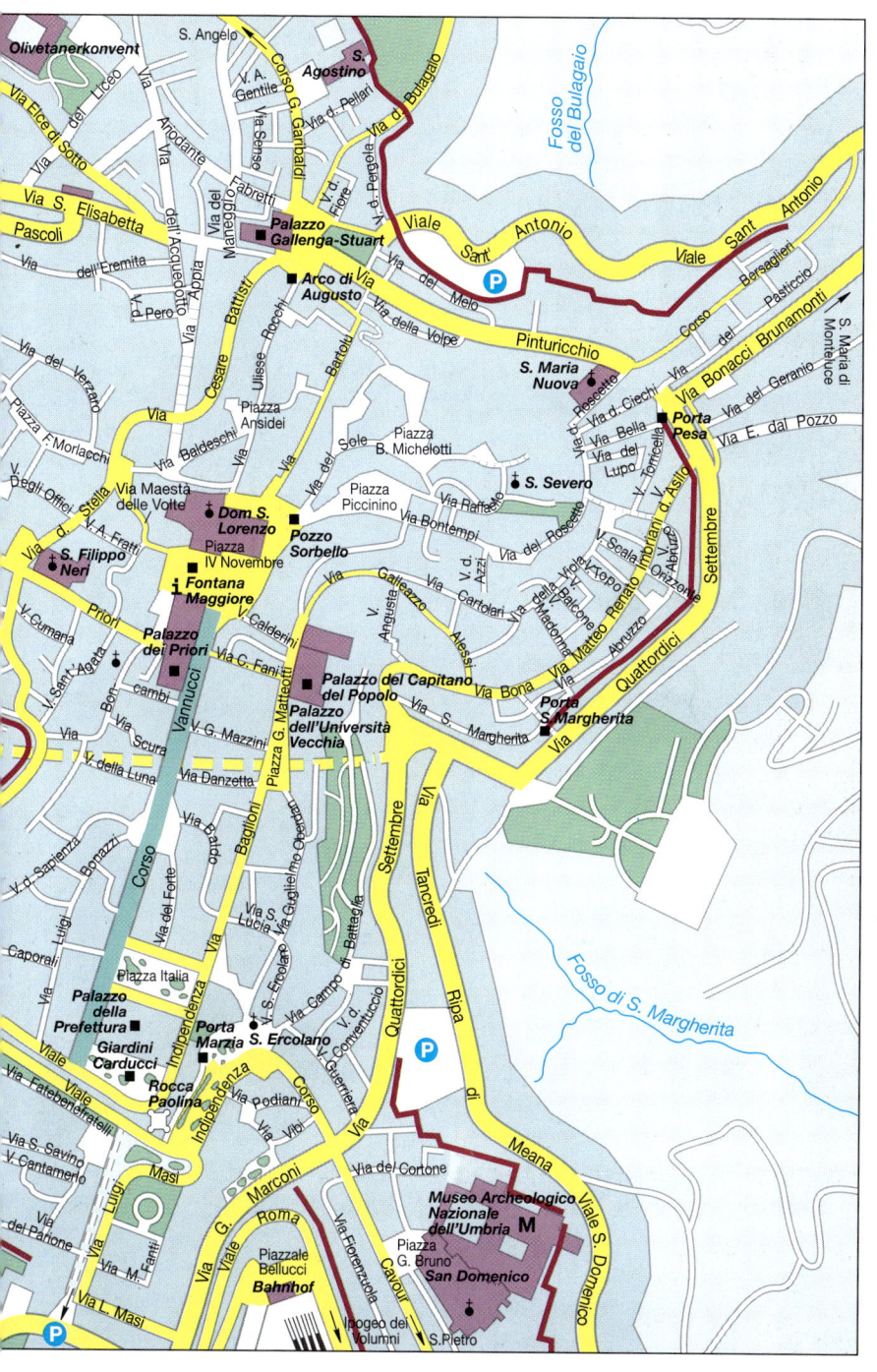

Die »Passegiata« auf dem Corso Vannucci

Alltäglich bietet der Corso, die Hauptstraße der vom Autoverkehr freigehaltenen Innenstadt, dasselbe faszinierende Bild: Am frühen Abend, etwa eine Stunde vor Ladenschluß, scheint sich die gesamte Einwohnerschaft wie auf einen geheimen Befehl hin auf dem Corso einzufinden und diesen – einer unergründlichen Anweisung folgend – auf und ab zu gehen. Zuerst sind es nur einige wenige, die, unbeirrt von den ihren Weg kreuzenden, nach Brot und Salat hastenden Menschen wie an einem Faden gezogen von der Fontana Maggiore hinab bis zum Ende des Corso schlendern, dort, wo die Terrassenmauer tief abfällt, umkehren, denselben Weg zurückziehen, wiederum drehen und den Gang erneut antreten. Bald schließt sich die eine oder andere Gestalt an, bilden sich Gruppen, die sich ihrerseits verdichten, sie saugen Touristenscharen auf, und bald ist der ganze Corso eine einzige hin und her wogende Masse, ein einziger in sich bewegter Körper. Schwarz von Menschen, von einer Häuserwand zur anderen, von einem Ende zum anderen, ist die Straße erfüllt von dichtem Stimmengewirr.

Erst wenn die Menge näher zum Brunnen herankommt, von wo aus man das Schauspiel am besten überblicken kann, treten Individuen hervor. Ketten von sechs, acht Mädchen, die Arme eingehängt, nehmen die Kehre in weitem Bogen und schieben sich wieder lachend ins Gewühl. Mütter folgen mit sorgenvollen, aber auch stolzen Blicken dem Treiben ihrer heranwachsenden Töchter, während die Väter, selbst kaum um einen Blick nach den Schönen der Stadt verlegen, mit gespieltem Ernst ihre Söhne ermahnen, sich nicht zu unartig den Mäd-

Im warmen Licht des vergehenden Tages,
wenn der Corso Vannucci in Perugia zum Leben erwacht,
werden die Plätze in den Straßencafés schnell rar.

chen zu nähern. Nur die Kleinsten halten sich in der Obhut von Oma und Opa auf. Touristen, oft absonderlich gewandet, als befänden sie sich auf Safari oder auf einem Sportlehrgang und nicht in einem hochzivilisierten Winkel dieser Welt, haben Mühe, Videokameras, Stadtpläne, Brustbeutel, Fotoapparate, Reiseführer und Geldbeutel zu sortieren. Ihnen überläßt man es zu dieser Stunde großzügig, sich die Nasen an der verlockenden, in gelbes Licht getauchten Auslage der Pasticceria Sandri platt zu drücken, die Preise im Schaufenster des Bekleidungsgeschäfts daneben zu studieren oder sich, von betörenden Düften übermannt, zum Eintritt in eine Parfümerie verleiten zu lassen.

Der *Perugino* hat Wichtigeres zu tun. Zu dieser Tageszeit werden Geschäfte besprochen, Liebesbande geknüpft, Ehen vereinbart, die Schulnoten des Nachwuchses diskutiert und Krankengeschichten erzählt. Alle Generationen sind hier vertreten, finden sich, wie jeden Tag, zur *passegiata* ein, als müßten sie in einem gemeinsamen Dienst mit ihrem Hin und Her auf dem Corso dem Herzen der Stadt den Pulsschlag vorgeben, der sie am Leben erhält.

Seit Jahrhunderten mag das schon so gehen. Ähnlich, wenn auch gefangen in einer anderen Vorstellungswelt und in scharfem Kontrast zu der heiteren Gelassenheit, welche die *passegiata* heute verströmt, wandelten – Mitte des 13. Jahrhunderts –, stöhnend und begleitet vom Klatschen ihrer Peitschen, die Flagellanten, die ersten Selbstgeißler Europas, hier auf und ab. Etliche hohe Herren zogen durch diese Straße und rückten, zu Päpsten gewählt, wieder ab. Weltliche Machthaber kamen und gingen, in der Regel weit weniger friedlich als die Menschen, die heute den Corso bevölkern.

Vom Palazzo dei Priori, wo in der Sala dei Notari ein junger Pianist den Erfolg vom gestrigen Abend zu wiederholen versucht, dringt, gedämpft durch das Gemurmel der vielhundertköpfigen Schar der *passegiatori*, das Furioso von Liszts *Legende* Nr. II (»Der Heilige Franziskus auf den Wogen schreitend«) herüber und liefert die passende Begleitmusik.

Perugia – Stadtgeschichte

Für die Bedeutung, die Perugia einst besaß, ist die heutige Auszeichnung, Verwaltungszentrum der Region Umbrien zu sein, nur ein gerechter Ersatz. Bevor es sich im Jahr 310 v. Chr. der römischen Herrschaft unterstellen mußte, war es mit die bedeutendste Stadt des etruskischen Bundes. Ihr monatelanger, erst durch Hunger gebrochener Widerstand gegen Kaiser Augustus in den Jahren 41/40 v. Chr. ging in die Geschichte ein; dem Goten Totila war sie es im Jahr 547 und dem Byzantiner Narses 552 wert, erobert zu werden; der Frankenkönig Pippin erkor sie 754 zum Geschenk an den Papst.

Im 11. und noch mehr im 12. Jahrhundert gewann Perugia, das sich den Päpsten gegenüber meist loyal, den deutschen Kaisern gegenüber feindlich verhielt, als einer der mächtigsten Stadtstaaten des Kirchenstaates ein beträchtliches Territorium. Dieses reichte im Norden über Umbertide hinaus, erstreckte sich Anfang des 13. Jahrhunderts in südöstlicher Richtung bis Città della Pieve, umfaßte vor allem das gesamte Gebiet des Trasimenischen Sees und reichte in die entgegengesetzte Richtung bis Nocera Umbra und Gualdo Tadino. Perugias Stärke war jeder weltlichen Gewalt gewachsen. Kaiser Heinrich VI. ließ sich nach einem zögerlichen Belagerungsversuch 1195 gern auf Friedensverhandlungen ein. Kaiser Friedrich II. wählte 1240 lieber einen beschwerlichen Umweg, als auf Perugia stoßen zu müssen. Seine Truppen, die er hernach gegen die Stadt entsandte, konnten diese nicht einnehmen.

Nach dem Ende der staufischen Kaiserzeit residierten die Päpste mit Vorliebe in Perugia. Ihre Hofhaltung, aber auch die vornehmen Gäste, von denen sie aufgesucht wurden, verliehen der Stadt beträchtlichen Glanz. Doch die Päpste entwickelten andererseits angesichts des wirtschaftlichen Potentials, das Perugia verkörperte, Ambitionen, die sie zu Feinden der Stadt werden ließen. Im Jahr 1375 wehrte sich die Bevölkerung in einem Aufstand gegen das als tyrannenhaft empfundene Auftreten des päpstlichen Legaten. Von da an stand ein *Signore* der Stadt vor, der die ihm übertragene Gewalt freilich oft genug auch gegen die Einwohner richtete. Einer der bekanntesten Stadtherren war von 1416 bis 1424 der Condottiere Braccio »Fortebraccio« aus Montone. Zudem hatten ständige Auseinandersetzungen zwischen den führenden Familien Baglioni und Oddi Unruhen in der Stadt zur Folge. Zu Beginn des 16. Jahrhunderts unterstellte Papst Julius II. schließlich Perugia erneut der Administration des Kirchenstaats. Papst Leo IX. (1513–1521) scheute nicht davor zurück, den Chef der führenden Familie Baglioni enthaupten zu lassen. Eine Erhebung gegen das päpstliche Besteuerungswesen gab Papst Paul III. im Jahr 1540 die willkommene Gelegenheit, den Sitz der Baglioni in Perugia niederreißen und an seiner Stelle die Rocca als päpstliche Zwingburg errichten zu lassen. Erst 320 Jahre später, 1860, wurde die Zerstörung der Festung durch die rebellierende Bevölkerung umgekehrt in ein Zeichen des Endes kirchlicher Herrschaft, und Perugia wurde mit dem vereinigten Umbrien Teil des neuen italienischen Nationalstaates, nachdem die päpstliche Schweizergarde 1859 in Perugia ein Massaker angerichtet hatte.

Daß Perugia ab den zwanziger Jahren dieses Jahrhunderts zu den faschistischen Hochburgen zählte, hört man heute nicht mehr gern. Man verweist statt dessen auf den kommunistischen Widerstand, den Mussolinis Anhänger bereits vor dem Einmarsch der britischen Achten Armee am 20. Juni 1944 zu spüren bekommen hatten, und sieht in der ›roten‹ Regentschaft, die bis heute (Stand: 1994) das Stadtzepter schwingt, ein gute Tradition.

Der Corso Vannucci empfängt seine Gäste

Reisende, die Perugia zu Tagesbesuchen mit dem Auto ansteuern, sollten sich von den Hinweisschildern zum Parkhaus an der Piazza dei Partigiani leiten lassen. Von dort führen Rolltreppen bis in die erhaltenen unterirdischen Gewölbe der päpstlichen **Rocca Paolina**, durch welche man mitten ins Zentrum Perugias gelangt – das ungewöhnlichste, würdigste und aufregendste Entree, das eine Stadt zu bieten hat. In Minutenschnelle steigt man durch Jahrtausende: vorbei an Überresten etruskischer Fundamente, an mittelalterlichen Häusern in der alten Via Baglioni und den Gebäuden des Baglioni-Palastes, die der päpstliche Baumeister Antonio Sangallo zur Errichtung der Rocca 1540 mit Schutt auffüllen und überdecken ließ und die jetzt wieder freigelegt sind.

Nachdem man auf diesem Weg im Portikus des 1870 fertiggestellten Palazzo della Provincia, dem Sitz der Provinzverwaltung *(Prefettura)*, das Tageslicht erblickt hat, wandert der Blick unwillkürlich hinüber zur Fassade des 1884 eingerichteten Fünf-Sterne-Hotels Brufani – in einem Nebengebäude ist das preisgünstige Palace Hotel mit drei Sternen untergebracht – sowie zur stets schwer bewachten Banca d'Italia. Lenkt man nach Verlassen der Rolltreppe die Schritte links herum – beziehungsweise aus einem der Hotels kommend nach rechts –, befindet man sich in einer kleinen Gartenanlage. Dort erinnert ein Denkmal an den Dichter und Nobelpreisträger Giosuè Carducci, der hier im Jahr 1877 den *Canto dell'amore* schrieb – wohl bei einem Blick, wie man ihn heute noch, am schönsten mit der untergehenden Sonne im Rücken, von der

Der Corso Vannucci empfängt seine Gäste

Terrasse aus über halb Umbrien genießt. Darüber hinaus zeugen Statuen von Berühmtheiten der Stadt, wie Perugino oder Pinturricchio.

Verläßt man die Rolltreppe jedoch in der vorgegebenen Richtung, kommt man auf die Piazza Italia mit einem Denkmal des Königs Vittorio Emanuele II. von 1890 und nach Überquerung des Platzes zum Palazzo Donini, der 1724 fertiggestellt wurde und heute die Regierung der Region Umbrien beherbergt. Er gehört wie das Gebäude des ebenfalls nicht überteuerten Hotels La Rosetta schräg gegenüber zur Bebauung, die bereits vor der Umgestaltung des Platzes nach der Schleifung der Rocca bestand. Wenn man sich danach geradeaus dem Sog des autofreien Corso Vannucci, der Lebensader Perugias, überläßt, passiert man links (mit der Haus-Nr. 107) den Palazzo Montesperelli aus dem 17. Jahrhundert. Es folgt Palazzo auf Palazzo; einer nach dem anderen erheben sie den Corso zur Prachtstraße. Sie läßt etwas erahnen vom Wohlstand und Reichtum dieser Stadt, von ihrer Bedeutung und dem Willen, diese auch zu repräsentieren. Vorbei an den ersten noblen Geschäften und einer Buchhandlung verbreitert sich der Corso alsbald ein wenig zur Piazza della Repubblica: auf der linken Seite das ehemalige, jetzt als Kino genutzte Theater Pavone aus dem 18. Jahrhundert; daneben führt die Via delle Streghe hinab zum vorzüglichen Restaurant La Taverna. Auf der rechten Seite lädt das Medioevo zu einem Espresso oder einer anderen kleinen Stärkung ein; in der Gasse rechts daneben, der Via Baldo, offeriert die Pizzeria L'Era Nuova ihr schmackhaftes Angebot. Wer hier noch nicht einkehrt, sollte spätestens – auf dem Corso ein Stück weiter – rechts bei der Pasticceria Sandri, einer Schweizer Kaffeehausgründung aus dem Jahr 1860, der Versuchung nachgeben und sich für eine Besichtigung des gegenüberliegenden, selbst für Italien einmaligen mittelalterlichen Regierungsgebäudes stärken.

Dieser **Palazzo dei Priori** wurde von 1293 bis 1297 errichtet und zeigt mit der alten Hauptfassade, der jetzigen Schmalseite, zum Dom. Bis ins 15. Jahrhundert wurde er beträchtlich erweitert, so daß das jetzige, am Corso Vannucci gelegene imposante Hauptportal und der Durchgang zur Via dei Priori dem 14. Jahrhundert und der Abschnitt links neben dem Durchgang mit dem Collegio del Cambio der letzten Bauphase angehören. Mit seiner glatten, nur durch zwei lange Reihen gotischer Drillingsfenster und im Erdgeschoß durch spitzbogige Öffnungen eher unauffällig gegliederten Fassade und den Zinnen, die den Bau bekränzen, wirkt der Palazzo wenig einladend und wehrhaft wie eine Burg. Die päpstlichen Herren fühlten sich dadurch provoziert und ließen 1569 den Turm sowie 1610 die Zinnen entfernen, die aber im 19.

Jahrhundert erneuert wurden. Doch ›Bürgernähe‹, die der Palazzo weiß Gott nicht verströmt, war damals noch nicht angezeigt. Die Mächtigen, die Reichen der Stadt, blieben am liebsten unter sich. Die Verflechtung von Regierungsgewalt, die ab 1303 zehn Prioren innehatten, und Finanzwelt zeigte man damals noch völlig ungeniert. Gerade der **Collegio del Cambio**, die »Wechselstube«, ist dafür ein eindrucksvolles Beispiel. Er wurde von der Zunft der Geldwechsler und Bankiers, die seit 1385 einen der zehn Prioren stellte, nach der letzten Erweiterung des Palazzo dei Priori hier zwischen 1452 und 1457 eingerichtet und im Verlauf der folgenden 170 Jahre zu einem kleinen, aber äußerst feinen Geldtempel ausgestaltet. Die Herren Bankiers gaben sich kunstsinnig. Im ersten, im Originalzustand von 1621 erhaltenen Raum, der Sala dei Legisti, in dem man das Eintrittsgeld zur Besichtigung entrichtet, wurden – wie der Name sagt – vor einem Tribunal Streitfälle entschieden. In der anschließenden Sala dell'Udienza hat zwischen 1496 und 1500 Perugino (s. S. 127 f.), seine ganze Meisterschaft demonstriert. Die Fresken zeigen Gestalten der Antike, Personifikationen der bürgerlichen Kardinaltugenden Klugheit, Gerechtigkeit, Tapferkeit und Enthaltsamkeit sowie biblische Szenen. Auch sich selbst hat Perugino dargestellt und so wohl dazu beigetragen, daß der Corso vor der Tür nach ihm benannt wurde: Sein Selbstportrait befindet sich am mittleren Wandpfeiler. Den letzten Raum, die Cappella di San Giovanni Battista, gestaltete Giannicola di Paolo, ein Schüler Peruginos, mit Fresken vor allem zum Leben Johannes' des Täufers (Heimsuchung, Geburt, Enthauptung, Gastmahl des Herodes und, als Altarbild, Taufe Christi).

Das monumentale **Hauptportal** des Palazzo am Corso Vanucci wäre eines Domeingangs würdig, nicht nur wegen der 124 bis 133 Zentimeter hohen Marmor-Heiligenfiguren im Tympanon: von links Laurentius (San Lorenzo), Bischof und Stadtpatron Herculanus (Sant'Ercolano), welcher bei der erfolgreichen Verteidigung der Stadt gegen die Ostgoten im Jahr 547 den Tod gefunden hatte, und Konstantius (San Costanzo; früher als Ludwig von Toulouse gedeutet), der erste namentlich bekannte Bischof von Perugia. Die Figuren sind Nachbildungen; die Originale, die wohl Ambrogio Maitani während seines Aufenthalts in Perugia zwischen 1317 und 1346 schuf, befinden sich in der Nationalgalerie. Die Pfeiler zu beiden Seiten mit den Greifen obenauf, die Kälber in ihren Klauen halten, werden von zwei Löwen getragen.

Durch das Portal hindurch betritt man eine dunkle, einst gewerblich genutzte Halle, deren tiefe Kreuzgewölbe die Last des Palazzo tragen. Von hier erreicht man über eine Treppe oder mit dem Aufzug die im dritten Stock äußerst an-

Der Corso Vannucci empfängt seine Gäste

sprechend gestaltete, völlig neu geordnete und im April 1994 wiedereröffnete **Galleria Nazionale dell'Umbria** (Umbrische Nationalgalerie). Die sehenswerte Sammlung beinhaltet auf zwei Ebenen ausgewählte Gemälde, Skulpturen und Keramik des 13. bis 18. Jahrhunderts, darunter nicht allein Höhepunkte umbrischer Kunst – wie etwa Peruginos Tafelgemälde *Adorazione dei Magi* (Anbetung der Heiligen Drei Könige), eine Madonnendarstellung Pinturicchios oder die zauberhaften Altartafeln des Franziskusmeisters –, auch Werke berühmter toskanischer Künstler – etwa das Polyptychon *Madonna mit Kind* von Beato Angelico – sind hier zu bewundern. Die Ausstellung führt auch in die erhaltene Cappella dei Priori (Raum 7) mit einem Chorgestühl aus dem 15. Jahrhundert sowie Fresken von Benedetto Bonfigli (um 1410 – 1496); sie zeigen Szenen aus dem Leben des heiligen Ludwig von Toulouse und des heiligen Herculanus. Sämtliche Exponate sind durchweg informativ beschriftet; zudem erhält man mit der Eintrittskarte einen Ausstellungsplan und kann am Bücherstand einen Katalog (in italienischer Sprache) erwerben.

Auf dem Corso weiter der Fassade des Palazzo folgend erreicht man den im Erdgeschoß wieder eingerichteten **Collegio della Mercanzia**, die mittelalterliche ›Handelskammer‹. Im Jahr 1390 hielt die Kaufmannszunft, die zwei der zehn Prioren stellte, in den Räumen Einzug und legte im 15. Jahrhundert eine frühe, für Italien zudem ungewöhnliche Vorliebe für Holzvertäfelung an den Tag. Angesichts der umlaufenden Sitzbank für die Vorsitzenden der Kaufmannschaft, den Schnitzereien und Einlegearbeiten, der kleinen Kanzel, der Relieffiguren, welche mit ihren Darstellungen die Handelsherren an die Tugenden Klugheit, Stärke, Gerechtigkeit und Bescheidenheit gemahnen sollten, sowie des großen Pults von 1462 fühlt man sich unter dem Kreuzgratgewölbe in der Tat eher in einen hanseatischen Ratssaal versetzt.

An der Schmalseite des Palazzo, der ursprünglichen Hauptfassade, steigt man auf einer breiten Freitreppe hinauf zu einem Portal, über dem ein Greif als Wappentier Perugias sowie ein Löwe als Wappentier der Guelfen die Blicke auf sich ziehen; sie dürften um 1274 gegossen und somit die ältesten Großbronzen des mittelalterlichen Europa sein. Hinter dem Tor öffnet sich die **Sala dei Notari**, in der bis 1582 Volksversammlungen abgehalten wurden, bis die einflußreiche Zunft der Notare von ihr Besitz ergriff. Heute bietet sie einen stilvollen Rahmen für Konzerte und Vorträge. Die zum Teil schlecht erhaltenen Fresken an den acht Schwibbögen, Seitenwänden und Fensterlaibungen, die Geschichten aus dem Alten Testament, Fabeln, Ritterszenen und Monatsdarstellungen abbilden, wurden bereits Ende des 13. Jahrhunderts geschaffen und werden mit Malern in Verbindung gebracht, die auch in der Oberkirche der Basilika San Francesco in Assisi tätig waren. Unter den Wappen der Podestà ist an der Stirnwand des Saales das große Widderwappen des Braccio Fortebraccio, eines der mächtigsten Herren Perugias im 15. Jahrhundert, nicht zu übersehen.

Nach dem Verlassen der Sala dei Notari schaut man von der Freitreppe aus nach links auf den Palazzo del Vescovado, den erzbischöflichen Palast, in dem heute ein Naturgeschichtsmuseum untergebracht ist. Er wurde an der Stelle des 1534 niedergebrannten Palazzo del Podestà errichtet. Geradeaus fällt der Blick auf den Seminarpalast und die Loggia, die einst einen, heute nicht mehr erhaltenen, 1423 von Braccio Fortebraccio errichteten Palazzo schmückte, dann auf die sich rechts anschließende Südfront des Domes sowie auf die Fontana Maggiore davor, die als der berühmteste mittelalterliche Brunnen Italiens gilt.

Die Fontana Maggiore – ein Gesamtkunstwerk

Sie bildet den unübertroffenen Abschluß einer Anlage von Aquädukten, welche die Stadt zur Sicherstellung der Wasserversorgung im Jahr 1254 beschlossen hatte. Die Verantwortung lag, wie eine Umschrift am mittleren Beckenrand besagt, in Händen eines Fra' Bevignate und eines Boninsegna aus Venedig. Ihnen gelang es, in einem aufwendigen, ausgeklügelten System, das benötigte Naß vom circa vier Kilometer entfernten Monte Paccino ins Stadtzentrum zu leiten. Die glanzvolle künstlerische Fassung des Endes der Wasserleitung im Brunnen – der noch heute den Stolz über die damalige kommunale Errungenschaft und die bewußte Anlehnung an die Leistungen Roms zum Ausdruck bringt, dessen Nachahmung in Perugia Programm war –, hatte man Steinmetzen aus Pisa, Vater und Sohn, Nicola und Giovanni Pisano, übertragen. Sie vollendeten mit ihren Mitarbeitern 1278 binnen eines guten Jahres nicht nur Außergewöhnliches, sondern schufen auch das Vorbild für den europäischen Stadtbrunnen.

Der Brunnen gliedert sich in drei Ebenen. Das **untere Marmorbecken** über der abgetreppten Basis, die das unterschiedliche Bodenniveau des Platzes ausgleicht, weist 25 Ecken und ebensoviele, von Tripel-Säulen gegeneinander abgetrennte Doppelreliefplatten auf. Diese wiederum sind jeweils durch eine kannellierte Halbsäule voneinander geschieden. Wie hoch man die künstlerische Leistung bei der Ausarbeitung der Reliefs auch einschätzen mag – das

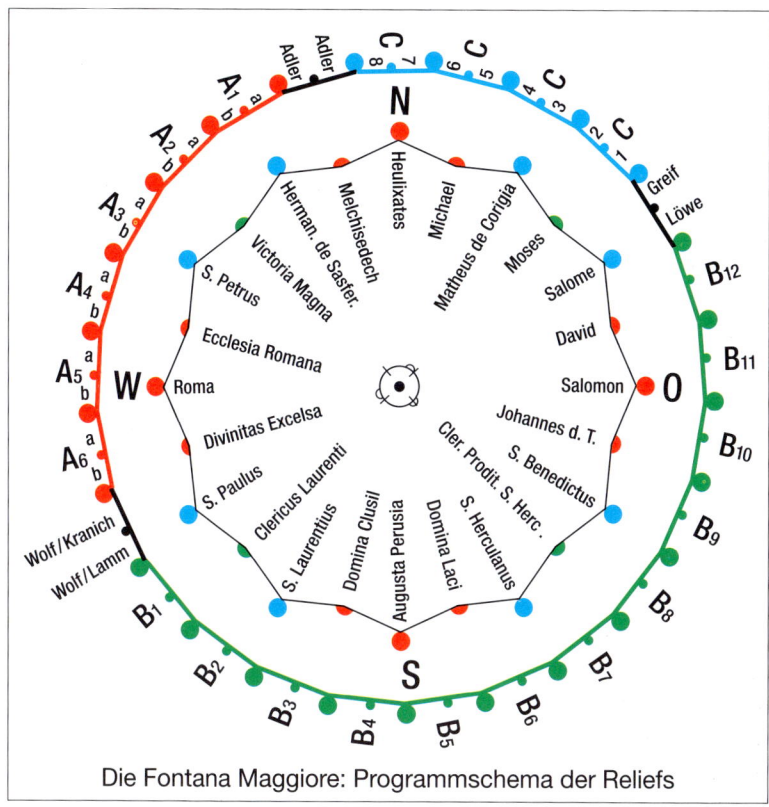

Die Fontana Maggiore: Programmschema der Reliefs

eigentlich Erstaunliche, das eigentliche ›Geheimnis‹ des Brunnens ist die geistige Vorstellungswelt, die Ideologie des ausgehenden 13. Jahrhunderts, die hier in der Bildsprache der Reliefs deutlicher und komprimierter festgehalten ist als in den meisten Texten jener Zeit. Rundum – und gegen den Uhrzeigersinn abzulesen – läßt sich das **Bildprogramm** in drei Zyklen unterteilen, die, zusammengenommen, eine sinnvolle Abfolge ergeben: A) Szenen der Menschheitsgeschichte nach Motiven biblischer und frührömischer Erzählungen; B) der Jahreskreis in zwölf Monaten; C) die Wissenschaften, hier die um die Philosophie auf acht erweiterten, ursprünglich sieben »Freien Künste«, die mittelalterlichen *septem artes liberales*.

Der Symbolgehalt dieser Abfolge liegt auf der Hand; das ›Bilderrätsel‹ des unteren Beckens läßt sich auflösen. Wer die Lösung nachvollziehen und die Reliefs abschreiten möchte, beginnt an der Stelle des Brunnens, die in etwa auf die Loggia an der Südfront des Domes weist, und sucht zunächst das Reliefplattenpaar, das zwei Adler zeigt. Sie werden unterschiedlich gedeutet, wahrscheinlich aber weisen sie auf die beiden Künstler selbst hin: Zum einen stammten diese aus Pisa, das einen Adler im Wappen führt, zum anderen steht der Adler für den Evangelisten Johannes, weshalb Giovanni (= Johannes) Pisano seine Signatur über dem rechten Adler angebracht haben dürfte. Die Adler stehen jedenfalls mit keinem der drei Bilderzyklen in Zusammenhang. Sie dienen lediglich wie ein Punkt oder Gedankenstrich in einem Text dazu, das Ende beziehungsweise den Beginn eines Zyklus' anzuzeigen. Diese Funktion hat auch das Plattenpaar zwischen Zyklus B und C mit einem Löwen als Sinnbild des guelfischen Lagers, dem Perugia sich immer zugehörig fühlte, und einem Greif als Wappentier Perugias; dasselbe gilt für die zwei Figurenpaare zwischen Zyklus A und B mit Wolf/Kranich und Wolf/Lamm, die Äsop-Fabeln entnommen sind.

Zyklus A erklärt den Sündenfall der Menschheit, das Ende paradiesischer Unbekümmertheit infolge der weiblichen List Evas, die Adam verführt hat (Relief 1 a-b). Wie gefährlich weibliche List sein kann, wird dann nochmals mit den Abbildungen Samsons (2 a) beziehungsweise Samsons und Dalilas (2 b) in Erinnerung gerufen: Dalila hatte ihrem Gatten die Haare abgeschnitten und ihn so seiner Kräfte beraubt. Andererseits sind solche Kräfte nicht immer erforderlich, damit das schwächere Gute gegen das stärkere Böse siegt; der Löwe (3 a), der sich vor dem Hündchen (3 b) fürchtet, ist so ein Beispiel, mit dem sich wohl die Bürgerschaft Perugias in ihrem erfolgreichen Kampf gegen den Adel identifizieren konnte, ebenso wie mit der bekannten Geschichte von David (4 a) und Goliath (4 b), wie überhaupt aus Kleinem Großes wachsen kann: Romulus (5 a) und Remus (5 b) sind dafür ein Beispiel, auch wenn sie von einer Wölfin (6 a), statt von ihrer Mutter Rhea Silvia (6 b) aufgezogen wurden. Der Zyklus zeigt aber auch, wie das Menschengeschlecht, ausgehend vom Sündenfall, verstrickt war in Machtkämpfe, in Mord und Totschlag, wobei sich für den bibelgeschulten Menschen der damaligen

Die Fontana Maggiore im Herzen von Perugia: Ziel und Treffpunkt für Einheimische und Fremde. 1278 erbaut, gilt sie als der schönste mittelalterliche Brunnen Italiens.

Zeit in dem Brudermord zwischen Romulus und Remus nur wiederholte, was sich bereits zwischen Kain und Abel zugetragen hatte.

Folge dieses Menschseins in Sünde war – nach der Vertreibung aus dem Paradies – die Arbeit, der sich der Mensch im natürlichen Ablauf des Jahreskreises unterwerfen mußte. Sie wird, entsprechend den zwölf Monaten, in den zwölf Doppelreliefs des folgenden **Zyklus B** abgebildet. Dabei wird jeweils im linken Relieffeld der Monat – durch ein kleines beigefügtes Tierkreiszeichen (wie Krebs, Löwe usw.) kenntlich gemacht – als männliche Gestalt dargestellt, die jahreszeittypische Arbeiten verrichtet; im rechten Feld begleitet jeweils eine Frau oder ein Mann diese Tätigkeiten: Januar (1): am Feuer ein Mann mit einem Huhn auf dem Teller und einem Kelch, die Frau mit einem Kuchen und einem Krug; Februar (2): ein Mann fischt, der andere trägt den Fang weg; März (3): ein Mann entfernt einen Dorn aus dem Fuß, der andere beschneidet einen Baum; April (4): ein mit Blumen bekränzter junger Mann und ein Mädchen mit einem Korb voller Früchte; Mai (5): ein Reiter mit einem Strauß Blumen und eine Reiterin mit einem Falken auf der Hand; Juni (6): ein Bauer mäht mit der Handsichel Korn, ein anderer Heu; Juli (7): ein Mann drischt Getreide, der andere trennt durch Hochwerfen mit der Schaufel die Spreu ab; August (8): ein Mann und eine Frau bei der Obsternte; September (9): ein Mann keltert Wein, ein anderer trägt einen mit Trauben gefüllten Korb auf den Schultern; Oktober (10): ein Mann gießt Wein in ein Faß, während ein anderer ein neues Faß bereitstellt; November (11): ein Mann pflügt, ein anderer sät; Dezember (12): ein Mann zerlegt ein Schwein, ein anderer trägt es weg. Diese Tätigkeiten wurden im Mittelalter auch als *artes mechanicae*, »Mechanische Künste«, bezeichnet.

Zu diesen im Gegensatz standen die *artes liberales*, die »Freien Künste«. Entsprechend dem antiken Fächerkanon waren es auch noch an den mittelalterlichen Universitäten sieben Wissensgebiete, in denen die Studenten in einer Art Grundstudium unterrichtet wurden. Bei erfolgreicher Prüfung erlangten sie damit den Magister-Titel und konnten zu den höheren Fächern Theologie, Jurisprudenz oder Medizin zugelassen werden. Der letzte **Zyklus C** zeigt, durch sitzende Frauengestalten personifiziert, diese »Sieben Freien Künste« und fügt zum Schluß, diesen übergeordnet, noch die Philosophie hinzu: Grammatik (1), Dialektik (2), Rhetorik (3), Arithmetik (4), Geometrie (5), Musik (6), Astronomie (7), Philosophie (8). Die ersten drei gehören zum Trivium, den sprachlichen, die vier folgenden zum Quadrivium, den mathematischen Fächern.

Das **mittlere Becken** weist 24 Ecken auf und steht auf einer Mittelstütze sowie 36 Säulen im unteren Becken. Vor jeder Ecke steht eine vollplastisch ausgearbeitete Marmorskulptur; alle 24 zusammen betrachtet, ergeben sie wieder ein hochinteressantes Programm, dessen (heils-)geschichtlicher Gehalt sich in diesem Fall jedoch nicht erschließt, indem man die Figuren rundum abläuft. Die Künstler haben vielmehr den Grundriß des Beckens nach dem Schema einer Himmelsrose in vier Segmente unterteilt, wobei – bezüglich der Eckfiguren am äußeren Brunnenrand – das Nord- und Südsegment größer, das Ost- und Westsegment kleiner ausgefallen sind. Die jeweils mittlere, ihrer Bedeutung nach zentrale Figur weist exakt in eine der vier Himmelsrichtungen. Im Osten steht Salomon, im Westen Roma für die Stadt Rom. Im Süden verkörpert eine weitere Frauengestalt, Augusta Perusia, die Stadt Perugia, im Norden steht mit Heulixtes der sagenhafte Gründer Perugias. Wie die gegenüberliegenden Felder inhaltlich miteinander korrespondieren, so stehen auch die links und rechts von den zentralen Skulpturen angeordneten Figuren jeweils paarig miteinander in Beziehung. Auch wenn noch nicht jede Zuordnung völlig eindeutig ist, kann doch am Anordnungsprinzip keinerlei Zweifel gehegt werden.

So ist im **südlichen Segment** die Perusia (Perugia) flankiert von zwei weiblichen Personen, die das Territorium personifizieren, auf dem Perugias Macht gründete: links die »Herrin von Chiusi« mit Kornähren, rechts die »Herrin des Trasimenischen Sees« mit Fischen. Die Figuren, die jeweils nach außen hin folgen, sind ebenfalls aufeinander abgestimmt: links der heilige Laurentius, rechts der ebenfalls als Heiliger verehrte Bischof Herculanus; beide sind Stadtpatrone Perugias. Zum Abschluß dieses Perugia-Segments sind schließlich noch – rechts von Herculanus – der an dessen Tod durch Verrat schuldige Geistliche und links neben dem heiligen Laurentius ein noch nicht identifizierter Geistlicher von San Lorenzo zu sehen. Das **nördliche Segment**, das wie auch das gegenüberliegende mit Perugia in Verbindung steht, ist ebenso aufgebaut. Um Heulixtes, den sagenhaften Gründer Perugias, in der Mitte sind von innen nach außen folgende Paare angeordnet: Melchisedech, der alttestamentliche Priesterkönig, und Erzengel Michael, der drachentötende himmlische ›Feldherr‹; Ermanno (Hermann) von Sassoferrato und Matteo de Corregio, der eine *Capitano del popolo*, der andere *Podestà* von Perugia zu der Zeit, als der Brunnen errichtet wurde; und endlich die Victoria Magna, die Personifikation des endgültigen Sieges über die Feinde, sowie Moses, der Prophet und Erretter Israels. Im **östlichen Segment** nehmen David (rechts) als alttestamentlicher und Johannes der Täufer (links) als neutestamentlicher

Wegbereiter des Messias den König Salomon in die Mitte. Auf diese folgen nach außen Salome (rechts; Bezugsbedeutung ungewiß) und der heilige Benedikt von Nursia, der Begründer des abendländischen Mönchtums. Das **westliche Segment** hebt auf Roms Stellung als christliche Kapitale ab: In der Mitte die Roma, daneben die Römische Kirche (links) und die Theologie (rechts), denen auf der einen Seite der Apostel Petrus, auf der anderen der Apostel Paulus beigesellt sind.

Das **obere Becken**, das ein gewisser Rubeus nach einem Modell von Giovanni Pisano in Bronze gegossen hat, ruht auf einer Säule, die in der Mitte des darunterliegenden Beckens fußt. Drei Frauengestalten, ebenfalls aus Bronze, halten zusammen eine Amphore über ihren Köpfen, aus der – bedauerlicherweise – schon lange kein Wasser mehr sprudelt. Ursprünglich bildeten vier Bronzegreifen den für Perugia würdigen oberen Abschluß. Sie befinden sich heute in der Nationalgalerie.

Der Brunnen war 1948 gründlich restauriert worden. Doch nicht zuletzt die Tauben, die ihn gern als Schwimmbad nutzten, und die Luftverschmutzung haben ihm inzwischen sehr zugesetzt, weshalb er sich seit Frühjahr 1994 bis voraussichtlich 1997 erneut *in restauro* befindet. Leider, denn die Bewunderung seiner Einzigartigkeit hält sich dadurch in Grenzen. Andererseits erweist sich daran bester Peruginer Bürgersinn. Da nämlich die Kommune kein Geld für die Arbeiten an dem Brunnen aufbringen konnte, schlossen sich einige Wirtschaftsunternehmen zu einer Sponsorengruppe für die fällige Restaurierung zusammen. Irgendwie scheinen sie miteinander auszukommen: die Herren ›Kapitalisten‹ und die ›Roten‹ im Rathaus.

Der Dom

Hinter der Fontana Maggiore schließt der Dom San Lorenzo die Piazza IV Novembre ab. Auf seinen Treppen sitzen in der Regel, dicht gedrängt, Menschen aus aller Herren Länder. Von hier läßt sich der gesamte Corso Vannucci überschauen. Der Blick über die Schulter auf die wenig attraktive Dommauer, die nur im untersten Bereich mit rötlichem und weißem Marmor verkleidet ist, reizt nur wenige. Doch in den Jahren 1425 und 1427 richteten sich aller Augen dorthin, genauer gesagt auf die kleine Kanzel rechts neben dem Portal, als von ihr herab der heilige Bernhardin von Siena seine Predigten hielt. Links neben dem Portal von 1568, das früher den Eingang zum Collegio del Seminario zierte, hält der in Bronze gegossene Papst Julius III. seine segnende

Der Dom San Lorenzo

Rechte über die Stadt. Aus Dankbarkeit darüber, daß er die von Papst Paul III. verbotenen kommunalen Ämter wieder zugelassen hatte, beauftragten die Einwohner 1555 Vincenzo Danti mit diesem Denkmal.

In den im Jahr 1300 geplanten, ab 1437 erbauten Dom begibt man sich durch das Hauptportal von 1729 und wird vom Dunkel einer – in Italien seltenen – Hallenkirche empfangen. Das Mittelschiff ist von den gleich hohen Seitenschiffen durch jeweils fünf achtkantige Pfeiler getrennt, welche die extrem hoch angesetzten Kreuzrippengewölbe tragen; manche Pfeiler stehen allerdings so schief, daß man Angst hat, sie könnten unter der Last zusammenbrechen. An der rechten und linken Seitenwand befinden sich in gleicher Weise errichtete, an überdimensionierte schmiedeeiserne ›Gitterkästen‹ erinnernde Kapellen: rechts die Kapelle des heiligen Bernhardin von Siena mit der vielgerühmten *Kreuzabnahme* von Federico Barocci als Altarbild (1569), links die Kapelle des Heiligen Ringes, so benannt nach dem hier verwahrten – angeblichen – Verlobungs- oder Ehering Marias, den ein Mainzer Mönch 1473 in Chiusi hatte ›mitgehen‹ lassen. Im rechten Querschiff, zu dem Anfang des 17. Jahrhunderts Giovanni Baglione das Altarbild *Martyrium des heiligen Stephan* schuf, hat man an der rechten Wand in einem (modernen) Grabmal die Gebeine von drei in Perugia verstorbenen Päpsten versammelt: von Innocenz III. (gest. 1216), Urban IV. (gest. 1264) und Martin IV. (gest. 1285). Vor der linken Wand des Querschiffs gedenkt eine Statue des Papstes Leo XIII. (1878 – 1903). Vor seiner Wahl zum Kirchenoberhaupt war Papst Leo den Peruginern schon als Erzbischof bekannt gewesen. Der Tod relativ vieler Päpste in Perugia erhob die Stadt jeweils umgehend zum Wahlort der Nachfolger. Ort der Handlung: der Kreuzgang hinter der rechten Chorkapelle beziehungsweise der Sakristei. Fünfmal trat dort binnen knapp neunzig Jahren ein Konklave zusammen, um einen neuen Papst zu küren: 1216 Honorius III., 1265 Clemens IV., 1285 Honorius IV., 1294 Coelestin V. und 1304 Clemens V.

Das Chorgestühl, das Giuliano da Maiano und Domenico del Tasso in den Jahren 1486 bis 1491 ausführten, ist ein trauriges Beispiel dafür, daß Restaurierungsarbeiten nicht immer den mit ihnen verbundenen Zweck erfüllen: es ist bei solchen 1985 teilweise verbrannt; zu dem unversehrten Bischofsthron, der zwischen 1520 und 1524 gestaltet wurde, hatte Rocca di Tommaso den Entwurf geliefert. Daran, daß Perugia schon schlimmere Zeiten erlebt hat, erinnert an der linken Seitenwand am zweiten Altar von vorne eine zum Altarbild umfunktionierte Kirchenfahne von Uberto di Giovanni aus dem Jahr 1526; auf ihr wendet sich die Muttergottes an Christus, damit dieser Perugia von

der Pest befreie. Vor dem Verlassen des Domes sieht man über dem Hauptportal ein Ölgemälde von Luigi Scaramuccia von 1616, das über dem Panorama Perugias die Stadtheiligen Laurentius, Konstantius und Herculanus zeigt. Das Dommuseum, welches eine kleine, aber durchaus sehenswerte Sammlung birgt, darunter eine Mariendarstellung von Lucca Signorelli, ist zur Zeit (Stand Herbst 1994) wegen Restaurierung geschlossen.

Etruskerbrunnen – Raffael in San Severo

Die Fontana Maggiore an der Piazza IV Novembre ist ein beliebter, die Orientierung erleichternder Ausgangspunkt für verschiedene Stadtrundgänge. Nicht genug damit, daß sie im Herzen der Stadt liegt – man kann zu ihr von überall her auf schnellem Weg zurückkehren und sich in nächster Umgebung in einem Café wie dem gediegenen »Turreno« an der Piazza Danti bei einem Cappuccino und zwei ›Stückchen‹ für nicht mehr als 5 000 Lire oder in dem – allerdings teureren – Straßencafé auf dem Corso Vannucci regenerieren.

Von der Fontana Maggiore gelangt man am Hauptportal des Doms vorbei auf die Piazza Danti. Rechts schließt sich die Piazza Piccinino an, an deren Beginn sich der Eingang zu einem **etruskischen Brunnen**, dem **Pozzo Sorbello**, befindet. Um zu ihm zu gelangen, muß man sich 4,5 Meter unter das jetzige Platzniveau hinabbegeben. Im 4. Jahrhundert v. Chr. errichtet, dürfte es sich um den ältesten Brunnen handeln, der die antike Akropolis mit Wasser versorgte. Gegenwärtig ist er bis zu einer Tiefe von 37 Metern ausgegraben. Er könnte noch heute 450 000 Liter fassen, wenn das Wasser, das aus natürlichen Quellen an den Innenwänden herabfließt, nicht abgepumpt würde. Die Fassung des Brunnens, der im oberen Bereich einen Durchmesser von 5,60 Metern hat, besteht aus Travertinblöcken, von denen jeder acht Tonnen wiegt. In ihnen haben sich Gleitspuren der Seile eingegraben, mit deren Hilfe die Etrusker in Eimern das Wasser aus dem Brunnen schöpften.

Die Treppe vor dem Dom in Perugia ist meist gut besetzt.
Touristen ruhen eine Weile aus und genießen den Blick auf den
Palazzo dei Priori, Studenten treffen sich zum Schwätzchen...

Da mit der Eintrittskarte, die man zur Besichtigung des Brunnens kaufen muß, gleichzeitig der Eintritt für das Oratorium **San Severo** entrichtet ist, fällt die Entscheidung leicht, dem dortigen Raffael-Fresko einen Besuch abzustatten. Nach dem Verlassen des Brunnens geht es rechts am Palazzo Salvatori aus dem 17. Jahrhundert vorbei und auf der Via Bontempi geradeaus; dann links in die Via Raffaelo, an deren Ende Kamaldulensermönche im 11. Jahrhundert ein Konventsgebäude und eine Kirche errichtet haben. Im 15. und nochmals im 18. Jahrhundert wurde die Anlage gründlich umgestaltet. Von der Kirche des 15. Jahrhunderts blieb eine Kapelle erhalten, der Kunstfreunde aus aller Welt ihre Aufwartung machen. Ihr Interesse richtet sich allein auf die Chorwand im Inneren, auf der die Meisterschaft von zwei der bedeutendsten Künstler ihrer Zeit in einem Fresko zusammengefaßt ist: des jungen Raffael und des alten Perugino. Von Raffael, der 1505 den Auftrag zur Ausmalung erhielt, stammt nur der obere Teil mit der von Engeln und Heiligen umgebenen Dreifaltigkeit; die Abbildung Gottvaters ist zerstört. Im Grunde war das Fresko eine Hommage an den Kamaldulenserorden, denn bei den Heiligen handelt es sich auf der linken Seite (von außen nach innen) um Maurus und Placidus, die Lieblingsschüler des neben ihnen sitzenden Benedikt von Nursia; diesen sind gleichrangig auf der rechten Seite gegenübergesetzt (von innen nach außen) Romuald, der Gründer des Kamaldulenserordens, sowie die Kamaldulensermissionare Benedikt und Johannes, die zu Beginn des 11. Jahrhunderts in Polen das Martyrium erlitten. Nach Raffaels frühem Tod 1520 führte sein Lehrer Perugino den unteren Teil aus, in dem die Heiligen Scholastica, Hieronymus, Johannes Evangelista, Gregor der Große und der Kamaldulenser (Bruno) Bonifacius dargestellt sind, der – 974 in Querfurt geboren – als Slawenapostel 1009 den Tod fand. Als letzte folgt die heilige Martha in dieser Reihe.

Zurück auf der Via Raffaelo, stößt man gegenüber dem Palazzo Bandelli Bombelli aus dem 17. Jahrhundert auf die Via Bontempi, der man nach links folgt. Sie geht in die Via del Roscetto über, die durch den mittelalterlichen Ar-

Der bedeutendste Schüler Peruginos war Raffael.
In der Kirche San Severo haben beide ihre Meisterschaft
in einem Fresko vereint.

co dei Gigli (oder dei Montesperelli) führt und bei der gotischen, später barockisierten ehemaligen Universitätskirche Santa Maria Nuova endet, in der sich auch ein Altar der Studenten und Professoren der »Germanischen Nation« befindet. Man durchquert den Arco dei Tei (auch Porta Pesa), ein Stadttor des 14. Jahrhunderts, schräg gegenüber der Kirche, hält sich rechts und folgt nach wenigen Schritten links der Via Bonacci Brunamonti stadtauswärts zur Kirche **Santa Maria di Monteluce**. Sie wurde im 13. Jahrhundert gegründet, zeigt sich jedoch heute mit Doppelportal und Fensterrose im Gewand des 15. Jahrhunderts. Im Inneren verdienen der manieristische Freskenzyklus (1602-1607) und der weiße Marmortabernakel in der Stirnwand rechts neben dem Altar von 1487 Beachtung.

Palazzo del Capitano del Popolo und Alte Universität – San Domenico und Archäologisches Nationalmuseum – San Pietro

Von der Fontana Maggiore geht es über den Corso Vannucci und – links hinab – die Via Calderini zur Piazza Matteotti. Schräg gegenüber befindet sich auf der anderen Platzseite der **Palazzo del Capitano del Popolo**, der 1472 bis 1481 erbaut wurde. Er flößt heute noch – ganz passend für diesen Ort – als Corte d'Appello Tribunale Respekt ein. Ob die »Justitia« in der Lünette mit Augenbinde und Schwert jeden mit Zuversicht erfüllt, der das Renaissance-Portal mit den zwei löwenschlagenden Greifen darüber passiert, sei dahingestellt. Auch die Menschen, welche sich früher die Edikte anhören mußten, die von dem mit dem Stadtwappen geschmückten Balkon herab verlesen wurden, werden nicht immer glücklich gewesen sein.

Rechts schließt sich die **Alte Universität** an. Nachdem bereits seit der zweiten Hälfte des 13. Jahrhunderts bedeutende Rechtsschulen in Perugia bestanden, erteilte Papst Clemens V. 1308 das Privileg zum Universitätsbetrieb. Ab 1318 durften mit päpstlicher Genehmigung Juristen, ab 1321 Mediziner promoviert werden. In das Gebäude an der Piazza Matteotti zog das »Studium generale« ein, nachdem Papst Sixtus das 1453 erbaute spitzbogige Erdgeschoß im Jahr 1483 aufstocken ließ. Diese Räume werden heute als Gerichtssäle genutzt.

Am Universitätsgebäude entlang schlägt man am Ende des Platzes die Via Guglielmo Oberdan ein. Durch die malerische Via Sant'Ercolano erreicht man über Stufen und durch die gotische, in den unteren Teilen jedoch etrus-

Sant'Ercolano – Porta Marzia – San Domenico

kische Porta Cornea die Kirche **Sant'Ercolano**, die 1326 vollendet und 1607 umgestaltet wurde. Sie ist dem Stadtpatron Herculanus gewidmet, der als Bischof die Rettung Perugias vor den Ostgoten Totilas an dieser Stelle mit dem Leben bezahlt hatte. Dies hinderte die päpstlichen Festungsbauer, die 1540 die Rocca Paolina errichteten, nicht daran, das Obergeschoß der Kirche abtragen zu lassen, entweder der besseren Aussicht oder der freien Schußbahn wegen. Im Inneren, das nur an Sonn- und Feiertagen zur Messe um 10.30 Uhr zugänglich ist, sieht man den als Altar genutzten spätrömischen Sarkophag, in dem Reliquien des heiligen Herculanus aufbewahrt sind.

Wen die Füße nicht länger tragen, der kann sich von hier über die Via Marzia hoch zur **Porta Marzia** schleppen und vor diesem etruskischen Monumentaltor, das beim Bau der Papstfestung 1540 in diese eingefügt wurde, eine ›Kunst‹-Pause einlegen, danach durch das Tor in das düstere Labyrinth der Rocca ein- und an der Piazza Italia wieder auftauchen, um zur Fontana Maggiore zurückzukehren.

Tapfere Fußgänger werden hingegen von Sant'Ercolano auf dem Corso Cavour zu zwei kunsthistorischen Leckerbissen weiter stadtauswärts streben. Der erste Halt winkt nach 250 Metern mit der Basilika **San Domenico**. Sie verdankt ihre Entstehung einer Schenkung von Papst Benedikt XI. Selbst ein Dominikaner, hatte er seinen Mitbrüdern in Perugia an dieser Stelle 1304 ein kleines Kirchlein samt ›Bauland‹ geschenkt, das die Dominikaner ab 1305 zur Errichtung einer der größten Bettelordenskirchen überhaupt nutzten. 1459 konnte sie durch Papst Pius II. eingeweiht werden. Da das Langhaus 1614 und 1615 einstürzte, sind vom ehemaligen gotischen Bau nur das Querschiff mit den Chorkapellen und die Außenmauern mit den Seitenkapellen erhalten geblieben. Das helle, kahle Innere der dreischiffigen Hallenkirche erinnert durch seine gewaltigen Ausmaße daran, daß die Bettelorden gerade vom einfachen Volk Zuspruch erhielten. Man kann sich gut vorstellen, wie San Domenico, anders als heute, als Zufluchtsort diente, wie Arme und Obdachlose zwischen den Pfeilern nächtigten. Dieses Bild sollten sich die »christlichen« Volksparteien in Deutschland stets vor Augen halten, wenn sie heute den Kirchen ein Asylrecht absprechen!

Die vierte Kapelle auf der rechten Seite, die im 14. Jahrhundert angebaute Cappella della Madonna del Voto, hat Agostino di Duccio 1459 verschwenderisch ausgestattet. Das 21 Meter hohe und 8,5 Meter breite Chorfenster der Hauptchorkapelle, dem die Kirche ihre ungewöhnliche Helligkeit verdankt, ist eines der größten Italiens; der älteste untere Teil stammt noch von 1411. Das Chorgestühl wurde Ende des 15. Jahrhunderts fertiggestellt. Unter den Grabmälern, die sich in der Kirche befinden, seien zwei hervorgehoben: das Grab des Baumeisters und Bildhauers Vincenzo Danti am linken Chorpfeiler, der 1555 die Statue von Papst Julius III. vor dem Dom San Lorenzo geschaffen hatte, sowie das Wandgrab des 1304 in Perugia vergifteten Papstes Benedikt XI. in der Chorkapelle rechts neben dem Hauptchor, das als Glanzstück gotischer Kunst des frühen 14. Jahrhunderts gilt und sich bis 1700 in der Kirche Santo Stefano befand. In der zweiten Chorkapelle links sieht man unter anderen Votivfresken an der linken Wand die auf das Jahr 1368 datierte *Stigmatisation der heiligen Elisabeth von Thüringen*.

Die Konventsgebäude direkt neben der Kirche werden als **Archäologisches Nationalmuseum** (Museo Archeologico Nazionale dell' Umbria) genutzt. Die Sammlung, die gewiß kein Musterbeispiel für moderne Museumspädagogik abgibt, enthält außergewöhnliche Hinterlassenschaften hauptsächlich der etruskischen Kultur ab dem 6. Jahrhundert v. Chr. Bei dem an der Stirnseite des Ganges aufgestellten »Cippus Perusinus« aus dem 4. Jahrhundert v. Chr. handelt es sich um einen Grenzstein mit einer der längsten etruskischen Inschriften, die, falls man es könnte, von rechts nach links zu lesen wäre.

Vom Archäologischen Nationalmuseum sind es – die mehrfach möglichen oder auch inzwischen notwendigen Umwege durch verschiedene Kaffeebars am Corso Cavour nicht mitgerechnet – 250 Meter bis zur **Porta San Pietro**, die im 14. Jahrhundert errichtet und im 15. Jahrhundert mit einer außergewöhnlichen Renaissance-Fassade versehen wurde, und nochmals 400 Meter bis zur päpstlich-prächtigen Kirche **San Pietro**, deren schiefer, spitzer Turm ein markantes Wahrzeichen im Stadtpanorama ist. Sie soll auf das 6. Jahrhundert zurückgehen, der Turm gar über einem etruskischen Grab errichtet worden sein. Sicher ist nur, daß das Kloster in den sechziger Jahren des 10. Jahrhunderts durch den jungen Pietro Vincioli, den später heiliggesprochenen ersten Abt des Klosters, gegründet wurde. Die Klostergebäude dienten zahlreichen Päpsten, die sich oft viele Monate in Perugia aufhielten, als Bleibe. Davon profitierte sichtlich der Kirchenbau – ein dreischiffiges basilikales Langhaus mit Apsis und Annexbauten –, der bis ins 16. Jahrhundert hinein tiefgreifende Änderungen erfuhr, die wohl dem an römischen Vorbildern orientierten Zeitgeschmack der jeweiligen Päpste zu genügen hatten: Die romanische Apsis mußte einem gotischen Chor weichen, 1463 bis 1468 wurde ein Obergeschoß hinzugefügt. Die Päpste konnten sich durchaus – nicht anders

San Pietro

als heutige Besucher im Kircheninneren – nach Rom versetzt fühlen. Die Pracht und der Glanz, die von der üppigen Innengestaltung ausströmen, verwirren beinahe und erschweren zunächst einmal die Wahrnehmung einzelner Kunstwerke.

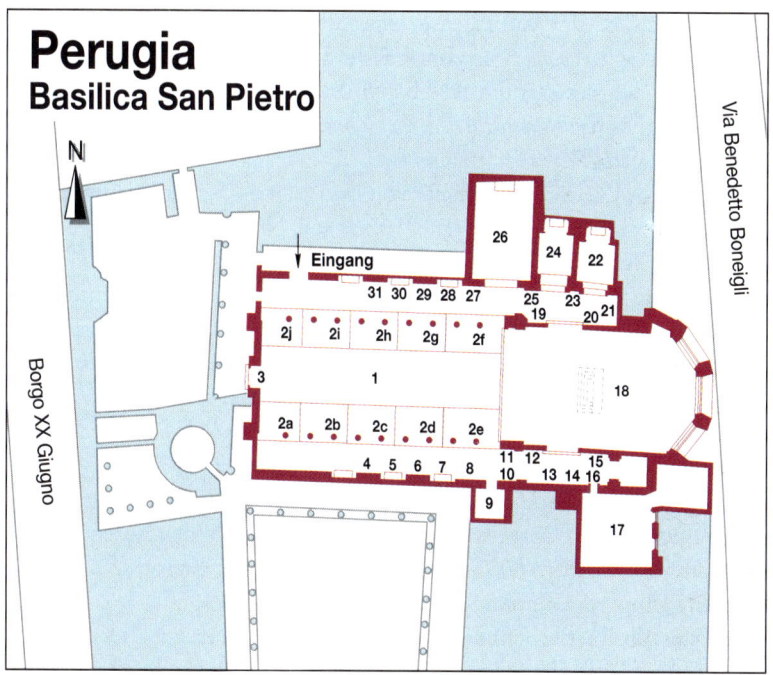

Innenausstattung von San Pietro

Der beschriebene Rundgang verläuft am Eingang nach rechts, zunächst zu einer Kapelle mit einer Ausstellung von Choralbüchern aus der Renaissance. Die farbige, teilweise vergoldete Kassettendecke stammt von Benedetto di Giovanni da Montepulciano von 1556. Die Decke des Langhauses wurde von 1556 bis 1592 von Scilla Peccenini und Benedetto Bandiera aus Perugia ausgemalt (**1**). In der Obergadenzone veranschaulicht ein Gemäldezyklus von Antonio Vassilacchi, genannt Aliense, aus der Zeit von 1592 bis 1594 Szenen aus dem Alten und Neuen Testament. Jedes der zehn großen Leinwandbilder zeigt im Vordergrund eine Episode aus dem Leben Jesu; dieser wird im Hintergrund eine Szene aus dem Alten Testament gegenübergestellt (**2**): *Geburt Christi/Isaak segnet Jakob* (**a**) – *Jesus unter den Schriftgelehrten/Die Königin von Saba vor Salomo* (**b**) – *Taufe Jesu/Naman wird vom Aussatz geheilt* (**c**) – *Hochzeit zu*

Kana/Abraham bewirtet die drei Engel **(d)** – *Gastmahl des Pharisäers/Reue Davids* **(e)** – *Auferweckung des Lazarus/Elias erweckt den Sohn der Witwe* **(f)** – *Vertreibung der Händler aus dem Tempel/Moses zerbricht die Gesetzestafeln* **(g)** – *Einzug in Jerusalem/David besiegt Goliath* **(h)** – *Kreuzigung/Opfer Isaaks* **(i)** – *Auferstehung/Jonas entsteigt lebend dem Bauch des Wals* **(j)**.

Das Kolossalgemälde von Aliense (entstanden 1592 bis 1594) zeigt über dem Portal die *Apotheose des Benediktinerordens*. Seitlich des Eingangs vier abgelöste Fresken aus der Zeit um 1560 bis 1570 von Orazio Alfani, *Petrus heilt den Krüppel* und *Befreiung Petri aus dem Gefängnis*, sowie von Leonardo Cungi *Paulus auf Malta* und *Paulus im Seesturm* **(3)**.

Ein Gemälde Giacinto Geminianis von 1669 zeigt das Säulenwunder, das sich beim Bau von San Pietro ereignet haben soll. Nach der Legende gelang es dem heiligen Pietro Vincioli durch ein Kreuzzeichen, eine stürzende Säule aufzurichten. An dieser Säule, es ist die zweite links des Eingangs, erinnert ein Fresko des Heiligen und ein kleines Kreuz im Kapitell an diese Begebenheit **(4)**. Altarbild *Der Heilige Maurus erweckt einen Toten* von Cesare Sermei von 1648 **(5)**. Gemälde *David wählt eine der von Engeln angekündigten Strafen* von Ventura Salimbeni, 1602 **(6)**. Altartafel *Der heilige Benedikt übergibt den Mönchen die Benediktiner-Regel* eines unbekannten Malers des frühen 16. Jahrhunderts. Am unteren Rand des Altarbildes zeigen kleine Bilder Szenen aus dem Leben der heiligen Christina. Diese Predellentafeln werden Eusebio da San Giorgio zugeschrieben **(7)**. Gemälde *Bittprozession Papst Gregors des Großen bei der Pest in Rom* von Ventura Salimbeni, um 1600 **(8)**.

In der Josephskapelle befindet sich an der rechten Wand eine Darstellung der *Heiligen Familie* aus der Schule des Andrea del Sarto **(9)**.

Gemälde *Samson reißt die Tempelsäulen nieder* von François Perrier aus der 1. Hälfte des 17. Jahrhunderts **(10)**. *Pietà* aus der Schule von Sebastiano del Piombo **(11)**. *Nährende Muttergottes* von Giovan Domenico Cerrini aus Perugia, 17. Jahrhundert **(12)**. Über der Eingangstür zum Kloster ist *Die Heilige Sippe* zu sehen, ein Gemälde, das Bonifacio Veronese zugeschrieben wird, daneben zwei Kopien Sassoferratos nach Perugino, welche die Heiligen Placidus und Maurus darstellen **(13)**. *Auferstehung Christi* von Orazio Alfani, 1553 **(14)**. *Johannes der Täufer*, Gemälde von Giovan Domenico Cerrini aus dem 17. Jahrhundert **(15)**. Über der Tür zur Sakristei befinden sich drei kleine Heiligenbilder aus dem 17. Jahrhundert, links die *Heilige Flavia*, in der Mitte die *Heilige Apollonia* und rechts die *Heilige Katharina*, von Sassoferrato, wobei die beiden letzten Kopien nach Perugino gefertigt wurden **(16)**.

In der Sakristei **(17)**, einem Anbau von 1451, Schränke mit Intarsienarbeiten von 1472. Reste des Majolika-Fußbodens von Giacomo Mancini aus Deruta von 1563/1564 sind noch unter dem Tisch und beim Altar zu sehen. An der Eingangswand befinden sich heute die einst zum Altarbild (heute im Museum in Lyon) gehörenden Predellentafeln von Perugino aus dem Jahr 1496. Sie zeigen (von rechts) die Heiligen *Maurus, Herculanus, Petrus Vincioli, Konstantius* und, in Kopie, die *heilige Scholastica*. Darüber ein Tafelbild aus der Schule Caravaggios im Stuckrahmen: *Ein Engel unterweist die heilige Francesca Romana in der Heiligen Schrift*. Die Wandfresken des Girolamo Danti von 1574 illustrieren Szenen aus der Apostelgeschichte: (von links) *Petrus tauft Cornelius von Cäsarea – Taufe des Paulus – Tod des Aninas, der den Erlös von Gütern zurückhielt – Paulus heilt einen Krüppel*; (zwischen den Fenstern) *Vision des Petrus vom Reinen und Unreinen*. Zwischen den großen rechteckigen Fresken sind weitere stuckgerahmte Tafelbilder zu sehen: *Segnender Christus*, Dosso Dossi zugeschrieben, *Heilige Familie* von Parmigianino oder aus dessen Schule, *Jesusknabe und Johannes der Täufer*, vielleicht ein Werk des jungen Raffael und eine Kupferskizze *Christus an der Geißelsäule*. Die Fresken im Gewölbe werden Scilla Peccenini zugeschrieben.

Presbyterium **(18)** mit einem Chorgestühl, welches 1525 von Bernardino Antonibi aus Perugia und Nicola di Stefano begonnen und 1591 von Stefano Zambelli aus Bergamo und seiner Werkstatt vollendet wurde. Dieses Chorgestühl gehört zu den kostbarsten Holzschnitzarbeiten des 16. Jahrhunderts. In der Tür im Chorscheitel Intarsienarbeiten von Fra' Damiano da Bergamo. In der Mitte ein Lesepult Battista Bologneses von 1535 bis 1537. Zwei große Wandfresken von Giovanni Battista Lombardelli della Marca von 1591 zeigen die *Schlüsselübergabe an Petrus* und die *Bekehrung des Paulus*. Auf dem Altar ein Ziborium von Sante Ghetti aus dem 16. Jahrhundert. Der Eingang des Chores wird rechts und links von zwei Sandstein-Kanzeln, Werke des Francesco di Guido di Virio, eingerahmt.

Tafelgemälde *Heiliger Paulus* von Guercino aus der 1. Hälfte des 17. Jahrhunderts **(19)**. Tafelgemälde *Heiliger Petrus* von Guercino aus der 1. Hälfte des 17. Jahrhunderts **(20)**. An der Stirnwand des linken Seitenschiffs **(21)** eine, mit der Jahreszahl 1469 versehene, *Pietà mit den Heiligen Hieronymus und Leonardus* von Bartolomeo Caporali (?). Darunter die Grabplatte von Ugolino da Montevibiano, Abt von San Pietro und Bischof von Perugia. Rechts davon eine Darstellung des *Weinenden Petrus*, die Guercino zugeschrieben wird, links ein Gemälde *Christus am Berg Gethsemane* von Giovanni Lanfranco aus der 1. Hälfte des 17. Jahrhunderts.

Cappella Vibi **(22)**, nach Plänen von Francesco di Guido di Virio erbaut, mit einem Marmortabernakel von Mino da Fiesole, in der Lünette *Die Verkündigung* von 1521.

Grablegung Christi, Kopie einer Raffael-Darstellung, ausgeführt von Sassoferrato **(23)**.

In der Cappella Ranieri **(24)**, erbaut nach Plänen von Francesco di Guidi di Virio Anfang des 16. Jahrhunderts, an der linken Wand das Gemälde *Christus auf dem Ölberg* von Guido Reni, gegenüber eine Darstellung *Christus begegnet der heiligen Veronika* von Giovanni Francesco Gessi, einem Schüler Renis.

Judith mit dem Haupt des Holofernes von Sassoferrato, 17. Jahrhundert **(25)**.

In der Sakramentskapelle **(26)** an der rechten Wand zwei Leinwandgemälde von Giorgio Vasari von 1566, *Der heilige Benedikt läßt während der Hungersnot Getreide nach Montecassino bringen* sowie die Darstellung des *Elisäus.* An der linken Wand das Gemälde *Der heilige Benedikt schickt den heiligen Maurus nach Frankreich* von Jan Scheppers (Giovanni Fiammingo) und ein weiteres Vasari-Gemälde *Hochzeit zu Kana.* Über dem Altar ein abgelöstes Fresko des 16. Jahrhunderts, *Madonna del Giglio.*

Anbetung durch die drei Könige von Eusebio da San Giorgio aus dem Jahr 1508 **(27)**. *Christi Himmelfahrt* von Domenico Alfani **(28)**.

Kopie einer Raffael-Darstellung der *Verkündung* durch Sassoferrato **(29)**. Holzkruzifix von 1495 **(30)**. *Pietà,* ein Spätwerk Peruginos (1512 – 1515) aus Sant'Agostino **(31)**.

Nach dem Rundgang durch die Basilika, den man über Stunden ausdehnen könnte, tut es gut, einen der noch verbliebenen acht Benediktiner-Patres zu treffen, der im Chor eine verborgene Tür zu einem befreienden Blick über das Tiber-Tal öffnet. Die Mönche der einst reichen Abtei sind heute lediglich wohlgelittene Gäste der landwirtschaftlichen Fakultät der Universität Perugia, die in den ehrwürdigen Gemäuern untergebracht ist.

Sant'Angelo – Università per Stranieri – Arco Etrusco

Einer der bezauberndsten Wege, die das mittelalterliche Perugia erschließen, führt von der Fontana Maggiore die Via Maestà delle Volte abwärts. Als Abstecher kann man an der Piazza Cavallotti geradeaus zur Piazza Morlacchi mit dem Café Morlacchi weitergehen, wo man häufig, insbesondere abends nach der Aufführung, auch Schauspieler aus dem gegenüberliegenden Theater Morlacchi (von 1780) antrifft. Man kann jedoch auch an der Piazza Cavallotti rechts in die Via Baldesci einbiegen und gleich darauf links die Stufen der Via Appia hinabsteigen. Sie führen geradewegs auf die **Via dell'Acquedotto**, einen schmalen Weg, der auf einem Aquädukt verläuft, der in der zweiten Hälfte des 13. Jahrhunderts erbaut wurde und dazu diente, das Wasser vom Monte

Paccino zur Fontana Maggiore zu leiten. Auf ihm scheint man zwischen Dächern und über grünen Gärten dahinzugleiten. Nach circa 150 Metern erblickt man zur Rechten den **Palazzo Gallenga-Stuart** aus dem 18. Jahrhundert, der in stilvoller Atmosphäre die 1926 ins Leben gerufene »Universität für Ausländer« (s. S. 160 ff.) beherbergt. Die Via dell'Acquedotto stößt am Ende auf die Via Ariodante Fabretti, auf der man nach links zum alten Kerngebäude der jetzigen Universität von Perugia gelangt. Die Barockkirche daneben dient als »Chiesa dell'Università«.

Überquert man indes am Ende der Via dell'Acquedotto die Via Ariodante Fabretti und setzt den Weg in der Via del Fagiano fort, drängt sich manchem angesichts der zu überwindenden steilen Stufen fast unweigerlich der Wunsch nach einem Taxi auf, zumindest der feste Vorsatz, nun endgültig mit dem Rauchen aufhören zu wollen. Wunsch wie Vorsatz nehmen sich freilich spätestens auf dem Corso Giuseppe Garibaldi, wo es wieder auf ebener Strecke bequem weitergeht, wie überflüssige, unkontrollierte Gedanken aus. Folgt man dem Corso nach links und biegt alsbald rechts in die Via del Tempio ein – statt sich geradeaus zur **Porta Sant'Angelo**, dem größten mittelalterlichen Torturm Perugias zu begeben –, sieht man im Hintergrund bereits die Rotunde von **Sant'Angelo**, genauer gesagt des Tempio di Sant'Angelo beziehungsweise der Chiesa di San Michele Arcangelo. Das außen sechzehneckige, innen runde Gebäude erinnert unweigerlich an römische Rundbauten und erweist sich als frühchristliche, wohl um das Jahr 500 entstandene Anlage, bei der antike Kapitelle und Basen weiterverwendet wurden. Seine mystisch-sakrale Wirkung entfaltet der christliche Tempel am deutlichsten im Brennpunkt des inneren Säulenkranzes, wo eine antike Marmorplatte auf einem Säulenstumpf ruht und als Altar das Zentrum markiert. Es wäre störend, den unvergleichlichen Eindruck, den der Betrachter dieses Heiligtums gewinnt, durch die rationale Beschäftigung mit Schwib- und Gurtbögen, die der Rotunde äußeren Halt verleihen, zu dämpfen.

Auf dem Corso Giuseppe Garibaldi zurück, erreicht man danach, vorbei an den Häusern Nr. 126 und 133 mit ihren bemerkenswerten mittelalterlichen Fassaden, an der Piazza Lupattelli die zurückgesetzte Kirche **Sant'Agostino** mit auffallender, in Perugia jedoch mehrfach anzutreffender rot-weiß gemusterter Fassade. Sie wurde um 1260 erbaut und im ausgehenden 18. Jahrhundert innen umgestaltet. Über dem ersten Altar links hat Pellino di Vannuccio 1387 ein Kreuzigungsfresko angebracht; der Chor beherbergt ein renaissancezeitliches Gestühl und ein Lesepult.

Bei der Fortsetzung des Weges passiert man nach wenigen Schritten das berühmte Lokal Dal Mi'Cocco, das sich auf seine typische Peruginer Küche viel zugute hält. Doch ein spontaner Besuch wird – ob mittags oder abends – schon bei der Frage nach einem Tisch scheitern; denn ohne Vorbestellung läuft hier gar nichts.

Die Università per Stranieri

Sie fallen im Stadtbild auf: Junge Leute aus aller Herren Länder, die auf der Treppe vor dem Dom sitzen, die Beine von der Terrassenmauer des Belvedere baumeln lassen, auf dem Rasen vor Sant'Angelo liegen und Italienischvokabeln pauken oder im Café Morlacchi ihre ersten Diskussionen in der fremden Sprache versuchen.

Sie studieren allesamt an der Università per Stranieri, der »Universität für Ausländer«, und fühlen sich durchweg wohl: Anfänger, die ihre Sommerferien zwischen Abitur und Studienbeginn mit einem Sprachstudium in Italien kombinieren; Romanistikstudenten, die vor allem Sicherheit im gesprochenen Italienisch, in der Konversation, erlangen wollen, Geschichtsstudenten, die vorhaben, für ein paar Semester in Florenz zu studieren, und sich in Italienisch ›fit‹ machen; überhaupt Studenten, vor allem aus den Ländern rund ums Mittelmeer, die ihr gesamtes Studium an der ›normalen‹ Universität von Perugia zu absolvieren beabsichtigen, deren tiermedizinische und agrarwissenschaftliche Fakultäten einen besonders guten Ruf haben; Italienischlehrer, die ihre Kenntnisse auffrischen; im Zuge dessen, daß Europa näher zusammenrückt, vermehrt auch angehende Volkswirtschaftler, Bankiers und ›Senioren‹, deren Liebe der italienischen Kultur gehört, die aber bislang mit der Sprache zu kämpfen hatten.

So trifft sich in Perugia ein bunt gemischtes Völkchen junger und jung gebliebener Menschen. Eine Altersbegrenzung nach oben gibt es an der Università per Stranieri nicht; alle über fünfzehn sind willkommen. Die Einschreibung erfolgt mittels eines Formulars, das man zusammen mit einer Kursübersicht und anderen notwendigen Informationen entweder direkt von der Universität oder vom Istituto Italiano di Cultura erhält, das in mehreren Städten Deutschlands, Österreichs und der Schweiz vertreten ist (s. S. 405 ff.). Das Studienjahr ist in Vierteljahresabschnitte unterteilt, so daß man innerhalb eines Jahres alle vier Leistungsstufen durchlaufen kann, zum Beispiel in den Monaten Oktober bis Dezember die Stufe I (mit 20 Wochenstunden Unterricht), in den Monaten Januar bis März Stufe II (mit 21 Wochenstunden), in den Monaten April bis Juni Stufe III (mit 22 Wochenstunden) und in den Monaten Juli bis September die Stufe IV. Bei dieser letzten Stufe muß man sich zwischen vier Alternativen entscheiden; angeboten sind ein Sprach- und Literaturkurs (mit 21 Wochenstunden), ein Übersetzungskurs, zum Beispiel speziell Deutsch-Italienisch, ein Kurs mit Literatur-, Kunst- und Zeitgeschichte als Schwerpunkt sowie ein wirtschafts- und finanzpolitisch ausgerichteter Kurs (mit jeweils 24 Wochenstunden). Diese Spezifizierungen lassen sich in einer Stufe V abschließend fortsetzen. Über diese empfohlenen Pflichtkurse hinaus kann man in der Stufe IV noch zusätzlich italienische Kultur-, Religions-, Film-, Musik- oder Theatergeschichte belegen, in der Stufe V außerdem Wirtschaftsgeographie, Marktwirtschaft, italienische Philosophie- oder Kirchengeschichte, Psycho- oder Soziolinguistik.

Doch viele Studenten wählen Intensivstudiengänge, die es bei entsprechend höherer Stundenzahl, das heißt mit 27 Wochenstunden Unterricht, erlauben, die pro Stufe vorgesehenen drei Monate in einem einzigen hinter sich zu bringen. Diese Intensivkurse werden allerdings nur in den Sommermonaten Juli bis einschließlich September abgehalten. Weder bei diesen Intensivkursen noch bei den Normalkursen gibt es die Verpflichtung, alle vier oder fünf Stufen zu absolvieren. Es gibt Studenten, die jedes Jahr für einen oder drei Monate kommen, um in ihren Italienischfertigkeiten eine Stufe aufzusteigen; oder die überhaupt nur einmal für einen Monat zu einem Intensivkurs die Universität besuchen. In jedem Fall wird durch ein Testgespräch die Zuordnung in die richtige Stufe ermittelt, so daß man sich gegebenenfalls die vorhergehenden sparen kann.

Wer keine privaten Kontakte nach Perugia unterhält und sich nicht auf eigene Faust eine ›Bude‹ besorgen kann, sollte zusammen mit der Anmeldung zum Sprachkurs auch ein Formular zur Vorbestellung einer Unterkunft ausfüllen, das ebenfalls der Informationsbroschüre beiliegt.

In der Verlängerung der Fassade des Palazzo Gallenga-Stuart schließt die Stadtmauer die Piazza Braccio Fortebraccio nach oben ab. In der Mauer öffnet sich der **Arco Etrusco,** wegen der Inschrift »Augusta Perusia«, die unter Kaiser Augustus angebracht wurde, auch Arco di Augusto genannt. In der Tat stammt der untere, etruskische Teil des Tores – wie die Fundamente der Mauer rechts daneben – aus dem 3. bis 2. Jahrhundert v. Chr.; der obere wurde wieder hochgezogen, nachdem die Truppen des Augustus die Stadt 40 v. Chr. im Bürgerkrieg erobert und zerstört hatten; die Loggia wurde erst im 16. Jahrhundert hinzugefügt. Durch den Torbogen kehrt man auf der Via Ulisse Rocchi aufwärts geradewegs zum Dom und zur Fontana Maggiore zurück.

Via dei Priori – Oratorio di San Bernardino

Von der Fontana Maggiore geht man in der Gasse rechts neben dem Palazzo dei Priori bis zur Via dei Priori und folgt dieser nach rechts zur 1627 bis 1634 errichteten Kirche San Filippo Neri. Nicht nur auf die leicht Verführbaren wartet auf diesem Weg mit einem Lebensmittelladen der nicht alltäglichen Art, der »Casa del parmigiano di Gandolfi Romano«, eine große Versuchung. Weiter auf der Via dei Priori, trifft man auf ein wahres ›Nest‹ von Kirchen: rechts mit der kleinen Apsis die romanische Kirche Santo Stefano, die im 14. Jahrhundert erweitert wurde; links Santa Teresa degli Calzi, ein unförmiges ›Trumm‹ aus dem Jahr 1718. Doch mehr als diese beeindruckt die **Torre degli Sciri** aus dem 12. Jahrhundert, der einzige erhaltene der zahlreichen Geschlechtertürme, die früher die Silhouette der Stadt prägten. Unter einem mächtigen Bogen hindurch, der die Via dei Priori überspannt, erreicht man die etruskische **Porta Trasimeno,** auch Arco di San Luca genannt, mit mittelalterlichem Spitzbogen, an welche sich rechts das Kirchlein Madonna della Luce anlehnt, zu deren Errichtung ein Madonnenbild-Wunder 1513 den Anlaß gab; innen, am Altar, sind Fresken von Tiberio d'Assisi von 1530/40 und im Gewölbe von Giovanni Battista Caporali aus derselben Zeit zu sehen. Die zur Besichtigung nicht geöffnete Kirche San Luca rechts daneben erinnert an die ehemals einflußreiche Niederlassung des Malteserordens in Perugia. Die Via San Francesco, auf der man sich jetzt befindet, öffnet sich auf die weite, begrünte Piazza San Francesco mit der Kirche San Francesco al Prato. Nicht zuletzt der lockere Boden, auf dem sie – beinahe seit ihrer Erbauung im 14. Jahrhundert – immer mehr abzurutschen droht, hat ihr das heutige Ruinendasein beschert. Das **Oratorio di San Bernardino** weiß dafür zu entschädigen. 1451 begann man mit seinem Bau, der die Heiligsprechung Bernhardins von Siena im Jahr zuvor würdigte: In dem Relief des Bogens über dem zweitürigen Portal ist er – von einer flammenden Mandorla umrahmt – dargestellt; das schmale Reliefband darunter zeigt Szenen aus seinem bewegten Leben, das er ums Haar als ein vom Papst wegen Ketzerei Verurteilter beendet hätte. Die Reliefs links und rechts neben dem Portal bilden den heiligen Konstantius und den heiligen Herculanus ab, zwei Patrone Perugias. Das Innere ist im Unterschied zur verschwenderischen Renaissance-Fassade, mit deren Gestaltung der Florentiner Agostino du Duccio beauftragt war, von franziskanischer Schlichtheit und zeichnet im Grundriß die Form eines Kreuzes nach. Eine Attraktion bildet jedoch der als Altar genutzte Marmorsarkophag aus dem 4. Jahrhundert. Seine Reliefs weisen ihn als frühchristliche Grablege aus. Ende des 13. Jahrhunderts wurde in ihm Aegidius, einer der ersten Gefährten des heiligen Franziskus von Assisi, beigesetzt.

Via della Luna – Porta della Mandorla – San Prospero

Ein letzter malerischer Altstadtweg nimmt – diesmal nicht an der Fontana Maggiore –, sondern am Corso Vannucci bei der Hausnummer 55 seinen Ausgang. Er führt die **Via della Luna** abwärts, die auf einen gut erhaltenen Abschnitt der etruskischen Stadtmauer zuläuft. Der Via della Cupa nach links folgend, erreicht man durch die Via Cesare Caporali und die Via Bruschi die **Porta della Mandorla**, ein im Mittelalter umgebautes etruskisches Stadttor. Hier verläßt man durch die Via Deserta, die Via delle Forze und die mittelalterliche Porta San Giacomo die befestigte Altstadt. Nach rechts ein Stück den befahrenen Viale Pompeo Pellini entlang und dann links die Via San Prospero hinab erreicht man das – leider stets verschlossene! – Kirchenkleinod **San Prospero**. Allein die Besichtigung des selten frühen, nämlich ins 7./8. Jahrhundert datierten und deshalb berühmten Ziboriums, ist es wert, sich hartnäckig, am besten gegen Abend, um den Schlüssel zur Kirche im Don-Bosco-Heim beim Sportplatz zu bemühen.

Die Gruft der Volumner

Was war das vor einem guten Dutzend Jahren für ein lauschiges Plätzchen: Man gondelte von Perugia gemächlich die Straße nach Assisi hinab und hielt kurz vor der Bahnschranke, die meist mit hellem Bimmeln in die Verankerung fiel, zu einem Besuch des Ipogeo dei Volumnii. Heute fährt man zwar immer noch den Viale Roma und die Via Assisana in dieselbe Richtung stadtauswärts; doch man muß schon höllisch aufpassen, um den Weg im Gewirr der Vorstadt-Straßenführungen zur etruskischen Grabkammer nicht zu verfehlen. Und man hebt besser nicht die Augen und negiert den erdrückenden Schatten, den die in luftiger Höhe vorüberziehende Autobahn und ihr Stützpfeiler werfen. Andererseits kann man sich auch auf ihr hierher geleiten lassen. Man hält sich dazu von Perugia aus an das grüne Autobahnrichtungsschild »Roma – Firenze« beziehungsweise das blaue Hinweisschild »Assisi – Foligno«, biegt dann Richtung Terni ab und nimmt die erste Ausfahrt »Balzano«, von wo der Weg zum »Ipogeo dei Volumni« ausgeschildert ist.

Neu gestaltet ist auch der Eingangsbereich zur Grabstätte, in dem eine große Anzahl von steinernen Urnen zu einer schweigenden Demonstration etruskischer Grabkultur aufgereiht steht. Sie stammen zum überwiegenden Teil aus der hiesigen Grabanlage, die 1840 zusammen mit der irgendwann in den letzten 150 Jahren v. Chr. in den Tuffstein geschlagenen Grabkammer der Volumner aufgedeckt wurde. Vor dem Abstieg über steile Stufen in die kühle Kammer wird man schmerzlich daran erinnert, daß auch jeder von uns unfreiwillig giftige Abgase verströmt: Nur fünf Besucher gleichzeitig dürfen sich für höchstens fünf – Videokamera-überwachte – Minuten in der Gruft aufhalten, die wie ein Haus geschnitten ist: im Zentrum das Atrium, links und rechts kleine Nebenräume, geradeaus der Aufenthaltsraum oder auch das Schlafzimmer. Dazu paßt, daß die Verstorbenen auf den Aschenurnen im Aufenthaltsraum als Teilnehmer an einem Festmahl – mit der typischen Opferschale in der Hand – dargestellt sind.

Mit einem seltenen und ungewöhnlich gut erhaltenen,
für die frühromanischen umbrischen Kirchen typischen Ziborium
über dem Altar wartet die Kirche San Prospero in Perugia auf.

Von Perugia nach Osten:
die »Sonntagsstadt« und das mittelalterliche Corciano

Ein kulturelles Kontrastprogramm bietet die nicht nur sonntags geöffnete **Città della Domenica**, fünf Kilometer von Perugia entfernt. Der Freizeitpark – nicht nur ein Vergnügen für Kinder – mit Märchenwelt, großzügigem Tiergehege und Indianerdorf ist am einfachsten über die Autobahn Richtung Florenz und die Ausfahrt »Ferro di Cavallo« zu erreichen.

Weiter im Osten liegt das ebenfalls über die Schnellstraße erreichbare, von Perugia zwölf Kilometer entfernte romantische Örtchen **Corciano**. Hinter seinem Mauerring aus dem 13. Jahrhundert führt es im Schatten der Torre Guelfa und des Campanile Ghibellino, bei der Porta Santa Maria mit dem wuchtigen Rundturm daneben, ein beschauliches Dasein. Die Gassen um den im 15. Jahrhundert errichteten Palazzo del Capitano del Popolo, die gotische Kirche San Francesco, der Palazzo dei Priori und die Piazza Coragino bilden eine authentische Kulisse, wenn jährlich im August, beim *Agosto Corcianese*, mit Umzügen und Musikdarbietungen in historischen Gewändern das Mittelalter wiederbelebt wird.

Von Perugia in Richtung Gubbio:
Montelabate und San Giustino

Am Eingang des Ortes **Colombella** grüßt links von den Hügeln mit leuchtender Fassade die Marien-Wallfahrtskirche. Doch es sind heute weniger die Pilger, die zu ihr hochschauen, als vielmehr Scharen von Reiselustigen, die sonntags in Busladungen auf dem Weg nach Gubbio an ihr vorbeirauschen.

Eine Entscheidung sollte *vor* dem Örtchen Piccione gefallen sein, sonst könnte man in der Kurve leicht ins Schleudern geraten: Montelabate oder San Giustino? Beides romanische Leckerbissen, mit Einschränkungen allerdings. Bleibt man auf der Straße Nr. 298 und folgt der ausgeschilderten Abzweigung links nach **Montelabate**, sieht man auf einem sanften Hügel, zu dem eine toskanisch anmutende Zypressenalle hinaufführt, die Gebäude der einst reichen Abtei Santa Maria di Valdiponte zwischen den Bäumen hervorlugen. Zwanzig Kastelle und dreißig Pfarrkirchen zählten im 12. Jahrhundert zu ihrem Besitz. Inzwischen hat nicht nur der Zahn der Zeit an ihr genagt; das Erdbeben von 1984 hat die 1325 erbaute Kirche beinahe zum Einsturz gebracht; seitdem ist sie eingerüstet. Sie ist nur schwer zu begehen, was vor allem wegen der Krypta aus dem 11. Jahrhundert bedauerlich ist. Weniger gelitten hat der würdige Kreuzgang aus dem Jahr 1302. Die Anlage ist in Privatbesitz, doch wird man – wenn man am Tor klingelt und die Besitzer anwesend sind – durchaus eingelassen.

Um zur Kirche **San Giustino** zu gelangen, folgt man hinter dem Ortsschild »Piccione« nicht weiter der Straße Nr. 298, sondern biegt geradeaus ab nach Piccione. Bei der Ampel (nach circa 200 Metern) hält man sich rechts Richtung Pianello beziehungsweise Assisi. Nach 900 Metern geht es rechts zwischen zwei sterbenden Zypressen hindurch – ganz Mittelitalien leidet unter einem verheerenden Zypressensterben! – auf einen Feldweg, an dessen Ende nach 500 Metern die Kirche steht.

Um hineinzugelangen, wendet man sich an den Bauernhof direkt dahinter, wobei man schon gleich die mit zwei Blendarkaden geschmückte Apsis in Augenschein nehmen kann. Aber vielleicht ist eine Anmeldung gar nicht mehr notwendig, denn (kleine, kläffende, ungefährliche) Hunde haben die Ankunft längst angezeigt. Die Bäuerin, die mir die düstere Kirche öffnete und noch etwas bange von den Erdstößen tags zuvor (im April 1994) erzählte, wies auf die Markierungen entlang der Gebäuderisse hin, welche die Beben der Jahre 1984 und 1993 hinterlassen haben. Es wäre schade um die Kirche, die unverfälschte Romanik des frühen 13. Jahrhunderts preisgibt, auch wenn das rechte Seitenschiff vermauert ist. Der Dachstuhl ist offen, zum Chor führen Stufen hinauf, Säulen tragen korinthische Kapitelle, die kreuzgratgewölbte Krypta wird von zwei kurzen, starken Säulen gestützt.

Weiter auf der Straße Nr. 298 Richtung Gubbio hat man nach etwa neun Kilometern rechts hinab einen schönen Blick auf das Castello di Petroia, eine Burg in Privatbesitz, die auf das 13. Jahrhundert zurückgeht. Circa 600 Meter hinter dem Örtchen Scritto geht rechts ein Weg zur schön auf einem Hügel gelegenen **Abbazia di Vallingegno** ab, die von Benediktinern zu Beginn des 13. Jahrhunderts gegründet worden ist. Der heilige Franziskus von Assisi, der den Ort bei seinen ausgedehnten Wanderungen durch Umbrien gerne aufsuchte, gründete hier den Dritten Orden der Minderen Brüder. In der Kirche dient ein römischer Sarkophag, in dem die sterblichen Überreste des heiligen Verecundus, eines Märtyrers des 1. Jahrhunderts, ruhen, als Altar. In der Anlage um den kleinen Klosterhof mit Brunnen sind hübsche Ferienwohnungen untergebracht.

Von Perugia nach Süden: ein guter Tropfen, handbemalte Keramik und römische Ruinen

Man verläßt Perugia Richtung Rom – Florenz, hält sich dann Richtung Terni und nimmt die Ausfahrt »Torgiano«. Hat man nicht bereits andernorts vom hervorragenden Roten aus Torgiano gekostet, sollte man sich spätestens durch das Weinmuseum, das im Palazzo Bologni aus dem 16. Jahrhundert im Zentrum von **Torgiano** betrieben wird, zu einem Schluck anregen und schließlich in der Osteria del Museo von seiner Qualität überzeugen lassen.

Die Majolika-Sammlung des Museums weist auf den Ort **Deruta** voraus, den man gut sechs Kilometer weiter südlich erreicht. Deruta läßt keine Zweifel daran, daß es die »Città della Maiolica« schlechthin ist, wo nachweislich seit 1290 die nun in alle Welt exportierte glasierte und handbemalte Terrakotta hergestellt wird. Noch vor der Ortseinfahrt laden ausgedehnte Schaufensterfronten zum Kauf der bunten und repräsentativen Pracht an Krügen, Vasen, Übertöpfen und Tellern ein. Doch beim Einkauf sind Stilsicherheit und Kunstverständnis verlangt: Die Frage, »Kitsch oder Kunst?«, muß sich jeder selbst beantworten. Auch oben im alten Städtchen kann man sich noch mit Majolika-Mitbringseln eindecken, vielleicht nachdem ein Besuch im Museo delle Maioliche den Kunstsachverstand gefestigt hat; es ist in Ortsmitte im zweiten Obergeschoß des Palazzo comunale aus dem 14. Jahrhundert (mit Barock-Giebel) untergebracht; im Stockwerk darunter befindet sich die kleine Pinakothek, in der u. a. Werke von Nicolò di Liberatore ausgestellt sind. Dem Palazzo Comunale schräg gegenüber liegt San Francesco, eine einschiffige Kirche aus dem 14. Jahrhundert mit Fresken aus dem 14. bis 16. Jahrhundert.

Östlich von Torgiano liegt hoch über dem Fluß Chiacio und der Valle Umbra, hinter Toren und Mauern, die teilweise ins 4. Jahrhundert und damit in frühumbrische Zeiten zurückreichen, das Örtchen **Bettona**. Mehr als der bescheidene Palazzo del Podestà aus dem 14. Jahrhundert mit kleiner archäologischer Sammlung und Pinakothek sowie die Kirche Santa Maria Maggiore, der man ihre Entstehung im 13. Jahrhundert kaum mehr ansieht, vermag Bettona durch das Panorama, das es von außen bietet, zu gefallen. Die außerhalb an der Straße in Richtung Passagio gelegene Konventskirche Sant'Antonio wird derzeit (Stand: April 1994) restauriert.

Setzt man die Fahrt über Passagio hinaus fort, nimmt man nach knapp sieben Kilometern die Abzweigung rechts nach Collemancio, biegt vor dem Ortseingang scharf rechts ab und wählt bei der unmittelbar darauffolgenden Weggabelung wiederum den rechten Feldweg. Dieser führt steil aufwärts zu dem von Plinius dem Älteren erwähnten römischen Ort **Urvinum Hortense**. Erhalten haben sich hier die Grundmauern eines Tempels und einer Thermenoder Villenanlage sowie einer winzigen Apsis, die von einer frühmittelalterlichen Kirche herrührt – ein einsames Picknick-Plätzchen mit faszinierender Aussicht bis nach Assisi hinüber.

Assisi: »Il Cuore del Mondo«

Assisi in Stichworten: intaktes, mittelalterliches Stadtbild mit Mauern und Toren; 4300 Einwohner; 424 Meter hoch auf einem Ausläufer des Subasio gelegen, der wie ein gestrandeter Walfisch an der ausgedehnten Valle Umbra liegt; alte umbrische Siedlung; seit 89. v. Chr. römisches Municipium; wahrscheinlich Geburtsort des römischen Dichters Properz (um 47 v. Chr.); im Jahr 238 Hinrichtungsort des Bischofs Rufinus, eines der wenigen namentlich bekannten Opfer der Christenverfolgung in Umbrien; im Jahr 545 von Totilas Ostgoten zerstört; ab dem 8. Jahrhundert den – zunächst langobardischen – Herzögen von Spoleto unterstellt; ab dem 12. Jahrhundert, obwohl in den Kirchenstaat eingebunden, Entwicklung zur freien, selbstverwalteten Kommune; unter Kaiser Friedrich Barbarossa mit einer Festung bekrönt; stets in Konfrontation mit dem papsttreuen guelfischen Perugia; Lossagung von den Staufern und Zerstörung der Burg 1198; ab dem 14. Jahrhundert unter der Herrschaft auswärtiger Signoren und stets angefeindet von Perugia; ab dem 16. Jahrhundert fest unter päpstlicher Kontrolle; im letzten Jahr des Zweiten Weltkriegs Zufluchtsort Hunderter von Juden, die, von den Franziskanern versteckt, vor der Deportation und dem Tod in den Gaskammern verschont blieben. – Kann man so mit Assisi beginnen, dem »Herzen der Welt«?

In der Tat: Man kann. Aber all diese Daten und Fakten – und würde man sie um dieselbe Anzahl ergänzen – verblassen vor der Gestalt des heiligen Franziskus von Assisi (1182 – 1226) und seiner Ausstrahlung, die bis heute ungebrochen anhält. Der Kaufmannssohn, der allem weltlichen Besitz entsagte, ein Leben in selbstgewählter Armut und Askese vorzog und damit die träge, selbstgefällige und satte Amtskirche ins Mark traf; der den Bettelorden der Franziskaner (s. S. 84 ff.) gründete, eine bis dahin nicht gekannte Liebe zur Na-

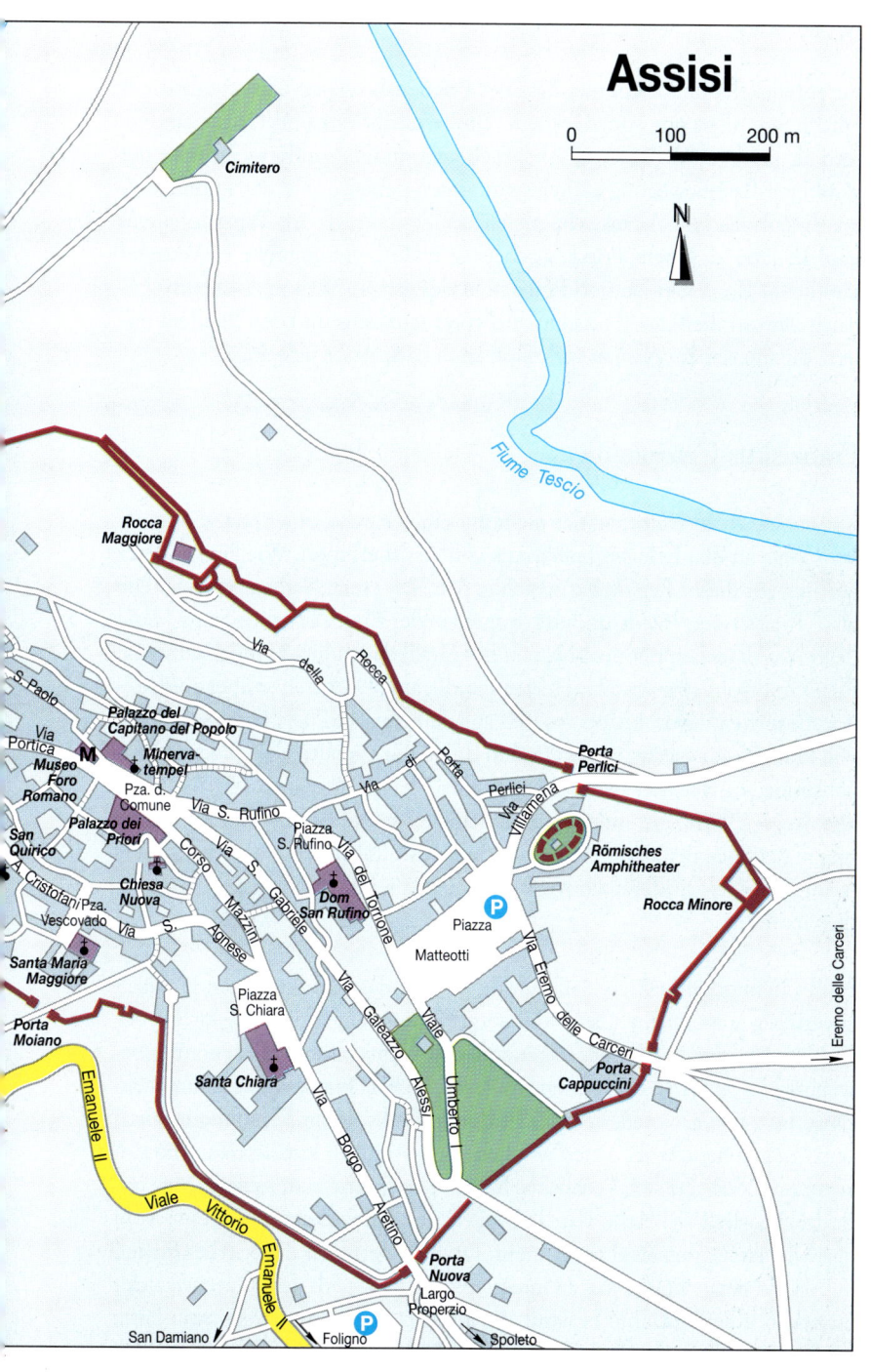

tur entwickelte und kompromißlos der Friedensbotschaft Christi folgte – er wird heute nicht nur von ›Grünen‹, Umweltschützern und Ostermarschierern als geistiger Vorläufer in Anspruch genommen, sondern erscheint der gläubigen Basisbewegung »Kirche von unten« ebenso wie der kurialen römisch-katholischen Amtskirche gleichermaßen aktuell. Als Papst Johannes Paul II. 1986 zu einem Friedensgebetstag einlud, versammelte er Vertreter sämtlicher Konfessionen und Religionen der ganzen Welt in Assisi um sich. Auch der Großteil der Touristen wird von Franziskus und den Baudenkmälern, die mit seinem Namen verknüpft sind, nach Assisi gelockt.

Franziskus-Faszination

Kaum ein Ort in Umbrien, der nicht mit einer Kirche, einer Straße oder einem Platz an den heiligen Franziskus von Assisi erinnert. Wie kein anderer Mensch aus dieser Region hat er sich in der Welt einen Namen gemacht. Die Stadt Assisi, ›seine‹ Stadt, und das drunten in der Ebene liegende Santa Maria degli Angeli locken mit dem Namen des Heiligen jährlich Hunderttausende Pilger und Touristen aus aller Herren Länder an. 1993 waren es über eine Million Besucher, davon knapp 365 000 aus dem Ausland. Die Faszination, die von Franziskus ausgeht, wird gefördert durch die reichlich vorhandenen Örtlichkeiten, an welchen sein Lebensweg nachvollziehbar ist. ›Sein‹ Taufbecken, ›sein‹ Elternhaus, ›sein‹ erstes Kirchlein, ›seine‹ Fasten- und Zufluchtsorte in der Stille der Natur, ›seine‹ Kirchengründungen, ›seine‹ Sterbekapelle, ›sein‹ Grab – es ist alles noch vorhanden und läßt seine Gestalt überall lebendig werden.

Hinzu kommt schließlich, daß sein Leben wie das keines anderen Heiligen zuverlässig aufgezeichnet ist. Dafür sorgte schon damals die Amtskirche, obwohl deren oberste Würdenträger zunächst nichts von der Erneuerungsbewegung des *poverello*, des Armen aus Assisi, hielten. Franziskus war ihnen ein Dorn im Auge gewesen, denn nicht durch direkte Angriffe, sondern durch sein Vorbild hatte er ihr sattes Wohlleben empfindlich kritisiert. Für die Kurie in Rom bewegte sich Franziskus hart an der Grenze zum Ketzer. Doch unterdrücken ließ sich schon zu Lebzeiten des Franziskus seine Lehre vom christlichen Armutsideal nicht mehr. Deshalb verfielen die Kirchenfürsten auf die Strategie, Franziskus zu integrieren und dadurch dem Gegensatz, der zwischen ihnen und ihm bestand, die Spitze zu nehmen. Bereits zwei Jahre nach seinem Tod wurde er heiliggesprochen. Zu diesem Zweck hatte der

Papst Berichte über sein Leben aufschreiben und dazu auch Zeitzeugen befragen lassen, deren Aussagen erhalten sind.

Die Basilika San Francesco

Auch wenn der Rummel um Franziskus der Gesinnung des Heiligen und seinem Ruf nach strikter Bescheidenheit heute Hohn spricht, ist seine Grabeskirche, die Basilika San Francesco, zu *dem* Touristenziel nicht nur von Assisi, sondern von ganz Umbrien geworden. Die gigantischen Ausmaße des gesamten Komplexes, also auch des angrenzenden Klosters, mit seinen riesigen Substruktionsbauten schlagen Anreisende schon aus der Ferne in ihren Bann. Von einer Anhöhe im Westen aus besehen, schiebt sich das Konventsgebäude, in dem heute nur noch drei Dutzend Mönche leben, mit der steil abfallenden Mauer seines Unterbaus wie eine tibetanische Klosterfestung talwärts.

Zwei Kirchen stehen aufeinander, eine gotische über einer romanischen. Wie in der Laterankirche in Rom, die im Leben des Franziskus eine wichtige Rolle spielte, liegt der Altar im Westen, und nicht wie sonst üblich im Osten. Doch damit noch nicht genug der Symbolik, die nicht erst heutzutage von Wissenschaftlern in den Bau ›hineingelesen‹ wird, sondern damals in einer Art ›Formelsprache‹ der sakralen Sinngebung des Heiligtums Ausdruck verleihen sollte. Auch daß man die ehemalige Hinrichtungsstätte von Assisi zum ›Bauplatz‹ der Basilika wählte, wird bewußt geschehen sein: Die Grabeskirche Jesu in Jerusalem, die seit 1219 von Franziskanern betreut wurde, war ebenfalls vor der Stadt, in Golgatha, das heißt am Hinrichtungs- oder Begräbnisplatz, angelegt worden. Und wie in der Jerusalemer Grabeskirche war auch der Altar in der Franziskus-Unterkirche bis 1870 von zwölf Säulen umstanden.

Der heilige Franziskus war gerade zwei Jahre tot und einen Tag heiliggesprochen, als Papst Gregor IX. 1228 eigenhändig den Grundstein zur Errichtung der Unterkirche legte. 1230 wurde der Leichnam Franziskus' von San Giorgo, der heutigen Kirche Santa Chiara, seiner ersten Grablege, ›unter Ausschluß der Öffentlichkeit‹ und einen Tag vor dem dafür bekanntgegebenen Datum hierher in den Rohbau überführt. Der Zugang zum Grab wurde aus Angst vor Reliquiendiebstahl unkenntlich gemacht. Die Oberkirche entstand in den vierziger Jahren. Papst Innocenz IV. weihte das Gesamtbauwerk, als er sich 1253 in Assisi aufhielt. Damit begann Assisis Aufstieg zum »Cuore del Mondo«, zum Herzen der Welt.

Die Basilika San Francesco

Man sollte sehr früh auf den Beinen sein, nicht nur um noch einen freien Parkplatz vor den Mauern zu ergattern. Auch um die ursprüngliche Intimität des Ortes zu verspüren, um die Mystik, die in der Basilika eingefangen ist, von sich Besitz ergreifen zu lassen und um etwas vom Geheimnis der Wirkung, die ungebrochen von Franziskus ausgeht, zu erfahren, muß man sich beizeiten aufmachen. Sieben Uhr – das wäre eine gute Zeit: Unbehelligt von den Touristenmassen, die später aus unzähligen Bussen den Berg heraufwallen, bleibt Muße zur stillen Betrachtung. Dann leuchtet die spätromanische Fassadenwand, die sich unvermittelt, ohne Sockelzone, aus dem Grund emporzuschieben scheint, im roten Morgenlicht der über dem Subasio aufgehenden Sonne. Das hohe Doppelportal mit der zarten Einfassung, die Fensterrose, die – typisch für Umbrien – in einem Viereck, das man sich dazudenken muß, von den Evangelistensymbolen eingefaßt ist, sowie der Giebel mit dem Rundfenster und den seitlich ›aufgesetzten‹ Rundtürmchen – in Wirklichkeit sind es Strebepfeiler, die dem Bau Halt verleihen –, all diese architektonischen Mittel bewirken in ihrer einfachen symmetrischen Anordnung die vertikale Ausrichtung der Fassade; durch zwei Gesimse, welche die Fassade horizontal dreiteilen, wird mit einfachsten Mitteln die rechte Proportion insgesamt gewahrt. Die Loggia links daneben ist ein späteres Beiwerk von 1754; sie wurde der Strebewand zu Ehren des Papstes Benedikt XIV. aufgesetzt, als er anläßlich seines Besuches die Kirche zur Basilika erhob. Über die Freitreppe hinab kommt man direkt zum Eingang der Unterkirche, einem Doppelportal des 14. Jahrhunderts; die Renaissance-Vorhalle stammt von 1487.

Ob man den Besuch der Basilika in der Oberkirche antreten und über die Unterkirche zur Krypta hinab fortsetzen oder in umgekehrter Reihenfolge unternehmen soll – darüber existieren verschiedene Meinungen. Nicht nur zur frühen Morgenstunde, wenn man der Meßfeier in der Krypta mit den Mönchen beiwohnen kann, sondern auch, um die Entstehungsgeschichte des Baus von unten nach oben nachzuvollziehen, empfiehlt es sich, in der Grabeskirche des Heiligen, in der **Krypta**, zu beginnen. Sie wurde 1822 angelegt

Gnadenort, Pilgerzentrum und Touristenmagnet in einem:
die Basilika San Francesco in Assisi, deren Krypta das Grabmal
des heiligen Franziskus birgt.

und zwischen 1925 und 1932 – von den italienischen Faschisten gefördert – in ihrer jetzigen, neoromanischen Form ausgestaltet, nachdem erst 1818 der Steinsarg mit den Gebeinen des Franziskus – direkt unter dem Altar der Unterkirche – wiederentdeckt worden war. Der Sarkophag wurde da belassen, wo man ihn fand und wo ihn die Ordensbrüder aus Angst, der Leichnam könnte von Reliquienräubern entwendet werden, nach seiner Überführung aus der Kirche San Giorgio vergraben hatten. Die Sarkophage von Leone, Rufino, Masseo und Angelo, den engsten Mitbrüdern Franziskus', sind um das zentrale Grabmal gruppiert.

Die tiefen Gewölbe der düsteren **Unterkirche**, die selbst wie eine überdimensionierte lombardisch-romanische Krypta wirkt, scheinen unter der Last der Oberkirche fast zu bersten. Vielleicht haben Vorbilder aus der byzantinischen Kirchenbaukunst, wo dieser Typus als Grabeskirche vorkommt, bei der einfachen Anlage mit Langhaus, Querschiff und Apsis eine Rolle gespielt. Das östliche Querschiff – wie gesagt, der Altar steht hier ›gegen die Norm‹ im Westen! – wurde erst im weiteren Verlauf des 13. Jahrhunderts zur Stütze der Oberkirche angefügt; die Seitenkapellen kamen erst um 1300 dazu. Die bewundernswerten Wandmalereien und Fresken, mit denen die Unterkirche so überreich geschmückt ist, bilden nicht nur Geschichte(n) ab – sie haben selbst Kunstgeschichte geschrieben. Die Szenen aus dem Leben des heiligen Franziskus an den Langhauswänden, die um 1260 der namentlich unbekannte »Franziskusmeister« ausführte, die aber bei der Öffnung der Seitenkappellen beträchtlich zerstört wurden, gehören zum Besten, was es aus dieser frühen Zeit gibt. Die Fresken in den Querarmen links und rechts von der Vierung suchen ihresgleichen: besonders die im rechten Querarm und dort an der Ostwand, mit der wohl realistischen Darstellung des heiligen Franziskus, die Cimabue um 1280 schuf, sowie der – vielleicht – lebensnahen Abbildung der heiligen Klara, die Simone Martini etwa 45 Jahre später malte.

Ausstattung der Unterkirche
(s. Grundriß)
Madonna della Salute mit den Heiligen Antonius Abbas, Franziskus und Rufinus; Fresko von Ceccolo di Giovanni aus der 1. Hälfte des 15. Jahrhunderts **(1)**. Gotisches Grabmal für ein Mitglied der Florentiner Familie Cerchi, errichtet zu Anfang des 14. Jahrhunderts **(2)**. Kenotaph (»Schaugrabmal«) wohl aus dem 13. Jahrhundert **(3)**, wahrscheinlich für den mit dem heiligen Franziskus persönlich bekannten Johann von Brienne, der (1210 – 1225) König von Jerusalem und (1231 – 1237) der letzte lateinische Kaiser von Konstantinopel war.

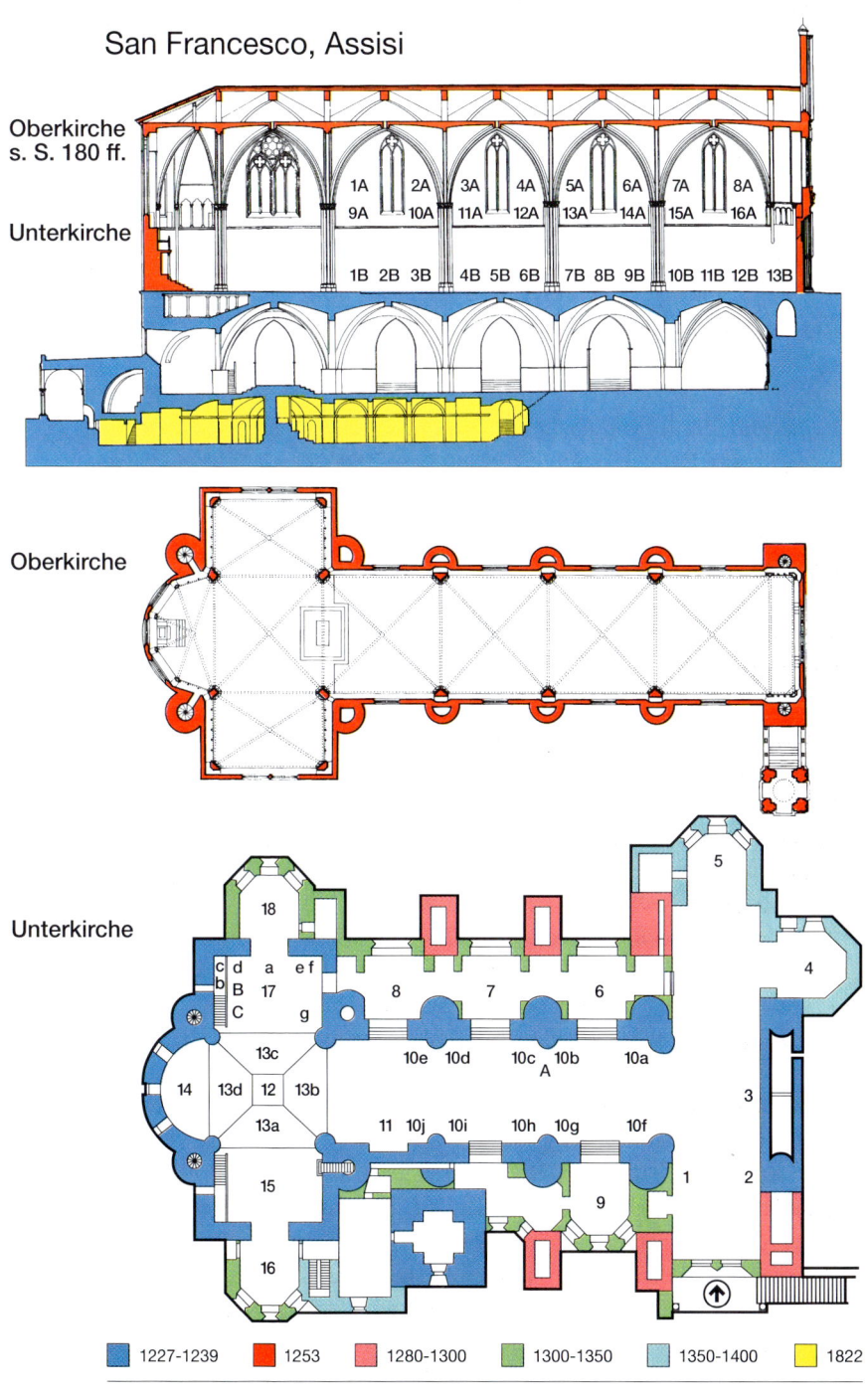

Kapelle des heiligen Antonius Abbas (4) mit zwei Grabmälern aus der 2. Hälfte des 14. Jahrhunderts für Blasco Fernandez di Belviso, Herzog von Spoleto, und seinen Sohn Garcia, die 1367 im Schloß von Piediluco ermordet wurden. – Kapelle der heiligen Katharina (5), gestaltet von Gattapone aus Gubbio. Sie diente von 1368 bis 1372 als Grabstätte des Kardinals Albornoz. Fresken von Andrea da Bologna von 1368 zeigen *Szenen aus dem Leben der heiligen Katharina*. – Kapelle des heiligen Ludwig von Toulouse und des heiligen Stephan (6). Ein unvollendeter Freskenzyklus Dono Donis von 1574/75 illustriert *Geschichten aus dem Leben des heiligen Stephan*. Die Glasfenster wurden vielleicht von Simone Martini entworfen. Im Durchgang zur Kapelle des heiligen Antonius sind Fresken von Andrea da Bologna zu sehen. – Kapelle des heiligen Antonius von Padua (7) mit Fresken von Cesare Sermei von 1610, die (an den Wänden) *Szenen aus dem Leben des heiligen Antonius* sowie (an der Decke) *die Heiligen Franziskus, Ludwig von Toulouse, Klara und Bonaventura* darstellen. – Kapelle der heiligen Magdalena (8) mit Freskendarstellungen zum Leben der Heiligen, die um 1320 von einem oder mehreren Giotto nahestehenden Malern geschaffen wurden. – Kapelle des heiligen Martin (9), ausgeschmückt mit Fresken von Simone Martini, um 1321 bis 1326. Im Bogen der Eingangswand: *Antonius von Padua – Franziskus – Ludwig IX. von Frankreich – Ludwig von Toulouse – Klara – Elisabeth von Thüringen – Maria Magdalena – Katharina von Alexandrien*. In der Kapelle selbst ein Zyklus mit Bildern aus dem *Leben des heiligen Martin*.

Freskenzyklus des sogenannten Franziskusmeisters (10), geschaffen um 1260, in dem jeweils Begebenheiten aus dem Leben Jesu und des heiligen Franziskus gegenübergestellt sind: *Vorbereitung zur Kreuzigung* (a) – *Kreuzigung* (b) – *Kreuzabnahme* (c) – *Beweinung Christi* (d) – *Gastmahl von Emmaus* (?) (e) – *Lossagung Franziskus' vom Vater* (f) – *Traum des Innocenz III.* (g) – *Vogelpredigt* (h) – *Stigmatisation* (i) – *Tod des Franziskus* (j). – Nische des heiligen Stanislaus (11), des 1253 in Assisi durch Papst Innocenz IV. heiliggesprochenen Erzbischofs von Krakau. Die Fresken von Puccio Capanna von 1325 bis 1330 zeigen Szenen aus der Vita des Heiligen. Die kosmatenverzierte Marmortribüne stammt aus der Mitte des 13. Jahrhunderts.

Hochaltar um 1230 (12), geweiht 1253 durch Papst Innocenz IV. Ein Marmormonolith – ein Geschenk Johann von Briennes, des Kaisers von Konstantinopel –, der auf vier roten Steinplatten liegt, dient als Altarmensa, die durch zwanzig verschiedenförmige Säulchen mit verzierten Arkaden (14. Jahrhundert) gestützt wird. Ein ausgehöhlter Pilaster unter der Mensa birgt eine Reliquie Johannes' des Täufers, die Papst Innocenz IV. der Kirche geschenkt hatte. Der Altar steht direkt über dem erst 1818 entdeckten Grab des heiligen

Franziskus in der Krypta darunter. – Im Gewölbe der Vierung **(13)** befinden sich Fresken des sogenannten Vierungsmeisters (Maestro delle Vele) von circa 1315 bis 1320: *Allegorie des Gehorsams* **(a)** – *Vermählung mit der Armut* **(b)** – *Allegorie der Keuschheit* **(c)** – *Triumph des heiligen Franziskus* **(d)**. – Apsis **(14)** mit dem Fresko *Das jüngste Gericht* von Cesare Sermei von 1623 und einem Chorgestühl von Apollonio Pertocchi da Ripatransone von 1471.

Linker Querhausarm **(15)** mit Fresken, in denen Pietro Lorenzetti und seine Schüler 1315 bis 1330 *Szenen des Leidens Jesu* darstellten, und zwar im Tonnengewölbe den *Einzug Jesu in Jerusalem*, das *Abendmahl*, die *Fußwaschung*, die *Gefangennahme*, die *Kreuztragung*, die *Geißelung* und den *Tod am Kreuz*; an der Südwand die *Kreuzabnahme*, die *Grablegung*, *Christus in der Vorhölle* und die *Auferstehung*; an der Ostwand die *Kreuzigung*; darunter das Fresko *Madonna mit Kind*, auf dem auch Franziskus und der Evangelist Johannes zu sehen sind, das als eines der Meisterwerke Lorenzettis gilt; an der Westwand hat er den Tod des Judas und die Stigmatisation des Franziskus dargestellt. – Kapelle Johannes des Täufers **(16)**. Als Altartryptichon (*Madonna mit Kind, Franziskus, Johannes der Täufer*) ein Fresko Pietro Lorenzettis von 1315 bis 1320. Rechter Querhausarm **(17)** mit Freskenzyklus zur *Kindheits- und Jugendgeschichte Jesu* **(a)** aus der Werkstatt Giottos von circa 1315 bis 1320; er beginnt über dem Eingang zur Nikolauskapelle mit einer Darstellung der *Verkündigung an Maria* (bereits von 1300 – 1304) und setzt sich im Tonnengewölbe fort mit den Fresken der *Heimsuchung Marias, Geburt Jesu, Darbringung Jesu im Tempel, Anbetung durch die Heiligen Drei Könige* (östlicher Teil); *Flucht nach Ägypten, Kindermord in Bethlehem, Jesus unter den Schriftgelehrten im Tempel, Heimkehr nach Nazareth* (westlicher Teil) – An der Westwand Fresken aus der Werkstatt Giottos, um 1320, *Franziskus erweckt in Rom einen Knaben zum Leben* **(b)** – *Franziskus mit Schwester Tod* **(c)** – An der Wand zur Nikolauskapelle links vom Eingang **(d)** *Tod eines Jünglings* – rechts vom Eingang **(e)** *Franziskus erweckt den Jüngling zum Leben*; darunter Fresko mit Darstellung der Heiligen *Franziskus, Ludwig von Toulouse, Elisabeth von Thüringen* (Ungarn?), *Klara* (Margarethe?) und eines unbekannten Heiligen (Heinrich von Ungarn?) von Simone Martini, um 1321 bis 1326. – An der Ostwand Fresko der *Kreuzigung* aus der Werkstatt Giottos **(f)**, um 1320; darunter Fresko *Madonna mit Kind und zwei heiligen Königen* von Simone Martini, wohl um 1321 bis 1326 – Fresko der *Thronenden Madonna mit Engeln und dem heiligen Franziskus* **(g)** von Cimabue, um 1280; darunter Abbildungen von fünf Gefährten des Franziskus aus der Schule Giottos, um 1320. – Kapelle des heiligen Nikolaus **(18)**. Stiftung des Kardinals Napoleone Orsini, um 1300, für seinen Bruder Giovanni Gaetano Orsini, der hier sein Grab fand. Ein Freskenzyklus, ausgeführt von Schülern Giottos, zeigt *Episoden aus dem Leben des heiligen Nikolaus.*

Eingang zur Krypta (**A**). Nach Entdeckung des Franziskus-Grabes am 12. Dezember 1818 wurde eine neoklassizistische Krypta von Giuseppe Brizi 1822 bis 1824 erbaut. Im Zuge der Restaurierungsarbeiten 1925 bis 1932 wurde diese von Ugo Tarchi neoromanisch umgestaltet. – Eingang zum Kapitelsaal mit einer Sammlung von Franziskus-Reliquien (**B**). – Aufgang zum Kreuzgang und zur Oberkirche (**C**).

Im rechten Querarm der Unterkirche kommt man zudem an den heiligen Franziskus gewissermaßen hautnah heran. Neuerdings ist hier seine – echte! – armselige, geflickte Kutte ausgestellt, die sich jahrelang zur Restaurierung in Rom befand. Weitere Gegenstände, die mit dem Leben des Heiligen eng verbunden sind, werden in der **Reliquienkapelle** beziehungsweise dem ehemaligen Kapitelsaal gezeigt, der ebenerdig an den Querarm anschließt. Dort sieht man unter anderem einen Kelch, den Franziskus geschenkt bekam, ein Stück von einem Gewand aus Ziegenhaar, so rauh, daß es schon beim Anschauen kratzt, des weiteren ein Faksimile der Bulle von Papst Honorius III., mit der dieser 1223 die Franziskaner-Regel anerkannte, sowie ein kleines Stück vom *Cingulum* (der Gürtelschnur) und eine Monstranz mit einem Autograph, einem Stück Handschrift, des Heiligen.

Vom rechten Querarm gelangt man über eine Treppe zu einer Terrasse, von der man den doppelgeschossigen Kreuzgang einsehen kann, den Papst Sixtus IV. 1476 bauen ließ. Von letzterem stammen auch etliche wertvolle Geschenke, die er, selbst Franziskaner, seinem Orden machte; sie sind im *tesoro*, in der Schatzkammer, zu besichtigen. Wie heißt es so schön? Selbst Gott weiß drei Dinge nicht: Wieviele Nonnen es in Rom gibt, was ein Jesuit denkt und – woher die Franziskaner ihr Geld haben.

Die Treppe von der Terrasse hinauf führt in die **Oberkirche**. Der verblüffende Kontrast zur Unterkirche könnte nicht größer sein. Im Grundriß zwar ähnlich angelegt, erstrahlt der Raum in hellem, warmem Licht, das die Fensterro-

Für jene Menschen, die nicht lesen konnten, war der Bilderschmuck an den Kirchenwänden Buchersatz. Giottos Franziskus-Zyklus in San Francesco erzählt die Geschichte des Heiligen.

Assisi: »Il Cuore del Mondo«

se sowie die Fenster der Apsis und der Querarme einlassen. Und, anders als in der romanischen Unterkirche, streben hier Pfeiler und Wände nach den architektonischen Prinzipien der Gotik zu den Kreuzrippengewölben hoch empor. In der Tat standen die gotischen Kathedralen von Angers und Reims und die Doppelkirche Sainte-Chapelle in Paris wohl Pate für die Oberkirche, den ältesten hochgotischen Kirchenbau auf italienischem Boden. Auch die hohen, bunten Apsisfenster, die Szenen aus dem Neuen Testament wiedergeben, bedeuteten eine solche Neuerung, daß die ersten um 1253 von einer deutschen Werkstatt angefertigt werden mußten. Bei den Fenstern im linken Arm des Querschiffs kamen Franzosen zum Zug, und erst im rechten Arm des Querschiffs sowie im Langhaus ist die Werkstatt des sogenannten Franziskusmeisters tätig geworden.

Mit den Fresken im Querschiff der Oberkirche bewiesen Cimabue und seine Schüler zwischen 1277 und 1280 ihr ausdrucksstarkes meisterliches Können, das bereits einen guten Blick für die geometrische Aufteilung der Fläche und die Gestik in der Personendarstellung an den Tag legt. Zum Teil wirken sie wie Foto-Negative. An diesem Effekt, der Laien fasziniert, den aber Kunsthistoriker als schlechten Erhaltungszustand beklagen, ist die Oxydation des Bleiweißes schuld, das den helleren Farben beigemischt war und diese schwarz werden ließ. Nur im oberen Bereich, über dem Petrus- und Pauluszyklus, und an der Fensterwand des rechten Querarmes hatten bereits vor Cimabue ein wohl aus Frankreich stammender sogenannter Gotischer Meister um 1265 bis 1275 sowie ein sogenannter Römischer Meister um 1270 bis 1280 zum Pinsel gegriffen.

San Francesco, Assisi: Freskenschema der Oberkirche

Nordwand　　　　　　　　　　　　　　**Eingang**

Die Basilika San Francesco

Als eigentliches ›Wunderwerk‹ der Oberkirche aber gilt der Franziskus-Zyklus in 28 Bildern, der die Wände des Langhauses beherrscht und nacherzählt, was Bonaventura in seiner 1263 vollendeten *Legenda maior* über Franziskus zu berichten wußte. In diesem Zyklus hat sich 1296 bis 1299 – auch wenn sicherlich nicht alle Fresken von ihm selbst sind – in frühreifer, vitaler Meisterschaft und wegweisend für die Renaissance-Malerei der junge Giotto verewigt. Er war noch keine dreißig, als er um 1290 bis 1295 – wohl noch unter der Aufsicht seines Lehrers Cimabue – bei den Isaak-Szenen in der alttestamentlichen Bildfolge oberhalb des Franziskus-Zyklus' mitwirkte. Vor allem wie die Bilderfolge aus dem Leben Jesu an der linken Wand – Künstler unbekannt – inhaltlich auf die Szenen des Franziskus-Zyklus darunter abgestimmt ist, belegt überdeutlich, wie sehr der heilige Franziskus von Zeitgenossen als ›neuer Christus‹ angesehen wurde.

Freskenzyklen im Langhaus der Oberkirche
(s. Schemazeichnung)
Das Leben des heiligen Franziskus in 28 Bildern; Fresken der unteren Wandzone (**1B-28B**), begonnen von dem sogenannten Isaak-Meister, fortgeführt und fertiggestellt von Giotto, 1296 bis 1299:
Huldigung des Franziskus (**1B**) – *Franziskus verschenkt seinen Mantel* (**2B**) – *Der Traum vom Palast* (**3B**) – *Gebet des Franziskus in San Damiano* (**4B**) – *Lossagung vom Vater* (**5B**) – *Der Traum des Papstes Innocenz III.* (**6B**) – *Der Papst bestätigt die Ordensregel des Franziskus* (**7B**) – *Vision vom Feuerwagen* (**8B**) – *Vision der Throne* (**9B**) – *Vertreibung der Teufel aus Arezzo* (**10B**) – *Franziskus besteht die Feuerprobe vor dem Sultan* (**11B**) – *Ekstase des Franziskus* (**12B**) – *Weihnachtsmesse in Greccio* (**13B**) – *Das Quellwunder* (**14B**) – *Die Vogelpredigt* (**15B**) – *Der Tod des Ritters von*

Südwand

Celano (**16B**) – *Die Predigt des Franziskus vor Papst Honorius III.* (**17B**) – *Franziskus erscheint seinen Brüdern in Arles* (**18B**) – *Die Stigmatisation des Franziskus* (**19B**) – *Tod des Franziskus* (**20B**) – *Vision des Bruders Augustinus und des Bischofs von Assisi* (**21B**) – *Überprüfung der Wundmale des Franziskus* (**22B**) – *Trauer der Klarissinnen über den Tod des Franziskus* (**23B**) – *Heiligsprechung des Franziskus* (**24B**) – *Vision des Papstes Gregor IX. von den Wundmalen des Franziskus* (**25B**) – *Heilung des Mannes von Ilerda* (**26B**) – *Beichte der vom Tod erwachten Frau* (**27B**) – *Franziskus befreit Petrus von Alife* (**28B**).

Geschichte des Alten und Neuen Testaments in 34 Bildern; Fresken der oberen Wandzone und des Gewölbes (**1A – 34A**) von verschiedenen Künstlern, darunter wohl auch Giotto, um 1290 bis 1295:

Die Erschaffung der Welt (**1A**) - *Die Erschaffung Adams* (**2A**) - *Die Erschaffung Evas* (**3A**) - *Versuchung und Sündenfall* (**4A**) – *Vertreibung aus dem Paradies* (**5A**) - *Mühsale Adams und Evas* (**6A**) - *Kain und Abel* (**7A**) - *Ermordung Abels* (**8A**) - *Bau der Arche* (**9A**) - *Einzug in die Arche* (**10A**) - *Opferung Isaaks* (**11A**) – *Besuch der drei Engel bei Abraham* (**12A**) – *Isaak segnet Jakob* (**13A**) - *Esau vor Jakob* (**14A**) - *Joseph wird von seinen Brüdern in den Brunnen geworfen* (**15A**) - *Joseph verzeiht seinen Brüdern* (**16A**) - *Mariä Verkündigung* (**17A**) - *Heimsuchung Elisabeths* (**18A**) - *Geburt Jesu* (**19A**) - *Anbetung der Könige* (**20A**) - *Darbringung Jesu im Tempel* (**21A**) - *Die Flucht nach Ägypten* (**22A**) - *Der zwölfjährige Jesus im Tempel* (**23A**) - *Taufe Jesu* (**24A**) - *Die Hochzeit zu Kana* (**25A**) - *Die Auferweckung des Lazarus* (**26A**) - *Gefangennahme Jesu* (**27A**) - *Christus vor Pilatus* (zerstört) (**28A**) - *Kreuztragung* (**29A**) - *Kreuzigung* (**30A**) - *Beweinung Jesu* (**31A**) - *Die Frauen am Grab* (**32A**) - *Himmelfahrt* (**33A**) - *Pfingsten* (**34A**).

Von San Francesco zur Piazza del Comune

Der ›klassische‹ Besichtigungsweg verläuft von der Franziskus-Basilika durch die Via San Francesco, die alte Pilgerstraße, geradeaus ins Zentrum. An ihre Funktion erinnern auf der rechten Seite noch das **Oratorio dei Pellegrini** (mit Fresken, u. a. von Matteo da Gualdo und Mezzastris), das 1267 errichtete **Hospital** (Haus-Nr. 3) auf der linken Straßenseite und die **Fonte Oliviera**, ein Trinkwasserbrunnen, von 1570. Am Ende der Via Portica, kurz bevor man die Piazza del Comune erreicht, kann man sich mit einem Obulus Zutritt zum **Foro Romano**, zur römischen Unterwelt von Assisi, verschaffen; man vertraut sich einer leihweise überlassenen Kurzbeschreibung an und gelangt mit ihrer Hilfe von der ehemaligen Krypta der Kirche San Nicolò aus dem 11. Jahrhundert auf antikem Pflaster bis vor die Stufen des Minerva-Tempels.

Überraschung unter der Piazza

Der Reiseschriftsteller Henry V. Morton bemerkte 1964 zu seinem Gang über das unterirdische Foro Romano: »Neben dem Tempel ist ein kleines Museum, das mir eine der größten Überraschungen von ganz Italien bereitete. Mehrere Stufen führen unter die Piazza hinunter zum Forum des alten Asisium. Man nimmt die Verwandtschaft zwischen Forum und Piazza in vielen italienischen Städten als gegeben hin, unterhalb einer Piazza aber ein Forum zu überqueren, ist doch etwas ganz Außergewöhnliches. In dieser dunklen und kalten, von elektrischem Licht erhellten Unterwelt trat mein Fuß auf römisches Pflaster, und ich bemerkte einen offenen Rinnstein, der vor neunzehnhundert Jahren das Regenwasser aufgefangen hatte. Die großen Blöcke der Straße waren vom Verkehr, von den Wagenlenkern einer vergangenen Welt gekerbt und aufgesplittert. Ich stieß auf eine eindrucksvolle Treppenflucht, die untere Fortsetzung der Treppe des Minervatempels, die einem oben im Sonnenschein verborgen bleibt. Zur Zeit der Römer ragte der Tempel noch um die Hälfte höher über das Forum als heute über die Piazza. Davor – vielleicht gerade in der Mitte der modernen Straße über mir – fand ich den Sockel einer Castor-und-Pollux-Skulptur, die einst im Zentrum des Forums gestanden hatte. Die Zwillinge sind verschwunden, eine Inschrift aber besagt, daß anläßlich der Einweihung dieses Denkmals ein Festmahl in Asisium gegeben wurde.«

(Henry V. Morton, *Toskana – Umbrien. Wanderungen durch Vergangenheit und Gegenwart*, S. 149)

Der **Minerva-Tempel**, vor dem schon Franziskus in seiner Kindheit herumtollte und dem Goethe 1886 seine begeisterte Aufwartung machte, verleiht mit seiner völlig intakten Säulenfassade aus dem 1. Jahrhundert v. Chr. der Piazza del Comune einen fremdartigen Reiz. 1539 wurde der Innenraum zur Kirche umfunktioniert. Links schließen sich die 1212 begonnene und 1305 fertiggestellte **Torre del Popolo** und der im 13. Jahrhundert errichtete **Palazzo del Capitano del Popolo** an. Auf der gegenüberliegenden Platzseite reihen

sich von rechts der Palazzo Bonacquisti aus dem 16. Jahrhundert (jetzt die Cassa di Risparmio), der **Palazzo Comunale** und der aus drei Gebäuden bestehende, 1337 errichtete **Palazzo dei Priori** aneinander, in dem die kleine städtische Pinakothek untergebracht ist; sie enthält Fresken, unter anderem von Tiberio d'Assisi, aus dem 13. bis 16. Jahrhundert, ein umbrisches Kreuz aus dem 14. Jahrhundert sowie Bilder aus verschiedenen Epochen.

Bei Franziskus ›zu Hause‹

Vom oberen Ende der Piazza sind es nach dem Palazzo dei Priori nur wenige Schritte nach rechts zur **Chiesa Nuova**, die König Philipp III. von Spanien 1615 errichten ließ. Die barocke Gestalt der Kirche täuscht aber über ihr hochinteressantes, mehr als vierhundert Jahre älteres ›Innenleben‹ hinweg: Sie beherbergt Teile vom Elternhaus des heiligen Franziskus. Am ersten linken Pfeiler der Vierung wird die Zelle gezeigt, in die Franziskus vom Vater eingesperrt worden war, nachdem er ihm Stoffballen entwendet und diese auf dem Markt in Foligno für die Reparatur des San-Damiano-Kirchleins zu Geld gemacht hatte. Der Hauptaltar bezeichnet die Stelle, wo das Schlafzimmer Franziskus' lag. Am zweiten Pfeiler links steigt man zur Besichtigung des Elternhauses hinab, in dem Franziskus die ersten 24 Lebensjahre zubrachte.

Weitere Teile dieses Hauses sowie das **Oratorio San Francesco Piccolino**, der Geburts-›Stall‹ des Franziskus, befinden sich hinter der Kirche: Die fromme Legende will den Heiligen überdeutlich, auch mit den äußeren Bedingungen seiner Geburt, in die Nähe Jesu rücken.

Schon Johann Wolfgang von Goethe geriet in Assisi angesichts der intakten Fassade des Minerva-Tempels aus dem 1. Jahrhundert v. Chr. in Begeisterung.

Der Dom San Rufino

Wieder auf der Piazza del Comune gelangt man, vorbei an dem Brunnen aus dem 18. Jahrhundert, nach rechts durch die Via San Rufino zum Dom San Rufino, der mit seiner beeindruckenden romanischen **Fassade** den weiten Vorplatz beherrscht. Auffallend sind im Giebelbereich die Nische, die wohl ein nicht ausgeführtes Mosaik bergen sollte, die horizontale wie vertikale Dreigliederung sowie die Einteilung der unteren Partie in nach oben hin größer werdende rechteckige Felder. Die drei Fensterrosen – die mittlere mit drei, die beiden äußeren mit zwei Blütenkränzen – korrespondieren auch hinsichtlich der Größe harmonisch mit den drei Portalen. Besonders das mittlere, mit den beiden Löwen davor, ist reich geschmückt. Auf den gedrehten Säulchen der Einfassung scheinen sich Eidechsen oder andere Ungeheuer zu bekämpfen. Im Tympanon thront Christus als Beherrscher des Weltenrunds, flankiert von der stillenden Muttergottes und dem heiligen Rufinus. Über den Seitenportalen, vor denen statt der Löwen Greifenpaare hocken, stehen sich im Tympanon links zwei Löwen beziehungsweise rechts zwei Pfauen gegenüber. Wer kennt ihre Bedeutung? Wer enträtselt die gesamte Ornamentik? – Eindeutig sind lediglich die vier Evangelistensymbole, welche die mittlere Fensterrose umgeben. Aber worauf weisen die zwei Stiere und Wölfe hin, die in der Blendarkade stehen, die unzähligen Köpfchen unter dem Gesims, die beiden Figuren neben der linken Rose, und was besagen die drei Männer, welche die mittlere Rose in die Höhe zu halten scheinen und dabei auf irgendwelchen Fabelwesen stehen? Und warum muß sich der Löwe vor dem Hauptportal in den Kopf eines Menschen verbeißen? So viele Beschreibungen, so viele Auslegungen...

Genaueres weiß man über die **Baugeschichte** des Doms. Im 8. Jahrhundert stand hier ein erstes kleines Kirchlein, das man über der Stelle errichtet hatte, an der Bischof Rufinus im Jahr 283 das Martyrium erlitt. Der jetzige Bau, der 1134 begonnen und 1228, später nochmals 1253 durch Papst Innocenz IV. geweiht wurde, nimmt die Stelle eines ebenfalls schon dreischiffigen Vorgängerbaus von 1030 ein, von dem nur der Campanile erhalten blieb. In die Zeit der letzten Bauphase fällt die Gestaltung der Fassade.

Demgegenüber wirkt die Helligkeit und Nüchternheit des Inneren enttäuschend: 1571 wurde es nach dem Geschmack der Spätrenaissance völlig umgestaltet. Doch immerhin ist nach dem Betreten der Kirche an der rechten Seitenwand noch das **Taufbecken** erhalten, über dem Franziskus und seine spätere fromme Gefährtin, die heilige Klara, getauft wurden. Die ausschließlich in deutschen Publikationen gern geäußerte Vermutung, daß auch Friedrich II. hier getauft worden sei, läßt sich durch nichts belegen.

An der linken Seitenwand befindet sich ein Zugang zu einer römischen Zisterne, auf welcher der Campanile errichtet wurde. Unter dem Hauptaltar ruhen in einem Sarg die Gebeine des 1370 verstorbenen heiligen Vitale. Über dem Seitenaltar rechts daneben ist ein Bild *Kreuzabnahme* von Dono Doni zu sehen. Von hier gelangt man rechts neben der Apsis durch die Sakristei zum Oratorium, in dem die ersten Gefährten des Franziskus die berühmte Vision vom Feuerwagen hatten. Über dem Seitenaltar links vom Hauptaltar hängt ein weiteres Bild von Dono Doni, die Darstellung einer *Kreuzigung*; im Sarkophag darunter befinden sich die sterblichen Überreste des heiligen Rufinus. Von hier geht es in die Cappella della Madonna del Pianto mit der Holzkopie einer gestohlenen Terracotta-Pietà, die im 15. Jahrhundert angefertigt worden war und nach örtlicher Überlieferung am 6. April 1494 zu weinen begonnen hatte. Das kunstvoll gestaltete Chorgestühl stammt aus dem Jahr 1520.

Der Zugang zur **Krypta**, das heißt, eigentlich zunächst zur Vierung und Apsis des deutlich tiefer gelegenen Vorgängerbaus, befindet sich außerhalb und ist rechts vom Dom über eine Treppe zu erreichen. In einem kleinen Hof kann man rechts zunächst einen 28 Meter tiefen mittelalterlichen Ziehbrunnen und spärliche Mauerreste eines Klosters aus dem 10. Jahrhundert anschauen, bevor man sich – gegen Eintritt – unter Tage begibt. Dort wird der mit einem künstlerisch hochwertigen Relief verzierte spätantike Sarkophag aus dem 3. Jahrhundert aufbewahrt, in dem die »Gebeine des heiligen Bischofs und Märtyrers Rufinus« zuerst bestattet worden waren, wie die Inschrift auf dem Marmorstein darunter besagt: »Ossa San. Rufini epi. et mart.« In der tatsächlichen Krypta, die durch sechs römische Säulen mit zum Teil antiken Kapitellen abgestützt wird, sieht man noch Reste der römischen Kanalisation.

Santa Chiara mit dem Grab der heiligen Klara

Vom Domvorplatz ist es durch die Via Dono Doni und die Via Sermei hinab nicht weit zur Kirche **Santa Chiara**. Sie wurde aus den rötlichen und weißen Steinen, die aus Steinbrüchen am Subasio stammen, ab 1257 errichtet und 1265 geweiht. Wie die Basilika San Francesco als Grablege des heiligen Franziskus konzipiert worden war, so war auch Santa Chiara einzig dazu bestimmt, den ebenfalls zuvor hier, in San Giorgio, dem Vorgängerbau von Santa Chiara, beigesetzten Leichnam der 1253 verstorbenen heiligen Klara, der Begründerin des Klarissinnen-Ordens (s. S. 84 ff.), aufzunehmen. Die weiß-rosa gestreifte Fassade mit dem hohen, einfachen Rundbogenportal und den daneben angebrachten Löwenreliefs entsprach wohl eher dem Bescheidenheitsideal Klaras und ihres Glaubensbruders Franziskus, trotz der fein gearbeiteten Fensterrose mit ihren 45, in zwei Blütenkränzen speichenartig angeordneten Säulchen und trotz des überdimensionierten Strebebogens. Im Grundriß wie in der Wölbung wurde die Oberkirche der Franziskus-Basilika nachgeahmt.

Besondere Beachtung verdient im Inneren die erste der beiden Seitenkapellen, die **Cappella del Crocefisso**. Sie trägt diesen Namen nach dem hier ausgestellten, in der zweiten Hälfte des 12. Jahrhunderts gemalten Kruzifix, das sich zuvor im Kloster San Damiano befand. Vor diesem Kreuz hatte der heilige Franziskus die göttliche Aufforderung zur »Wiederherstellung der Kirche« erhalten (s. S. 84). Im selben Raum sind Reliquien der heiligen Klara (Kleidungsstücke, Locken) und des heiligen Franziskus (Schuhe, Brevier) zu bestaunen, zu welchen eine schwarz verschleierte Nonne auf Nachfrage durch das Absperrungsgitter Erklärungen flüstert. Die Kapelle wird auch Cappella di San Giorgio genannt, da sie ursprünglich zum Langhaus der Vorgängerkirche San Giorgio gehört hatte, in der vor Klara zunächst Franziskus bestattet und 1228 durch Papst Gregor IX. heiliggesprochen worden war. Die zweite Seitenkapelle mit Fresken des 14. Jahrhunderts ist Betenden vorbehalten. Hervorzuheben sind schließlich noch das Tafelbild mit Szenen aus dem Leben der heiligen Klara im rechten Querschiff und das gemalte Kruzifix in der Apsis, die beide ein namentlich unbekannter Künstler in den achtziger Jahren des 13. Jahrhunderts schuf.

In die Krypta hinunter gelangt man vom Langhaus. Sie wurde erst 1850 bis 1872 angelegt und 1935 in der jetzigen Form – und wohl nicht nach jedermanns Geschmack – neogotisch ausgestaltet. Auch hier hat man – wie in der Krypta von San Francesco – den 1850 wiederentdeckten Sarkophag Klaras in seiner ursprünglichen Lage belassen. Konnte man vor etlichen Jahren noch vor ihrem mumifizierten Leichnam erschaudern, liegt heute in einem gläsernen Sarg eine lebensgroße makellose Nachbildung der Toten. Die ausgedehnten Klostergebäude, die sich an die Kirche anschließen, sind gemäß der überaus strengen Ordensregel nur den Klarissinnen vorbehalten.

Das Kloster San Damiano

Von Santa Chiara ist es nur ein Spaziergang von fünfzehn Minuten, um stadtauswärts durch die Porta Nuova und danach rechts durch Wiesengrün hinab zu **San Damiano**, dem ersten Kloster Klaras und Ort ihres Leidens und Sterbens, zu gelangen. Gleichzeitig begegnet man unweigerlich auch Franziskus wieder, der hier 1206 den vom ›sprechenden Kruzifix‹ an ihn ergangenen göttlichen Auftrag zur Wiederherstellung der Kirche zunächst wörtlich aufgefaßt und sich an die Reparatur des baufälligen Kirchleins gemacht hatte. Hier dichtete er später, bereits todkrank und von Klara gepflegt, seinen berühmten *Sonnengesang*. Hier soll Klara 1241 allein durch ihr inniges Gebet den Angriff der Sarazenen-Truppen Kaiser Friedrichs II. auf Assisi zum Halten gebracht haben; und hier starb sie im Jahr 1253. Eine faszinierende Stätte, um so mehr, als sich vieles aus den Tagen der Heiligen unverfälscht erhalten hat.

Eins mit der Natur: Franziskus' Sonnengesang

»Höchster, allmächtiger, gütiger Herr,
Dein sind der Lobpreis, die Herrlichkeit und jegliche
Segnung.
Dir allein, Höchster, gebühren sie,
und kein Mensch ist würdig, Deinen Namen zu nennen.
Gelobt seist Du, Herr, mit allen Deinen Geschöpfen,
besonders dem Herrn Bruder Sonne,
welcher der Tag ist, und durch den Du uns leuchtest.
Und er ist schön und strahlend mit großem Glanze,
von Dir, Höchster, trägt er den Sinn.

Gelobt seist Du, Herr, für Schwester Mond und die Sterne.
Du hast sie am Himmel gebildet, hell, köstlich und schön.
Gelobt seist Du, Herr, für Bruder Wind
und für Luft und Himmelsblau und
jedwedes Wetter,
wodurch Du Deine Geschöpfe erhältst.
Gelobt seist Du, Herr, für Schwester Wasser;
gar nützlich ist sie und demütig und köstlich und keusch.
Gelobt seist Du, Herr, für Bruder Feuer,

> durch den Du die Nacht erleuchtest,
> und schön ist er und fröhlich und rüstig und stark.
> Gelobt seist Du, Herr, für unsere Schwester, die Mutter Erde,
> die uns erhält und uns leitet
> und mancherlei Früchte hervorbringt nebst bunten
> Blumen und Kräutern.
>
> Gelobt seist Du, Herr, für alle, welche verzeihen aus
> Liebe zu Dir [...].«
>
> (Ivan Gobry, *Franz von Assisi*, S. 138f.)

Vom bescheidenen Vorhof gelangt man durch den rechten Eingang in die Hieronymus-Kapelle, die Tiberio d'Assisi 1517 mit Fresken versah, danach in eine Nebenkapelle mit einem Kreuz von 1632 und schließlich – ein bewegender Moment für gläubige Pilger – in die kleine, fast schwarze Kirche. Über dem Altar hängt eine Nachbildung des Kruzifixes, von dem Franziskus die Stimme Gottes vernahm. Vorne rechts begibt man sich durch eine schmale Tür zu dem winzigen Chor der Schwestern mit Bänken und Lesepulten, die schon Klara benutzte. Dann geht es über eine Treppe zum ausgemalten Oratorium der Heiligen und weiter aufwärts zum Dormitorium, dem Schlafsaal der Klarissinnen. Dort kennzeichnet ein schlichtes Holzkreuz an der Wand die Stelle, wo Klara während ihrer jahrelangen Bettlägerigkeit ruhte und starb. Am hinteren Ende des Dormitoriums steigt man hinab zum blumengeschmückten Kreuzgang, wo sich durch ein geöffnetes Fenster ein Blick ins spartanische, flachgewölbte Refektorium bietet.

Vision – Television: Die heilige Klara, »Schutzpatronin des Fernsehens«

Der freundliche junge Franziskaner, der vor Beginn der Führung geduldig Fragen der meist älteren Pilgerinnen nach der Ordenstracht der Franziskaner, den ins Cingulum geschlungenen Knoten und der Verköstigung im Kloster beantwortet hat, weiß auch im Dormitorium vor der Bettstatt der heiligen Klara seine Zuhörerinnen in Erstaunen zu versetzen: An ihrem letzten Weihnachtsfest war Klara so schwach, daß sie das Bett nicht verlassen konnte. Doch in einer Vision erlebte sie den Festgottesdienst mit, der in San Francesco abgehalten wurde. Ihre Mitschwestern bestätigten ihr danach, daß er tatsächlich so begangen worden war, wie er vor ihrem geistigen Auge erschien. Wegen dieser Vision wurde nun – der Mönch meint schmunzelnd: in Italien ist nichts unmöglich! – die heilige Klara vom Papst zur Schutzpatronin des Fernsehens erhoben.

Von Santa Maria Maggiore zu San Pietro

Einen Gang durch den etwas tiefer am Hang gelegenen Bereich der Stadt beginnt man am besten an der Piazza del Vescovado. Dorthin gelangt man leicht von der Piazza Santa Chiara, indem man sich stadteinwärts links hält und bald auf die Kirche **Santa Maria Maggiore** trifft. Ein Vorgängerbau ist bereits im Jahr 963 belegt. Bis Anfang des 11. Jahrhunderts diente sie als Dom von Assisi. Nach einem Brand wurde sie 1212 bis 1228 in der jetzigen Gestalt wieder aufgebaut. Aus der unauffälligen Fassade treten lediglich ein einfaches Portal und eine schlichte, achtfach geteilte Fensterrose hervor. Im Inneren trennen Pfeiler das Hauptschiff von zwei gewölbten Seitenschiffen ab. Rechts vom Eingang ist ein frühmittelalterlicher, vielleicht langobardischer Sarkophag zu sehen. Die meisten der Fresken, mit denen die Kirche im 15. Jahrhundert völlig ausgemalt war, sind nur noch fragmentarisch erhalten.

Der Sitz des Bischofs befindet sich noch heute in dem bescheidenen Palast, der sich rechts an die Kirche anschließt. In ihm spielten sich bereits dramatische Ereignisse ab: Hier sagte sich Franziskus unter dem Schutz des Bischofs endgültig vom Vater los. In den letzten Kriegsmonaten 1943/44 wurden hier die Fäden zur Rettung der Juden gesponnen, die in die Stadt geflüchtet waren und in den Klöstern versteckt gehalten wurden. Eines der wichtigsten Verstecke war das Klarissinnen-Kloster **San Quirico**, heute eine gern genutzte Übernachtungsmöglichkeit. Man geht dazu am unteren Ende der Piazza del Vescovado rechts hinab und danach die erste Gasse, die Via Giovanni di Bonino, rechts hoch. Es bedurfte seinerzeit der Überredungskunst des jungen Paters Rufino und des Bischofs von Assisi, bis die Oberin die Klausur – auch für Männer! – öffnete: ein einmaliger Vorgang in der Ordensgeschichte. Doch dann erlaubte sie, daß sich darin jüdische Familien vor den deutschen Soldaten verbergen konnten, die bereits die Stadt durchkämmten (s. S. 105 ff.).

Auf der Via Sant'Apollinare passiert man linker Hand die Kirche **Sant'Apollinare** mit Fensterrose und Rundbogenportal, welche mit der rechtwinklig anstoßenden Kirche San Paolo jetzt Bestandteil des Benediktinerinnenklosters San Giuseppe ist. Man kann sie, auf Anfrage im Kloster, besichtigen. Geradeaus setzt sich die Straße als Via Borgo San Pietro fort und führt zur erstmals im Jahr 970 erwähnten Abteikirche **San Pietro**, die ebenfalls zu einem Benediktinerkloster gehört und seit 1993 umfassend restauriert wird. Der jetzige Bau stammt aus dem zweiten Viertel des 13. Jahrhunderts und wurde 1254 durch Papst Innocenz IV. geweiht. Die Fassade, die 1268 fertiggestellt wurde, wird von drei Fensterrosen dominiert. Der ehemals über dem jetzt geraden Frontabschluß vorhandene Giebel wurde im 19. Jahrhundert abgetragen. Die gestufte Einfassung des Hauptportals, das von zwei Löwen flankiert wird, ist reich mit Ornamenten versehen. Im düsteren, nahezu schmucklosen Inneren vermag die dreischiffige Anlage durch die starken rechteckigen Pfeiler, die hohen Bogenöffnungen zu den tonnengewölbten Seitenschiffen sowie durch die spitzen Schwibbögen, die den offenen Dachstuhl tragen, zu beeindrucken. Merkwürdig mutet die Kuppel der Vierung an, die aus übereinanderliegenden, sich von Schicht zu Schicht verjüngenden Backsteinringen aufgebaut ist und an orientalische Einflüsse denken läßt. Von San Pietro kann man über die Piazza San Pietro zur Franziskus-Basilika oder durch eines der Stadttore zum Parkplatz zurückkehren.

Romanische Kirchlein, Amphitheater und Rocca

Assisi hat noch weitere bezaubernde Wege mit einigen Sehenswürdigkeiten zu bieten. Malerisch ist der Gang von der Via San Francesco zum Vicolo Sant'Andrea und diesen aufwärts. Wenn man einen Hausbogen erreicht hat, durch den geradeaus die Porta San Giacomo zu sehen ist, biegt man rechts in die Via Metastaseo ein und gelangt linker Hand zum Kirchlein **San Giacomo de Muro Rupto**, das auf das 11. Jahrhundert zurückgeht. Wenn Sie nicht gerade zwischen 12 und 15.30 Uhr ankommen, werden Sie nach Betätigung der Klingel am Tor von einer freundlichen Schwester der Figlie di Sant'Anna auch eingelassen. Danach genießt man weiter auf der Via Metastaseo eine schöne Aussicht über die Dächer von Assisi. Am Ende dieses Weges geht man rechts die Via Aluigi hinab und bei der nächsten Möglichkeit links hoch in den Vicolo Santo Stefano, wo man auf die kleine, romantische Kirche **Santo Stefano** trifft, die wohl Ende des 13. Jahrhunderts errichtet wurde. Vom Dom San Rufino aus kann man schließlich über die Via del Torrione und den Vicolo Bovi in wenigen Minuten das römische **Amphitheater** erreichen. Viel erhalten hat sich aus antiken Zeiten zwar nicht mehr; aber vielleicht mag man es sich in dem Ristorante, das im Innern des Mauerrings Platz gefunden hat, ein wenig gemütlich machen.

Auf keinen Fall aber sollte man sich den Aufstieg zur **Rocca** versagen, schon wegen des herrlichen Blicks über Assisi und – Geheimtip für Fotoliebhaber! – um an die Stelle zu gelangen, von welcher in den Spätnachmittags- und Abendstunden die schönsten Aufnahmen von der Stadt zu ›schießen‹ sind. Und den mühselig Beladenen sei's verraten: Man kann auch mit dem Auto hochfahren. Auf diese und andere Annehmlichkeiten mußte Erzbischof Christian I. von Mainz verzichten, als er 1174 für Kaiser Friedrich I. Barbarossa die Burg eroberte, der sie dann umbauen und erweitern ließ. Dann unterstand sie Konrad von Urslingen, in dessen Obhut sich der spätere Kaiser Friedrich II. in seiner Kindheit befand. In einem Aufstand der Bürger von Assisi, der sich 1198 gegen die Staufer-Herrschaft richtete, wurde die Festung zerstört. Erst Kardinal Albornoz, der päpstliche Statthalter im Kirchenstaat, baute sie 1367 wieder auf. Im 17. Jahrhundert wurde sie aufgegeben; seitdem verfiel die immer noch gewaltige Anlage langsam. Teile der imposanten Mauern sind gegen ein Eintrittsgeld, mit dem man auch eine informative Burgbeschreibung erwirbt, zu begehen. Unbeschreiblich schön ist der Rundblick vom Bergfried.

Eremo delle Carceri

Ohne einen Ausflug zum Eremo delle Carceri, zur Einsiedelei des heiligen Franziskus, wäre ein Assisi-Besuch höchst unvollkommen. Von der Porta Cappuccini am östlichen Ende Assisis sind es auf der Straße vier Kilometer, zu Fuß etwa eineinhalb Stunden am recht steilen Hang den Subasio hinauf, bis man auf einer Höhe von 791 Metern den ›Fluchtort‹ des Heiligen erreicht. Am schönsten nimmt sich die kleine Anlage vom Parkplatz aus, der ein wenig oberhalb liegt: geducktes, ganz auf sich bezogenes, ineinander verschachteltes Gemäuer. Aus den hellen Steinen des Berges errichtet, bildet die Klosteranlage, die in ihrer jetzigen Form auf Bernhardin von Siena und somit auf die erste Hälfte des 15. Jahrhunderts zurückgeht, einen friedvollen Kontrast zu dem rauschenden Meer immergrüner Steineichenkronen. Im Inneren scheint der asketische Franziskus das Maß aller Dinge gewesen zu sein: winzigste Räumchen, schmalste Durchlässe, der Chor ein Chörchen, die Grotte des Franziskus ein anrührendes Nichts, die Meditationsstätte eine Mitleid erregende Höhle, der Zugang ein Nadelöhr. Nichts für Wohlbeleibte. Wieder unter freiem Himmel überquert man ein Brückchen, neben dem eine altersschwache Steineiche abgestützt wird; unter ihr soll Franziskus den Vögeln gepredigt haben. Jenseits der Brücke warten entlang einem beschaulichen Waldweg Pfade, die zu den **Grotten** der ersten Franziskaner führen.

Santa Maria degli Angeli

Die gewaltige Kuppel der monumentalen Barockkirche Santa Maria degli Angeli, die dem Ort mit 5600 Einwohnern in der Ebene unterhalb von Assisi den Namen gibt, ist nicht zu übersehen – ob man von einer der Anhöhen über die Valle Umbra blickt oder im Tal auf der Schnellstraße vorüberfährt. Sie wurde auf Veranlassung von Papst Pius IV. (1559–1565) nach Plänen von Galeazzo Alessi ab 1569 errichtet. Die Fertigstellung – ein Turm blieb unvollendet – dauerte über hundert Jahre. Nach schweren Erdbebenschäden 1832 wurde die Fassade klassizistisch erneuert; die neobarocke Fassade der Vorhalle kam erst 1928 hinzu. Mit 115 Metern Länge, 24 Metern Breite und 75 Metern Höhe gilt sie als siebtgrößte Kirche der christlichen Welt.

Der monumentale Bau ist die bedeutendste Franziskus-Wallfahrtsstätte und diente von Anfang an dazu, der Volksmassen Herr zu werden, die zu diesem Platz strömten, um sich den »Großen Ablaß« (s. S. 202) erteilen zu lassen, der hier seit den Tagen des heiligen Franziskus gespendet wird. Der lange Pilgerbrunnen an der linken Außenwand, den die Medici 1610 stifteten, gibt eine Vorstellung von diesem seit Jahrhunderten währenden frommen Verlangen.

Wo alles anfing: Die Porziuncula in Santa Maria degli Angeli war das erste Kirchlein des heiligen Franziskus. Im 16./17. Jahrhundert wurde darüber eine monumentale Barockkirche errichtet.

Assisi: »Il Cuore del Mondo«

Einen heiligeren Ort der Franziskus-Verehrung gibt es nicht. Nach dem Betreten der Basilika wird man eindrucksvoll davon überzeugt: Direkt unter der Kuppel, im Zentrum der lichtdurchfluteten Vierung, steht klein und dunkel die **Porziuncula-Kapelle**, die ›Keimzelle‹, in der alles begann. Als marodes Kirchlein war es Franziskus von Benediktinern überlassen worden; hier sammelte er seine Gefährten um sich, gründete 1209 seinen Minderbrüderorden und für Klara 1211 den Klarissenorden; und hier erhielt er 1216 die päpstliche Erlaubnis, den Gläubigen den Ablaß zu erteilen. Das Gedenken an diese Ereignisse läßt es nur schwer zu, das Fresko, das Friedrich Overbeck 1829 über dem Kapelleneingang anbrachte, oder die 1339 von Ilario da Viterbo geschaffene Altartafel im Inneren zu würdigen. Mit einem Mal verblaßt das durchaus bemerkenswerte Innere der riesigen Barockkirche mit ihren jeweils fünf Seitenkapellen zum grandiosen Beiwerk. Kaum jemand, der einen Blick für Details, für das Holzkruzifix von Giovanni Tedesco (um 1530) über dem Altar im linken Querschiff oder für den Altar im rechten Querschiff übrig hat, den der Belgier Reinhold 1675 schuf. Alle Aufmerksamkeit gilt nach der Porziuncula-Kapelle weiter vorne rechts der **Cappella del Transito**, in welcher Franziskus, entkleidet und auf dem nackten Boden liegend, am Abend des 3. Oktober 1226 verstarb. Eine Majolikastatue von Andrea della Robbia (um 1490) und Fresken von Lo Spagna (um 1520) erinnern an den Heiligen.

Vom rechten Querarm der Basilika gelangt man in den Bereich des 1230 begonnenen und später mehrmals erweiterten Klosters. Im Zugang zum »Roseto«, dem Garten mit den Rosen, die nach der Franziskus-Legende keine Dornen mehr tragen, seit sich der Heilige in ihnen wälzte, verblüfft ein weiteres ›Naturwunder‹: eine Franziskus-Statue mit – lebenden – Turteltauben.

Die Tauben des Franziskus und andere Wunder...

Eine Besuchergruppe drängt zum Rosengarten. Mütter mit Plastiktüten, die mit Andenkenkrimskrams gefüllt sind, Väter mit ihren Söhnen an den Händen, die Großeltern aus Sizilien und Mädchen in Jeans und Turnschuhen. Nach wenigen Schritten verharrt die Großfamilie wie auf ein geheimes Zeichen, verstummt und starrt fassungslos. Münder bleiben vor Staunen offen stehen, bis aus einem die Gewißheit erschallt: »Madonna, sie lebt! Die Taube lebt!«

Die Tauben des Franziskus

Ja, sie lebt wirklich: Die schneeweiße Taube auf dem Nest, das der heilige Franziskus – in Gestalt einer Statue – in Händen hält. Ich muß zugeben, daß ich bei meinem ersten Besuch nicht weniger verblüfft war. Ums Haar wäre mir überhaupt nichts aufgefallen, und ich hätte die Taube, die für mich Teil der Statue war, ziemlich achtlos passiert, wenn sie nicht plötzlich geblinzelt hätte. Ich blieb wie angewurzelt stehen, mußte gegen die nachrückenden Besucher meinen Standort verteidigen und reckte den Hals. Ich faßte es nicht. Die Taube blinzelte wieder. Und dann, als wollte sie mich von meiner Ungläubigkeit vollends kurieren, spreizte sie aufreizend langsam einen Flügel ab, wobei sie mich, ich bin mir da absolut sicher, mit leicht geneigtem Köpfchen lange ansah. Ein Wunder, dachte ich. Hier, beim heiligen Franz, da klappt es noch!

Der Garten mit den Rosen ohne Dornen – ein, wie ich freilich wußte, nachgezüchtetes Wunder –, die meisterlichen Fresken von Tiberio d'Assisi in der Cappella delle Rose, das alte Konventsgebäude mit den winzigen Mönchszellen – es interessierte mich alles nicht mehr. Die Taube ließ mir keine Ruhe. Zerstreut musterte ich die Zelle, in der einst der heilige Bernhardin lebte. Ein Blick zur Uhr. Ich war spät dran. Klostermuseum oder nochmals die Taube? Der Kopf sortierte verzweifelt das Für und Wider, da liefen die Beine schon los.

Es durfte nicht wahr sein, ein Ding der Unmöglichkeit: Die Taube hockte immer noch da. Ich stand und starrte. Ob man sie mit einer Drahtschlinge um den Fuß an das Nest gefesselt hatte? Ob sie mit Valium vollgepumpt war? Ein Mönch, der mir ansah, daß ich nicht in den Orden eintreten wollte, bat mich schließlich sanft hinaus, Schließenszeit.

Im Jahr darauf, diesmal mit Sohn Lorenz, der gerade drei oder vier war, wieder vor der Taube. Wortreich, dabei ein wenig stolz, ihm ein solches Wunder vorführen zu können, bot ich ihm verschiedene Erklärungen für die Präsenz des Vogels in diesem abgeschlossenen Raum an. Lorenz wendete kein Auge von der Taube in Franziskus' Händen und hörte mir gar nicht zu. Er hatte keine Probleme damit. Er stand mitten im Leben, pflegte vertrauten Umgang mit Osterhase, Christkind und Nikolaus. Und ich machte solch ein Aufhebens um eine Taube, na und?

Inwendig war ich empört. Sollten die Franziskaner, deren Ordensgründer Franz berühmt für seine Tierliebe ist, sich hier an der Kreatur versündigen? Unschuldigen Kindern und tumben Alten etwas vorgaukeln und sich dabei der Tierquälerei schuldig machen? War das nicht ein Fall für »Greenpeace«? Die Taube mußte mich als Inkarnation des ungläubigen Thomas angesehen haben: Sie erhob sich, wirbelte mit zwei, drei Flügelschlägen ein wenig Nestmüll auf und hob sich auf Franzens Schulter empor. Keine Fußfessel also. Lorenz verzog keine Miene. Er hatte es ohnehin gewußt.

Wieder ein paar Jahre später, bei der Einsiedelei des heiligen Franziskus, den »Carceri«. Ich komme aus den engen, verwinkelten Mauern ans Tageslicht und steuere das Brücklein an, um dahinter den Weg zu den im Wald verstreuten Eremitengrotten einzuschlagen. Da, ein Gurren. Direkt über meinem Kopf. Es konnte nicht anders sein: Zwei prächtige, schneeweiße Täubchen, handzahm anscheinend, in einer schmalen Maueröffnung. Sie machten keine Anstalten, davonzufliegen. Der Nachwuchs, die Wachablösung für die Taube drunten in Maria degli Angeli?

Mein Sinn für Wunder ist von da an sehr geschärft. Und ich werde nicht enttäuscht. Als ich in Foligno zur Unzeit die Kirche Santa Maria Infraportas besichtigen will, schicke ich einen Stoßseufzer zu Franziskus, und prompt erscheint ein guter Geist mit dem Schlüssel in der Hand. Als ich vom Subasio herab das Teleobjektiv auf das weit unterhalb liegende Assisi richte und wegen des gewitterschwarz verdunkelten Himmels schon aufgeben will, schicke ich meine Bitte um etwas Licht zu demselben empor: Die Wolkendecke reißt auf, und wie ein Spotlight fällt ein Bündel Sonnenstrahlen direkt auf die Stadt des Heiligen. Als das hohe Trevi von Nieselregen eingefangen ist, genügt ein kurzer Kontakt mit Franziskus, und die feuchte Fracht verflüchtigt sich.

Die Tauben des Franziskus

Im Hotel lese ich spät am Abend in den *Fioretti di San Francesco*, einer im 14. Jahrhundert angelegten Sammlung von Legenden und Anekdoten über das Leben des Heiligen. Und, an der richtigen Stelle angekommen, werde ich aufgeklärt. Ich erfahre, weshalb es die Tauben bei ihm bis heute aushalten: »Ein Junge hatte eines Tages viele Waldtauben gefangen und trug sie zum Verkauf. Er begegnete dem heiligen Franziskus, der mit den sanften Tieren stets besonderes Mitleid hatte. Er sah diese Waldtauben mit mitleidigem Blick an und sagte zu dem Jungen: ›Guter Junge, ich bitte dich, gib mir diese Waldtauben, damit nicht so sanfte und unschuldige Vögel, mit denen in der heiligen Schrift die reinen, demütigen und getreuen Seelen verglichen werden, grausamen Leuten in die Hände fallen, die sie töten.‹ Einer göttlichen Eingebung folgend gab der Junge sie sogleich alle dem heiligen Franziskus. Der nahm sie in den Schoß und begann zärtlich mit ihnen zu sprechen: ›Oh ihr Waldtauben, meine Schwestern, ihr Einfältigen, Unschuldigen und Reinen, warum laßt ihr euch fangen? Ich will euch vor dem Tod bewahren und euch Nester bauen, damit ihr Frucht tragen und euch vermehren könnt nach dem Gebot Gottes, eures Schöpfers.‹ Und der heilige Franziskus ging und baute Nester für alle, und sie begannen, ebenda hinein Eier zu legen und zu brüten, ganz nahe bei den Ordensbrüdern. Und sie blieben und verkehrten so zutraulich mit dem heiligen Franziskus und den anderen Brüdern, als wären sie Hühner und seien gewohnt, von ihnen gefüttert zu werden. Sie flogen nie weg, ehe nicht der heilige Franziskus ihnen mit seinem Segen die Erlaubnis gegeben hatte, wegzufliegen...«

Ich schäme mich und ziehe geläutert die Decke über den Kopf, damit der heilige Franziskus mich vom Himmel aus nicht sehen kann. Dabei hätte er, so wie ich ihn inzwischen kenne, nur herzhaft über mich gelacht.

Am Rosengarten kommt man zur **Cappella delle Rose**, die Tiberio d'Assisi zwischen 1506 und 1516 mit Fresken ausgestaltete – nachdem er zunächst im Kloster San Francesco bei Montefalco dafür geübt hatte. Sie geben die wichtigsten *Stationen im Leben Franziskus'* wieder. Links vom Eingang beginnend:

Franziskus wirft sich in den Rosenstrauch; er wird von Engeln zur Porziuncula geführt; er bittet – auf der gegenüberliegenden Wand links – kniend um den Ablaß und bekommt ihn von Maria gewährt; er erhält von Papst Honorius III., der sich gerade in Perugia aufhält, die Genehmigung zur Ablaßerteilung; er verkündet dem Volk den Ablaß.

Der »Perdono«

Bis zur Zeit des Franziskus erteilte die Kirche Ablässe, das heißt die vollständige Sündenvergebung, vorrangig für die Teilnahme an Kriegszügen – ein bewährtes Mittel, um Krieger für die Kreuzzüge zu gewinnen. Der sogenannte Peters-Ablaß wurde nur gegen reiche Zuwendungen an die Römische Kirche gewährt. Andere Ablässe wurden nur an bestimmten Tagen erteilt. All das war Franziskus höchst zuwider. Er wollte den Ablaß immer erteilen dürfen und damit dem Paradies möglichst viele Seelen zuführen. Und er setzte sich durch. Der »Große Ablaß«, der *Perdono*, wird in Maria degli Angeli jährlich am 2. August verkündet.

Im zweiten Raum der Rosenkapelle sind weitere Fresken von Tiberio d'Assisi zu sehen: an der linken Wand die Heiligen *Bonaventura* und *Bernhardin von Siena* sowie *Ludwig von Toulouse* und *Antonius von Padua*; über dem Altar *Franziskus und seine Gefährten*; an der rechten Wand die Heiligen *Klara und Elisabeth von Thüringen*. In der Krypta werden zwei Holzbalken gezeigt, die von der Kanzel stammen, von der Franziskus den Ablaß verkündete.

Die folgende **Cappella delle Lacrime** erinnert mit ihrem Namen an die Tränen, die Franziskus über die menschliche Geringschätzung der Natur und damit der Schöpfung Gottes vergossen haben soll. In den anschließenden Konventsgebäuden ist ein **Museum** mit einigen herausragenden Stücken untergebracht. Im zweiten Raum sind rechts zu sehen ein Tafelgemälde aus der Cimabue-Schule, das Franziskus darstellt, ein Kruzifix von Giunta Pisano von circa 1236 sowie das berühmte, ebenfalls Franziskus darstellende Tafelbild des sogenannten Franziskusmeisters von circa 1250. Nach dem Museum kann man rechts die Treppe zum alten Konvent emporsteigen und angesichts der winzigen Zellen einen lebendigen Eindruck von den bescheidenen Wohnverhältnissen der Mönche gewinnen; neben jedem Zelleneingang geben Schildchen Aufschluß über den jeweils bekanntesten Zellenbewohner, unter anderem den heiligen Bernhardin von Siena.

Eine weitere franziskanische Stätte liegt etwa drei Kilometer von Santa Maria degli Angeli entfernt. In **Rivotorto** hatte man zwischen 1600 und 1640 über dem Standort des Schuppens, in dem Franziskus mit seinen beiden ersten Gefährten im Jahr 1208 hauste, die Kirche **Santa Maria di Rivotorto** errichtet. Ein schweres Erdbeben im Jahr 1853 machte es erforderlich, sie völlig neu aufzubauen.

Foligno und Umgebung – Spello, Trevi und Nocera Umbra

Foligno war schon immer und in vielerlei Hinsicht ›anders‹, und so ist es bis heute geblieben. Das hat viel mit seiner geographischen Lage zu tun, drunten in der Ebene. Während die meisten Städte auf hohen, trockenen und schutzbietenden Bergen sitzen, siedelten sich die Umbrer, die Foligno gründeten, auf der Fläche festen Bodens an, die sich noch ein wenig über die feuchte Niederung erhob, und rangen in den folgenden Epochen dem Fluß Topino noch einiges Land ab. Im Jahr 1254 n. Chr. leitete man den Topino sogar um, zur Gewinnung von Siedlungsraum und zum Bau einer neuen Stadtmauer; das alte Flußbett wurde nur noch als Kanal von Müllern, Gerbern, Färbern und anderen Handwerkern genutzt. Ein malerisches Eckchen dieses alten Handwerkerviertels am Wasser hat sich an der Via San Margherita erhalten.

Die Lage in der Ebene hat ferner dazu geführt, daß man ungleich größere Anstrengungen als die umliegenden Höhenstädte für die Verteidigung unternehmen mußte, um den ›begehrlichen Blicken‹ aller möglichen Herren trotzen zu können. Das prägte einen eigenwilligen Menschenschlag, führte einerseits zu Dickköpfigkeit, bildete andererseits Gelassenheit aus, ließ die Stadt bisweilen merkwürdige Verbindungen zu mächtigen Partnern eingehen, half ein feines Gespür für Recht und Unrecht zu entwickeln, förderte jedoch – im negativen Fall – die leichtfertige Unterstützung eigener Stadtherrscher, wie

etwa des Trinci-Clans, so weit, daß diese schließlich die ihnen anvertraute Gewalt gegen die eigenen schutzbefohlenen Bürger einsetzten. Eine vertrackte Geschichte. Im Hochmittelalter stets gegen den Papst und die mit ihm verbündeten Städte wie etwa Perugia eingestellt, war man in Foligno den deutschen Kaisern treu ›bis zum Umfallen‹. Im Gegenzug stand daher seit Kaiser Otto I. (936 – 973) Foligno bei den Herrschern aus dem Norden hoch im Kurs. Kaiser Friedrich I. Barbarossa (1152 – 1190) hielt hier gerne und unangefeindet Hof. Bei seinem Gefolgsmann Konrad von Urslingen, den er 1177 zum Herzog von Spoleto eingesetzt hatte und der seinen Sitz von dort nach Foligno verlegte, war er stets ein willkommener Gast. Barbarossa hat es gedankt, indem er Foligno die Herrschaft über Montefalco und Bevagna verbriefte, und in einer kleinen Relief-Darstellung am Seitenportal des Domes ist er noch heute präsent (s. S. 92).

Friedrich II. verbrachte in Foligno in der Obhut jenes Konrad – genauer gesagt dessen Frau – die ersten Jahre seiner Kindheit. Im Januar 1240 wurde er dort, ganz anders als von den meisten anderen umbrischen Städten, die ihn zum Kampf herausforderten, wie ein Sohn der Stadt glühend empfangen. Die

Foligno – Stadtgeschichte

»Giostra della Quintana«, jenes farbenprächtige Spektakel mit kilometerlangen Umzügen in Renaissance-Kostümen und abschließendem Turnier im alten Stadion, das jährlich an zwei September-Wochenenden veranstaltet wird, soll auf Friedrich II. und dessen Einmarsch in Foligno zurückgehen.

Im Unterschied zu den Städten auf den Bergkuppen war Foligno stets leicht zu erreichen, so leicht, daß es schon zu Römerzeiten und spätestens, nachdem diese ab 220 v. Chr. die Via Flaminia gebaut hatten, einen bedeutenden Verkehrsknotenpunkt darstellte. Von Norden und Westen stießen weitere Wege dazu. Das brachte für den Handel Vorteile, förderte die Weltoffenheit, machte mit neuen Errungenschaften bekannt. Es ist darum kein Zufall, daß in Foligno eine der ersten Buchdruckereien Italiens arbeitete. Der Deutsche Johannes Numeister, der bei Gutenberg in Mainz gelernt hatte, fand 1470 den Weg nach Foligno und traf hier auf seinen ortsansässigen Geschäftspartner Orfini; zusammen brachten sie 1472 Italiens erste Druck-Ausgabe von Dantes *Divina commedia* heraus. Zur selben Zeit faszinierte Nicolò di Liberatore (ca. 1430 – 1502), auch Alunno genannt, ein echter Sohn der Stadt, die Mitbürger durch seine hohe Malkunst. Im Dom, in der Kirche San Nicolò und – falls dieser wieder geöffnet ist – im Palazzo Trinci lassen sich seine Werke bewundern.

Doch die günstige Verkehrsanbindung brachte auch Scharen ungebetener Gäste in die Stadt, Kriegsvolk, das auf der Via Flaminia zwangsläufig an Foligno vorbeikam. Mit besonderer Ausdauer wurde die Stadt von den Ostgoten belästigt, die sich etwa ab 530 n. Chr. gegen die Rückeroberungsversuche der Byzantiner in Italien wehren mußten. Ende des 9. Jahrhunderts schauten dann die Sarazenen, Anfang des 10. Jahrhunderts sogar die Ungarn nach, was es in Foligno und Umgebung zu holen gab. Vorsichtig dagegen klopften die ersten Christen an. Auf Gegenliebe stießen sie zunächst nicht. Felicianus, der erste Bischof der Stadt, erlitt im 3. Jahrhundert das Martyrium. Zur Blütezeit gelangte Foligno zweifelsohne in der Mitte des 14. Jahrhunderts unter der – allerdings oft grausamen – Herrschaft der Trinci, die nicht zuletzt zum eigenen Ruhm zahlreiche Baumeister und Künstler an sich banden. Der Palazzo Trinci legt dafür ein beeindruckendes Zeugnis ab.

Im 19. Jahrhundert kam die Eisenbahn: Mit Weitblick nutzte Foligno seinen Vorteil gegenüber den umbrischen ›Bergstädten‹ wie Perugia, Todi oder Assisi, die es heute noch kilometerweit zu ihren Bahnhöfen haben. Damit tat die Stadt einen gewaltigen Schritt ins Maschinenzeitalter, ähnlich wie Terni, mit dem es vielerlei gemeinsam hat: die Lage in der Ebene, den frühzeitigen Aufbruch in die Industrialisierung, die wegen den Industrieansiedlungen erfolgte Bombardierung durch die Alliierten im Zweiten Weltkrieg und die Zerstörung vieler alter Bauwerke und das damit zusammenhängende Vorurteil vieler Touristen, daß es in Foligno »kaum etwas zu sehen gebe«. An einer weiteren Gemeinsamkeit ›dreht‹ man im Augenblick noch: Als – nach den Provinzhauptstädten Perugia und Terni – drittgrößte Stadt der Region Umbrien, mit knapp 44 000 Einwohnern und einem gesunden Wirtschaftspotential, soll Foligno ebenfalls Hauptstadt einer eigenen Provinz werden.

Das Herzstück der Stadt bildet die autofreie **Piazza della Repubblica** – kein Platz zwar, der das Gemüt anrührt, aber mit seiner Ausdehnung und den angrenzenden Gebäuden vermittelt er doch noch etwas von Folignos vergangener Größe. Von hier sind die Sehenswürdigkeiten bequem zu Fuß zu erreichen. Zudem warten an ihrem unteren Ende einige *Bars* auf Gäste, und wen es ›auf die Schnelle‹ nach Leckereien oder Häppchen verlangt, geht geradeaus am Seitenportal des Doms vorbei und unter dem Bogen hindurch, der den Palazzo Trinci mit dem Dom verbindet, in die Via XX Settembre. Gleich auf der linken Seite offenbart sich bei der Haus-Nr. 19 die »Tavola calda« mit gebratenen Pilzen oder Auberginen (*Melanzane arrosto*), mit Fleischbällchen (*Bobette del carne*) oder einer Zwiebel-Pizza – American Fast-Food sollte in Italien keine Chance haben.

Der im wesentlichen bis 1113 errichtete Dom **San Feliciano** bietet seine schönste Ansicht mit der Fassade des westlichen Querschiffs, die auf die Piazza della Repubblica weist. Eine Inschrift am äußeren Bogen des reich verzierten, fünffach gestuften romanischen Portals besagt, daß die Kirche von Rodulfus und Binellus im Jahr 1201 fertiggestellt wurde. In Reliefs sind am linken Portalpfeiler Kaiser Friedrich I. Barbarossa und am rechten Bischof Anselm, der den Dom in Auftrag gab, verewigt. Eine Besonderheit stellen die Arkaden über dem Portal dar. Die beiden kleineren Fensterrosen daneben sowie die zentrale, in zwei Blütenkränzen ausgebildete Fensterrose darüber verleihen der breiten Fläche eine strenge Symmetrie, die leider durch den Einbau gotischer Zwillingsfenster im 14. Jahrhundert gestört ist; aus derselben Zeit stammt der Kanonikerpalast rechts daneben. Die Gestaltung der Hauptfassade an der kleinen Piazza del Duomo – Sie gehen dazu auf der Piazza della Repubblica um den Kanonikerpalast links herum – fällt dagegen ab: Sie hat durch die Restaurierung von 1904 stark gelitten; aus diesem Jahr datiert auch erst das Mosaik. Interesse hingegen verdient die Inschrift, die das Baujahr 1113 und den in Umbrien mehrfach vertretenen Attus als Baumeister verrät.

San Feliciano – Palazzo Trinci – Palazzo Comunale

Das einschiffige, dunkle Innere trägt den klassizistischen Stempel der letzten Umgestaltung in der zweiten Hälfte des 18. Jahrhunderts und ahmt mit dem Altarbaldachin in der Vierung bewußt das Vorbild im Petersdom in Rom nach. Nur in der Krypta, die allerdings nicht immer zu besichtigen ist, haben sich noch ältere Teile erhalten; einige Kapitele dürften von einem vorromanischen Vorgängerbau übernommen worden sein. Vor der Krypta steht eine lebensgroße Figur des heiligen Felicianus, des ersten Bischofs und Märtyrers der Stadt, dessen Namen die Kirche trägt. In der Sakristei, deren Zugang an der rechten Seitenwand liegt, befindet sich in einem vergoldeten Tabernakel eine Kreuzigungsdarstellung, die in wesentlichen Teilen, nicht aber der Gekreuzigte selbst, 1460 von Nicolò di Liberatore gemalt wurde.

Die steingewordene weltliche Macht Folignos an der Piazza della Repubblica überschauen Sie von den Stufen des Seitenportals aus mit einem Blick: Zur Rechten schließt den Platz der **Palazzo Trinci** ab, der 1389 bis 1407 errichtet wurde; die Fassade hingegen stammt erst aus dem 18. Jahrhundert. Er ist seit Jahren und wohl auch bis auf weiteres (Stand: Herbst 1994) wegen Restaurierungsarbeiten geschlossen, so daß der großzügige Patio und die prächtig ausgestalteten Innenräume einschließlich der Pinakothek (mit Werken aus dem 15. Jahrhundert von Nicolò di Liberatore, seinem Sohn Lattanzio di Nicolò, Ottaviano Nelli, Bartolomeo di Tommaso) sowie des Archäologischen Museums mit einer bedeutenden Antikensammlung derzeit nicht zugänglich sind. Auf der dem Seitenportal des Doms gegenüberliegenden Längsseite des Platzes reihen sich – von rechts beginnend – der Palazzo del Podestà und der Palazzo Comunale Vecchio, auch Casa Trinci genannt, aneinander. Beide stammen aus dem 13. Jahrhundert; ihre Fassaden wurden jedoch weitgehend zerstört. Es folgt der Palazzo Orfini aus dem 15. Jahrhundert und schließlich, mit langer Front, der **Palazzo Comunale**, der zwar ebenfalls auf das 13. Jahrhundert zurückgeht, aber zwischen 1547 und 1620 neu errichtet wurde und Anfang des 19. Jahrhunderts eine klassizistische Fassade erhielt.

Von der Piazza della Repubblica sind es zehn Gehminuten zur Kirche Santa Maria Infraportas. Auf dem Weg dorthin kommt man vorbei an mehreren Palazzi aus dem 14. bis 19. Jahrhundert (wichtig ist, daß man auf die Schilder an den Häusern achtet, diese Palazzi treten aus den engen Häuserzeilen oft nicht so klar hervor) und einem mittelalterlichen Haus gegenüber dem Palazzo Vallati-Guiducci, an dessen Mauern noch bescheidene Teile eines römischen Mausoleums aus dem 1. Jahrhundert v. Chr. zu sehen sind, sowie an der 1251 erbauten Kirche **San Domenico** mit ihrem Turm aus dem 14. Jahrhundert. Die älteste Kirche der Stadt ist die bereits im 11./12. Jahrhundert erneuerte und im wesentlichen so erhaltene Kirche **Santa Maria Infraportas**. Nur der Turm wurde teilweise abgetragen und die Fensterrose durch ein Zwillingsfenster ersetzt. Dafür wird der ursprüngliche Charakter des Gebäudes, das gegenüber dem heutigen Bodenniveau merklich tiefer liegt, durch die Vorhalle mit den vier massigen Säulen besonders betont. Der Zauber des Mittelalters, den der Bau im Inneren mit seinen drei durch Pfeiler gegeneinander abgetrennten Schiffen entfaltet, wird durch Beiwerke des 12. Jahrhunderts im linken Seitenschiff erhöht: die unter byzantinischem Einfluß entstandenen Fresken in der Cappella dell'Assunta, das Tafelbild *Madonna mit Kind* hinter Glas in einer Nische des zweiten Pfeilers sowie vorne an der Stirnwand die Darstellung *Segnender Christus zwischen Petrus und Paulus*.

Sehenswürdigkeiten in Folignos nächster Umgebung

San Giovanni Profiamma

Wie Perlen an einer Schnur reihen sich entlang der römischen, doch auch im Mittelalter und heute noch genutzten Via Flaminia sehr alte und auch sehr eindrucksvolle Kirchenbauten aneinander. Ein Juwel unter ihnen ist die Kirche San Giovanni in dem ehedem nur Profiamma geheißenen Ort. Dessen Name soll sich vom römischen Forum Flaminii herleiten, jener bedeutenden, um 218 v. Chr. angelegten Station an der Via Flaminia, die exakt die Mitte der Gesamtstrecke von Rom zur Adriaküste markierte und stets an den Erbauer der Straße, den Censor und späteren Konsul Flaminius, erinnern sollte.

Die romanische Kirche San Giovanni ist nicht zu verfehlen. Schilder weisen bereits an der Piazza Firenze in Foligno den Weg ins circa 3,5 Kilometer entfernte Profiamma. Die Basilika wurde wohl um 1200 unter Verwendung von Teilen eines Vorgängerbaus errichtet. In der Neuzeit wurden Rekonstruktionen nötig, um das Gotteshaus, an dem der Zahn der Zeit arg genagt hatte, im jetzigen Zustand präsentieren zu können. Der Betrachter weiß das zu schätzen. Die Würde, welche die durch zehn Säulchen in ebensoviele, von Arkaden überwölbte Segmente gegliederte Fensterrose und die zweifach gestufte Portaleinfassung mit den zierlich gearbeiteten Reliefs ausstrahlen, setzt sich im dunklen dreischiffigen Inneren fort. Dreizehn steile Stufen führen zum Hochchor und zum Ziborium hinauf. Und in der Krypta schließlich, deren tief herabreichende Gewölbe auf römischen und frühmittelalterlichen reliefgeschmückten Säulen ruhen, scheint die Zeit stillzustehen.

Die Abbazia di Sassovivo
Zur altehrwürdigen Benediktiner-Abtei, die in einsamer Berglandschaft um das Jahr 1000 gegründet wurde, gelangt man nach Überquerung beziehungsweise auf der Abzweigung von der SS 3 Richtung Macerata; dann gleich wieder rechts folgt man dem Hinweisschild »Sassovivo« und orientiert sich an einer späteren Weggabelung, an welcher der entscheidende Wegweiser fehlt, Richtung Casale. Es ist in erster Linie die Beschaulichkeit des Kreuzgangs, erbaut zwischen 1229 und 1232, mit seinen zum Teil gedrehten Doppelsäulchen unter den 58 Bögen, die den Betrachter verzückt. Man müßte schon nach Rom fahren, um ähnliches bestaunen zu können. Und die Kunsthistoriker lehren uns in der Tat, daß die Säulen von einem gewissen Pietro de Maria in seiner römischen Werkstatt hergestellt und zunächst auf dem Tiber und dann über Land hier heraufgeschafft wurden. Die Zisterne im Hof des Kreuzgangs, die letztmals 1623 erneuert wurde, ist eine spätere Zutat von 1340.

Spello

Von Foligno in Richtung Assisi/Perugia sind es acht Kilometer bis Spello. Zum Greifen nah liegt es in trutziger Geschlossenheit am Berg, leuchtet – besonders unter der Morgensonne – im Glanz seiner hellen Steinmauern herab und wirkt ruhiger, als es seine etwa 4200 Einwohner vermuten lassen. Eine Stadt im Dornröschenschlaf? Nein. Im Innern herrscht, wenn auch auf beschauliche Weise, rege Betriebsamkeit, der allerdings durch die steilen, schmalen Straßen und Gassen Grenzen gesetzt sind. Spello hat sich seinen Charme bewahrt, bietet vielleicht keine spektakulären Eindrücke, biedert sich bei den – immer noch wenigen – Touristen nicht an und hielt es noch nicht für notwendig, sich mit ›Mittelalter aus zweiter Hand‹ herauszuputzen. Es ist, wie es ist. Authentische Relikte aus der Römerzeit wie in kaum einer anderen umbrischen Stadt, ebensolche aus dem Mittelalter, aber auch eine(!) neuzeitliche Bausünde an der Piazza della Repubblica, wo einst das römische Forum lag, hat Spello zu bieten.

Wer etwas von den einheimischen Spezialitäten nach Hause mitnehmen möchte, kann sich in dem kleinen Laden in der Via Cavour, auf dem Weg von der Kirche Sant'Andrea zur Piazza della Repubblica, eindecken; dort gibt es Trüffel-Nudeln in allen Variationen, wie *Tagliatelle al Tartufo* und die besonders typischen *Strangozzi locali al Tartufo nero*: Bandnudeln, deren ungesund gräuliches Aussehen verblüffend zum interessanten Geschmack kontrastiert.

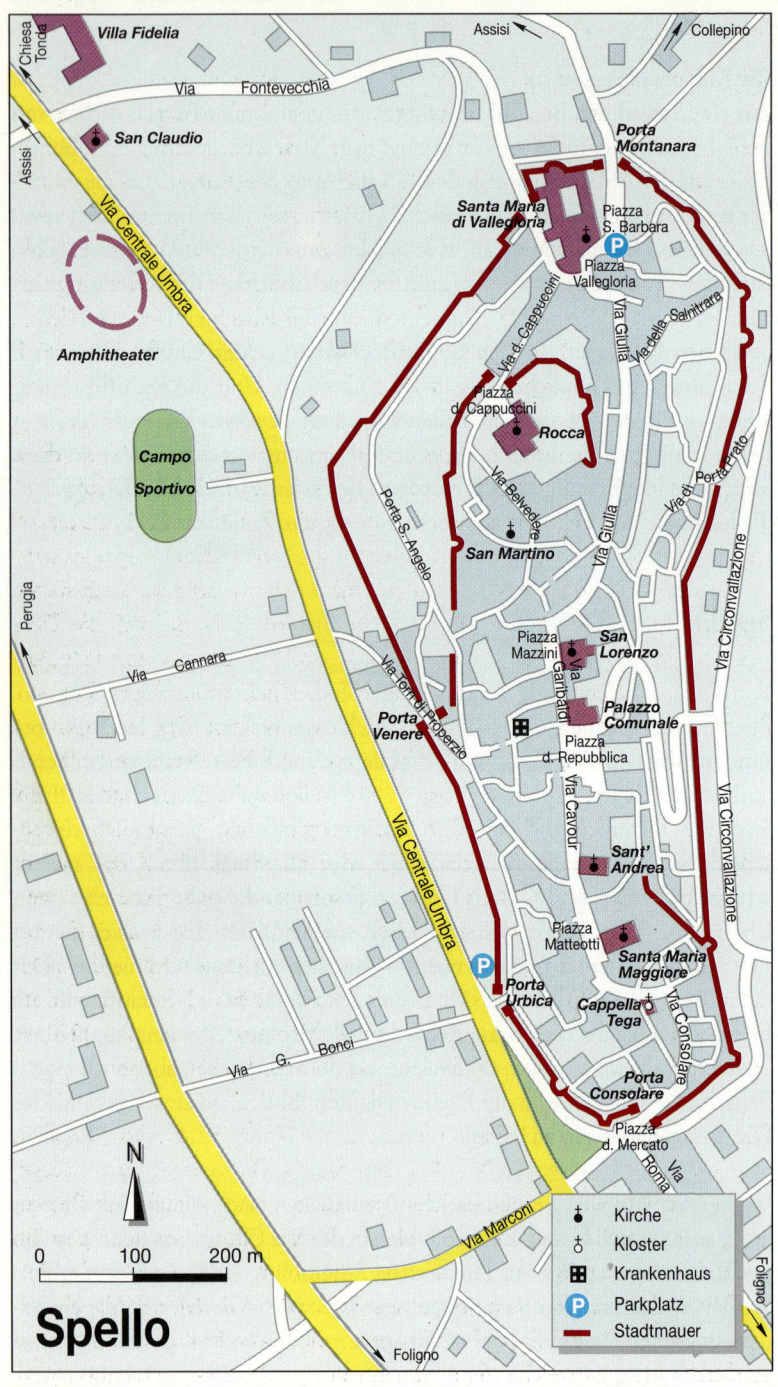

Spello

Auch Spello verwehrt niemandem die Einfahrt mit dem Auto, aber sie ist kaum zu empfehlen, wenn man nicht etwa ausschließlich den bedeutenden Fresken von Pinturicchio in der Kirche Santa Maria Maggiore eine kurze Visite abstatten möchte. Doch Spello hat mehr Aufmerksamkeit verdient; auf einem geruhsamen Vormittags- oder Nachmittagsspaziergang, unterbrochen von herrlichen Ausblicken über das Land, lassen sich seine Sehenswürdigkeiten, die beinahe alle an dem einen, die Stadt der Länge nach durchmessenden Straßenzug liegen, bequem zu Fuß erreichen. Deshalb wäre es leichtfertig, den meist leeren Parkplatz vor der Porta Urbica, direkt am schönsten Stück der **römischen Stadtmauer**, zu verschmähen.

Wie die Mauer erinnert auch die unter Kaiser Augustus erbaute **Porta Urbica** an Spellos römische Glanzzeit, in der es als »splendissima colonia Iulia Hispellum« weithin bekannt war. Als Stadt der Umbrer, die sie gründeten, erhielten ihre Bewohner 89 v. Chr. das römische Bürgerrecht. Unter Augustus wurde der Ort zur Kolonie erhoben und mit prächtigen Bauwerken ausgestattet. Aus derselben Epoche stammen die **Porta Consolare**, an der sich die Tiefe des ursprünglichen Bodenniveaus ermessen läßt, und die monumentale **Porta Venere**, das Venus-Tor, mit den beiden wuchtigen zwölfeckigen Türmen. Recht bescheiden nimmt sich dagegen aus, was – leicht zu übersehen, an der Ecke Via Arco di Augusto/Via Giulia, schräg gegenüber dem Hotel Albergo del Teatro – vom **Arco di Augusto**, einem weiteren Stadttor, erhalten blieb. Noch bis ins 4. Jahrhundert n. Chr. hinein fungierte Spello als heidnisch-religiöses Zentrum, wo mit der Erlaubnis Kaiser Konstantins im **Amphitheater** vor 15 000 Zuschauern Schauspiele und Gladiatorenkämpfe abgehalten werden durften. Überreste davon stehen links an der Landstraße nach Assisi; ein Loch im Maschendrahtzaun gewährt bequemen Zugang zu den Ruinen. Der in Stein gehauene Erlaß des Kaisers, den man im Theater 1733 fand, wird im **Palazzo Comunale** in der Sala dell'Editto aufbewahrt. Der Palazzo, 1270 erbaut, erfuhr in den folgenden Jahrhunderten starke Veränderungen.

Die mittelalterliche Stadt, die in ihrer Substanz bis heute als solche erhalten ist, hat sich nur im obersten Teil über die römische Begrenzung hinaus ausgedehnt, so daß Spello, was die Geschlossenheit seiner römerzeitlichen Befestigungsanlage samt Mauer und Toren angeht, für ganz Italien einzigartig ist. Im 13. Jahrhundert wurde, wie das üblich war, beim römischen Stadttor, der Porta Urbica, das mittelalterliche Pilgerhospiz mit der **San-Ventura-Kapelle** errichtet. Bis die ersten Pilger hier einzogen, hatte Spello freilich einige Stürme zu durchleiden, an welche die heutigen Pilger wohl kaum denken werden,

die – in der Regel am letzten Septembersonntag von Foligno aus, Abmarsch um 6 Uhr früh – hier vorbei in sechs Stunden nach Assisi ziehen. Das Ausgreifen der Langobarden nach Mittelitalien im letzten Drittel des 6. Jahrhunderts n. Chr. büßte die Stadt mit ihrer Zerstörung. 1130 verlor Spello seinen Rang als Bischofssitz, der von Spoleto übernommen wurde. Dennoch wurde im selben Jahrhundert die außerhalb an der Landstraße nach Assisi liegende romanische Kirche **San Claudio** neu errichtet. Sie beruhte auf einer asymmetrischen Anlage, die sich noch in der Fassade mit den heute vermauerten Seitenportalen abbildet. Aus dem Jahr 1120 datiert die meist geschlossene Kirche **San Lorenzo**, die wohl einen Vorgängerbau aus dem 6. Jahrhundert ersetzte und vor allem im 16. und 17. Jahrhundert weiter aus- und umgestaltet wurde; die in der Fassade über dem linken Seitenportal vermauerte Reliefplatte aus dem 8./9. Jahrhundert läßt etwas von dem hohen Alter dieses geweihten Ortes erahnen. Im Spätmittelalter gewann die Kirche nochmals an Bedeutung, als der heilige Bernhardin von Siena in ihr predigte und ihr ein Madonnenbild auf Holz stiftete, das an der rechten Wand in der ersten Kapelle zu sehen ist; Bernhardin selbst ist auf einem kleinen Fresko am Eingang innen abgebildet. Ebenfalls wohl noch dem 12. Jahrhundert zuzurechnen ist das unscheinbare romanische Kirchlein **San Martino** in der Via San Martino II, zu dem man von der Kirche San Lorenzo aus durch die Torre del Belvedere gegenüber und dann die Via Torre del Belvedere aufwärts gelangt.

1187 gewährte Kaiser Heinrich VI. dem Stift **Santa Maria Maggiore** seinen besonderen Schutz. Heute präsentiert es sich in Gestalt eines späteren, bis 1285 fertiggestellten Nachfolgebaus, aus dessen Zeit noch die Portaleinfassung und der Campanile stammen. Im Innern wurde sie bis ins 18. Jahrhundert hinein vielfach umgestaltet. Die in ihr herrschende Dunkelheit, durchbrochen von den verschiedenen Farbeindrücken, ruft im Betrachter eine feierliche Stimmung hervor. Unwillkürlich wird der Blick zunächst von den Kronleuchtern gefangengenommen, bevor er sich auf das Ziborium über dem Hauptaltar aus dem Jahr 1515 richtet. Die Kirche birgt zahlreiche kunsthistorische Werke von Rang, von denen als erstes die **Cappella Baglioni** auf der linken Seite des

*Wie in Spello laden überall in Umbrien
malerische Winkel und Gassen zu Streifzügen ein.
Autofahrer müssen draußen bleiben!*

Schiffes zu nennen ist. Dem davorstehenden Lichtautomaten sollte man vertrauen und den geforderten Betrag einwerfen, denn dann erst wird der ganze Farbenreichtum der Fresken sichtbar, so als hätte Pinturicchio die Kapelle eben erst, und nicht schon im Jahr 1501, mit Szenen aus dem Leben Jesu ausgemalt. Auf der linken Wand ist die *Verkündigung* dargestellt, die göttliche Mitteilung an Maria über ihre Schwangerschaft; Pinturicchio, der hier eine seiner überzeugendsten Leistungen geliefert hat, setzte sich rechts außen selbst ins Bild. Auf der mittleren Wand ist die *Anbetung Jesu durch die Hirten* und die *Ankunft der Heiligen Drei Könige* wiedergegeben. Auf der rechten Wand sieht man *Jesus unter den Schriftgelehrten* sitzen.

Daneben verblassen die weiteren Kostbarkeiten der Kirche etwas: an der linken Wand weiter vorne die Kanzel von Simone da Campione aus dem Jahr 1545; ein weiteres Fresko von Pinturicchio, *Madonna mit Kind*, in der Sakristei hinter einer schmiedeeisernen Gittertür, zu der man durch das linke Querschiff gelangt; die Fresken von Perugino aus dem Jahr 1521 an den Pfeilern links und rechts vom Ziborium des Hauptaltars.

Auch die Fresken der **Cappella Tega**, eines Baus aus dem 14. Jahrhundert in der Via Sant'Angelo reichen nicht an Pinturicchios Meisterwerk heran, obwohl sie kein geringerer als Nicolò di Liberatore (Alunno) 1461 geschaffen haben soll, der bedeutendste Maler, den Foligno hervorbrachte.

Mit ihrer Düsternis im Innern erinnert die Kirche **Sant'Andrea**, errichtet im 12./13. Jahrhundert, an die für Spello unerfreuliche Epoche Kaiser Friedrichs II., dem sich die Stadt 1240 ergeben mußte. Ein Stück der Mauer samt einem Madonnen-Fresko aus dem 13. Jahrhundert ist in einer Nische an der rechten Wand erhalten geblieben, wie auch die erste Kapellenöffnung in der linken Seitenwand wohl von einem Vorgängerbau stammt. Neben zahlreichen weiteren Fresken der ehedem völlig ausgemalten Kirche verdienen das Wandbild von Dono Doni (1568) in der zweiten Nische der rechten Wand, das Tafelbild *Madonna mit Kind* von Pinturicchio (1508) über dem Altar im rechten Querschiff – Lichtschalter an der Tür rechts, Spende nicht vergessen! – und vor allem der gotische Altar mit dem auf Holz gemalten Gekreuzigten darüber (ca. 1290) Beachtung.

Ein ähnliches, jedoch noch älteres Kreuz (ca. 1225) wird in der um 1320 erbauten Kirche des Klarissinnenklosters **Santa Maria di Vallegloria** aufbewahrt, die allerdings nur zu den Gottesdiensten zugänglich ist. Es lohnt sich, vielleicht eine kurze Rast auf einer Bank der kleinen Grünanlage, an der Kirchenmauer rechts vorbei, einzulegen und einen Blick über die Landschaft zu genießen. Am Berghang im Hintergrund sieht man das abgeschiedene Kloster San Girolamo aus dem 15. Jahrhundert.

Übertroffen wird dieser Blick durch die ergreifende Aussicht auf die Valle Umbra vom **Belvedere**, unterhalb der für Besucher nicht zugänglichen **Rocca**, die Kardinal Albornoz im Auftrag des Papstes in der zweiten Hälfte des 14. Jahrhunderts hochziehen ließ. Von Santa Maria di Vallegloria aus gelangt man zur Via Belvedere über die Via Cappuccini und durch die **Porta del Arce**. Weil es sich dabei um ein weiteres römisches Tor handelt, wird sie auch Arco Romano genannt oder Arco dei Cappuccini, nach dem links oberhalb liegenden Kapuzinerkloster mit der Kirche **San Severino**, die auf das 12. Jahrhundert zurückgeht. Bei guter Fernsicht, die wegen des häufig dunstigen Wetters nicht immer gegeben ist, überblickt man das Tal von Montefalco (auf der gegenüberliegenden Seite links) und Bevagna (schräg gegenüber) bis (auf der hiesigen Seite rechts) Assisi und dahinter Perugia. Unten in der Ebene, Assisi zu Füßen, breitet sich Santa Maria degli Angeli aus.

Direkt unterhalb zeigen sich rechts die Ruinen des Amphitheaters, die romanische Kirche San Claudio und die **Villa Fidelia**, eine der schönsten umbrischen Villen des 16. Jahrhunderts, in der häufig Ausstellungen mit Werken moderner Künstler stattfinden. 600 Meter weiter erhebt sich neben der Schnellstraße die für Besucher nicht zugängliche sogenannte **Chiesa Tonda**, die in der Hochrenaissance über dem Grundriß eines griechischen Kreuzes erstellt wurde.

Collepino

Das winzige Dorf Collepino in einer Höhe von 600 Metern, das man hinter Spello bergwärts auf sechs Kilometern landschaftlich schöner Strecke erreicht, muß man nicht unbedingt gesehen haben. Es wartet mit keiner einzigen Sehenswürdigkeit auf, ist aber eine Sehenswürdigkeit an sich mit seinem guten Dutzend Natursteinhäusern, der samt Tor erhaltenen mittelalterlichen Mauer – alles in so kleinen Dimensionen, daß man das verträumte Burgdorf auf dem einzigen Sträßchen in drei Minuten durchlaufen hat. Für die wenigen Besucher, die sich hierher verirren, gibt es dennoch zwei gewichtige Gründe, immer wiederzukommen. Einer davon ist die Taverna San Silvestro.

Kulinarische Freuden im Gewölbekeller

Die einladende, in einem kühlen Gewölbe untergebrachte Taverna San Silvestro in der Via Collepino 14 (beim Tabacchi-Schild), der einzigen Straße des Dörfchens, gilt als Geheimtip auf dem Lande. Hier wartet Antonietta Paolucci, unterstützt von ihrer Familie, mit bester heimischer Küche auf. Landestypisch wird man als *Primo* die leckeren, selbstverständlich hausgemachten Trüffelnudeln *(Strangozzi al Tartufo)* probieren. Zum *Secondo* kann man – vielleicht aus Respekt vor dem großen umbrischen Heiligen und Tierfreund Franziskus – etwas Fleischloses bestellen; dabei hat man die Wahl zwischen einer *Scamorza Tartufata*, also dick mit Trüffel bestrichenem Käse, sowie einem *Pecorino alla Brace*, bei dem man auf die dazu gesondert angebotenen Trüffel guten Gewissens verzichten kann, da sich ihr zarter Geschmack gegen die Herzhaftigkeit des Schafskäses ohnehin nicht behauptet. Der offerierte rote Tafelwein schlägt so manchen anderen mit protzigen Etiketten. Danach ist für ein *Dolce* der ganz besonderen umbrischen Art noch Platz: *Tozzetti con Vinsanto*. Nur Anfänger beißen sich an den harten Kuchenstückchen mit Mandeln und Pinienkernen die Zähne aus und trinken den mitservierten likörartigen Weißwein zur Linderung der Kieferschmerzen hinterher – Signora Paolucci wird angesichts einer solchen Übung die Hände über dem Kopf zusammenschlagen! Geben Sie sich statt dessen umbrisch, tauchen Sie Stückchen für Stückchen ein und genießen Sie, dann wird Ihr Wohlbehagen durch das wissende, zustimmende Lächeln der Wirtin nur noch gesteigert.

Collepino ist außerdem Ausgangspunkt für eine einzigartige Fahrt über den **Subasio** bis nach Assisi, die auf eine Höhe von 1200 Metern führt. Die Strecke ist 21 Kilometer lang, 17 davon sind Naturstraße (Durchfahrt gestattet 6 bis 20 Uhr), und führt zunächst durch Wald, in dem nach Trüffeln gesucht und nach Wildschweinen gejagt wird. Nach einem Kilometer kommt rechts die Abzweigung eines Fußwegs zur romanischen Kirche **San Silvestro**, die zu einer im Jahr 1205 gegründeten Abtei gehört. Hier hat sich vor wenigen Jahren der noch ganz junge Frauenorden der Piccole Sorelle di Maria eingerichtet.

Bei der Weiterfahrt treten Bäume und Sträucher bald zurück, und es bietet sich ›Umbrien auf einen Blick‹. Bei Kilometer 4,5 – vom Anfang gerechnet – erwartet Sie das restaurierte Kirchlein **Madonna della Spella**, das auf das 14. Jahrhundert zurückgeht. Danach öffnet sich eine grandiose Aussicht auf die Valle Umbra und – etwa bei Kilometer 11 – auf Assisi mit Dom und Rocca. Die Fahrt endet bei den Carceri, der Eremitei des heiligen Franziskus.

Trevi

Wie die anderen Höhenstädte der Valle Umbra gehört Trevi zu den umbrischen Festungen, die bereits im 5. Jahrhundert v. Chr. angelegt wurden. Aber schon die Römer, die es 284 v. Chr. eroberten und »Trebiae« nannten, bevorzugten die Ebene an der im 3. Jahrhundert hierher verlegten Via Flaminia zur Ansiedlung. Nicht anders werden auch heute die modernen Gewerbebetriebe durch die Anbindung an die Staatsstraße Nr. 3 hierher gelockt, und der Ort Borgo Trevi verdankt ihnen Arbeitsplätze, Steuereinnahmen und das mit Wirtschaftsentwicklung anscheinend unvermeidlich verbundene häßliche Aussehen. Wenn man von Foligno kommt, steht linker Hand einsam an der Straße die **Torre di Matigge**. Der Turm war um 1400 Trevis Vorposten gegen die herrschsüchtigen Trinci von Foligno, heute vermag er sich kaum mehr gegen die baulichen Zudringlichkeiten unserer Zeit zu erwehren. Genutzt hat er schon damals nicht viel.

In den unsicheren Zeiten des Mittelalters besannen sich die Bewohner wieder auf den Vorteil, den eine Höhenlage zur Verteidigung und zur Anlage eines sicheren (jetzt nicht mehr vorhandenen) Kastells bot. Heutigen Besuchern gewährt Trevi, das im Wappen einen wehrhaften Turm führt, mit circa 2 400 Einwohnern in seinen Mauern Schutz und Schirm vor den negativen Begleiterscheinungen unseres Dienstleistungs- und Schnellstraßenzeitalters, die der Valle Umbra südlich von Foligno ihren Stempel aufdrücken.

Vor der Stadt kann man sich vom **Belvedere** aus – noch einen Kilometer entfernt und schon auf gleicher Höhe – mit unverstelltem Blick über ein Meer von Olivenbäumen hinweg nach Trevi hineinträumen, ins Labyrinth seiner verwinkelten Gäßchen. Seine glanzvolle Epoche erstreckte sich vom Spätmittelalter bis in die Neuzeit, wovon – dicht gedrängt wie andernorts kaum noch einmal – die **Barock-** und **Renaissance-Palazzi** der angesehenen Familien Mazzini, Manenti oder Natalucci künden, der Petroni, Lucarini, Valenti und

Salvi, der Urighi, Approvati und Ciccaglia. Sie verliehen dem Städtchen Flair, füllten es mit gesellschaftlichem Leben. Mitglieder dieser Familien hatten einflußreiche Posten im Kirchenstaat inne: Die Valenti waren Grafen; Evangelista Urighi, der den gleichnamigen Palazzo für seine Familie errichtete, war Leibarzt von Papst Sixtus IV. (1471–1484), und auch Papst Julius II. (1503–1513) genoß während seines Trevi-Aufenthalts die Annehmlichkeiten dieses Hauses. Der Erbauer des **Palazzo Valenti** (von ca. 1650) war Apostolischer Nuntius, und auch die Parriani machten innerhalb der Kurie Karriere.

Architektonische Motive am **Palazzo Natalucci** deuten an, daß sich hier bis Mitte des 16. Jahrhunderts das Viertel der Juden befand, unter ihnen vermögende Förderer der Stadt; auf Anordnung von Papst Pius V. mußten sie 1556 Trevi verlassen: Das war eine bittere Relativierung der schmeichelnden Einladung, die drei Jahrzehnte zuvor am Palazzo Manenti in lateinischen Lettern angebracht worden war: »Als fremder Gast wirst Du eintreten, als Freund wirst Du verweilen, als Herr wirst Du scheiden.«

Es ist ratsam, den Wagen an der Piazza Garibaldi abzustellen. Von dort kommt man auf der Via Roma zum frisch restaurierten **Teatro Clitunno**, eröffnet 1874, in dem sich einst die feinen Damen und Herren Kunst und Tratsch gleichermaßen ergaben. Die Via Roma führt unter dem Obergeschoß des **Palazzo Comunale** hindurch; erstmalig erwähnt wurde er 1273, sein jetziges Aussehen erhielt er im 15./16. Jahrhundert. Von der Piazza Mazzini aus bietet sich ein Rundgang an: Linker Hand gleich das mittelalterliche Wahrzeichen Trevis, der weithin sichtbare **Turm**, zu dem wohl im 12. Jahrhundert der Grundstein gelegt wurde. Nachdem Corrado Trinci aus Foligno, der auch Herr über Trevi war, ihn 1420 hatte abtragen lassen, zogen ihn die Bürger 1462 bis 1464 wieder hoch. Ein letztes Mal legten sie Hand an ihn, nachdem 1691 ein Erdbeben arg an ihm gerüttelt hatte.

Gegenüber dem Palazzo Comunale geht es in die Via B. Placido Riccardi – und auf Stufen am Palazzo Petroni, Haus-Nr. 5, mit typischer Toreinfassung vorbei – zum Dom **Sant'Emiliano** mit seinen romanischen Apsiden des ersten Baus aus dem 12. Jahrhundert. Öffnungszeiten sind hier keine zu beachten: Ein simpler, aber wirksamer Gummizugverschluß an der Kirchentür macht solcherlei Reglements überflüssig. Das Innere wurde 1775 und 1893 neu gestaltet. Wie an der linken Seitenwand, nach dem Sakramentsaltar, wurden auch in der romanischen Apsis, zu der man an der rechten Seitenwand durch eine schmale Tür neben dem Seitenaltar gelangt, bei der jüngst vorgenommenen Restaurierung Fresken des 16. Jahrhunderts freigelegt; zur Beleuchtung findet sich ein Lichtschalter rechts oben. Außen, über dem ehemaligen Eingangsportal in dem ›Höfchen‹ vor dem Glockenturm, befindet sich zwischen zwei Löwen und romanischen Kapitellen ein Marmorrelief des Kirchenpatrons Emilianus aus dem 12./13. Jahrhundert.

Im **Palazzo Lucarini**, gegenüber dem jetzigen Dom-Eingang, wird gegenwärtig die früher im Palazzo Comunale untergebrachte **Pinacoteca**, unter anderem mit Werken von Lo Spagna und Nicolò di Liberatore eingerichtet. Hinter dem Palazzo – man geht dazu rechts um ihn sowie um ein Haus des 15. Jahrhunderts, die **Casa quattrocentesca**, mit einem Fresco aus derselben Zeit an der Außenwand, herum – liegt die charakteristische Via Dogali mit dem mittelalterlichen Haupttor der Stadt, dem **Portico del Mostaccio**.

Der kürzeste Weg vom Dom zur Kirche **San Francesco**: Sie lassen die romanischen Apsiden des Domes linker Hand liegen, gehen dann auf namenlosem Weg rechts hinab, bei der Quergasse links, über Treppen abwärts und stoßen durch einen Torbogen auf die San-Francesco-Kirche, die laut Inschrift von einem Magister Angelo 1288 erbaut wurde. Davon zeugt noch das gotische Eingangsportal, während sich das übrige Gebäude im Stil des 14. Jahrhunderts präsentiert. Beim Betreten fällt der erste Blick auf die interessante Orgel samt einer Galerie, die Pietro di Paolo aus Montefalco 1509 schuf, an der dem Eingang gegenüberliegenden Wand. Sehenswert in den mit Fresken geschmückten Chorkapellen: in der rechten ein römischer Sarkophag mit den Gebeinen des 1310 verstorbenen, seliggesprochenen Ventura, der als Eremit im nahen Pissignano lebte; in der mittleren ein bemaltes Holzkruzifix aus dem 14. Jahrhundert; in der linken Chorkapelle Grablegen der Familie Valenti, die älteste mit der Jahreszahl 1357.

An der Rückseite der Kirche schließen die Konventsgebäude an. Die fromme Legende will, daß der heilige Franziskus von Assisi an dieser Stelle erst einen »Bruder Esel« um Ruhe bitten mußte, um ungestört den Leuten von Trevi predigen zu können. Am Konventsgebäude, in dem eine Schule untergebracht ist, vorbei, lohnen die wenigen Schritte hinab zum **Torrione circolare**, einem Wachturm aus dem 15. Jahrhundert, der im 19. Jahrhundert erneuert wurde. Von dort bietet sich ein prächtiger Ausblick über die Valle Umbra.

Am Eingang der Via San Francesco, die von der gleichnamigen Kirche zurück zur Piazza Mazzini führt, steht auf der linken Seite der Palazzo Valenti, al-

Foligno und Umgebung

so derjenigen Adelsfamilie, deren Gräber in der Kirche San Francesco zu sehen waren: ein kurzer Weg von ihrem Haus zur letzten Ruhestätte, so wie es oft ein schneller Schritt vom Leben zum Tod ist. Daran erinnern in vielen umbrischen Orten die sogenannten »Totentüren«, durch welche man die Verstorbenen aus dem Haus brachte. Am anderen Ende der Via San Francesco, neben der Haus-Nr. 8, ist eine solche »Porta del morto« erhalten. Wer mehr Zeit mitbringt, kann von der Piazza Mazzini nach Herzenslust weiter zu Entdeckungen und Streifzügen ausschwärmen, sich im Kreisrund der Gassen ergehen, welche die späteren baulichen Erweiterungen um das ehemalige mittelalterliche Kastell nachzeichnen, und Paläste und Tore aufspüren. Infomaterial zu den Sehenswürdigkeiten gibt es bei »Pro Trevi« an der Piazza Mazzini und, auf Nachfrage, in San Francesco.

Außerhalb von Trevi, beim Belvedere – von der Piazza Garibaldi aus den Viale Ciuffelli etwa einen Kilometer hinab – liegt der Franziskanerkonvent **San Martino**, der im 14. Jahrhundert angelegt wurde und Fresken von Tiberio d'Assisi (um 1511) und Lo Spagna (1512) beherbergt.

Zur Kirche **Madonna delle Lacrime**, einer über kreuzförmigem Grundriß erstellten Frührenaissance-Kirche, fahren Sie am besten von der Piazza Garibaldi in Richtung Spoleto und biegen nach 1,3 Kilometern rechts ab. Das Vorhängeschloß an der Tür, die von einem reichverzierten Portal eingefaßt ist, verwehrt den Zugang nicht völlig: Läuten Sie daneben beim »Istituto medico psicopedagogico«! Eine nette Ordensschwester wird Ihnen den Schlüssel aushändigen. Das helle Innere wartet mit zwei Kostbarkeiten auf. In der zweiten Altarnische der rechten Wand erstrahlt ein Fresko von Perugino aus dem Jahr 1512, das die *Anbetung der Könige* darstellt. Im linken Querschiff finden Sie ein Fresko von Lo Spagna (von 1520), der sich die *Grablegung Jesu* zum Thema erkoren hat. Unter Kunstsachverständigen kaum, dagegen von der Volksfrömmigkeit um so mehr geschätzt wird das – von der Wand abgelöste und in einen Barockaltar von 1621 integrierte – Fresko, das die *Muttergottes mit Jesuskind* zeigt. Ein gewisser Diotallevi di Antonio hatte 1483 dieses Fresko an die Wand seines Hauses gemalt, aber nur wenige Jahre später mußte der Künstler seine Bleibe aufgeben. Denn nachdem Maria am Abend des 5. August 1485 laut Überlieferung echte, blutrote Tränen vergossen hatte, wurde noch im selben Jahr die Errichtung einer Kirche an diesem Platz beschlossen; sie bezieht ihren Namen, Madonna delle Lacrime, von diesem Wunder. Das Haus des Malers, das Fresko ausgenommen, wurde niedergerissen und 1487 mit dem Kirchenbau begonnen.

Wenig entfernt nur, wieder hinauf zur Straße und weiter in Richtung Spoleto beziehungsweise Bovara, dann 500 Meter nach dem Ortsschild von Bovara rechts hinab, nimmt Sie blütenweiße Romanik in Beschlag, in Gestalt der Kirche **San Pietro di Bovara** aus dem 12. Jahrhundert, die mit Rosette und Portal begeistert. Unter dem Fries weist eine Inschrift einen gewissen Atto, der auch andernorts in Umbrien tätig wurde, als Baumeister aus, dem Gott das ewige Leben gewähren möge: »Atto sua dextra templum fecit & fenestram / cvi Deus eternam vitam tribuat & supernam«.

Campello sul Clitunno

Lassen Sie sich nicht verwirren: Die Clitumnus-Quellen, die Hauptattraktion der Gegend, haben mit dem auf heutigen Karten verzeichneten Ort Campello, abgesehen vom modernen Zusatz »sul Clitunno«, nichts zu tun; und kaum einer der – durchweg begeisterten – Besucher dieses Anziehungspunktes weiß, daß er sich in den kommunalen Grenzen einer Ortschaft namens Campello bewegt. Sogar die Einheimischen tun sich schwer damit. Doch auch in Italien gab es Gebietsreformen; bei einer solchen wurden etliche urige Dörfer, einschließlich der **Fonti del Clitunno**, jener berühmten Quellen, als »Campello sul Clitunno« zu einer Gemeinde zusammengefaßt. Im Mittelalter hätte man sich über solch eine Maßnahme in den mächtigeren Städten der Umgebung, in Trevi, Montefalco und Spoleto, die um den begehrten Platz kämpften, vor Lachen die Bäuche gehalten. Allein Pissignano, heute zum Ortsteil der Gemeinde Campello sul Clitunno degradiert, könnte mit einigem Stolz auf den ›Besitz‹ der Quellen und des sogenannten Clitumnus-Tempels verweisen: Immerhin war im Mittelalter Pissignano eine Zeitlang die Sorge um den heiligen Bezirk anvertraut gewesen, und immerhin bezog es gar seinen Ortsnamen von dem Sakralbad beim Tempel oder dem Quellteich, beides lateinisch *piscina* geheißen.

Zu Zeiten der ersten Bewunderer der »Fonti«, der römischen Schriftsteller Properz, Vergil oder Plinius d. J., existierte selbst Campello Alto noch nicht. Spätere, etwa der englische Dichter der Romantik, Lord Byron (1788–1824), dem an den Quellen und angesichts des Tempelchens nahebei das Herz überging, oder der italienische Dichter und Nobelpreisträger Giosuè Carducci (1835–1907), der seine Rührung in Verse goß, konnten sich gar nicht losreißen, geschweige denn einen Marsch hinauf in die Berge, nach La Bianca oder Campello Alto, unternehmen. Sie blieben in der Ebene...

Foligno und Umgebung

Ein wichtiger Hinweis! Denn den Clitunno – heute ein Flüßchen, von dem man sich kaum mehr vorzustellen vermag, daß es, weiter unten in Verbindung mit dem Topino, einst die ganze Valle Umbra unter Wasser setzte – sucht man zur Orientierung vergebens. Das verhindert die Straße, die heute, auf hochgelegter Trasse, in Höhe des Tempelgiebels die Autofahrer vorbeirasen läßt. Wer einen Zwanzigtonner vor sich hat, wird die kleine Parkbucht am Tempel stets verpassen und auch die Parkplatzzufahrt bei den Fonti nur nach einer Vollbremsung gerade noch erwischen. Gehen Sie's darum langsam und, von Foligno oder Trevi herkommend, der Reihe nach an. Achten Sie darauf, wenn am Hang Pissignano mit seinem hochragenden Burgturm auftaucht. Exakt in der gedachten Verlängerung der talwärts strebenden Stadtmauer finden Sie die Haltebucht vor. Von dieser gehen Sie einige Schritte zurück und können sich vor dem Giebel des **Tempietto del Clitunno** wie Goethe fühlen, der mit sachkundigem Blick auf das Kreuz im Giebelfeld feststellte, daß es sich entgegen dem ersten Eindruck nicht um einen »heidnischen« Tempel für den lokal bedeutsamen Flußgott Clitumnus handeln konnte, den Plinius an dieser Stelle beschrieben hatte. Es ist strittig, ob der Bau als christliches Heiligtum im 4./5. oder zwischen dem 6. und 8. Jahrhundert von Langobarden errichtet wurde, wobei Teile des antiken Vorgängerbaus, zum Beispiel die Säulen, vielleicht auch des römischen »Hotels mit Swimmingpool« *(balneum et hospitium)*, von dem Plinius schwärmte, Verwendung fanden. Das Innere ist mit Fresken des 7. bis 8. Jahrhunderts ausgeschmückt.

Etwa 1,5 Kilometer weiter in Richtung Spoleto liegen dann rechts an der Straße die **Fonti del Clitunno**, die verzaubern können und zumindest die Hektik des leider doch noch hörbaren Autoverkehrs vergessen lassen (Öffnungszeiten s. S. 393). Schattenspendende Bäume, glasklare Wasser, die überall aus dem Grund des Sees sprudeln, Schwäne, die majestätisch ihre Runden ziehen, Ruhebänke: eine Oase des Friedens, einer der ›heiligen‹ Plätze Umbriens. Plinius d. J. und auch Lord Byron – sie schwärmten zurecht...

Der Tempietto del Clitunno ist nicht mehr der von Plinius an dieser Stelle bezeugte Tempel, sondern eine der ältesten Kirchen Umbriens, die noch ganz in antiker Bautradition errichtet wurde.

Die Clitumnus-Quelle

Voller Begeisterung schrieb C. Plinius Caecilius Secundus (61/62 – ca. 113 n. Chr.) in einem Brief an seinen Freund Romanus über die Quellen und den Tempel des Clitumnus:

»Hast Du schon einmal die Clitumnus-Quelle gesehen? Wenn noch nicht – und wahrscheinlich noch nicht, sonst hättest Du mir davon erzählt –, sieh sie Dir an! Ich habe sie mir kürzlich angesehen, und es reut mich, daß es erst jetzt geschehen ist.
Da erhebt sich ein Hügel von mäßiger Höhe, von einem Hain alter Zypressen beschattet. An seinem Fuß entspringt eine Quelle und sprudelt in mehreren ungleich starken Adern aus dem Boden, und nachdem sie den Strudel, den sie bildet, überwunden hat, verbreitert sie sich zu einem weiten Becken, rein und kristallklar, so daß man die hineingeworfenen Geldstücke und glitzernden Kieselsteine zählen kann.
Die Ufer sind mit zahllosen Eschen, zahllosen Pappeln bestanden, die der klare Wasserspiegel gleichsam in der Versenkung an ihrem grünen Spiegelbild abzuzählen gestattet. Die Kühle des Wassers dürfte mit der des Schnees wetteifern, und auch in der Farbe steht es ihm nichts nach.
Ganz in der Nähe ist ein altehrwürdiger Tempel. Da steht Clitumnus in höchsteigener Person, bekleidet und geschmückt mit der Prätexta; Lose weisen darauf hin, daß die Gottheit zugegen ist und Orakel erteilt. Ringsherum stehen mehrere Kapellen verstreut, jede mit einer besonderen Gottheit. Jede hat ihren eigenen Kult, ihren eigenen Namen, manche auch ihren eigenen Wasserlauf. Denn außer dem einen, gleichsam dem Vater aller übrigen, sind noch kleinere mit eigener Quelle vorhanden, aber sie ergießen sich in den Fluß, den man auf einer Brücke überschreitet. Sie bildet die Grenze zwischen dem geweihten und dem profanen Gelände; oberhalb darf man nur mit dem Boot fahren, unterhalb auch schwimmen. Die Bewohner von Spello, denen der verewigte Augustus diese Stätte zum Geschenk gemacht hat, stellen dort Bad und Herberge unentgeltlich zur Verfügung. Auch fehlt es nicht an Landhäusern, die, angezogen durch die Lieblichkeit des Flusses, an seinem Ufer stehen.

Die Clitumnus-Quelle

Kurz und gut, Du wirst nichts finden, was Dir nicht Vergnügen bereiten würde. Denn Du wirst dort auch Studien machen können; an allen Pfeilern, allen Wänden wirst Du viele Weihinschriften lesen von mancherlei Volk, in denen die Quelle und der Gott gepriesen wird. Vieles wirst Du hübsch finden, manches belächeln – aber nein, Du bist ein gebildeter Mann und wirst nichts belächeln. – Leb' wohl!«

(G. Plinius Caecilius Secundus, *Briefe*, S. 451 ff.)

Um sich der perfekten Vorstellung von unberührter Landschaft rund um die Fonti oder den Tempietto hingeben zu können, bedarf es der Fahrt nach Campello, genauer in den Ortsteil **La Bianca**. Dort im Palazzo Comunale, genauer in der Sala Consiliare, werden in – zugegeben romantisierenden – Wandmalereien aus dem Jahr 1887 Motive von der landschaftlichen Idylle des Quellgebiets aufgegriffen. Sechs Kilometer entfernt liegt auf einem olivenbewachsenen Hügel in ungemein malerischer Lage **Campello Alto**, eine Ansiedlung, die sich seit dem 16. Jahrhundert in einer ausgedehnten, von den Spoletinern Mitte des 14. Jahrhunderts zerstörten Burganlage eingenistet hat. Der Burgunder Robert von Champeaux, den der Herzog von Spoleto, Lambert, der auch kurzfristig als Kaiser firmierte, zur Unterstützung ins Land holte, hatte sie 921 erbaut, als Zentrum einer kleinen Herrschaft, deren Territorium später als Gualdi Ranieri (»Ranierische Waldungen«) bezeichnet wurde. Unter Friedrich II. standen die Herren von Campello – wie zum Beispiel der normannische Gefolgsmann Tankred – gegen den Papst treu zum Kaiser.

Ins Mittelalter zurückversetzt fühlt man sich auch in **Pissignano**, von dessen höchster Warte, allen Kriegszerstörungen und Erdbeben zum Trotz, der schlanke Turm der im 11./12. Jahrhundert angelegten Burg herabgrüßt. Der deutsche Graf Sancio, der mit Konrad II. entweder 1025 oder 1038 ins Land gekommen war und hier als Lehnsmann für seinen König Wache hielt, gilt als ihr Erbauer. Im 13. Jahrhundert lagen in der Festung Soldaten der Stadt Spoleto, welche die Gebietsgrenze gegen Trevi absicherten. Die Zufahrt zur Burgruine ist möglich: nach der Abfahrt von der SS 3 die Via Franceschini hoch; die zweite Straße links, dann 700 Meter immer geradeaus; Vorsicht, die Straße ist stellenweise sehr schmal. Sie gelangen zum malerischen **Borgo San Benedetto**, benannt nach dem um 1000 gegründeten Benediktinerkloster auf etwa gleicher Höhe am Hang, zu dem ein Fußweg hinführt. In der Vorburg hat sich eine **Künstlerkolonie** eingerichtet. Die modernen Bilder, die an den alten Mauern hängen, und die winzigen Galerien, in denen die Künstlerinnen und Künstler ihre Skulpturen schaffen und ausstellen, bilden einen faszinierenden ›alternativen‹ Kontrast zu der untergegangenen ritterlich-höfischen Kultur, die sie umgibt.

Von Foligno nach Norden: Nocera Umbra – Piano di Colfiorito

Von Foligno geht es durch das enge, von steilen Hängen gesäumte und sich später weitende grüne Tal des Topino, das im oberen Teil an Mittelgebirgslandschaften erinnert, wie man sie etwa im Spessart oder im Harz vorfindet. Die SS 3 folgt dabei der römischen Via Flaminia. Nach circa 25 Kilometern grüßt als Talabschluß von fern **Nocera Umbra**. Einst eine von den Umbrern auf dem Bergkegel angelegte Höhensiedlung, dann als römische Straßenstation von Bedeutung, im Mittelalter zum Herzogtum Spoleto gehörig, 1248 von Kaiser Friedrich II. zerstört, seit Ende des 14. Jahrhunderts für knapp fünfzig Jahre in Abhängigkeit der Trinci von Foligno, schließlich in den Kirchenstaat ›eingemeindet‹ und heute noch Bischofssitz, hat es sich inzwischen über die Mauern hinaus ausgedehnt, welche die Altstadt umfassen.

Das alte Nocera leidet an Auszehrung, an der Abwanderung seiner insgesamt nur noch 1 600 Einwohner, die heute die Neubauviertel außerhalb des historischen Zentrums bevorzugen. So verleihen die vielen leerstehenden Häuser der Altstadt einen etwas wehmütigen Eindruck und erinnern an die Vergänglichkeit der Zeit. Andererseits vermittelt Nocera dadurch ein vielleicht ›echteres‹ Bild von der Armut und vom Elend, das die Stadt des Mittelalters *auch* bot – anders als manches herausgeputzte Städtchen.

Um zur **Porta Vecchia**, dem alten Tor der Stadt, zu gelangen, hält man sich, wie ausgeschildert, Richtung Zentrum. Durch das Tor den Corso Emanuele aufwärts, empfiehlt es sich, gegenüber der Haus-Nr. 38 auf einen Sprung in die unbewohnte Via Sassaioli links abzubiegen, die jenes ›echte‹ Bild bietet. Eine Bürgerinitiative hat Schilder mit Hinweisen auf die ehemaligen Läden und kleinen Handwerksbetriebe angebracht, die an das Leben erinnern, das einst in dieser Gasse herrschte. Am Ende des Corso Emanuele, der auf den zentralen Platz, die Piazza Caprera, mündet, steht links die Kirche **San Francesco** aus dem 15. Jahrhundert. Sie wird nicht mehr zu Gottesdiensten genutzt; das einschiffige Innere birgt die örtliche Pinakothek (Öffnungszeiten s. S. 395), eine Sammlung von meist zweit- oder drittklassigen Kunstwerken. Am bedeutendsten: das Polyptychon von Nicolò di Liberatore (Alunno) von 1483, vom Eingang geradeaus an der gegenüberliegenden Wand, und das bemalte Kruzifix in der Chorapsis von 1280/90. Die Fresken stammen von Matteo da Gualdo und dessen künstlerischem Umfeld aus dem 15./16. Jahrhundert.

Von San Francecso sind es nur wenige Schritte die Via San Rinaldi hinauf zum **Dom**, der im 15. Jahrhundert neu errichtet und innen im 18. Jahrhundert im Barockstil umgestaltet wurde. Von dem ursprünglichen romanischen Bau haben sich nur Reste des Seitenportals erhalten. Imposant dagegen ragt der Turm als Zeuge der ehemaligen Burg aus dem 11. Jahrhundert hoch auf. Er hält die Erinnerung an eine blutige Begebenheit wach, die Geschichte machte, obwohl vermutlich nur ein Eifersuchtsdrama dahintersteckte: Der *Signore* von Foligno und damit auch von Nocera, das Oberhaupt der Adelsfamilie Trinci, hatte sich im Juni 1421 zu einem Jagdausflug hierher begeben und wurde nachts zusammen mit der Frau des Burgherrn von diesem ermordet.

Von Nocera Umbra, wo man sich im Café an der Piazza Caprera oder auch unten vor der Porta Vecchia ein wenig stärken kann, bietet sich Reisenden, die nicht den gleichen Weg nach Foligno zurücknehmen möchten, eine gemütliche ›grüne‹ Landpartie über Colfiorito und Pale durch eine zwar nicht spektakuläre, aber abwechslungsreiche Szenerie an. Bei der Ausfahrt von Nocera halten Sie sich Richtung Fano, biegen beim Wegweiser rechts Richtung Fiuminata und nach circa einem Kilometer nochmals rechts Richtung Nocera Umbra beziehungsweise Bagni ab; dann immer auf diesem Sträßchen bleiben und den verbeulten, kaum mehr lesbaren Hinweisschildern bis nach Colfiorito folgen. Hinter dem Weiler Annifo erhalten Sie bei der Durchquerung einer anmutigen Ebene bereits einen Vorgeschmack auf den **Piano di Colfiorito**, in dem Sie sich – nach kurzem An- und Abstieg – bei der Einmündung nach rechts in die Straße Nr. 77 bereits befinden. Der Piano di Colfiorito in 760 Metern Höhe ist, nach dem Piano Grande bei Norcia, Umbriens zweitgrößte Hochebene.

Wenn Sie einmal ungefähr in der Mitte des Piano und damit fast auf der Grenze zwischen Umbrien und den Marken sowie darüber hinaus auf geschichtsträchtigem Boden stehen möchten, biegen Sie in Colfiorito links Richtung Cesi ab; bei der nächsten Abzweigung fahren Sie geradeaus und gelangen geradewegs zu dem einsamen, unansehnlichen Kirchlein **Santa Maria di Pistia** (Plestia), das den Platz eines Tempels der umbrischen Göttin Cupra eingenommen hat. Das ramponierte Kirchlein aus dem 10. Jahrhundert mit seinem primitiven Portikus diente zwischenzeitlich wohl als Stall oder Schuppen; im Inneren läßt es noch die Anlage des romanischen Hochchores erkennen. Ob sich Otto I., der spätere Kaiser, an ihm zum Gebet einfand, als er sich im Jahr 969 hier aufhielt? Es war im heißen Monat Juni, und vielleicht hatte er sich und seinem Heer – genauso wie sein Enkel Otto III. im Juni des Jahres 996 – hier in kühlerer Höhenlage, an der Strecke zwischen Adria und Rom, ein paar Tage Rast gegönnt. – Heute finden Gäste Unterkunft und Erfrischung am Schwimmbad im Hotel Villa Fiorita*** in der Via del Lago.

Hannibal dagegen, der hier 217 v. Chr. die 4000 Mann starke Reiterei des Konsuls Servilius vernichtete, dürfte den umbrischen Tempel noch gesehen haben. Der »See von Plestia«, der in diesem Zusammenhang von antiken Autoren erwähnt wird, liegt nach der Ausfahrt von Colfiorito in Richtung Foligno rechts an der Straße. Im wogenden Schilfmeer seiner sumpfigen Ufer, die mit dem See seit 1977 unter Naturschutz stehen, hat sich eine einzigartige Fauna und Flora erhalten.

Auf der Rückfahrt von Colfiorito nach Foligno passiert man ausgangs des Tales, in dem die Straße Nr. 77 verläuft, das Dörfchen **Pale** mit bescheidenen Befestigungsresten aus dem 14. Jahrhundert; dort wurde bereits seit dem 13. Jahrhundert Papier hergestellt. An der steilen Felswand des **Sasso di Pale**, in der besonders an Wochenenden Kletterer trainieren, klebt hoch über dem Ort die verlassene Eremitei **Santa Maria Giacobbe**, deren hohes Alter Fresken des 14./15. Jahrhunderts bezeugen. Wer möchte: Der Fußweg nach oben ist gut ausgebaut; den Schlüssel zur Eremitei mit ihrer einzigartigen Aussicht gibt es in der Via Belfiori 14, bei Familie Laureti.

Bevagna, Montefalco und die nördlichen Monti Martani

Der bergige Landstrich zwischen Tibertal und Valle Umbra, den einst von Bevagna nach Süden die antike Via Flaminia durchzog, ist seit Jahrhunderten abgelegenes ›Hinterland‹; heute um so mehr, da die größeren Verkehrsströme in einiger Entfernung an ihm vorüberziehen. Auch die bedeutenderen Orte wie Bevagna und Montefalco wirken provinziell: Inseln in Ackerfluren, Wiesen und Weinbergen; kleine Landstädte, die nicht verbergen können, daß ihr früherer Wohlstand von den Ernteerträgen aus dem Umland abhing, was zum Teil auch heute noch gilt, sowie vom Gewerbefleiß ihrer Einwohner.

Bevagna

Bevagna mit seiner intakten Stadtmauer – Traumkulisse für jeden Ritterfilm! Es bildet vor den Hängen, die sanft zur Valle Umbra abgleiten, das Gegenstück zu Foligno auf der anderen Talseite; die Städte sind heute noch durch ein kerzengerades Straßenstück der Via Flaminia – das einzige in Umbrien, das römische Ingenieure ab 200 v. Chr. fernab unwegsamer Berge, nach klassischer Art wie an einer Schnur gezogen, in die Landschaft legten – miteinander verbunden. Gut hundert Jahre zuvor hatte sich »Mevania«, wie die Römer den Ort nannten, als Zentrum des umbrischen Widerstandes gegen die römische Expansionspolitik kurzzeitig einen Namen gemacht. Wie die Aktion ausging, ist bekannt: Es wurde von den Römern einverleibt, und im Jahr 90 v. Chr. erhielten die Bewohner das römische Bürgerrecht.

Heute liegt Bevagna in tiefem Schlummer, als müßte es sich ausruhen von der Last bald dreier Jahrtausende bewegter Geschichte. (Wissenswertes dazu erfährt man aus einigen Broschüren, zu erwerben im Informationsbüro neben der Kirche Santi Domenico e Giacomo, täglich geöffnet 9.30-12.30, 15.30-19.30 Uhr.) Verklungen ist der harte Schritt marschierender Legionen unter dem römischen Adler, die auf der Via Flaminia durch die Porta Sant'Agostino einrückten; sie zogen über das Forum, das an der Kreuzung des Corso Matteotti und der Via Santa Margherita/Via Crescimbeni lag, und konnten dabei einen – damals noch unverbauten – Blick auf den Tempel werfen. Dann passierten sie das Theater und verließen die Stadt wieder durch die Porta Foligno, um vielleicht draußen beim Amphitheater zu lagern, während sich ihre Vorgesetzten in den Thermen verwöhnen ließen.

Viel erhalten hat sich von alledem nicht. An den beiden freien Seiten des **Tempels** aus dem 2. Jahrhundert n. Chr., der später in eine Kirche umgewandelt wurde, erkennt man noch das hohe antike Fundament und die aus Ziegelsteinen errichteten und mit Kalksteinverkleidungen versehenen Halbsäulen und Pilaster. Vom **Theater** daneben, dessen Rund sich am Verlauf der Gassen nachvollziehen läßt, haben die Katakomben als Ställe und Lagerschuppen überdauert. Vom Frigidarium der **Thermen** konnten große Teile des Mosaikbodens mit Seetier-Motiven freigelegt werden; wem der Blick von der Straße aus durch die Scheiben nicht genügt, kann im Haus daneben (Haus-Nr. 2) den Schlüssel bekommen. Von der römischen Befestigungsanlage, deren Mauerring im Mittelalter ›übernommen‹ wurde, läßt sich einiges bei der Porta Foligno in Augenschein nehmen. Und, interessant für den geschichtsbewußten Besucher, auf dem Corso Amendola oder dem Corso Matteotti kann man sich dem Gefühl hingeben, auf ›historischem Terrain‹ zu wandeln und dem seit Jahrhunderten unveränderten Lauf der Via Flaminia zu folgen. Unter dem Zeichen des Christentums, für das Vincentius, der erste Bischof Bevagnas, im Jahr 298 hier das Martyrium erlitt, wandelte sich der Charakter des Stadtbildes grundlegend. Kirchen mit hohen Türmen setzten alsbald die Zeichen. Das Mittelalter überzog die Stadt mit neuem Glanz.

Unter den sechs Stadttoren Bevagnas beeindruckt am meisten die aus dem 13. Jahrhundert erhaltene **Porta Cannara** an der Piazza Garibaldi. Die **Piazza Filippo Silvestri** gilt als einer der am unversehrtest erhaltenen mittelalterlichen Plätze in ganz Italien. Drei in unregelmäßigen Winkeln einander zugewandte Gebäude verleihen ihm eine ungewöhnliche Majestät. Das größte ist die Kirche **San Michele Arcangelo**, die um 1200 erbaut wurde. Eine Inschrift unter dem linken Kämpfer der ornamental ausgestalteten, zum Teil unter Verwendung antiker Bausteine erstellten Portaleinfassung verrät die Namen der Erbauer, allerdings in nicht gerade schulmäßigem Latein, und der Name Christus wurde mit den Buchstaben XPS aus dem griechischen Alphabet abgekürzt: »Rodulfus Binellu[s] fecer[unt] hec opera; Christus benedicat il[l]os senper et Michael custodiat« (»Rodulfus und Binellus haben diese Werke ausgeführt; Christus möge sie stets segnen, und Michael möge sie beschützen«). Das Relief darüber zeigt den Erzengel Michael als Drachentöter. Eine Besonderheit stellen die runden Porphyrscheiben im Scheitel des Portalbogens dar.

Die Dreigliederung der Fassade, die sich in den drei Schiffen des Inneren fortsetzt und im rechten Teil über den horizontalen Abschluß hinaus in den späteren Turm (14. Jahrhundert) ausläuft, wurde bei der Restaurierung 1951 bis 1957 verunstaltet: Sie wurde anstelle eines Barockfensters mit einer kreisrunden und – solange die Fensterrosenfüllung fehlt – häßlichen Öffnung versehen. Überhaupt kann man die damals vorgenommene ›Entbarockisierung‹ des Inneren, bei der versucht wurde, die Umgestaltung der Kirche aus dem Jahr 1741 rückgängig zu machen, nicht durchgängig als geglückt ansehen. Dennoch kann San Michele Arcangelo mit immer noch guter Raumwirkung und einer sehenswerten Krypta unter dem Hochchor aufwarten. Nichts damit zu tun hat allerdings, daß der Pfeiler nach dem Eingang vorne rechts die Stelle einer der Säulen einnimmt, die ansonsten die Schiffe voneinander abtrennen. Der Pfeiler ist alt: er hat die Hauptlast des Turmes darüber zu tragen. In Gestalt von Prozessionsfiguren begegnet man dem Märtyrer und Stadtpatron Vincentius; zum einen gleich rechts neben dem Eingang in einer Arbeit von 1638, zum anderen, 1785 von Peter Ramoser ganz aus Silber gefertigt, in dem Raum neben dem Presbyterium.

Der Kirche San Michele gegenüber erhebt sich auf der anderen Seite des Platzes der **Palazzo dei Consoli** mit breiter Freitreppe und großer zweischiffiger Erdgeschoßhalle, die sich mit drei Spitzbögen zur Piazza hin öffnet. Hinter den gotischen Zwillingsfenstern der darüberliegenden Geschosse verbergen sich die vier Gallerien des 1886 eingebauten städtischen Theaters. Der Palazzo wurde in der zweiten Hälfte des 13. Jahrhunderts errichtet; die städtischen Ratsherren, die für Bevagna seit 1187 bezeugten *Consules*, walteten hier ihres Amtes. Der mittelalterlich wirkende Brunnen davor, der eine ältere oktogonale Brunnenanlage ersetzt, stammt von 1896.

An den Palazzo schließt sich rechts, mittels eines Bogens von 1590 verbunden, die Kirche **San Silvestro** an. Auf den ersten Blick ist sie unscheinbar und als Kirche nicht sofort zu erkennen. Den Turm und das Obergeschoß der Fassade, die ein Drillings- und zwei Zwillingsfenster aufweist, hat man ihr geraubt; indes, die strenge Würde des schmucklosen Inneren ist unvergleichlich, vermittelt Gottesfurcht ebenso wie weltliche Macht, welche die Stauferkaiser, gerade Kaiser Heinrich VI., an den eine Inschrift in der Fassade rechts neben dem Portal erinnert, brutal einzusetzen wußten: Im Sommer vor dem in der Inschrift genannten Jahr 1195, das zur Datierung des Baus von San Silvestro dient, hatte er den normannischen Adel auf Sizilien niedermetzeln lassen. Elf Jahre zuvor, 1184, hatte Kaiser Friedrich I., Heinrichs Vater, Bevagna der stauferteuen Stadt Foligno unterstellt; 1240 mußte sich Bevagna Heinrichs Sohn, Friedrich II., unterwerfen und 1249 die Verwüstung durch denselben hinnehmen. In San Silvestro muß man unwillkürlich daran denken...
Die Inschrift beim reliefgeschmückten Portal, die Kaiser Heinrich und einen Prior »Gotthilf« sowie den Baumeister der Kirche nennt, lautet: »A[nno] D[omini] MCXCV Errico imp[erato]re regna[n]te D[eu]stesalvet p[ri]or et fr[atre]s eius et Binell[us] m[agister] vivan[t] i[n] X[risto]. Am[en]« – »Im Jahr des Herrn 1195, da Kaiser Heinrich regierte: der Prior Diotisalvi und seine Brüder sowie Baumeister Binellus mögen in Christus leben. Amen.«

Die machtvolle Wirkung des Innenraumes wird durch die massigen, sich nach oben und unten verjüngenden Säulen und die drei weiten Bögen darüber betont, die das überhohe, tonnengewölbte Hauptschiff von den Seitenschiffen abteilen. Daß rechts die erste Säule – wie in der Kirche San Michele – durch einen Pfeiler ersetzt ist, weist untrüglich auf den früheren Turm darüber hin. Kunsthistoriker machen darauf aufmerksam, daß die Gewölbeform in den Seitenschiffen aus der Auvergne stammt und wohl über die Lombardei importiert wurde. Ob von dort auch die Lilienreihe an einem der Kapitelle übernommen wurde? Über sechs Stufen, einen Absatz und nochmals fünf Stufen gelangt man zum Chor hinauf, in welchem sich, von zwei Bögen getrennt, die drei Schiffe fortsetzen. Links neben dem Treppenaufgang geht es tief hinab in die Krypta mit zwei wuchtigen Säulen in der Mitte.

Nur mit einer Ecke reicht die einschiffige Kirche **Santi Domenico e Giacomo** in die Piazza Silvestri herein. Sie wurde 1737 innen völlig neu gestaltet, hat aber aus ihrer ersten Entstehungszeit um 1300 zwei sehenswerte Holzskulpturen in der linken und rechten Seitenkapelle des Chores bewahrt. Der lichte Kreuzgang ist eine Schöpfung der Jahre 1629 bis 1632; überhaupt wurden die anderen Kirchen Bevagnas aus dem 13./14. Jahrhundert im 17. Jahrhundert, wie Santa Margherita, oder 18. Jahrhundert, wie San Francesco, gründlich umgestaltet; oder aber sie wurden nicht mehr als Gotteshäuser genutzt, wie Santa Maria in Laurenzia, beziehungsweise erst in dieser Zeit errichtet, wie San Filippo mit reicher Stuckverzierung im Jahr 1725.

Insofern hält auch das übrige Straßenbild nicht ganz, was der mittelalterliche Mauerring und vor allem die Piazza Silvestri mit ihrem Gebäudeensemble versprechen; die Handschrift des 17./18. Jahrhunderts ist nicht zu verkennen. Auch der **Palazzo Municipale** oder Comunale am Corso Matteotti (Haus-Nr. 46), ein Bauwerk des ausgehenden 18. Jahrhunderts, reiht sich hier ein. In ihm sind die Pinakothek nebst einer archäologischen Sammlung und römischen Münzsammlung untergebracht, allesamt von bescheidener Bedeutung. Der hübsche Ratssaal von 1867/68 erfüllt noch heute seine Funktion.

Auch im fernsehbegeisterten Italien verliert die Renaissance-Loggia des Palazzo Comunale in Montefalco nicht ihre Bedeutung als örtliche Nachrichten-Börse.

Montefalco

Montefalco führt einen Falken im Wappen, als wäre es eine Selbstverständlichkeit: Liegt es doch in 470 Metern Höhe als »Falkenberg« über der Valle Umbra. Kann man nicht, falkengleich, von der **Torre Comunale** Ausschau halten über ganz Umbrien? Die Römer, denen der Ort seine Entstehung verdankt, hatten mit Falken nichts im Sinn – vorausgesetzt die Archäologen haben recht, und der Raubvogel auf dem römischen Urnendeckel, der in der Archäologischen Sammlung im Palazzo Municipale in Bevagna ausgestellt ist, zeigt tatsächlich einen Adler. Bei den Römern hieß Montefalco »Coccurione« (oder Corcurione), und als solches hatte es Kaiser Friedrich I. Barbarossa 1184 an Foligno verschenkt, als solches war es 1209 unter Kaiser Otto IV. direkt dem Reich unterstellt worden und hatte 1240 Kaiser Friedrich II. – nicht eben freiwillig – in seinen Mauern zu Gast. Als Montefalco neun Jahre später die Fahne des Papstes hochhielt und sich gegen den Kaiser zur Wehr setzte, erkannte es sich im Handumdrehen nicht mehr wieder, und zwar in zweifacher Hinsicht: Friedrich ließ es verwüsten und in »Mons falconis« umbenennen. Hatte ihn seine Begeisterung für Falken, die hier heute noch durch die Lüfte schnellen, übermannt? – Immerhin hat er es ja mit seinem berühmten Buch *Über die Kunst, mit Vögeln zu jagen* zu ornithologischen Ehren gebracht.

Kaiser Friedrich II. wird, von Foligno kommend, durch die **Porta Sant'Agostino** eingeritten sein. Sie empfiehlt sich nach wie vor, schon wegen des meist freien Parkplatzes vor der Stadtmauer daneben, als Entree zu einem Rundgang durch die Stadt – und in die Geschichte Montefalcos. Gleich hinter dem Tor, auf dem untersten Stück des Corso Goffredi Mameli, die steil zum Zentrum hochführt, fällt der Blick rechts auf ein Haus (Nr. 6), in das, als Zeugnis aus der Römerzeit, römische Graburnen vermauert sind. Einige von ihnen ziert eine Rosenblüte, als hätten die antiken Steinmetze die Fensterrosen der frühmittelalterlichen umbrischen Kirchen vorwegnehmen wollen. Den Corso aufwärts liegt zur Linken die Kirche **Sant'Agostino**, die der Stauferkaiser bei seinem Einzug noch nicht vorfand. Ihr Bau wurde erst 1285 abgeschlossen; 1327 wurde sie um ein Seitenschiff und 1466 um den Kreuzgang erweitert. Vier Fresken aus dem 14. bis 16. Jahrhundert – nach dem Eingang rechts und an der linken Wand – ehren die Muttergottes.

Doch der Corso lenkt die Schritte weiter bergwärts. Vorüber an verschiedenen Palazzi, unter denen der ockergelb verputzte Palazzo Tempestivi (Haus-

Nr. 63) aus dem 17. Jahrhundert als bedeutendster gilt, und, schräg gegenüber, an der mit einem schönen gotischen Fenster geschmückten Seitenfront des **Palazzo Comunale** vorbei, erreicht man – ein wenig außer Atem – die Piazza della Comune, an der die wohlhabenderen Familien um 1500 ihre Stadtpaläste errichteten. Ein Fresko von Melanzio aus dem Jahr 1521 lohnt einen kurzen Besuch des Oratoriums Maria di Piazza (zwischen Haus-Nr. 12 und 13). Auch der Palazzo Comunale, der erstmals zum Jahr 1270 erwähnt wird, präsentiert sich – insbesondere durch die vorgesetzte Loggia – als spätmittelalterliches Gebäude des 15. Jahrhunderts. Während dieser Betrachtungen wieder etwas erholt, sollten Sie es wagen, den Turm des Kommunalpalastes zu besteigen: Sie werden danach verstehen, weshalb sich Montefalco mit dem Beinamen »Ringhiera dell'Umbria«, »Aussichtsterrasse Umbriens«, schmückt.

Nur wenige Schritte sind es von der Piazza die Via Ringhiera hinab zur ehemaligen Kirche **San Francesco**, dem größten Gebäude des Städtchens. Vor allem die Pracht ihrer Fresken führte dazu, daß sie 1895 als Sakralraum ›entweiht‹ und zum Aufbewahrungsort bedeutender umbrischer Kunstwerke aus zahlreichen aufgelösten Kirchen umfunktioniert wurde. Inzwischen ist ein modernes **Museum** dazugekommen, durch das man den in den Jahren 1335 bis 1338 errichteten Kirchenbau betritt, eine helle, ausgeräumte und dadurch ein wenig nackt wirkende Halle, deren Höhe durch den offenen Dachstuhl betont wird. Erst danach wird der Blick von den matten Farben der großflächigen Ausmalungen angezogen, an denen ständig restauriert wird. Wer wenig Zeit mitbringt, sollte zumindest auf den Chorbereich ein Auge werfen. In der Hauptchorkapelle hat der damals dreißig Jahre alte Benozzo Gozzoli aus Florenz 1450 bis 1452 mit Bildern aus dem Leben des heiligen Franziskus von Assisi seine Meisterschaft unter Beweis gestellt.

Fresken im Chor von San Francesco (s. Abb. S. 236)

Franziskus-Zyklus des Benozzo Gozzoli von 1451 bis 1452:
Geburt des heiligen Franziskus im Stall, mit Jesus, der als Pilger anklopft **(1)**. – Franziskus schenkt seinen Mantel einem Armen; Jesus zeigt ihm im Traum einen Palast **(2)**. – Franziskus verzichtet auf sein Erbe **(3)**. – Franziskus begegnet dem heiligen Dominikus vor der Vatikan-Basilika, während Maria zu Jesus betet **(4)**. Papst Innocenz III. träumt, Franziskus stütze die Laterankirche, die einzustürzen droht; Anerkennung des Franziskanerordens **(5)**. – Franziskus verjagt den Teufel aus Arezzo **(6)**. – Die »Vogelpredigt« des Franziskus bei Bevagna; er segnet Montefalco und seine Bewohner **(7)**. – Franziskus sagt dem

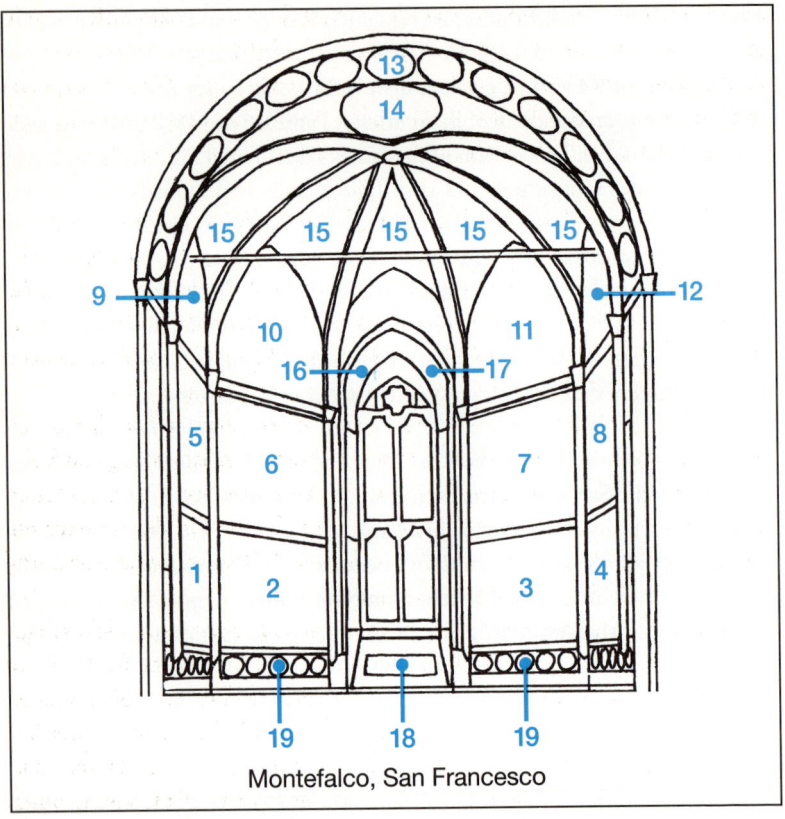

Montefalco, San Francesco

Herrn von Celana den Tod voraus; Beichte und Tod des Ritters (**8**). Franziskus begründet in Greccio (bei Terni) das Krippenspiel (**9**). – Feuerprobe des Franziskus vor dem Sultan von Ägypten (**10**). – Franziskus empfängt die Wundmale Jesu (**11**). – Tod des Franziskus (**12**). Franziskus von Assisi (**13**); in den Medaillons links und rechts seine ersten zwölf ›Brüder‹. – Franziskus von Assisi inmitten der Engel (**14**). – Fünf heiliggesprochene Franziskaner (**15**). – Der heilige Fortunatus, der heilige Eleasar, die heilige Klara von Montefalco (**16**). – Der heilige Severus, der heilige Ludwig, die heilige Agnes von Assisi (**17**). Im Zentrum der Sockelzone Petrarca, Dante und Giotto (**18**); seitlich davon Berühmtheiten des Franziskanerordens (**19**).

Ihm ist auch die Ausmalung der sogenannten Kapelle des heiligen Hieronymus zu verdanken, vom ursprünglichen Eingang aus gesehen der ersten von sechs im 14./15. Jahrhundert hinzugefügten Seitenkapellen, die später miteinander verbunden wurden und jetzt den Eindruck eines Seitenschiffes vermitteln. Ferner sind der aus Montefalco stammende Francesco Melanzio mit seinem Erstlingswerk von 1487 und etliche weitere Maler, wie Nicolò di Liberatore aus Foligno, Giovanni di Corraduccio sowie Perugino neben anderen, zum Teil namentlich nicht bekannten, mit ihren Fresken vertreten.

Die Gemäldesammlung, die **Pinacoteca**, befindet sich im Obergeschoß des modernen Museumsanbaus. Darin werden abgelöste Fresken sowie Gemälde auf Leinwand und Holz gezeigt, darunter das wohl bedeutendste Bild Melanzios, *Muttergottes mit Kind zwischen Heiligen*. Es lohnt sich, zur Besichtigung den auch deutschsprachig erhältlichen Faltprospekt mit Kurzbeschreibungen der einzelnen Werke an der Kasse beim Eingang zu erstehen.

Ebenfalls vom Museum aus führt ein Zugang ins sogenannte Lapidarium, einer in der ehemaligen Krypta der Kirche eingerichteten Sammlung von Steinkunstwerken. Hier sind hervorzuheben eine Herkules-Statue und ein Grabaltar, beide aus Marmor und aus dem 1. Jahrhundert n. Chr., des weiteren ein Relief eines Löwen, der einen Bock reißt, von 1270 sowie eine marmorne Flußgöttin vom Ende des 16. Jahrhunderts.

Es ist schon bedauerlich, daß nach so viel Kunst kein einziges gastliches Haus an der Piazza della Comune den vernachlässigten Leib auf seine Kosten kommen läßt. Es gilt statt dessen, die Zähne zusammenzubeißen – Sie kommen später im Santa Chiara, einem Zwei-Sterne-Hotel mit Restaurant in der Via De Cuppis 18, zu Ihrem Recht – und sich von Luft und Liebe zu Umbrien zu nähren. Appetitanreger liegen am Weg: von der Piazza della Comune durch die Via Langeli hinab zur Kirche San Bartolomeo aus dem Jahr 1219, deren wenige erhaltene Teile – ein romanisches Zwillingsfenster und vermauertes Portal – sich erst nach Durchquerung der **Porta Bartolomeo**, die auch Porta Federico II genannt wird, zeigen. Das Tor, das an den großen Kaiser erinnert, trägt auf einer Platte mit Kreuzen und Reichsadlern die Jahreszahl 1244.

Vom Tor weiter abwärts führt die Via Federico II direkt auf die Barockkirche **Santa Chiara**, die in den Jahren 1615 bis 1670 erbaut wurde. Ihre Cappella Santa Croce (mit zahlreichen Fresken von 1333) bildete einst den Chor der im Jahr 1303 durch die heilige Klara von Montefalco an diesem Platz errichteten Klosterkirche. Von hier auf der Via Giuseppe Verdi stadtauswärts wartet – zur Abrundung des Kunstgenusses – noch ein wahrer Leckerbissen: das Renaissancekirchlein **Santa Illuminata**, das um 1500 fertiggestellt wurde. Als wäre ein Preis ausgesetzt worden, als hätten sie sich um jeden freien Fleck an der Wand geprügelt, haben sich hier bedeutende Freskenmaler zwischen 1500 und 1517 verewigt: biblische Geschichte, von den Wänden ›ablesbar‹. Wenn man bedenkt, wie wenige Menschen in jener Zeit lesen und schreiben konnten, offenbart sich hier die Bedeutung, die der Ausmalung der Kirchen damals zukam. Hier kann man sie – nachdem man die Lichtschalter betätigt und auf einer der Bänke Platz genommen hat – in stiller und meist ungestörter Betrachtung nachvollziehen.

In der ersten Nische rechts im Gewölbe *Gott Vater* von Tiberio d'Assisi, an der Wand das *Martyrium der Katharina* von einem Lo Spagna nahestehenden Künstler; in der zweiten und dritten Nische Fresken von Melanzio, die signiert und datiert sind, vorne am Apsispfeiler rechts der *Auferstandene* (zwischen Maria und Maria Magdalena), ebenfalls von Melanzio; in der ersten Nische der linken Wand ein Fresko von Bernardino Mezzastris; in der zweiten Nische wieder von Melanzio Szenen aus dem Leben Jesu, links die *Flucht nach Ägypten*, in der Mitte die *Krippe*, rechts die *Anbetung durch die Heiligen Drei Könige*, sowie – ebenfalls in dieser Nische – rechts außen *San Nicola da Tolentino* und links außen *Der heilige Martin*.

Solchermaßen seelisch gestärkt, fällt die Entscheidung nicht leicht, ob man sich, weiter stadtauswärts, durch die Porta Spoleto hindurch noch *per pedes* zu dem eineinhalb Kilometer entfernten Kloster San Fortunato aufmachen, oder sich zunächst einmal den *Vini di Montefalco* zuwenden soll...

Um mit dem Auto zum Kloster **San Fortunato** zu gelangen, verlassen Sie Montefalco nach Süden in Richtung Trevi. Nach einem knappen Kilometer biegen Sie in einer Rechtskurve nach links ab und halten sich nach weiteren 550 Metern, wo wieder einmal der entscheidende Wegweiser fehlt, halblinks. Sie betreten einen Hof, der von vier Portiken gesäumt ist. Hinter dem linken Portikus liegt die Cappella delle rose. In ihr hat Tiberio d'Assisi für die später von ihm ausgemalte gleichnamige Kapelle im Franziskaner-Kloster von Santa Maria degli Angeli geübt. Deswegen finden Sie hier dieselben Motive aus dem Leben des heiligen Franziskus vor. Von links: *Franz geißelt sich mit Dornen; Franz wird von den Engeln zur Porziuncula geführt; Franz erhält von Maria und Jesus die Erlaubnis zur Ablaßgewährung; Franz verhandelt mit Papst und Kardinälen wegen der Gewährung des Ablasses*; und schließlich in der rechten Seitenwand der Kapelle, allerdings sehr beschädigt, *die Verkündigung des Ablasses*.

Beim Portikus, der in die Kirche führt, sehen Sie eine kannelierte römische Säule, die hier Verwendung fand; rechts neben dem Kircheneingang ein Fresko mit dem *heiligen Sebastian* von Tiberio d'Assisi aus dem Jahr 1439; über dem Portal in der Lünette *Maria mit Jesuskind* von Benozzo Gozzoli von 1450.

Montefalco

Wenn, wie meist, die Kirche geschlossen ist, klingeln Sie, und es wird Ihnen aufgetan. Sogar zur Mittagszeit, nur dauert es dann ein bißchen, obwohl der Bruder Koch, der Sie einläßt, deswegen die Schürze nicht ablegt. Er wird Ihnen die Kirche erklären, die bereits im Jahr 442 errichtet, aber 1446 gründlich erneuert wurde; und er wird Ihnen auch die Reliquien des heiligen Fortunato aus dem 4. Jahrhundert, die Fresken von Gozzoli und einen römischen Sarkophag zeigen. Ein Fresko, ebenfalls von Gozzoli, das *Maria mit Kind* zeigt, wurde durch den Einbau eines barocken Seitenaltars fast völlig zerstört.

Ausflug in die Monti Martani

In den Monti Martani haben sich in besonderer Dichte und Ursprünglichkeit romanische Landkirchen erhalten. Sie sind Zeugen der ersten Ausbreitung des Christentums entlang der römischen Via Flaminia, die damals von Narni nordwärts auf Bevagna zulief. Als die Straße verlegt wurde, geriet der Landstrich wirtschaftlich ins Hintertreffen, und finanzielle Mittel, die Kirchen und Klöster dem jeweiligen Zeitgeschmack entsprechend umzugestalten, waren in den seltensten Fällen vorhanden. So ist der dortige Reichtum romanischer Kirchenbaukunst der damaligen Armut zu verdanken. Während sich ein Besuch der Kirchen, die bei Massa Martana liegen, gut mit der Strecke von Todi nach Terni verbinden läßt, können andere auf einer auch landschaftlich reizvollen Rundfahrt im Süden von Montefalco besichtigt werden.

Man verläßt dazu Montefalco wie zum Besuch des obengenannten Klosters San Fortunato, bleibt jedoch auf der Straße Richtung Terni beziehungsweise Spoleto. Da das armselige Kirchlein in der Ortsmitte von Turrita wohl nur extremen Romanik-Liebhabern zu gefallen vermag, wird man auf den kurzen Abstecher dorthin verzichten und mit der Rundfahrt erst weiter südlich in **Castel Ritaldi** beginnen. Von den Römern gegründet, wird der zentrale Platz vom Kastell aus dem 13. Jahrhundert dominiert, vor welchem die niedrigen Häuser ehrerbietig zurückzuweichen scheinen.

Man fährt links neben dem Kastell die Straße hinab, über eine Kreuzung geradeaus Richtung Torregrosso und gelangt nach 1,2 Kilometern auf der gegenüberliegenden Anhöhe zur Kirche **San Gregorio**. Wie eine Inschrift im schmucklosen äußeren Bogen der vierfach gestuften Portaleinfassung besagt, wurde sie 1141 erbaut. Der zweite, ebenfalls noch schmale Bogen ist von einem Band mit Akanthusblattgeflecht reich verziert. So etwas wie den aus einzelnen Reliefplatten zusammengefügten dritten Einfassungsbogen sieht man in Umbrien kein zweites Mal: In meisterlicher Arbeit sind Fabelwesen, Weinstöcke und Tiere (Hund, Wildschwein, Hase, Vögel) sowie Samson, der dem Löwen das Maul aufreißt (drittes Bild von links), dargestellt. Auch der übrige Schmuck der Fassadenwand begeistert, obwohl die Fensterrose nicht mehr vorhanden ist und sich an ihrer Stelle ein häßlicher Bogen öffnet. Von den vier Evangelistensymbolen, die in Umbrien so häufig die Rose umgeben, sind noch der Adler (für Johannes), der Stier (für Lukas) und der Löwe (für Markus) erhalten. Neben dem Bogen lauern dämonische Fratzen in kleinen Maueröffnungen; auf beiden Seiten noch weiter nach außen stehen in halbrunden Nischen links der Prophet Jeremias und rechts der Prophet Ezechiel.

Von der Kirche San Gregorio fährt man die Straße wieder vierhundert Meter zurück und biegt rechts ab; ein Hinweisschild, das nur aus der entgegengesetzten Richtung kommend zu lesen ist, weist dabei nach »Casa Marino«. Die Asphaltdecke endet nach 500 Metern. Auf guter Naturstraße erreicht man nach sieben Kilometern das Dorf Carbogniano und danach Monte Martano. Anschließend orientiert man sich an einer Kreuzung Richtung Giano und befindet sich erneut auf einer Naturstraße. Bei der nächsten Kreuzung, die nach 4,5 Kilometern erreicht wird, hält man sich rechts und gelangt bis unterhalb des Monte Martano, wo man bei klarer Sicht einen unvergleichlichen Ausblick hinüber nach Trevi und Pissignano, ja selbst bis Assisi im Norden und Spoleto im Osten hat. Beim Erreichen der asphaltierten Straße weist ein gelber ›Schilderbaum‹ zu zahlreichen Baudenkmälern des 13. und 14. Jahrhunderts in der Umgebung. Bei der Wahl, die nun ansteht, sollte man sich zumindest zu einem Besuch der Abtei San Felice entschließen. Dazu hält man sich nach dem ›Schilderbaum‹ rechts, durchfährt einen Wald, der als Trüffelgebiet geschützt ist, und trifft auf prächtige Bergwiesen, die zu einer Rast im Freien einladen. Bei den ersten Häusern von Giano dell'Umbria biegt man links ab, wie es das Hinweisschild zur Abbazia di San Felice empfiehlt. Zweigt man nach 2,3 Kilometern, wo das Hinweisschild fehlt, rechts ab, trifft man nach 1,2 Kilometern auf die **Abbazia di San Felice di Giano**.

Die Kirche erinnert mit ihrem Namen an den heiligen Felix, den Bischof von Massa Martana, der an dieser Stelle wohl im Jahr 306 ein Kloster gegründet hatte und im gleichen Jahr als Märtyrer den Tod fand. Im 6. oder 7. Jahrhundert richtete sich eine Mönchsgemeinschaft hier ein, und im 8. oder 9. Jahrhundert dürften Benediktiner den Ort für sich entdeckt haben. Der jetzige Kirchenbau ist ins frühe 12. Jahrhundert zu datieren. Die einfache Fassade mit der zweifach gestuften, schmucklosen Portaleinfassung und dem Drillingsfenster darüber läßt kaum erahnen, welche noch ganz in lombardischem Einfluß stehende Romanik das Innere auf kleinstem Raum bereithält. Die Breite des Mittelschiffs beträgt 3,20 Meter, die der Seitenschiffe 2,80 Meter. Rundgemauerte Stützen tragen vier Joche; im Hochchor, zu dem man über vierzehn bei der Restaurierung 1958 wiederhergerichtete Stufen aufsteigt, setzt sich die Dreischiffigkeit der Anlage fort, doch tragen dort schlanke, nur halb so hohe antike Säulen drei Joche von ebenfalls geringeren Abmessungen. Aufgrund dieser kleineren Proportionen im Presbyterium und des durchlaufenden Tonnengewölbes im Mittelschiff entfaltet sich der Innenraum optisch in die Tiefe.

Das für die menschliche und für die göttliche Natur Jesu stehende Zwillingsfenster im Triumphbogen vor dem Presbyterium korrespondiert mit dem Drillingsfenster der Eingangsfassade, das die Dreifaltigkeit symbolisiert. Das Zwillingsfenster-Motiv ist, als Relief ausgeführt, im Altarstein wiederholt. Das *ein*fache Fenster in der Chorapsis soll für den alleinigen Gott stehen. In eine noch ältere Zeit begibt man sich in der fünfschiffigen Krypta, zu der am Ende der Seitenschiffe Stufen hinabführen. Es finden sich erneut römische Säulen und Kapitelle, aber auch eindeutig vorromanische Zeugnisse, die für eine Anlage im 8. oder 9. Jahrhundert sprechen. Man beachte die einfachen Kapitelle, bei welchen die Gravuren in Schnörkeln enden und ein Tier sowie eine menschliche Gestalt mit erhobenen Armen dargestellt sind. Der schlichte Sarkophag des heiligen Felix befindet sich hinter dem Altar der Krypta. Vom angrenzenden Kloster, das Gelegenheit zu Exerzitienaufenthalten bietet, sieht man den Kreuzgang aus dem 14. bis 18. Jahrhundert. Da die Kirche normalerweise abgeschlossen ist, darf man sich mittels der Klingel neben der Tür bemerkbar machen.

Man fährt an der Kirche vorbei weiter nach **Bastardo** hinab, wo eine (ausgeschilderte) Osteria in einer ehemaligen römischen Poststation an der Via Flaminia zum Verweilen einlädt. Von hier sind es neun Kilometer nach Norden bis **Gualdo Cattaneo**, einem mittelalterlichen Städtchen, das von einem Lehnsmann Kaiser Ottos II. 975 gegründet wurde. Von dem Wald (*Gualdo*), nach welchem es sich benennt, ist nichts mehr vorhanden. Über Olivenhängen und Weinbergen scheint es von den bedeutenderen Zeiten zu träumen, von denen noch der mächtige Rundturm aus dem Jahr 1494 kündet. Hinter dem unteren Ende der zentralen Piazza kann man nochmals in die Epoche der Romanik eintauchen: in der im Jahr 1220 erbauten kreuzrippengewölbten Krypta der Pfarrkirche Santi Antonio e Antonino.

Todi und Umgebung

Am schönsten ist es, sich Todi von Bevagna beziehungsweise von Montefalco her über die Monti Martani und den kleinen Ort Duesanti anzunähern. Dann hebt sich der Hügel, dessen breites Haupt die Stadt behelmt, deutlich gegen das Tibertal ab. Die Phalanx der unverputzten Häusermauern, die untergehende Sonne dahinter, der Abenddunst, der sich um den Fuß des Hügels ausbreitet – alles sieht aus wie von einem Maler zum stimmungsvollen Landschafts-Stilleben arrangiert. Keck und selbstbewußt reckt sich der spitze Turm von San Fortunato, einem Ausrufungszeichen gleich, in die Luft: Hier bin ich, das stolze Todi, das mächtige umbrische »Tuder«, Grenzfeste gegen das Land der Etrusker jenseits des Tiber.

Historische Daten belegen, daß die umbrische Akropolis 89 v. Chr., wie zahlreiche andere umbrische Städte, römisches Municipium wurde und seine Bewohner das römische Bürgerrecht erhielten. Nachdem es zur Veteranenkolonie erklärt worden war, nahm es durch die Ansiedlung ausgemusterter Legionäre an Einwohnern beträchtlich zu. Römische Lebensgewohnheiten hielten Einzug und verlangten den Bau einer zweiten Stadtmauer, eines Theaters und Amphitheaters, mehrerer Tempel und eines Forums. Dafür fand sich zunächst kein Platz; man schuf ihn, indem man die Mulde zwischen zwei Hügeln aufschüttete. Die Hügel sind heute noch durch die etwas erhöhten Standorte des Doms auf der einen Seite und von San Fortunato auf der anderen Seite zu erkennen. Während des Krieges, den Ostgoten und Byzantiner um die Herrschaft über Italien austrugen, wurde Todi mal von diesen, mal von jenen besetzt. Infolge der Schenkungen, welche die Langobarden und Franken dem Papst machten, gehörte es seit dem 8. Jahrhundert zum Kirchenstaat. Ab dem 11. Jahrhundert ließ es sich kaum noch Fesseln anlegen. Selbst als es im 12. Jahrhundert um die Ablehnung oder Unterstützung Kaiser Friedrichs I. ging und man sich darüber in der Stadt entzweite, und obwohl zu Beginn des 13. Jahrhunderts kurzzeitig die staufischen Fahnen auf Todis Mauern wehten, betrieb es eine eigene Politik und erlebte seine größte Zeit: die Ausdehung seiner Herrschaft bis über die Städte Amelia und Terni, den erfolgreichen Widerstand gegen Kaiser Friedrich II., die Errichtung des dritten Mauerrings sowie die Erbauung der großen Kommunalpaläste. In diesen manifestierte sich, verkörpert durch kriegstüchtige *Signori*, Todis Ansehen und Stärke. Erst Kardinal Albornoz zeigte den Tudertinern wieder, wer Herr im Land war, nämlich der Papst, und ließ 1373 eine Festung errichten. Todi ver-

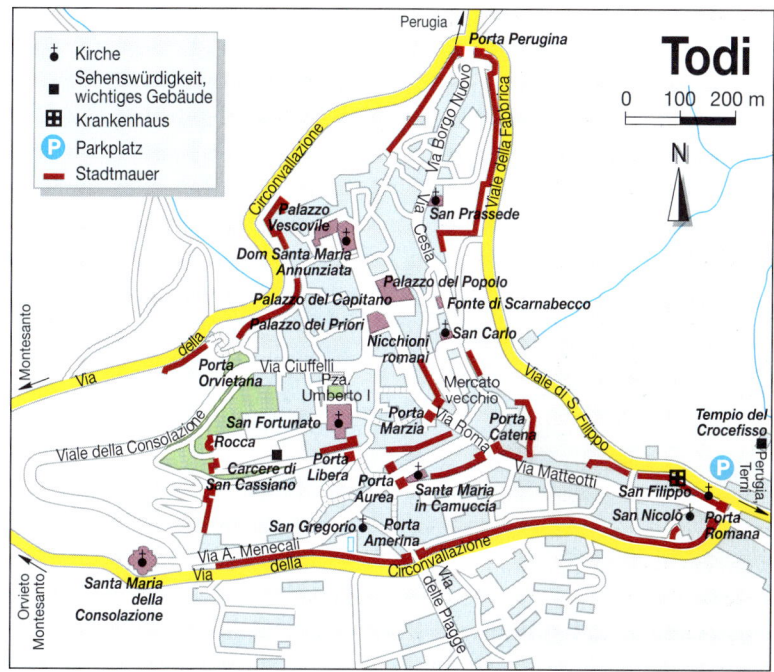

fiel in die Apathie einer Landstadt des Kirchenstaates. Allein durch die Erhebung zum Bischofssitz, durch die Bauten von San Fortunato und Santa Maria della Consolazione, Bauzeit zwischen 1509 und 1607, bewies es noch Leben. Die Pest dagegen, die der Stadt 1523 die Hälfte der Bewohner raubte, hätte ihr fast das Ende beschert.

Heute ist Todi mit seinen 6100 Einwohnern im Kernbereich einer der quirligsten Orte Umbriens dieser Größenordnung und gilt – über Umbrien und Italien hinaus – als Musterbeispiel einer »alten Stadt mit moderner Lebensqualität«. Ein amerikanischer Architektur-Professor hat 1991 mit dieser Feststellung für Furore gesorgt, zu der er im Rahmen einer wissenschaftlichen Studie gelangte. Der Reisende nimmt dies vor allem in Form der in ausreichender Zahl vorhandenen, ansprechenden Hotels und des vorzüglichen Ristorante Umbria wahr: Ob vor dem brennenden Kamin oder auf der lauschigen Terrasse – man gerät beim Wildschwein-Geschnetzelten mit Trüffelsoße ins Schwärmen oder über einer sehr ›urtümlichen‹ *Zuppa etrusca*, eigentlich einer Dinkel-Grütze, in eine ungeahnte Geschmackswelt. Wen freilich eher nach einer herzhaft-ländlich-deftigen Mahlzeit verlangt, dem sollte es zur

Trattoria Gibocchi nicht zu weit sein, wo die *Mamma* noch persönlich kocht und auftischt: Bei der Ausfahrt aus Todi Richtung Orvieto biegt man – noch vor dem Ortsende-Schild – links ab nach Izzalini; nach 2,5 Kilometern steht die Trattoria rechts an der Straße.

Doch nochmals zu den Äußerungen jenes Professors aus Amerika: Sie könnten die Stadtväter angespornt haben, Todi einer umfassenden Sanierung und Restaurierung zu unterziehen. Seit 1993 gibt es kaum mehr einen Fußweg durch die malerischen Altstadtquartiere, der nicht mit einem neuen Pflaster versehen, und kaum ein Stützmäuerchen, das nicht frisch verfugt worden wäre, so daß die Eidechsen, die hier ihr Sonnenbad nehmen, Mühe haben, sich zu verstecken. Todi hat sich herausgeputzt und ist bemüht, es dem Fußgänger rechtzumachen. Man sollte es sich deswegen versagen, in der Altstadt eine Parkmöglichkeit zu suchen, und den Wagen am besten vor der Porta Romana abstellen; rechts daneben geht es zu einem Parkplatz hinab.

Von der Porta Romana zur Piazza del Popolo

Die Doppeltoranlage der Porta Romana, die Papst Gregor XIII. Ende des 16. Jahrhunderts errichten ließ, trat an die Stelle eines der mittelalterlichen Stadttore, wie sie heute in der Stadtmauer rings um Todi noch in Gestalt der **Porta Amerina** (oder Porta Fratta), der **Porta Orvietana** und der **Porta Perugina** erhalten sind. Der älteste Mauerring stammt aus etruskischer Zeit, der zweite wurde unter den Römern und ein dritter im Mittelalter um die jeweils erweiterte Stadt gezogen.

Unmittelbar nach Durchquerung der Porta Romana – man befindet sich auf der Via Matteotti – liegt rechts die Kirche **San Filippo**, die man zur Verehrung eines Marien-Gnadenbildes um 1460 erbaute. Das Fresko, das Anfang des 14. Jahrhunderts entstand, befindet sich jetzt in der zweiten Seitenkapelle links, nachdem es aus dem Oktogon des Chores weichen mußte. Dort steht

Beeindruckend nach außen wie nach innen,
zählt Todi zu den Städten, die, auf hohen Hügeln angelegt,
dem Land ›die Krone aufsetzen‹.

jetzt eine 1672 bis 1680 geschaffene Statue, die den heiligen Filippo Benizi darstellt. Dieser hatte 1233 den Serviten-Orden gegründet, der sich vor allem in Italien und Deutschland ausbreitete. Filippo, auf dessen Betreiben auch in Todi ein Konvent eingerichtet wurde, starb hier 1285. Er ruht in einem Glassarg im Hauptaltar. Hinter durchbrochenen Metalltüren, die sich links und rechts vom Altar in den Wänden öffnen lassen, werden Reliquien des Heiligen aufbewahrt.

Auf der anderen Straßenseite steht die Kirche San Nicolò aus dem 14. Jahrhundert; rechts daneben führt ein schmaler Durchgang auf geringe Mauerreste des römischen Amphitheaters zu. Auf der allmählich ansteigenden Via Matteotti gelangt man zur **Porta Catena**, dem Tor des unter den Römern errichteten zweiten Mauerkranzes. Eilige Besucher gehen auf der Straße, die sich nun als Via Roma fortsetzt, weiter zur **Porta Marzia**, dem etruskisch-umbrischen Tor, und auf dem Corso Cavour, wie die Straße dann heißt, zur **Piazza del Popolo** mit den bedeutendsten Baudenkmälern der Stadt. Wer etwas mehr von Todis Vergangenheit sehen möchte, biegt nach der Porta Catena rechts in die Via del Mercato ein und gelangt zum alten Marktplatz, der Piazza del Mercato vecchio, mit den **Nicchioni**, einer großen Nischenwand, die vermutlich Teil einer römischen Basilika aus dem 1. Jahrhundert n. Chr. war. Auf dem Weg unterhalb des Platzes abwärts trifft man auf das romanische Kirchlein **San Carlo e Sant Ilario** aus dem 12. Jahrhundert. Setzt man – auf die Kirchenfassade schauend rechts – den Weg fort, passiert man linker Hand die **Fontana di Scarnabecco**, einen leider sehr vernachlässigten Brunnen mit einem siebensäuligen Bogenaufsatz, den der *Podestà* gleichen Namens im Jahr 1241 seiner Stadt entweder als Pferdetränke oder als Waschbrunnen stiftete. Nach rechts bietet sich ein schöner Ausblick auf das Tal des Rio sowie auf den **Tempio del Crocefisso**, eine 1591 fertiggestellte und über dem Grundriß eines griechischen Kreuzes errichtete Kirche.

Über die Stufen der Via del Teatro antico steigt man aufwärts, kommt durch einen Hausbogen auf die Via San Bonaventura, rechts vorbei am Ristorante Umbria und durch die offenen Gewölbe des Palazzo del Popolo, in dem das Touristen-Informationsbüro untergebracht ist, auf die **Piazza del Popolo**; dort befand sich das römische Forum. Die Piazza kann sich durchaus mit der Piazza Filippo Silvestri in Bevagna messen, die als einer der ›schönsten‹ und ›mittelalterlichsten‹ Plätze ganz Italiens gilt. Was die Demonstration städtischen Selbstbewußtseins, die gleichrangige Gegenüberstellung von geistlicher und weltlicher Macht sowie die Geschlossenheit der Platzanlage betrifft, könnte auch Todi den ersten Rang für sich beanspruchen. Und es gibt zu Bevagna noch einen Unterschied: Die Piazza in Todi lebt! Während die Piazza Filippo Silvestri in Bevagna museal wirkt, ist hier ›das Mittelalter‹ integrierter Bestandteil des Alltags.

Von den breiten Stufen, die zum Dom hinaufführen, sieht man gegenüber – die Schmalseite des Platzes abschließend – den wuchtigen, strengen, festungsartigen Bau des **Palazzo dei Priori**, dessen Fassade auch durch die Einfügung der Renaissancefenster 1513 nicht heiterer wirkt. Errichtet als Sitz des städtischen *Podestà* zwischen 1293 und 1337, diente er danach den Prioren und schließlich den päpstlichen Gouverneuren als Amtsgebäude. Der bronzene Adler am Obergeschoß, das Wappentier Todis, wurde 1339 gegossen.

Im rechten Winkel zum Palazzo dei Priori folgt an der Längsseite der Piazza zunächst der **Palazzo del Popolo** mit einer attraktiven Freitreppe; die Architekten, die ihn 1213/1214 begannen und zwei Jahrzehnte später um ein Geschoß erhöhen ließen, scheinen ebenfalls Erfahrungen im Festungsbau gehabt zu haben; als einziges Schmuckelement wurde der Fassade eine Reihe von schmalen Drillings- und Vierlingsfenstern zugebilligt. Im Obergeschoß kann man den Ratssaal besichtigen. Links schließt unmittelbar der **Palazzo del Capitano** an, der wohl wie der Palazzo dei Priori im wesentlichen im letzten Jahrzehnt des 13. Jahrhunderts entstand. Er wirkt unter den drei Palazzi, vor allem wegen der zwei Reihen raffinierter gotischer Drillingsfenster, am elegantesten. In einem Saal des zweiten Stockes ist die Stadtbibliothek (Biblioteca comunale) eingerichtet.

Der **Dom Santa Maria**, der über einer breiten, steilen Stufenfront die nördliche Schmalseite des Platzes begrenzt, gibt sich in seiner Fassade als Bauwerk des 13. Jahrhunderts zu erkennen. Bedeutende Teile des Mauerwerks, die Apsis und die Unterkirche in ihrer ursprünglichen Form sind jedoch älter und lassen sich mit einer für das Jahr 1187 belegten Kathedrale in Verbindung bringen. Eine Serie von Unglücksfällen ist für die lange Bauzeit des Doms mitverantwortlich. 1190 war der links angrenzende Bischofspalast abgebrannt, wohl auch mit Folgen für die Kirche. 1246 richtete ein Erdbeben gewaltige Schäden an, die erst nach jahrzehntelanger Arbeit behoben werden konnten. Und 1322 stürzte das Dach ein.

Die Fassade, deren aufwendige, jahrelange Restaurierung im Herbst 1993 beendet wurde, wirkt nicht nur wegen ihres geraden Abschlusses unfertig. Die obere Partie mit der prächtigen, zu einem nicht bekannten, späteren Datum eingesetzten zentralen Fensterrose ist durch zwei Gesimse deutlich von der unteren geschieden. Diese weist drei leicht spitzbogige Portale auf. Während sich über den Seitenportalen zwei tiefliegende Rosen öffnen, präsentiert sich das hohe Mittelportal mit einer reichgeschmückten, Akanthus-Rankenwerk tragenden Einfassung. Die äußeren Einfassungsbögen aller drei Portale muten mit ihrem Wechsel von rötlichen und weißen Steinen fast orientalisch an. Das Innere der 55 Meter langen und über 23 Meter breiten Kirche ist dreischiffig. Der Wechsel von Pfeilern mit Säulen deutet auf eine geplante Einwölbung des jetzt offenen Dachstuhls im Langhaus hin; nur das Querschiff und das im 14. Jahrhundert rechts zusätzlich angebaute Seitenschiff – wohl ursprünglich eine Reihe von Seitenkapellen – sind kreuzgratgewölbt.

Die innere Eingangswand füllt unterhalb der Fensterrose ein kolossales Fresko aus, in dem Ferraù da Faenza 1596 seine Vorstellung vom *Jüngsten Gericht* wiedergab. An der linken Seitenwand stehen Skulpturen, die Anfang des 14. Jahrhunderts für die Fassade geschaffen wurden, und im äußeren rechten Seitenschiff ein Taufbecken aus dem 15. Jahrhundert mit einem modernen Aufsatz. Als bedeutendste Kunstwerke der Innenausstattung gelten – falls sie nach der derzeitigen Restaurierung wieder aufgestellt werden – die beiden Tafelbilder *Petrus* und *Paulus* von Lo Spagna aus dem Jahr 1516 an den Pfeilern der Vierung sowie das bemalte Kruzifix, das um 1272 angefertigt wurde. Das Chorgestühl ist von 1530. In der Krypta sind Architekturfragmente des Doms ausgestellt.

An der rechten, mit einem Bogenfries verzierten Außenfassade des Domes vorbei, erreicht man durch die Via di San Prassede das gleichnamige Kloster aus dem 15. Jahrhundert, in dem 1510 Martin Luther auf seiner Romreise übernachtete. Reizvoller ist freilich der Spaziergang auf der Via Vescovado um die Apsis des Doms herum; am Ende des Weges steigt man rechts durch winklige, enge Gassen abwärts und gelangt in die Via Luigi Morandi. An deren Ende hält man sich erneut rechts und läuft schließlich auf der Etrusker- beziehungsweise Römermauer entlang, von wo aus man einen herrlichen Blick nach Westen und auf die sich in der Ferne abzeichnenden, auf einem Hügel gelegenen Konventsgebäude von Montesanto genießt. Geht man wieder links zur Stadt hinauf, trifft man auf die Via Ciuffelli. Dieser nach links folgend, sieht man an der Piazza della Repubblica rechts oberhalb einer Grünanlage die Kirche San Fortunato.

San Fortunato und Santa Maria della Consolazione

Die Kirche San Fortunato, die man auch von der Piazza del Popolo ohne Umwege durch die Via Mazzini erreicht, ist dem Stadtpatron Todis, dem heiliggesprochenen Märtyrer Fortunatus geweiht. Errichtet wurde sie in mehreren Bauabschnitten von 1292 bis 1464 als franziskanische Hallenkirche – auch wenn sie dem äußeren Anschein und der Raumgestaltung des Inneren nach nicht so wirkt. Aber es war ja damals auch schon eine Weile her, daß sich die Franziskaner 1260 auf eine am Armutsideal ausgerichtete ›Bauordnung‹ für ihre Kirchen und Klöster verpflichtet hatten. Matteo d'Acquasparta, der als Bischof von Todi den Bau wohl vorrangig betrieb, war zwar Franziskaner, aber er hatte in Paris studiert und sich an den dortigen Kathedralen wohl die Augen verdorben. Hier in Todi muß er dann beim Bau von San Fortunato beide fest zugedrückt haben. Vielleicht ist aber ein später einsetzendes schlechtes Gewissen daran schuld, daß die Fassade im oberen Bereich nicht ausgeschmückt wurde. Der untere Bereich der Fassade, von 1415 bis 1458 gestaltet, ist dagegen mit den drei Portalen um so prächtiger ausgefallen. Die Gewände der gestuften Portaleinfassungen, insbesondere der mittleren, sind reich durch verschiedenartig gedrehte Halbsäulen und Figurenbänder verziert. Trotzdem bleibt – wie auch durch die vertikale Gliederung der Fassade durch sechs pilasterartige Pfeiler – ein flächenhafter Charakter gewahrt, der bereits Formen der Renaissance wie des Barock vorwegnimmt. Die Skulpturen des 15. Jahrhunderts neben dem Hauptportal stellen links den Erzengel Gabriel und rechts die Jungfrau Maria dar. Dagegen nehmen sich die beiden ›abgegriffen‹ aussehenden Löwen links und rechts neben den Treppenstufen kümmerlich aus: Sie stammen vom romanischen Vorgängerbau.

Im Inneren verrät San Fortunato, was sie zu einer der bedeutendsten Hallenkirchen Italiens macht: Es ist vor allem die Weite des Mittelschiffs, das mehr als doppelt so breit wie die Seitenschiffe ist. Die hoch angesetzten Kreuzrippengewölbe, die sich in der Halle auf nur sechs Pfeiler abstützen, verleihen dem Raum Leichtigkeit und Größe. Die beiden Reihen von Seitenkapellen dienten vornehmen Familien als Grabstätten. An den beiden ersten Pfeilern befinden sich rechts ein gotisches, links ein aus antiken Kapitellen zusammengesetztes Weihwasserbecken. In der vierten Seitenkapelle rechts ist ein Bild *Madonna mit Kind* von Masolino da Panicale aus dem Jahr 1432 und in der sechsten ein Fresko mit Szenen aus dem Leben des heiligen Franziskus aus dem 14. Jahrhundert zu sehen. Wie dieses wird das Fresko mit Szenen aus dem Leben Johannes' des Täufers, das sich in der fünften Seitenkapelle links

befindet, der Schule Giottos zugeschrieben. Die Kanzel neben der Chorapsis rechts stammt aus dem 15. Jahrhundert, das Chorgestühl von 1590. Die Krypta, zu der man vor dem Altar stehend hinabschauen kann und zu der links und rechts vor der Chorapsis Stufen hinabführen, birgt das Grab des heiligen Fortunatus sowie des 1306 verstorbenen Jacopone da Todi (s. S. 47).

Rechts neben San Fortunato läßt man den nicht weiter sehenswerten Kreuzgang ›links liegen‹, biegt an der Weggabelung links und danach nochmals links ab und gelangt zu einer **römischen Zisterne**, in welcher einst der heilige Cassianus eingekerkert gewesen sein soll. Zurück bei der Weggabelung überquert man einen baumbestandenen Platz, der wegen einer in der Mauer daneben gefaßten Quelle gerne als Picknick-Platz genutzt wird, und stößt auf die Ruinen der von Albornoz 1373 angelegten und 1503 geschleiften **Rocca**.

Am Stumpf des Festungsturms links und gleich wieder rechts erreicht man auf einem Serpentinenweg nach etwa zehn Minuten eines der berühmtesten Bauwerke Todis, die Kirche **Santa Maria della Consolazione**. Sie gilt als *der* Idealtyp eines Zentralbaus der Renaissancezeit über dem hier kleeblattförmig ausgebildeten Grundriß eines griechischen Kreuzes: Die Vollkommenheit der göttlichen Ordnung abbildend, freistehend, außerhalb der Stadt und aus Anlaß eines wundertätigen Marienbildes errichtet – eines Madonnenfreskos, das einem halbblinden Arbeiter, der es 1508 fand und berührte, das Augenlicht wiedergegeben haben soll. Noch im selben Jahr wurde unter Cola di Matteuccio da Caprarola mit dem Bau der Kirche begonnen; mit ihrer mächtigen Kuppel, die sich über dem zentralen Kubus erhebt, ist sie zum weithin sichtbaren Wahrzeichen Todis geworden. Ihre Fertigstellung zog sich fast ein Jahrhundert lang hin. Das Innere wirkt etwas kühl und leer. Links vom Eingang thront eine überlebensgroße schwarze Holzstatue des Papstes Martin I. (649 – 655), der aus Todi stammte. Bei den Apostelfiguren in den Nischen der Apsiden handelt es sich um Gipsnachbildungen angeblich verlorener Bronzestatuen. Das wundertätige Madonnen-Fresko aus dem 15. Jahrhundert ist am Altar (von 1612) der Hauptapsis zu bestaunen.

Die Kirche Santa Maria della Consolazione
vor den Toren Todis wird Kunststudenten als Musterbeispiel
eines renaissancezeitlichen Zentralbaus vorgeführt.

Wenn man aus der Kirche tritt, überquert man geradeaus Straße und Parkplatz und sieht rechts den am besten erhaltenen Teil der mittelalterlichen Stadtmauer. Man folgt der Via Puzzo Peccaro, sieht an der ersten Kreuzung nach rechts hinab die Kirche San Giorgio, die auf das 11. Jahrhundert zurückgeht, und erreicht über die Via Porta aurea aufwärts das gleichnamige Tor des römischen Mauerrings. Nach dem Tor besteht links die Möglichkeit, zur bescheiden wirkenden römischen Porta Libera aufzusteigen und von dort zur Kirche San Fortunato und zur Piazza del Popolo zurückzukehren. Setzt man indes den Weg fort, trifft man rechts auf die Kirche **Santa Maria in Camuccia** aus dem 13. Jahrhundert, in deren Portal zwei römische Säulen integriert sind. In der dritten Kapelle an der linken Seite befindet sich eine berühmte Schnitzfigur *Madonna mit Kind*, die wohl Ende des 12. Jahrhunderts entstand. Von hier kehrt man auf der Via Santa Maria in Camuccia und Via Roma, die sich im Corso Cavour fortsetzt, zur Piazza del Popolo zurück.

Vor den Mauern Todis, das man dazu Richtung Orvieto verläßt, liegt auf einem Hügel rechts der Straße, ausgeschildert, der Franziskanerkonvent **Santa Maria di Montesanto**, der 1235 gegründet wurde. Vielleicht starb hier im Kloster, und nicht – wie nach einer anderen Version – in Collazzone, 1306 Jacopone da Todi. Vermutlich brachten die Brüder seine Gebeine in die Kirche San Fortunato, als Albornoz das Kloster 1367 zur Festung umbauen ließ. Erst 1448 standen die Gebäude wieder den Franziskanern zur Verfügung. Sehr beeindruckend ist die Linde vor dem Eingang, die in der Tat über fünfhundert Jahre alt ist und 1426 gepflanzt worden sein soll, als Bernhardin von Siena in Todi predigte. Die Kirche aus dem 15. Jahrhundert, die man, falls verschlossen, vom Kreuzgang her betritt, wartet in der ersten Seitenkapelle der rechten Wand mit einem Krippen-Fresko von Alfani (1480–1533) auf, während die Kapelle links 1612 von Cesare Sarmei ausgemalt wurde. An der linken Wand über den Stufen zum Presbyterium wurde ein Fresko freigelegt, auf dem Lo Spagna um 1516 den seligen Bernhardin von Feltre darstellte.

Nördlich von Todi: Eine Landpartie mit faszinierenden Ausblicken und einem makabren Einblick

Als landschaftlich äußerst reizvollen Ausflug mit Unterbrechungen in beschaulichen und pittoresken Örtchen bietet sich eine Fahrt ins Tibertal und dessen westliche Anhöhen im Norden von Todi an. Ausgangspunkt ist die Straße Nr. 397 von Todi in Richtung Perugia. Man gelangt auf diese, wenn man von der Schnellstraße (Nr. 3 bis) bei der Ausfahrt »Fratta Todina« abfährt. Nach der Auffahrt auf einer Schotterstraße zu dem Dörfchen Monte Molino biegt man vor der Ortszufahrt links ab und erreicht die Ruine einer Burg, von deren Turm sich eine schöne Sicht ins Tibertal eröffnet. Mit Blick auf Todi sieht man direkt unterhalb des Standortes auf eine große Wiese rechts des Flusses; auf ihr wurde 1310 die Schlacht zwischen Perugia und Todi um den Ort Fratta Todina ausgetragen. Nach **Montecastello di Vibio**, im 13. und 14. Jahrhundert für Todi eine wichtige Festung zur Kontrolle des Tibertals, biegt man ebenfalls von der Straße Nr. 397 nach links ab. In dem romantischen kleinen Städtchen, das mit dem Auto nur schwer zu durchfahren ist, eröffnet sich von der Piazza Vittorio Emanuele II erneut ein herrlicher Fernblick über das Tibertal und auf Todi.

Geradezu einzigartig ist die Aussicht, wenn man von **Fratta Todina**, dem einst bedeutenden Festungsort und Zankapfel zwischen Perugia und Todi, Richtung Ripalvella hinauffährt. Hält man sich weiter Richtung Venanzo, stößt man auf die Straße Nr. 317. Dieser folgt man nach rechts zwei Kilometer, biegt links nach **Civitella dei Conti** ab, um nach weiteren zwei Kilometern auf Naturstraße die Mauern einer mittelalterlichen Burgruine zu erreichen. Der Turm der aufgegebenen Kirche gewährt durch eine Maueröffnung, etwa in Kopfhöhe, einen makabren Einblick auf Gebeine und Totenschädel: Wer sie gesammelt hat, woher sie kommen, ist ein Geheimnis. Wer weiter dem Naturgenuß frönen möchte, folgt der Straße Nr. 317 über San Venanzo hinaus, die unterhalb des **Monte Peglia** eine Höhe von achthundert Metern erklimmt, und kehrt über Colonnetta auf kurvenreicher Straße nach Todi zurück. In nördlicher Richtung dagegen kann man von Civitella dei Conti aus dem lebendigen, modernen Ort Marsciano mit 7 500 Einwohnern und Resten einer mittelalterlichen Befestigungsanlage sowie, von hier noch sieben Kilometer weiter nach Norden, dem Örtchen **Cerqueto** einen Besuch abstatten, das in der zweiten rechten Seitenkapelle der Pfarrkirche Santa Maria Assunta das älteste datierte Fresko von Perugino beherbergt: den *Heiligen Sebastian* von 1478. Die beiden Fresken, die sich an den Seitenwänden gegenüberliegen und eine *Gnadenmadonna* (rechts) sowie die *Kreuzigung* darstellen, stammen von Tiberio d'Assisi.

Die Rückfahrt nach Todi kann mittels eines Umwegs, der von Marsciano durch das Tibertal auf die östlichen Anhöhen führt, zu einem Abstecher nach Collazzone, einem mittelalterlichen Bergdorf, genutzt werden, wo im Konvent von San Lorenzo Jacopone da Todi 1306 starb.

Zwischen Todi und Terni

Abseits der Schnellstraße (Nr. 3 bis), die Todi mit Terni oder auch Narni in einer knappen halben Stunde verbindet, verbergen sich auf einem Streckenstück von lediglich zehn Kilometern links und rechts auf den Höhen der südlichen Monti Martani wahre Kleinode umbrischer Sehenswürdigkeiten. Sie laden zu einer Spazierfahrt in streckenweise liebliche Mittelgebirgslandschaft und durch über zweitausend Jahre Geschichte ein. Ein Abstecher von San Faustino in Richtung Massa Martana verdichtet diesen Eindruck noch. Vor allem die Römer hatten den Wert der heilkräftigen Quellen, die hier entlang der alten Via Flaminia allerorten sprudeln, erkannt und eine Vorliebe für die Gegend entwickelt. Bis in unsere Tage bestehen an denselben Plätzen kleine, freilich nur selten ›beschauliche‹ Trinkkuranlagen und Heilbäder.

Circa dreizehn Kilometer südöstlich von Todi liegt **San Faustino**, das durch das gleichnamige Mineralwasser bekannt ist. Vor der Weiterfahrt zum südlich gelegenen Acquasparta empfiehlt sich an dieser Stelle ein Abstecher in Richtung Massa Martana nach Norden. Man biegt dazu nach dem Vorbeifahren am Thermalbad San Faustino Terme links über einen Bahnübergang zur **Abbazia di San Faustino** ab. Auf dem Hügel sieht man bereits die außerhalb des Ortes Villa San Faustino liegende romanische Kirche mit ihrem hohem Campanile. Sie wurde im 12. Jahrhundert auf römischen Fundamenten beziehungsweise über dem Grab des heiligen Faustinus errichtet, der als Schüler und Gefährte des im Jahr 306 hingerichteten heiligen Felix, des Bischofs von Massa Martana, gilt. Einen ersten Kirchenbau samt Kloster hatten Benediktiner an dieser Stelle bereits im 8. Jahrhundert erstellt. In der Fassade, die durch einen neuzeitlich ›nachempfundenen‹ Portikus beeinträchtigt ist, hat sich ein bemerkenswertes Drillingsfenster erhalten.

Nach Durchquerung des Dörfchens folgt man nach links der Straße Nr. 316. Bald taucht unmittelbar rechts an der Straße, und damit direkt an der ehemaligen Via Flaminia – umgeben von zwei Häusern, wovon eines eine *Bar* ist –, die **Kirche Santa Maria in Pantano** auf, die zu den ältesten und interessantesten Umbriens zählt. Die nach oben gerade abgeschlossene Fassade mit der Fensterrose und dem Portal aus dem 14. Jahrhundert verrät davon noch nichts. Einiges mehr über das wahre Alter des Gebäudes gibt das spätantike römische Ziegelmauerwerk preis, wie es etwa an der Südmauer zutage tritt. Doch nachdem man im Haus hinter der Kirche den Schlüssel erhalten hat, kann man sich im Inneren davon überzeugen, daß die Seitenschiffe – den Kapitellen nach zu schließen vermutlich im 11. Jahrhundert – in einen spätantiken, bereits mit geräumiger Apsis versehenen antiken Bau eingezogen wurden. In der Apsis ist ein römischer Fries vermauert. Ein mächtiges korinthisches Kapitell vorne rechts und die antiken Grabsteine, die als Haupt- und Nebenaltar fungieren, scheinen die örtliche Überlieferung zu stützen, wonach im 5. Jahrhundert der *magister militum* Severus über den Ruinen eines heidnischen Gebäudes eine erste Kirche errichtete. Im Jahr 1118 bestätigte Kaiser Heinrich V. dem Kloster Farfa den Besitz an Santa Maria in Pantano samt Benediktinerkloster.

Die Fahrt nach **Massa Martana**, das noch völlig von der mittelalterlichen Befestigungsmauer eingeschlossen und nur durch ein einziges Tor zu betreten ist, lohnt auch deshalb, weil man bei der Gemeindeverwaltung in der Via Regina Margherita 29 von einem freundlichen Herrn mit einer bebilderten Broschüre zu den romanischen Landkirchen der Umgebung versehen wird. Zwei davon liegen in unmittelbarer Nähe.

Um zur Kirche **Sant'Illuminata** zu gelangen, zweigt man – von Santa Maria in Pantano herkommend – links Richtung Todi ab. Man stößt auf die Straße Todi – Foligno, biegt rechts und nach circa neunhundert Metern in einer Rechtskurve links ab und trifft nach weiteren achthundert Metern rechts auf einen Feldweg, der mit einer Schranke versperrt ist. Von hier erreicht man nach gut fünf Gehminuten an der Rückseite eines einsam gelegenen Bauernhofs die romanische Kirche aus dem 12. Jahrhundert, deren Fassade ein gestuftes Portal, ein Zwillingsfenster und – unter dem Giebel vermauert – ein Bildstein aus dem 9. Jahrhundert schmücken. Von der Portalseite der Kirche abgewendet, sieht man im Tal, von Büschen und Bäumen umgeben, die Abtei **San Fidenzio et Terenzio** aus dem 11. Jahrhundert liegen. Um dorthin zu gelangen, kehrt man zur letzten Straßenabzweigung zurück, fährt nach links weiter und erblickt sie nach neunhundert Metern – etwas zurückgesetzt – rechts an der Straße. Das Innere, das unter anderem Reliefplatten aus dem 9./10. Jahrhundert birgt, ist nicht zugänglich. Nach diesem Abstecher kehrt man zur Schnellstraße (Nr. 3 bis) zurück und fährt weiter Richtung Süden.

Acquasparta: Auf Galileos Spuren

Wenn Sie von der Abfahrt »Acquasparta« (der SS 3 bis) den Hinweisschildern zur Ortsmitte folgen und, sobald Sie die mittelalterliche Stadtmauer zur Rechten haben, den empfohlenen Parkplatz anfahren, kommen Sie vor dem – allerdings geschlossenen – romanischen Kirchlein **San Francesco** zu stehen. Es wurde 1290, und somit fünfzig Jahre nach dem Besuch des Hohenstaufenkaisers Friedrich II., an diesem Ort erbaut.

Wenn Sie circa hundert Meter zurücklaufen, können Sie durch ein Tor die Altstadt betreten und werden auf dem Corso dei Lincei zu der kleinen Piazza Federico Cesi geführt. Sie können sicher sein, hier die Spuren Galileo Galileis zu kreuzen. Wohl ganz im Sinne seines großen Geistes hat man im **Palazzo Cesi** – wenn Sie die Piazza betreten, auf der linken Seite –, in dem sich Galilei 1624 für einen Monat als Gast von Federico Cesi, einem bedeutenden Förderer der Wissenschaften, aufhielt, eine Außenstelle der Universität Perugia untergebracht. Sie steht damit in bald vierhundertjähriger Tradition; denn schon 1609 hatte besagter Federico Cesi hier die Accademia dei Lincei eingerichtet. In der Kirche Santa Cecilia können Sie seinem Grab die Aufwartung machen.

Vergangene Pracht: Die Römerstadt Carsulae

Zu den **Cavi di Carsulae** fahren Sie von Acquasparta aus zunächst Richtung Portaria Macerino, nach Unterquerung der Schnellstraße weiter Richtung Cesi; die Abzweigung nach Portaria lassen Sie links liegen und biegen statt dessen nach zweihundert Metern rechts in einen Feldweg; den fahren Sie bei der Wegkreuzung links und auf der Naturstraße weiter bis zum Ruinenfeld.

Ungestört wie an keinem zweiten Ort in Umbrien und völlig unbeeinträchtigt, da von Archäologen auf freier Wiese ausgegraben, ersteht vor einer hübschen Bergkulisse das Imperium Romanum mit dem im 1. Jahrhundert v. Chr. an der Via Flaminia gegründeten Municipium **Carsulae** auf. Sein Lebensnerv war die Straße, auf der alle großen Römer auf dem Weg nach Norden durch die Stadt zogen und auf deren freigelegtem Pflaster noch die Spurrillen römischer Wagenräder zu sehen sind. Als die Via Flaminia im 3. Jahrhundert verlegt wurde (s. S. 64 f.), war Carsulae dem Untergang geweiht. Im Jahr 68/69 n. Chr. stand es allerdings für einen historischen Augenblick lang als Zentrum der Flavier noch im Brennpunkt römischer Politik. Es hatte zu dieser Zeit alle

Annehmlichkeiten zu bieten: Thermen und Tempel, Theater und Amphitheater, ein Forum mit Basilika sowie Stadttore, vor denen sich die wohlhabenden Familien entlang der Straße ihre Grabmonumente errichteten. – Dreihundert Jahre später weideten Ziegen im Schatten seiner verfallenen Mauern. Im Mittelalter nutzten Mönche die herrenlosen Steine und richteten sich in den heute frei zugänglichen Ruinen ein. Von einem der beiden ehemaligen Klöster zeugt noch die kleine Kirche San Damiano mit ihrem einfachen Portikus aus dem 11. Jahrhundert.

Sant'Erasmo und Cesi

Von San Gemini Fonte, einem kleinen, unansehnlichen Thermalbadeort kommend, sollten Sie sich vor den ersten Häusern von Cesi durch den gelben Wegweiser zu einer Auffahrt auf den Monte Sant'Erasmo verleiten lassen. Nach zwei Kilometern Asphalt- und einem Kilometer Naturstraße erwartet Sie in bezaubernder, einsamer Lage und in 787 Metern Höhe das Kirchlein **Sant'Erasmo**, das zu einem im 12. Jahrhundert angelegten Benediktinerkloster gehörte. Es wurde auf dem künstlich geebneten Platz eines ehemaligen umbrischen Heiligtums errichtet, von dessen Ummauerung noch Reste erhalten sind. An diesem Ort verspürt man unweigerlich eine durch die grandiose Natur unterstrichene Mystik, durch Hinaufgerücktsein zum Himmel sinnlich wahrnehmbare, erfahrbare Gottesnähe. Hier, bei Sant'Erasmo, wachsen jeder Seele Flügel. Die Aussicht hinab auf die muschelförmig sich weitende Ebene von Terni ist einmalig. Fährt man von hier, zunächst durch niedrigen Eichenwald, dann auf freier Fläche, die Naturstraße 3,2 Kilometer weiter hoch, gewinnt man einen herrlichen Blick nach Norden bis in die Valle Umbra. Man gelangt bis unter den Gipfel des Monte Torre Maggiore (1 121 m). Auf diesem selbst wurden – in einzigartiger Lage! – 1987 die Grundmauern eines umbrischen Tempels freigelegt.

Nutzt man auf dem Weg von Sant'Erasmo nach Cesi die erste Einfahrtsmöglichkeit, gelangt man zu der kleinen, baumbestandenen Piazza Federico Cesi, von deren Brüstung aus man nach San Gemini hinübersehen kann. Am Ende des Platzes befindet sich links die ehemalige, heute als Theatersaal genutzte Kirche **Sant'Antonio** mit interessanten Relieftafeln im Mauerwerk sowie einer im Türsturz angebrachten Inschrift, die unter Nennung eines gewissen Beraldus auf die Zeit Kaiser Friedrichs I. Barbarossa in den 1160er Jahren Bezug nimmt. Auf dem Weg in das malerische, verwinkelte, steil am Hang liegende Dörfchen hinein passiert man die Kirche **Santa Maria** mit einer hölzernen Madonnenskulptur aus dem 12. Jahrhundert sowie einer Altartafel des sogenannten Meisters von Cesi von 1308. Die Mauer aus polygonalen Quadern, die Cesi das Recht gibt, sich als ur-umbrische, schon im 6. Jahrhundert v. Chr. befestigte Siedlung zu bezeichnen, liegt bei den letzten Häusern direkt an der Straße Richtung Terni.

San Gemini

Aus der Ferne, etwa von Cesi aus betrachtet, bietet San Gemini, das seine Entstehung in römischer Zeit dem Bau der Via Flaminia verdankt, das Urbild einer mittelalterlichen europäischen Stadt. Wehrhaft nach außen abgekapselt, kauert sie auf dem Hügel. Kein greller Farbtupfer, kein moderner ›Ausrutscher‹ stört die harmonische Geschlossenheit der in sich ruhenden, eng aneinandergeschmiegten Gebäude. Erst beim Umfahren, auf der westlichen Seite, verrät sie, daß sie in unser Jahrhundert gehört. Der von außen gewonnene Eindruck eines abgegrenzten Gemeinwesens bestätigt sich beim Betreten der düsteren Altstadt durch das Tor an der Piazza San Francesco und auf dem Weg durch die schmale, dunkle Via Casventino. Sie führt auf den kleinen, nur zur Mittagszeit vom Sonnenlicht beschienenen Platz vor dem **Palazzo Vecchio**. Die Bezeichnung »Alter Palast« soll ihn von dem neueren Palazzo Comunale beim Stadttor an der Piazza San Francesco unterscheiden. Errichtet wurde der malerische Bau 1199 als Palazzo Pretorio oder Palazzo del Podestà; er ist damit einer der wenigen aus dem 12. Jahrhundert erhaltenen Kommunalpaläste. Der Turm mit dem barocken Glockenstuhl kam 1318 hinzu. Über die Freitreppe erreicht man die Säle im Obergeschoß, wo die Stadtväter bis 1730 tagten. Sie konnten sich dabei von Fresken aus dem 13. Jahrhundert inspirieren lassen, auf denen, vom Eingang aus gesehen rechts oben, »Gutes Regieren« bildhaft dargestellt ist.

Am selben Platz beziehungsweise an der Via Casventino befindet sich – als solche zunächst kaum zu erkennen – die nur zu Gottesdiensten geöffnete Kirche **San Carlo** mit Fresken aus dem 14./15. Jahrhundert sowie einem sehenswerten Ziborium über dem Altar aus dem 13. Jahrhundert. Das Innere der Kirche **San Giovanni Battista**, zu der man auf der Via Casventino weiter bis ans Ende der Altstadt geht, wirkt dagegen, als Zentralbau unter einem Kreuzrippengewölbe des 14. Jahrhunderts, befremdlich. Inschriften in der romanischen Fassade rechts neben dem Portal weisen die Kirche auch als Gebäude des 12. Jahrhunderts aus. Die erste Tafel links vom Portal trägt gar die Datierung 1084 als Todesjahr eines gewissen Petrus Debonanti. Man sollte nicht versäumen, von hier die wenigen Schritte vor die Stadtmauer zu tun: Vom hohen Monte Sant'Erasmo leuchtet weiß das gleichnamige Kirchlein; vor dem steil abfallenden Hang liegt Cesi, und rechts in der Ebene brütet, meist unter einer dichten Dunstglocke, Terni.

Die Piazza **San Francesco** verdankt der gleichnamigen Klosterkirche am Platz, die Ende des 13. Jahrhunderts errichtet wurde, ihren Namen; im Chor wurden bedeutende Fresken aus dem 14. Jahrhundert freigelegt, und auch die Portaleinfassung erhielt in jener Zeit ihre letzte Gestalt. Oberhalb des Platzes laden Gärten zum Rasten und Verweilen ein. Die heute in Privatbesitz befindliche, auf das 11. Jahrhundert zurückgehende und im 12./13. Jahrhundert mit einer neuen Fassade versehene Abteikirche **San Nicolò** steht in einem kleinen Park an der Straße nach Todi; ihre Portaleinfassung ist allerdings eine Nachbildung; die echte erfreut Besucher des Metropolitan Museum in New York!

Terni – Industrieregion mit Wasserfall und See

Die Stadt Terni und ihre heute 94 000 Einwohner haben es nie leicht gehabt. Stets stand Terni, und heute mehr denn je, im Schatten Perugias und mußte sich mit ihm messen lassen. Doch die Unterschiede zwischen den beiden Städten sind gravierend. Über die Feststellung hinaus, daß Perugia wie Terni Hauptstädte der beiden Provinzen sind, die zusammen Umbrien ergeben, erscheint ein Vergleich zwischen ihnen unredlich. Das vorhersehbare Ergebnis einer Gegenüberstellung der beiden Städte würde die Peruginer noch selbstbewußter machen, sich noch überlegener fühlen lassen und Terni mit weitem Abstand auf den zweiten Rang verweisen. Von dem Stolz darüber, daß 1884 in Terni das erste Stahlwerk Italiens gegründet wurde, ist nichts übriggeblieben. Als ›Waffenschmiede‹ der Faschisten und besetzt von der Deutschen Wehrmacht ging es 1943 im Bombenhagel der Alliierten fast unter. Die Wunden sind noch nicht alle verheilt, und wie Narben prägen ›moderne‹ Straßenzüge das Stadtbild. Darüber hinaus hat die Stahlkrise der achtziger und neunziger Jahre auch um Terni keinen Bogen gemacht. Eine hohe Arbeitslosigkeit, mit steigender Tendenz, ist die Folge. Davon ist auch Perugia nicht frei, und be-

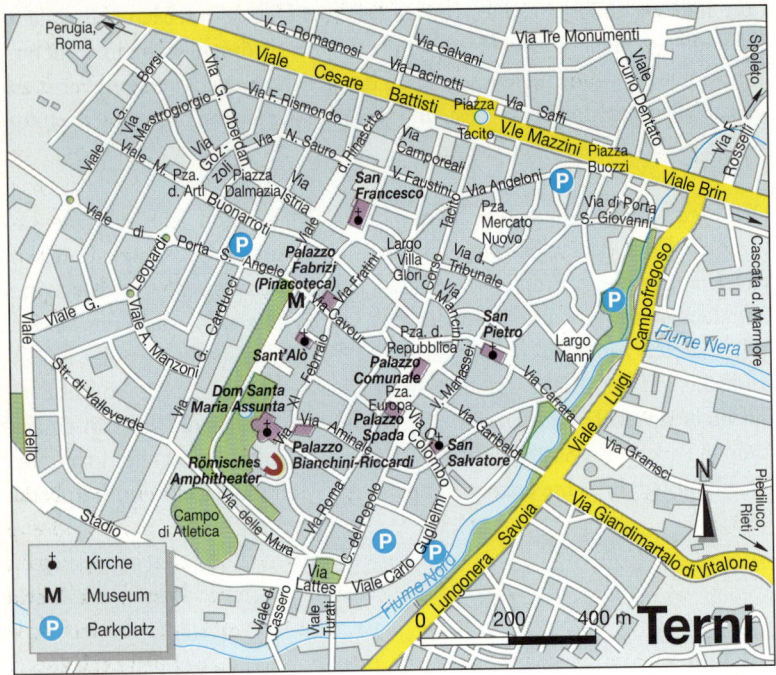

sonders die Jugendarbeitslosigkeit beschäftigt hier wie dort die Politiker. Der Magistrat von Terni freilich ist negativ in die Schlagzeilen geraten: Er hat *Tangentopoli* gespielt, Bestechungsgelder *(tangenti)* angenommen. Seit Jahren sind die Gerichte damit befaßt. Die jungen Leute üben sich angesichts der tristen Zukunftsaussichten in Verdrängung. Die Diskotheken sind an den Wochenenden überfüllt; im alteingesessenen »Divina« oder im »Fellini« treffen sich dann bis zu viertausend *discotecomani ternani*, und nachts um halb eins ist auf der Piazza Tacito die Hölle los.

Erste Siedler in der weiten Ebene des Flusses Nera lassen sich bereits seit dem 10. Jahrhundert v. Chr. nachweisen. Nach antiker Überlieferung wurde der Ort 672 v. Chr. gegründet. Unter dem Namen »Nahartes« sind seine Bewohner auf den sogenannten Eugubinischen Tafeln (s. S. 352) als Feinde der Umbrer aufgeführt. Die Römer, die das Gebiet ab 300 v. Chr. eroberten, bezeichneten den 89 v. Chr. zum Municipium erklärten Ort als »Interamna«, das heißt als Stadt »zwischen den Flüssen« Nera und Serra, und sorgten mit der Verlegung der Via Flaminia durch Terni für einen blühenden Aufschwung der Stadt. Sie erlebte die Ermordung des Kaisers Gallus im Jahr 253 n. Chr.

mit; und jener Tacitus, der 275 bis 276 kurze Zeit römischer Kaiser war, stammte aus Terni. Vom 6. bis 8. Jahrhundert sahen seine Einwohner Ostgoten, Byzantiner und Langobarden als Herren kommen und gehen. Im Mittelalter gehörte es zum Territorium des Herzogtums Spoleto wie zum Kirchenstaat; Spannungen mit den deutschen Kaisern, die ihre Rechte an der Stadt reklamierten, blieben nicht aus. 1174 wurde es von Truppen Kaiser Friedrichs I. verheert, 1209 hatte es Kaiser Otto IV. und 1241 Kaiser Friedrich II., dem es sich lange versperrt hatte, zu Gast in seinen Mauern. Danach hielten Adelscliquen und – meist im Verein mit diesen – die Gouverneure des Kirchenstaates die Stadt fest im Griff.

Stadtrundgang

Allzuviel gibt es in Terni nicht zu besichtigen; doch einige wenige Bauwerke bieten durchaus Überraschendes. An der Piazza del Duomo, deren Südseite vom Rund der Ruinen des 32 n. Chr. für zehntausend Zuschauer angelegten römischen **Amphitheaters** begrenzt wird, erhebt sich der **Dom Santa Maria Assunta**, der auf einem Vorgängerbau aus dem 12. Jahrhundert basiert. Aufgrund von Umbauten, die 1653 durchgeführt wurden, gibt er sich nach außen barock; der Campanile erhielt seine jetzige Gestalt gar erst 1743. Während das rechte Portal von 1439 stammt, weist das Hauptportal mit Resten einer Rahmung aus Akanthusrankenwerk auf den Vorgängerbau hin. Im ebenfalls barockisierten Inneren fallen die Orgel von 1647, das Chorgestühl von 1559 und der Hochaltar von 1762 auf. Die eindrucksvolle romanische Krypta, zu der man am dritten Pfeiler rechts hinabsteigt, zeigt besonders mit ihren – allerdings zum überwiegenden Teil recht grob restaurierten beziehungsweise nachgebildeten – Kapitellen, daß an diesem Platz schon im 9. oder 10. Jahrhundert eine Kirche stand. Ein Sarkophag in der rechten Wand birgt die Gebeine des heiligen Anastasius, des Stadtpatrons von Terni. Der Altar wird von einem römischen Säulenstumpf getragen. Gegenüber dem Dom läßt der **Palazzo Rosci** (auch Bianchini-Riccardi) mit seiner hübschen Fassade aus dem 16. Jahrhundert etwas vom früheren Glanz der Stadt erahnen.

Von der Piazza del Duomo sind es circa dreihundert Meter durch die Via XI Febbraio und die Via Sant'Alò an einem gotischen Haus vorbei zu der dem heiligen Aloysius geweihten romanischen Kirche **Sant'Alo** aus dem 11. Jahrhundert, die einst dem Malteser-Orden gehörte. Die Apsis mit Lisenen und Bogenfries verrät noch lombardischen Einfluß. Die Kirche ist nur dienstags um 19 Uhr zur Messe geöffnet. Zu anderen Zeiten klingelt man am Gittertor daneben und wird von einer Schwester in blauer Ordenstracht durch das Konventsgebäude ins bezaubernde Innere geführt. Im Wechsel trennen Säulen und Pfeiler die schmalen Seitenschiffe vom Mittelschiff ab. Und überall – auch an Säulen und Pfeilern – sind Fresken, hauptsächlich aus dem 15. Jahrhundert, zu sehen. Als ältestes, aus dem 12. Jahrhundert stammend, gilt die linke der beiden Kreuzigungsdarstellungen in der Mitte der rechten Seitenwand. An derselben Wand rechts steht ein römischer Opferstein, der zum Weihwasserbecken umgearbeitet wurde.

Am Ende der Via XI Febbraio stößt man auf den **Palazzo Fabrizi** mit der **Pinacoteca Comunale**. Neben wertvollen Stücken ›alter Meister‹, unter ihnen Alunno und Benozzo Gozzoli, sind auch Werke moderner Künstler, zum Beispiel von Orneore Metelli, Chagall, Kandinsky und Mirò ausgestellt.

Durch die Via Federico Fratani und, nach links, die Via Edoardo Barberini gelangt man zur Piazza **San Francesco** mit gleichnamiger Kirche, die, schwer beschädigt und 1948/49 restauriert, erhalten blieb. Die Fensterrose ist ausgebrochen; die beiden Fenster links und rechts in den Fassaden der im 15. Jahrhundert angebauten Seitenschiffe stammen aus dem 19. Jahrhundert. Der schöne Campanile des bedeutenden Baumeisters Angelo da Orvieto von 1345 hat alle Stürme überdauert. Im Innern gibt sich die 1265 von Franziskanern errichtete Kirche mit der Breite ihres Mittelschiffs, über dem sich auch das Kreuzrippengewölbe erhalten hat, als typische Bettelordenskirche zu erkennen. Bewundernswert ist der Freskenzyklus vom *Jüngsten Gericht*, mit dem Bartolomeo di Tommaso, inspiriert von Dantes *Göttlicher Kommödie*, um 1450 die ein gutes Jahrhundert zuvor erbaute Cappella Paradisi am rechten Seitenschiff vorne ausschmückte.

Belebt durch einen kurzen Aufenthalt im »Caffè Rendez-Vous« an der Piazza San Francesco geht es dann auf der Via Barberini zurück und auf dem Corso Cornelio Tacito rechts zur Piazza della Repubblica mit dem **Palazzo Comunale**, einem erst 1878 errichteten Pseudo-Renaissancebau. Er wurde 1943 zerbombt und ist inzwischen wiederhergestellt. Wenn man vor dem Palazzo steht, geht es links auf den Corso Vecchio und dann rechts zur Piazza San Pietro ab, an der die gleichnamige Kirche **San Pietro** aus dem 14. Jahrhundert steht. Nach den schweren Kriegsschäden, die nur die linke Seitenwand, den unteren Teil des Campanile und die Chorkapelle unbeeinträchtigt ließen, hat man versucht, ihre ursprüngliche Gestalt wiederherzustellen.

Vom Portal von San Pietro weg tritt man links in die Via Barnaba Manassei, passiert linker Hand nach circa fünfzig Metern den ehedem mittelalterlichen, aber bis ins 18. Jahrhundert umgebauten **Palazzo Manassei**, hält sich weiterhin links und sofort wieder rechts und erreicht den Vico Tempio del Sole mit der architektonisch interessanten Kirche **San Salvatore**. Ob sie tatsächlich auf einem antiken Sonnentempel aus dem 2. Jahrhundert n. Chr. und/oder einer frühchristlichen Kirche aus dem 6. Jahrhundert fußt, ist noch ungewiß. Gewiß hingegen ist, daß der Rundbau, der in der jetzigen Gesamtanlage die Position der Vierung eingenommen hat, den ältesten Baukörper bildet und das kreuzgratgewölbte Langhaus sowie die rechteckige Apsis im 12. Jahrhundert angefügt wurden. Im Inneren wirkt bemerkenswerter als der Altar aus römischen Spolien und die Fresken aus dem 14. Jahrhundert in der Cappella Manassei, die man vorne links betritt, der durch die Rotunde hervorgerufene Raumeindruck, der dem kleinen Bau Würde und Ruhe verleiht.

Die Apsis weist über einen ebenfalls ›kriegsgeschädigten‹, unansehnlichen und weiten Platz auf den **Palazzo Spada**, dessen Fassade zur Via Roma hinzeigt; er wurde in der ersten Hälfte des 16. Jahrhunderts durch Antonio da Sangallo d. J. erbaut und stellt einen echten Renaissance-Palast mit einem geradezu ›klassischen‹ Arkaden-Innenhof dar. Von hier kehrt man durch den Corso del Popolo und rechts durch die Via Ercole Barbarasa, an einem mittelalterlichen Turm vorbei, geradeaus zum Domplatz zurück.

Die Cascata delle Marmore und der Lago di Piediluco

Der Wohlstand Ternis war schon immer mit seinem reichen Wasservorkommen verbunden. Die mittelalterlichen Mühlen und Handwerksbetriebe waren ebenso wie die moderne Schwerindustrie und Stromerzeugung ohne das Wasser nicht denkbar. Hinter den Bergen südöstlich von Terni, in der Hochebene nördlich des zur Region Latium gehörenden Rieti, hatte man zuviel davon: Der Velino setzte sie in seinen zahlreichen Verästelungen beständig unter Wasser; Sumpfland und Malaria waren die Folgen. Schon 271 v. Chr. wußte der Konsul Manlius Curius Dentatus Abhilfe zu schaffen. Er ließ durch einen namentlich unbekannt gebliebenen Ingenieur einen Kanal bauen, in dem sich die Wasser des Velino sammelten und dann über die 165 Meter hohen Felsen ins Neratal hinabdonnerten; weitere Kanalbauten wurden in den Jahren 1400 und 1785 vorgenommen. Ein grandioses Naturschauspiel – zeitweise. Denn werktags wird die Wasserkraft seit 1924 zur Elektrizitätsgewinnung ge-

Cascata delle Marmore und Lago di Piediluco

nutzt, so daß die Schleusen nur an Sonn- und Feiertagen zu bestimmten Uhrzeiten geöffnet werden.

Im ganzen Umfang seiner drei Kaskaden zeigt sich der Wasserfall circa sieben Kilometer östlich von Terni, von der Besucherterrasse an der Straße Nr. 209 in Richtung Vasso beziehungsweise Norcia aus. Näher an die »Cascata« heran kommt man an der Straße Nr. 79 nach Piediluco beziehungsweise Richtung Rieti, die in engen Windungen und Kurven oberhalb des Tales verläuft. In dem Ort Marmore ist der Weg zum »Belvedere di Marmore« ausgeschildert. Der Nachteil an diesem oberen Standort ist, daß man den Fall nicht in seiner ganzen Höhe sieht. Das Gedränge der aufgeregten Menge ist an beiden Plätzen gleich und allemal größer als zu Zeiten, da berühmte Reisende der vergangenen Jahrhunderte – von Galileo Galilei bis Lord Byron – die rauschenden Wasser bewunderten.

Von hier, dem oberen Standort zur Besichtigung des Wasserfalls, sind es dann nur noch gut drei Kilometer bis zu dem anmutigen, mit langen Fingern zwischen die Berghänge ausgreifenden **Lago di Piediluco**. Die jenseits der umbrischen Grenze in Latium gelegenen, bis annähernd 1700 Meter hohen Monti Reatini, deren Gipfel bis in den Mai hinein schneebedeckt sein können, geben dazu eine prächtige Kulisse ab. Am nördlichen Seeufer selbst liegt unterhalb eines steilen, bewaldeten Berges, der von der Ruine einer Albornoz-Festung von 1364 bekrönt ist, das Dorf **Piediluco**. An der schmalen Durchgangsstraße, etwa in der Dorfmitte, erhebt sich die Kirche San Francesco. Das Jahr ihrer Fertigstellung ist am Hauptportal mit 1339 festgehalten. Im einschiffigen Inneren, das von sechs Schwibbögen dominiert wird, trifft man links vom Altar in einer Nische etwas unerwartet auf eine römische Frauenstatue. Das Holzkruzifix in der Apsis ist aus dem 15. Jahrhundert.

Gegen Ortsende zu befindet sich unterhalb der Seemauer ein kleiner Badestrand – das gebirgskalte, bis zu neunzehn Meter tiefe und angeblich verschmutzte Wasser lädt allerdings nicht zum Schwimmen ein. Man hält sich

Die Cascata delle Marmore:
Donnernd und gischtend fallen die Wasser
des Velino ins Neratal.

besser oberhalb des Wasserspiegels auf: in Segelbooten, Kanus und auf Wasserskiern. An zahlreichen Tagen kann man Aktive des Italienischen Ruderverbandes, der den See als Trainingsstätte sowie für nationale und internationale Wettkämpfe nutzt, ihre Bahnen ziehen sehen und an manchen Wochenenden Regatten beiwohnen. Dann sollte man sich beizeiten einen Tisch im Restaurant des Albergo Eco sichern, um von der beschaulichen Landschaft nicht Abschied nehmen zu müssen, ohne in den Genuß von ›Seefrüchten‹ – Fischen oder auch Flußkrebsen – gekommen zu sein.

Spoleto

»Spoleto ist die schönste Entdeckung, wie ich sie in Italien gemacht habe«, schrieb Hermann Hesse 1911 seiner Frau nach Hause. Diese Botschaft können mittlerweile viele Besucher bestätigen. Vor allem Musiker, die wie ihre begeisterten Zuhörer jährlich aus der ganzen Welt zum »Festival dei Due Mondi« anreisen, erzählen von derselben Erfahrung. Aber auch Mittelalter-Historiker treffen sich regelmäßig zu ›ihrem‹ Kongreß in der 21 000-Einwohner-Stadt, die ihnen das richtige Flair für ihre Studien zu vermitteln scheint.

Doch Spoleto ist nicht erst im Mittelalter zum Leben erwacht. Bereits in vorrömisch-umbrischer Zeit hat sich auf dem hohen Hügel am südlichen Ausgang der Valle Umbra eine von starken, in Teilen heute noch erhaltenen Mauern geschützte Siedlung etabliert. Im Zuge der Eroberung Umbriens durch die Römer im 3. Jahrhundert v. Chr. verlor sie freilich ihre Eigenständigkeit und mußte hinnehmen, daß die Römer wegen der strategischen Bedeutung des Platzes schon 241 v. Chr. »Spoletium« zur Ansiedlung von Kolonisten wählten und den umbrischen Mauerring erweiterten. Als Hannibal 217 v. Chr. das Land heimsuchte, war Spoleto die einzige Stadt, die nicht in seine Hände fiel. Im Jahr 90 v. Chr. wurde sie Municipium; ihre Einwohnerschaft erhielt römisches Bürgerrecht. Die Segnungen der römischen Zivilisation hielten Einzug, Tempel und Theater wurden erbaut. Als im 3. Jahrhundert n. Chr. die Via Flaminia verlegt wurde und durch Spoleto verlief, wuchs seine Bedeutung nochmals. Und als mit dem Untergang des römischen Reichs auch zahlreiche öffentliche Bauten nicht mehr unterhalten wurden und germanische Stämme sich Italiens bemächtigten, wußte doch immerhin der Gotenkönig Theoderich die Annehmlichkeiten des Ortes so zu schätzen, daß er nicht nur

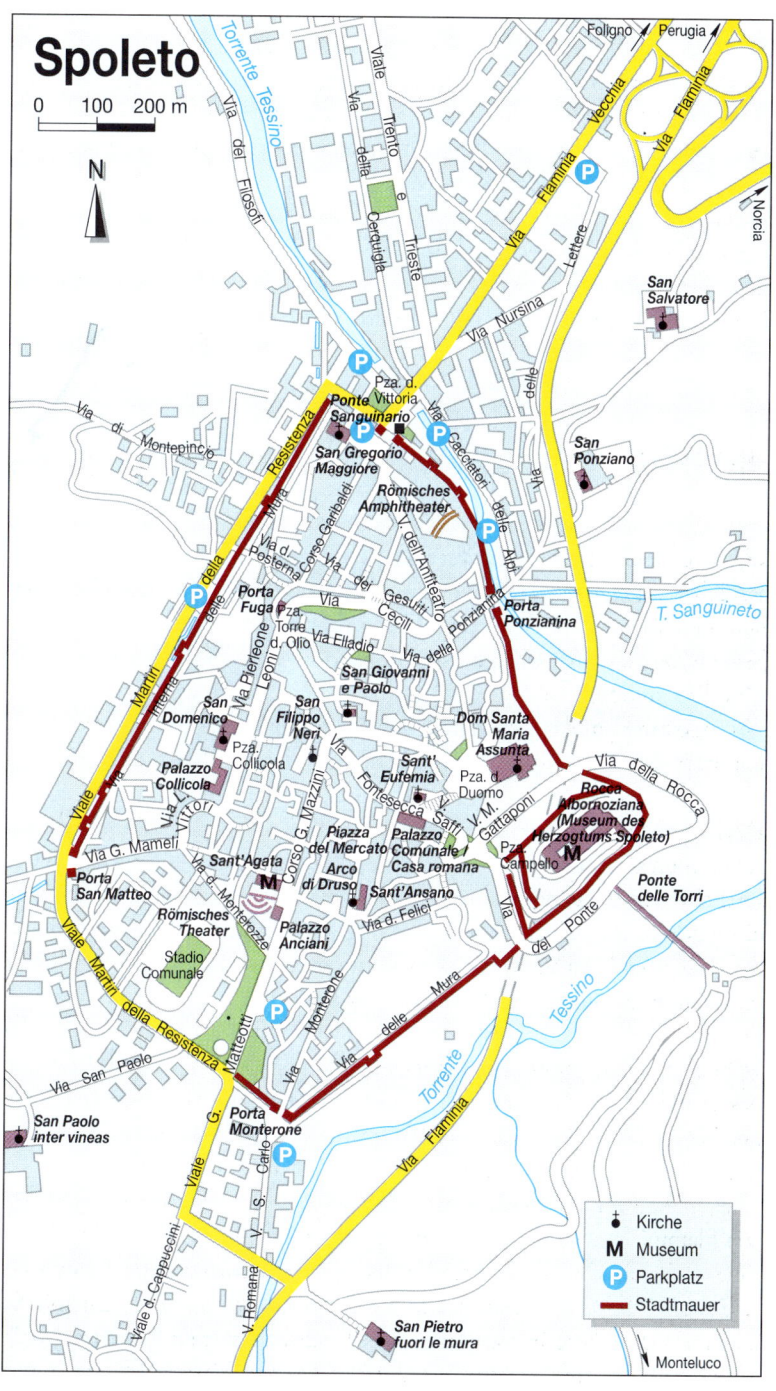

Spoleto

seine Truppen im Amphitheater lagern, sondern auch die Thermen und die Wehrmauern wieder herrichten ließ. Als um die Mitte des 6. Jahrhunderts die Byzantiner versuchten, den Ostgoten Italien wieder zu entreißen, mußte sich Spoleto abwechselnd beiden ergeben.

Eine neue glanzvolle Epoche begann für die Stadt – nicht immer zur Freude ihrer Einwohner – mit der Herrschaft der Langobarden über Italien. Sie erhoben Spoleto Ende des 6. Jahrhunderts zum Sitz eines eigenen und bald sehr selbständig agierenden Herzogtums. Daran hielten auch die Franken ab dem Ende des 8. Jahrhunderts und alle weiteren deutschen Kaiserdynastien fest. Dies brachte Spoleto häufig in Konfrontation mit dem Papst, der die Stadt als zum Kirchenstaat gehörig ansah; oder aber, wenn sie sich auf dessen Seite schlug, geriet sie in feindliche Haltung gegenüber den fremden weltlichen Herrschern, die beinahe ausnahmslos alle einmal in Spoleto weilten. In Zusammenhang damit ist die Verwüstung der Stadt durch Kaiser Friedrich I. Barbarossa 1155 zu sehen, der zwanzig Jahre später seinen Getreuen, den Grafen Konrad von Urslingen, zum Herzog von Spoleto ernannte. Gar dreißig Jahre dauerte es, bis Barbarossa und Spoleto sich wieder vertrugen.

Als Papst Innocenz III. 1198 den neuen Dom hier weihte, glaubte er, Spoleto nun endlich für den Kirchenstaat vereinnahmt zu haben, doch da konnte niemand vorhersehen, daß Friedrich II., Barbarossas Enkel, auch noch einmal Kaiser werden würde. Für Friedrich stellte besonders im letzten Jahrzehnt seiner Herrschaft das Herzogtum Spoleto ein maßgebliches Rückzugsgebiet im Kampf gegen den Papst und die mit diesem verbündeten norditalienischen Stadtstaaten dar, nachdem er sich ab 1240 die meisten papsttreuen umbrischen Städte mit Gewalt unterworfen hatte. Erst Rudolf von Habsburg verzichtete offiziell auf das Herzogtum Spoleto.

Wie an anderen Orten auch errichtete Kardinal Albornoz in der zweiten Hälfte des 14. Jahrhunderts zur Sicherung des päpstlichen Besitzes die Fe-

Der Dom von Spoleto präsentiert den ganzen Formenreichtum romanisch-umbrischen Fassadenschmucks. Die zentrale Fensterrose ist in ein Viereck eingepaßt, dessen Zwickel die Evangelistensymbole einnehmen.

stung von Spoleto, die heute die Stadtsilhouette krönt. Dies hinderte die Stadt im folgenden nicht daran, ihre eigene Territorialpolitik – vor allem im Widerstreit mit Terni – zu verfolgen. Erst die kurze Regentschaft der berüchtigten Papsttochter Lucrezia Borgia von 1499 bis 1500 führte zur Aussöhnung der verfeindeten Kommunen. Ein letztes Mal schien Spoleto an glänzende Zeiten anknüpfen zu können, als es unter französischer Herrschaft zum Verwaltungssitz des Departements Clitunno und 1814 gar zur Hauptstadt Umbriens, das heißt des Departements Trasimène, erhoben wurde. Nachdem 1860 die Einheit Italiens – unter anderem mit Kämpfen um die Festung Spoleto – vollzogen war, wurde die Stadt dafür nicht mehr in Betracht gezogen.

Ein Labyrinth von Straßen und Gassen

Spoleto kann nicht mit *dem* zentralen Platz aufwarten. Die längliche Piazza del Mercato, an der das römische Forum lag und wo heute jeden Vormittag Gemüsemarkt abgehalten wird, mutet wie eine Straßenverbreiterung an und besticht nicht durch dominierende Gebäude. Auch der Platz vor dem Dom bietet nichts, was Einheimische zum Verweilen bewegen könnte, und bleibt daher im wesentlichen Touristen vorbehalten. Die Piazza Garibaldi, an der sich Jugendliche vor dem abendlichen Kinobesuch versammeln, liegt am Fuße des Berges, am Rand des historischen Zentrums. So kann man den Stadtrundgang an mehreren Stellen aufnehmen und sich, von zwei, drei verschiedenen Punkten ausgehend, durch das Gewirr von Straßen und Gassen treiben lassen. Die Orientierung stets beizubehalten, dürfte einem Besucher, der das erste Mal nach Spoleto kommt, nicht leichtfallen. Doch Hilfen bieten die quer zum Hang verlaufenden größeren Straßen, auf die man während des Ganges nach oben oder unten immer wieder stößt, sowie die Baudenkmäler, die dank der zahlreich angebrachten Hinweisschilder relativ problemlos aufzufinden sind. Insofern ist der hier angebotene Besichtigungsweg durch die Stadt in der Abfolge der Sehenswürdigkeiten, die einen Besuch lohnen, zwar als Rundgang angelegt; er läßt sich jedoch beliebig unterbrechen beziehungsweise an einem selbst gewählten Punkt, nach dem Essen oder am nächsten Morgen, wieder neu aufnehmen.

Wenn man sich auf die Hauptsehenswürdigkeiten wie den Dom und Sant'Eufemia, den Ponte delle Torri (Aquädukt), den Drusus-Bogen und das römische Theater sowie noch ein oder zwei romanische ›Highlights‹ in oder unmittelbar vor den Mauern der Stadt beschränkt, läßt sich Spoleto natürlich

Ein Labyrinth von Straßen und Gassen

in einem Tag ›machen‹; Eilige absolvieren in acht Stunden auch das ganze Programm. Doch vom Geist der Stadt, von der Seele, die Spoleto in Jahrhunderten eingehaucht wurde, werden kurzatmige Kultur-Voyeure nichts aufnehmen. Spoleto ist keine Stadt zum ›Abhaken‹. Hier kann weniger mehr bedeuten. Als ›Einstieg‹ sei der Weg vom Dom an der Rocca vorbei zum Ponte delle Torri, von diesem zurück in die Stadt bis zur Piazza del Mercato und von dieser an Sant'Eufemia vorbei zurück zum Dom empfohlen.

Die wichtigsten Sehenswürdigkeiten als ›Einstieg‹

Wer sich nicht von der Unterstadt über die unzähligen Treppenstufen der Via delle Mura Ciclopiche zum Domplatz hinaufschleppt, sondern aus der Oberstadt einen bequemen Zugang zum Dom wählt und dann von der dunklen Via Aurelio Saffi auf den getreppten Weg heraustritt, der zum Dom hinabführt, ist in mehrfacher Hinsicht überrascht: Zunächst einmal wirkt es ungewohnt, daß das wichtigste Gotteshaus der Stadt am Rand der bebauten Fläche liegt. Zum anderen erscheint es eigenartig, daß man auf den Dom hinabschaut, statt sich ihm – wie in anderen Städten – ehrfürchtig von unten oder doch zumindest auf gleicher Ebene anzunähern. Und drittens stellt sich der Dom – was freilich mit dem ›Blick von oben herab‹ zu tun hat – als kleines Gebäude von bescheidenen Ausmaßen dar, wie ein Modell in einer Spielzeugstadt. Doch er wächst, je tiefer man zu ihm hinabsteigt, zu seiner wahren Größe empor. Der Domplatz, der mit Backsteinen in Fischgrätmuster belegt ist, wirkt auf den Besucher, als würde er schwanken und Wellen werfen, fast so, als möchte er an die unruhigen Zeiten erinnern, die er als mittelalterlicher Turnierplatz und als Schauplatz von Volksversammlungen erlebt hat.

Die Kirche **Santa Maria della Manna d'Oro** mit ihrem achteckigen Tambour erhebt sich am Platz links vom Dom. Sie wurde aus Dankbarkeit dafür errichtet, daß Spoleto vor den Landsknechten Karls V. verschont geblieben war, die 1527 Rom plünderten. Links schließt sich das Teatro Caio Melisso an, benannt nach dem aus Spoleto stammenden Freund des bekannten Förderers der Künste Maecenas (gestorben 8 v. Chr.); es wurde im 17. Jahrhundert in den sogenannten **Palazzo della Signoria** eingebaut. Daß hier im 14. Jahrhundert der *Signore* der Stadt residierte, der den Palazzo erbaut habe, geht auf eine frühere, falsche Annahme zurück. Geht man links in die Via del Duomo, kommt man zu einem römischen Sarkophag, der zum Brunnen umfunktioniert wurde, und blickt zur Apsis der Kirche Sant'Eufemia (s. S. 278) empor.

Spoleto

Auch wenn die ursprüngliche Wirkung der romanischen Fassade des Doms **Santa Maria Assunta** durch den um 1500 vorgebauten Portikus ein wenig beeinträchtigt und das Kirchengebäude selbst durch den wuchtigen Campanile daneben fast erdrückt wird, zählt sie zu den schönsten Beispielen umbrischer Romanik. Zunächst fallen die insgesamt acht Fensterrosen auf, von denen drei gleich große im Giebelfeld liegen. Dieses Feld, das vom mittleren Fassadenbereich durch einen über die ganze Front verlaufenden Bogenfries abgeteilt ist, weist ferner drei spitzbogige Nischen auf, wobei die mittlere mit einem Mosaik gefüllt ist; dieses stellt *Christus zwischen Maria und Johannes thronend* dar, trägt die Datierung 1207 und nennt in einer nicht gerade unbescheidenen Verszeile als Schöpfer des Kunstwerks einen Doktor Solsternus, den »derzeit Größten in dieser Kunst«. Wie die unterhalb der beiden seitlichen Giebelrosen abbrechenden Lisenen zeigen, wurde die Fassade hier nach oben erweitert – wie die Datierung des Mosaiks nahelegt, wohl in den ersten Jahren des 13. Jahrhunderts. Der mittlere Bereich der Fassade dagegen stammt aus der Entstehungszeit des Baus im letzten Viertel des 12. Jahrhunderts. Von zwei Rosen flankiert, beherrscht die mittlere zwölfblättrige Fensterrose die Partie. Sie zählt zu den schönsten aus dieser Zeit in Umbrien und ist wieder ganz typisch in ein Viereck eingepaßt, dessen Ecken die Evangelistensymbole zieren. Getragen wird das Rosenfeld von drei Säulchen und zwei Atlanten. In derselben Zeit entstanden auch das Hauptportal, dessen Reliefeinfassung Weinreben zieren, und die – heute etwas ›abgegriffenen‹ – Löwen davor sowie der Campanile, dessen wehrhafter Charakter wohl nicht von ungefähr kommt. Denn notwendig geworden war der Neubau des Doms an dieser Stelle, an der bereits im 8./9. Jahrhundert und nochmals im 11. Jahrhundert eine Kirche errichtet worden war, nachdem Kaiser Friedrich I. Barbarossa letztere im Jahr 1155 im Zuge einer Strafaktion gegen Spoleto zerstören ließ. Dieses Ereignis war in der Erinnerung lebendig, als man 1175 mit der Wiedererrichtung der Kirche, aber eben auch mit dem Bau des Turmes begann. Das Glockengeschoß wurde erst ab 1512 aufgesetzt. Geweiht hat die Kirche Papst Innocenz III. im Jahr 1198.

Beträchtlich sind die aufgewendeten Mittel,
beachtlich die Meisterschaft der Restauratoren, die in Umbrien
die Erhaltung einmaliger Kunstschätze garantieren –
hier das Kruzifix von Albertus Sotius von 1187.

Spoleto

Die dreischiffige Basilika wurde 1638 innen barock umgestaltet und seitlich erweitert. Im wesentlichen blieben vom romanischen Bau nur der wertvolle Fußboden und die Chorapsis erhalten, die Filippo Lippi 1467 bis 1469 mit Muttergottes-Fresken schmückte. Diese soll bereits Michelangelo bewundert haben, als er sich auf der Fahrt nach Rom befand, um dort der Sixtinischen Kapelle Farbe zu geben. In der Kapelle rechts neben der Chorapsis, der Cappella della Santissima Icone, wird eine Ende des 11. oder im 12. Jahrhundert in Byzanz gefertigte Marien-Ikone aufbewahrt, die Kaiser Friedrich I. zum Zeichen seiner Versöhnung 1185 der Kirche schenkte. Sie ist allerdings nur zu Gottesdienstzeiten zu sehen. Ansonsten ist sie – über dem Altar – hinter einem golden und silbern glänzenden, mit einer Mariendarstellung versehenen ›Metallvorhang‹ verborgen. Von dieser Kapelle aus kann man einen Blick in die Sakristei mit einem schönen Gestühl von 1714 werfen.

An der linken Wand des rechten Querschiffes, das wegen der Verbreiterung der Kirche kaum noch als solches zu erkennen ist, findet man das 1490 geschaffene Grabmonument des 1469 in Spoleto verstorbenen Filippo Lippi, der die Apsis ausmalte. Weitere Kunstwerke befinden sich im Eingangsbereich des Doms. Das herausragendste ist das in der ersten Seitenkapelle der linken Wand ausgestellte bemalte **Kruzifix**, das Albertus Sotius, der älteste namentlich bekannte umbrische Maler, im Jahr 1187, noch ganz in byzantinischer Tradition stehend, schuf: Der Gekreuzigte leidet nicht; der Blick seiner weit geöffneten Augen spricht vom Triumph über den Tod. Links neben Jesus ist Maria, rechts Johannes dargestellt. Über dem Heiligenschein ist in einer Mandorla die Himmelfahrt festgehalten, zu Füßen des Gekreuzigten der die Menschheit symbolisierende Schädel Adams, der durch das aus den Fußwunden Jesu herabfließende Blut erlöst wird. Das Kreuz wurde 1877 aus der Kirche Santi Giovanni e Paolo hierher verbracht. Die erste Seitenkapelle an der rechten Wand zeigt Fresken von Pinturicchio aus dem Jahr 1479. Beim Verlassen des Doms fällt der Blick auf die innen über dem mittleren Portal angebrachte, 1640 von Gian Lorenzo Bernini gefertigte Bronzebüste des Papstes Urban VIII.; unter seinem bürgerlichen Namen Maffeo Barberini war er von 1608 bis 1617 Bischof von Spoleto und betrieb zusammen mit Francesco Barberini, seinem Neffen und Nachfolger auf dem Bischofssitz, ab 1638 die Umgestaltung des Dominneren zu seinem heutigen Aussehen.

Vom Dom weg begibt man sich über die getreppte Via dell'Arringo wieder nach oben und wird nach links auf der Via Aurelio Saffi zu der kleinen, von Bäumen beschatteten Grünanlage der Piazza Campello geführt. Ein Denkmal in der Platzmitte würdigt die Gefallenen, die bei der Befreiung Spoletos vom Kirchenstaat 1860 ihr Leben ließen. Es wurde 1910 zum fünfzigsten Jahrestag aufgestellt. Weiter oben stößt man an die Ummauerung der **Rocca**, die der Baumeister Matteo Gattapone aus Gubbio im Auftrag des Kardinals und päpstlichen Legaten Albornoz ab 1359 errichtete. Die imposante Anlage diente den Würdenträgern des Kirchenstaates zur Beherrschung der Stadt Spoleto und zur Überwachung der hier zusammenlaufenden Straßen. Während der Pest im Jahr 1449 hatte sich Papst Nikolaus V. hierher zurückgezogen; fünfzig Jahre später verbrachte hier Lucrezia Borgia, die Tochter von Papst Alexander VI., ihre nur Monate währende Regentschaft als Herzogin von Spoleto. Im italienischen Einigungskrieg 1860 wurde die Festung, die neben der von Narni zu den besterhaltenen in Umbrien zählt, hart umkämpft. Später diente die rechteckige Anlage mit zwei Innenhöfen bis 1982 als Gefängnis; derzeit wird sie restauriert. Der Gebäudetrakt des ersten Hofes, des Corte de' Armi, diente der Besatzungstruppe als Unterkunft, während der zweite Hof, der Cortile d'Onore, mit den doppelgeschossigen Renaissance-Loggien für die eigentliche Hofhaltung gedacht war.

Rechts vom Eingang zur Rocca führt die Via del Ponte an einer Aussichtsterrasse vorbei zu der wohl spektakulärsten Sehenswürdigkeit Spoletos, dem **Ponte delle Torri**, den noch Reisende des vorletzten Jahrhunderts, wie etwa Goethe, für einen römischen Aquädukt hielten. Sicher richtig ist, daß bereits in der Antike eine Wasserleitung bestand, doch der heutige Aquädukt, der auf zehn Bögen in einer Höhe von achtzig Metern und einer Weite von 230 Metern die Tessino-Schlucht überspannt, wurde frühestens im 13. Jahrhundert und spätestens im Zuge des Festungsbaus in der zweiten Hälfte des 14. Jahrhunderts von Matteo Gattapone errichtet. Er darf zu den bedeutendsten technischen Bauwerken des Mittelalters gerechnet werden, zumal er nicht nur der Wasserversorgung diente – die Rinne läßt sich noch gut vom gegenüberliegenden, befestigten Brückenkopf erkennen –, sondern auch als Fahrweg genutzt wurde. Ein Gang über den Ponte delle Torri gehört zum Eindrucksvollsten, das Spoleto zu bieten hat.

Man kann den gemütlichen Fußweg um den Colle Sant'Elia beziehungsweise um die Festung herum fortsetzen und gelangt nach circa zehn Minuten zur Piazza Campello zurück. Den oberen, südlichen Abschluß des Platzes bildet die Ende des 13. Jahrhunderts errichtete ehemalige Franziskanerkirche San Simone, die seit den Umbaumaßnahmen des Jahres 1863 kaum mehr als solche zu erkennen ist; der Brunnen von 1624/1736 links daneben, die **Fontana**

del Mascherone, markiert das Ende der über den Ponte delle Torri in die Stadt geführten mittelalterlichen und vermutlich schon römischen Wasserleitung. Im Westen schließt der 1597 bis 1600 entstandene **Palazzo Campello** den Platz ab. Von diesem geht es auf der Via del Municipio abwärts. An der Abzweigung, die links in den Vicolo della Basilica führt, stößt man, mit der Haus-Nr. 10, auf Reste eines kleinen römischen Tempels aus dem 1. Jahrhundert n. Chr. mit einem auffallenden Podium aus groben Steinblöcken; man hat ihn früher fälschlicherweise als Basilika gedeutet. Weiter geradeaus kommt man auf die Piazza del Municipio mit dem **Palazzo Comunale** zur Rechten. Abgesehen von seinem Turm, der sich über die Dächer erhebt, verrät nichts mehr, daß er bereits im 13. Jahrhundert erbaut wurde. Erweiterungen, Umbauten sowie durch das Erdbeben von 1703 erforderliche Erneuerungen verliehen ihm sein jetziges Aussehen. In der lieblosen Sammlung der **Pinacoteca Comunale**, die im ersten Stock ein ›Schattendasein‹ führt, verdienen vor allem die bemalten Kruzifixe aus dem 12. bis 14. Jahrhundert, unter anderem von Albertus Sotius, sowie Fresken von Lo Spagna und ein Triptychon von Alunno Beachtung.

Am unteren Ende der schmalen Piazza gelangt man rechts herum zu dem Eingang zur **Casa Romana**, einem römischen Haus aus dem ersten Jahrhundert n. Chr., das im Keller des Palazzo Comunale freigelegt wurde. Falls nicht geöffnet ist, muß man sich beim Kustoden in der Pinacoteca Comunale melden. Dieser zeigt dann das *atrium* mit einem Wasserbecken und die angrenzenden Schlafräume *(cubicula)*, das Wohn- *(tablinum)* und Speisezimmer *(triclinum)*. Die kostbare Ausstattung des Hauses, besonders die Mosaikböden, lassen auf einen hohen Lebensstandard seiner Bewohner schließen. Ob das Haus freilich Vespasia Polla, der Mutter des Kaisers Vespasian (69–79 n. Chr.), gehörte, wie man einer Inschrift entnehmen will, sei dahingestellt.

Der Ponte delle Torri in Spoleto
diente nicht nur als Wasserleitung und Straße.
Durch Öffnungen in den Mittelpfeilern
ließ er sich auch als Fluchtweg benutzen.

Spoleto

Geht man, nach dem ›Ausflug in römische Zeiten‹, einige Schritte nach links zurück und gleich wieder rechts, erreicht man die Piazza del Mercato – Ausgangspunkt für einen unten beschriebenen weiteren Rundgang. Zur Rechten erhebt sich die barocke Pracht des **Fonte di Piazza**, den Constantino Fiaschetti aus Rom entwarf und 1746 bis 1748 ausführen ließ. Er übernahm die Wappen und die über der Uhr angebrachte Inschrifttafel, die den aus Spoleto stammenden Papst Urban VIII. würdigt, von einer 120 Jahre älteren Anlage.

Nach dem Brunnen öffnet sich rechts die **Via dei Duchi** mit ihren mittelalterlichen Ladenfronten. Der anschließenden Via Fontesecca folgt man nach rechts. Sie setzt sich als Via Aurelio Saffi fort, an welcher links der erzbischöfliche Palast mit der – vom Hof aus zu betretenden – romanischen Kirche **Sant'Eufemia** aus der zweiten Hälfte des 12. Jahrhunderts liegt. Die recht einfache Fassade mit der gestuften Portaleinfassung, dem Zwillingsfenster und den Blendbögen im Giebel läßt allenfalls erahnen, welch tiefen Eindruck vom ›dunklen‹ Mittelalter das dreischiffige Innere vermittelt. Im Wechsel folgen auf zum Teil antike Säulen und rundgemauerte Stützen mit unterschiedlichen Kapitellen Pfeiler, die mit Halbsäulen verblendet sind.

Völlig ungewöhnlich für Umbrien sind die Emporen über den Seitenschiffen, deren Arkaden sich im Erdgeschoß wiederholen. Die dadurch erzielte Betonung der Vertikalen, die zur Breite des Mittelschiffs überproportionale Höhe des Raumes, das Kreuzgratgewölbe, die schlichten Fenster in der Apsis hinter dem nur um eine Stufe erhöhten Presbyterium und nicht zuletzt die Schmucklosigkeit verleihen dem Gotteshaus eine ergreifende Spiritualität. Die architektonischen Besonderheiten werden auf lombardischen Einfluß zurückgeführt. Der Marmoraltar stammt aus dem 13. Jahrhundert. Die Reliefs, die sich an drei Seiten der zweiten Stütze rechts finden, datieren aus dem 8. oder 9. Jahrhundert. Sie wurden vermutlich aus dem Vorgängerbau übernommen, von dem man annimmt, daß er als Kapelle des langobardischen beziehungsweise später des fränkischen Herzogspalastes diente. Der **Erzbischofspalast**, der Palazzo Arcivescovile, zu dem vom Hof eine Treppe zu einem Museum mit sakralen Kunstgegenständen hinaufführt, soll über dem Palast der Langobardenherzöge errichtet worden sein. Nachdem das Herzogtum, und damit auch der Palast, als herzogliche Residenz an Bedeutung verloren hatten, wurde zur Zeit Kaiser Ottos II. (973–983) auf dem Gelände ein Kloster eingerichtet, das jedoch anscheinend nur bis 1017 existierte. Jedenfalls trat in diesem Jahr Kaiser Heinrich II. den Besitz an einen Grafen Acodo ab; der Palast erhielt seine heutige Gestalt im 16. und 17. Jahrhundert. Von

Sant'Eufemia sind es auf der Via Aurelio Saffi nur wenige Meter zur Via dell'Arringo und zum Domplatz zurück. Zu einem längeren Rundweg, der weitere Sehenswürdigkeiten der Stadt erschließt und ebenfalls zum Domplatz zurückführt, bricht man von der Piazza del Mercato auf.

Piazza del Mercato – Drusus-Bogen und Sant'Ansano – Römisches Theater

Ein erhebendes Gefühl, und jeder empfindet es in dieser Morgenstunde auf seine Weise: Der Koch eines nahegelegenen Ristorante, der in seiner weißen Schürze beim Stand einer Gemüsebäuerin mit Fingern und Nase genüßlich die Frische von Sellerie oder Artischocken prüft, der Besitzer der Bar Primavera, der erwartungsfroh in die Sonne blinzelt, die ihre ersten grellen Strahlen über die Dächer schickt, und der Spoleto-Besucher, der sich vergegenwärtigt, hier an der **Piazza del Mercato** auf dem ehemaligen römischen **Forum** zu stehen. Sichtbar erhalten hat sich davon – von der Piazza geradeaus nach Süden und vorbei am Albergo dell'Angelo, in dem schon Gioacchino Rossini gerne nächtigte – in der Via Arco di Druso der sogenannte **Drusus-Bogen**. Der Senat von Spoleto hatte ihn als repräsentativen Eingang zum Forum 23 n. Chr. zu Ehren des im selben Jahr vergifteten Drusus sowie des Germanicus errichten lassen: zwei bedeutenden Feldherren also, der erste der Sohn, der zweite der Adoptivsohn des Kaisers Tiberius. Die heutige Durchgangshöhe des Bogens täuscht; seine frühere Größe offenbart er bei einem Blick in die Vertiefung daneben auf das ehemalige Straßenniveau.

An der Wand jenseits der Vertiefung, der linken Seitenwand der Kirche Sant'Ansano, weist ein Säulenstumpf auf den römischen Tempel hin, der hier im 1. Jahrhundert n. Chr. stand. Doch bereits die ersten Christen bauten den Tempel zu einer Kirche um. Um die Mitte des 12. Jahrhunderts wurde dieser Bau durch eine romanische Kirche ersetzt. Von ihr wiederum hat die Umgestaltung im 18. Jahrhundert kaum etwas übriggelassen, so daß man nach Betreten der Kirche wohl nur am ersten Altar rechts vor dem Freskenfragment *Madonna mit Kind* von Lo Spagna (um 1518–1528) kurz verweilt. Interessanter wird es in der Krypta. Sie ist dem heiligen Isaak geweiht, der um die Mitte des 6. Jahrhunderts aus Syrien nach Spoleto zuwanderte und auf dem Monteluco einer Mönchsgemeinschaft als Abt vorstand. Zur dreischiffigen Krypta, die Bestandteil der Kirche aus dem 12. Jahrhundert war, führt links vom Presbyterium eine Treppe, die zum römischen Tempel gehörte, hinab – und damit in eine versunkene, frühchristliche Welt. Die zahlreichen, schlecht erhaltenen Fresken an den Wänden stammen zwar ebenfalls aus dem 12. Jahrhundert, doch die Säulen verraten römischen Ursprung, und die Kapitele wurden wohl im 8. Jahrhundert angefertigt.

Aus der Kirche tretend schaut man auf den **Palazzo Mauri** mit der bereits im 17. Jahrhundert gegründeten Accademia Spoletina und der Stadtbibliothek. Nach links hinab blickt man auf die Porta Romana, auch Arco di Monterone genannt; sie war Bestandteil der römischen Befestigung des 3. Jahrhunderts n. Chr.; folgt man der Via Monterone durch das Tor stadtauswärts, erschließt sich im **Borgo Monterone** mit Häusern aus dem 12. und 13. Jahrhundert sowie mit der die Altstadt abgrenzenden **Porta Monterona**, einem Tor des 13. Jahrhunderts, die dunkle Epoche des Mittelalters.

Setzt man jedoch den Weg vor dem Palazzo Mauri in die entgegengesetzte Richtung fort, gelangt man durch die Via Brignone auf die Piazza della Libertà, dessen linke Front der **Palazzo Anciani** einnimmt. Im 17. Jahrhundert erbaut, erinnert sein Name an eine seit dem 13. Jahrhundert in Spoleto nachweisbare Adelsfamilie. Heute widmen sich dort Wissenschaftler der Erforschung des Hochmittelalters.

Unterhalb des Palazzo liegt das **Römische Theater**, das im 1. Jahrhundert n. Chr. für 3 000 Zuschauer angelegt worden war. Seine Überreste traten jedoch erst zutage, nachdem man ab 1954 die Gebäude des Sant'Agata-Klosters, das darüber errichtet worden war, abgetragen hatte. Die Sitzstufen, über die man hinabschreitet, sind größtenteils restauriert. Auf der ›Bühne‹ erkennt man noch Reste des Marmorfußbodens sowie Löcher für die Pfosten, an denen der Vorhang befestigt war. Die Apsis, die sich direkt dahinter erhebt, gehört zur Kirche **Sant'Agata**, die – im 11. Jahrhundert errichtet – eine der ersten Pfarrkirchen von Spoleto war. Links daneben befindet sich der Eingang zum **Archäologischen Museum**; die Sammlung von Fundstücken gibt einen guten Einblick in die Frühgeschichte und Antike Spoletos und seiner Umgebung.

Zum Martyrium des Thomas Becket: Santi Giovanni e Paolo

Ausgerechnet in Spoleto, in der Kirche **Santi Giovanni e Paolo**, ist die bekannteste mittelalterliche, dazu wohl älteste und immer wieder publizierte Darstellung von der Enthauptung Thomas Beckets zu sehen: Schon kurz

Auf dem Weg nach Santi Giovanni e Paolo

nach der Ermordung des königlichen Kanzlers und Erzbischofs von Canterbury 1170 beziehungsweise seiner Heiligsprechung 1173 muß das Fresko – man sieht es nach dem Betreten der Kirche links – von einem Künstler geschaffen worden sein, der zum Kreis um Albertus Sotius gehört haben dürfte. Die (ehemalige) einschiffige Kirche Santi Giovanni e Paolo jedenfalls wurde 1174 geweiht. Ferner sind Fresken vom Anfang des 13. sowie des 14. Jahrhunderts zu sehen, unter anderem vom sogenannten Meister von Eggi. Die Krypta hat sich als Vorgängerkirche entpuppt, die ihrerseits auf den Fundamenten eines römischen Hauses steht.

Um vom Römischen Theater beziehungsweise von der Piazza della Libertà zur Kirche Santi Giovanni e Paolo zu gelangen, gibt es zwei Möglichkeiten: Entweder man geht – **Variante A** – auf kürzestem Weg, das heißt auf dem Corso Giuseppe Mazzini geradeaus bis zur Kirche **San Filippo Neri**; diese läßt man links liegen und folgt halb rechts der Via Walter Tobagi mit dem **Palazzo Pianciani** zur Rechten, einem bis ins 18. Jahrhundert hinein umgebauten, mächtigen mittelalterlichen Adelspalast; danach geht man nach links die Via Santi Giovanni e Paolo hinab und kommt am Ende der Stufen vor der rechten Seitenwand der gleichnamigen Kirche zu stehen.

Um einiges länger – auch wegen der nicht zu vermeidenden Steigung – ist die **Variante B**. Von der Piazza della Libertà geht man die schmale Via Sant'Agata hinab – und kann sich gleich das unscheinbar rechts am Weg liegende Ristorante Apollinare für den Abend vormerken – eine Offenbarung höchster Gaumenfreuden in geschmackvoller Atmosphäre, bei freundlichster Bedienung und zu absolut reellen Preisen. Giovanna Gradassi, die Chefin des Restaurants, gibt unauffällig und doch jederzeit ansprechbar gerne Tips zu den Köstlichkeiten, die ihre drei Köche ›anrichten‹. Nur bei einer grundsätzlichen Entscheidung vermag sie nicht zu helfen: Die Karte bietet einerseits ›klassische‹ umbrische Speisen, andererseits moderne, nicht für möglich gehaltene Kreationen auf der Basis ausschließlich einheimischer Zutaten, so daß man auch bei der Wahl der letzteren immer noch ›umbrisch‹ ißt.

In der Vorfreude auf ein solches Abendmahl, zu dem man sich spätestens gegen 19.30 Uhr einfinden sollte, fällt es nicht leicht, sich dem in der Gasse gegenüberliegenden kleinen Portikus mit Kapitellen des 11. Jahrhunderts zuzuwenden, dem Eingang der oben erwähnten **Sant'Agata**-Kirche. Am Ende der Via Sant'Agata biegt man rechts in die Via delle Terme ein und geht nach dem ehemaligen Kirchlein San Lorenzo aus dem 12. Jahrhundert links die Stufen hinab. Unten angekommen steht man dem **Palazzo Collicola** gegenüber, der 1717 bis etwa 1730 erbaut wurde und nun die **Galerie für Moderne Kunst** (*Galleria d'Arte Moderna*) beherbergt. Rechts am Palazzo vorbei zeigt sich der weiß-rot gestreifte Bau der einstigen Dominikaner-Kirche **San Domenico**. Daß man sie heute wieder im ursprünglichen Aussehen des 13. Jahrhunderts betrachten kann, ist auf ihre ›Entbarockisierung‹ in den Jahren 1934 bis 1937 zurückzuführen, die im ansonsten nüchternen Inneren zahlreiche Fresken des 14. und 15. Jahrhunderts zutage förderte.

Gegenüber dem Campanile von San Domenico, dessen oberer Teil erst im 16. Jahrhundert hinzugefügt wurde, steigt man die Treppenstufen hinauf, folgt der Via Vaita Sant'Andrea nach links und hat damit das **Teatro Nuovo**, errichtet zwischen 1854 und 1864, zur Rechten. An der Vorderfront des Theaters geht man nach den Bäumen rechts die Via Minervio (mit Geld-Automaten an der Cassa di Risparmio) und erreicht über eine kurze Treppe die strahlend weiße, 1640 bis 1671 errichtete Barockkirche **San Filippo Neri** mit einer sehr gefälligen, in klaren Linien gehaltenen Travertinfassade. (Zur Fortsetzung des Weges nach Santi Giovanni e Paolo siehe Variante A, S. 281).

Porta Fuga – San Gregorio – Ponte Sanguinario – Amphitheater

Von der Kirche Santi Giovanni e Paolo abwärts überquert man die Via Filitteria und läßt sich durch ein schmales Gäßchen zur Piazza de Amicis geleiten. Unterhalb der Piazza schaut man auf die Fassade der ehemaligen Kirche **San Nicolò di Bari**, die heute als Kongreß- und Konzerthalle genutzt wird. Sie war im 14. Jahrhundert über einer Vorgängerkirche von 1263 als typische einschiffige Bettelordenskirche für Augustiner-Eremiten errichtet worden. Martin Luther besuchte sie auf seiner Romreise im Jahr 1512. Links führt die Via Gregorio Elladio zur Piazza Torre dell'Olio; interessanter aber ist es, rechts neben San Nicolò zur Via Cecili weiterzugehen, an welcher sich Teile der antiken, noch vor-römischen Stadtmauer mit ihren polygonalen Quadern des 4. Jahrhunderts v. Chr. besonders gut zeigen. Vor der Piazza Torre dell'Olio biegt man im spitzen Winkel rechts in die Via di Porta Fuga ein und durchschreitet abwärts die **Porta Fuga**, ein mittelalterliches Stadttor des 13. Jahrhunderts. Vor dem Tor, das in römischer Zeit an dieser Stelle stand, sollen Hannibals Truppen 217 v. Chr. die Flucht (lat. = *fuga*) ergriffen haben. Rechts oben sieht man die **Torre dell'Olio**, einen der früher zahlreichen Geschlechtertürme, der aus dem beginnenden 13. Jahrhundert ›überlebt‹ hat; sein Name soll sich tatsächlich von der früheren Gepflogenheit herleiten, Angreifer vom Turm herab mit siedendem Öl zu übergießen. Danach läßt man – langsam den Corso Garibaldi hinabschlendernd – das Auge einmal über diese oder jene Auslage der kleinen, gut sortierten Geschäfte schweifen. Je näher zur Piazza Torre dell'Olio, desto exquisiter und teurer sind sie.

Am Ende des Corso Garibaldi weitet sich die Piazza Garibaldi zu einem großen Rechteck. An ihrem nordöstlichen Ende zeigt die – jetzt wieder romanische – Kirche **San Gregorio Maggiore**, wie vorteilhaft für die Raumwirkung im Inneren sich die Entfernung barocker ›Zutaten‹ auswirken kann. Sie war an der Stelle einer bereits im 4. Jahrhundert samt Friedhof angelegten Kirche zwischen 1079 und 1146 neu errichtet worden. In der 1907 erneuerten Fassade hat man das originale Drillingsfenster belassen; die Vorhalle wurde erst 1597 hinzugefügt. Auch der Campanile ist ein gutes Beispiel dafür, daß damalige Bauten steten Veränderungen unterzogen waren. Als man ihn im 12. Jahrhundert errichtete, stellte man ihn auf starke, von römischen Grabmälern entfernte Quader; fertiggestellt wurde er im oberen Bereich jedoch erst im 15. Jahrhundert. Im dreischiffigen Inneren regiert die Ruhe und Erhabenheit des romanischen Baumaßes. Die Säulen sind gemauert, die kubischen Kapitelle völlig schlicht gehalten. Durch die beiden Bögen vor dem höher liegenden Presbyterium beziehungsweise vor der Chorapsis erhält die Ausrichtung auf den Altarraum eine perspektivische Verstärkung. Die Krypta, zu welcher im rechten Seitenschiff vorne Treppen hinabführen, wirkt wie ein kleiner, unter Verwendung römischer Spolien eingerichteter Säulenwald. Im Prinzip ebenfalls dreischiffig, hat man jedoch durch die Unterteilung des Mittelschiffs in drei schmale Schiffe deren Anzahl insgesamt auf fünf erhöht. Wie die Kirche selbst weist die Krypta drei Apsiden auf; der Sarkophag in der linken Apsis stellt der Überlieferung nach das Grabmal einer gewissen Abbondanza dar, die im 4. Jahrhundert den Leichnam des Bischofs Gregor vom Amphitheater hierher überführen ließ.

Von der Piazza Garibaldi tritt man durch die Porta Garibaldi vor die Altstadt und damit auf die Piazza della Vittoria und steigt gleich rechts auf einer Verkehrsinsel in ›römischen Untergrund‹ hinab: zum – heute unterirdischen – **Ponte Sanguinario**. Man sieht von der römischen Brücke, die, im 1. Jahrhundert v. Chr. erbaut, einst den Tessino in einer Länge von 24 Metern überspannte, noch einen Pfeiler und zwei Bögen. Danach kehrt man durch die Porta Garibaldi in die Stadt zurück, hält sich links und gelangt auf der Via dell'Anfiteatro zum ehemaligen, noch von den Ostgotenkönigen Theoderich und Totila als Truppenquartier genutzten Römischen **Amphitheater** aus dem 2. Jahrhundert n. Chr., das sich im wesentlichen durch den gebogenen Verlauf des links abgehenden Vicolo del Quartiere abbildet. Dahinter stößt man auf die mittelalterliche Stadtmauer. Vom Amphitheater die Via dell'Anfiteatro geradeaus, über die Piazza Gairoli hinweg, ein paar Schritte die Via della Ponziana rechts herum und gleich links die Stufen der Via delle Mura Ciclopiche zum Teil steil bergauf – so ›kämpft‹ man sich zur Piazza del Duomo zurück.

Vor den Toren Spoletos: San Salvatore – San Ponziano – San Paolo

Zu Fuß oder mit dem Auto: Diese Frage stellt sich vor einem Abstecher zu den Kirchen San Ponziano und San Salvatore. Von der Piazza Garibaldi sind es circa sechshundert Meter. Man duchquert die Porta Garibaldi, überquert den Tessino, hält sich danach rechts, biegt links in die Via Cesare Micheli und folgt dieser geradeaus. Nach Unterquerung der Schnellstraße zweigt rechts ein Weg zu San Ponziano ab, während man geradeaus nach etwa 150 Metern auf San Salvatore trifft. Mit dem Auto überquert man, von der Porta Garibaldi herkommend, ebenfalls den Tessino, hält sich noch etwa fünfzig Meter geradeaus und biegt dann halbrechts in die Via Nursina ab. Am Ende der Straße folgt man der Via delle Lettere nach rechts zur Unterquerung der Schnellstraße. Ein anderer Zugang besteht vom Friedhof her, der sich außerhalb der Stadt und auf der anderen Seite der »Flaminia«-Schnellstraße an der Straße nach Norcia befindet. Von hier erreicht man San Salvatore nach circa zweihundert Metern Fußweg.

Die Kirche **San Salvatore** gibt sich nach außen wenig einladend und verrät durch nichts, weshalb ihr Besuch sich lohnen sollte. Es wirkt alles sehr renovierungsbedürftig, und man wird abwarten müssen, was die Restaurierung der Fassade, der einst ein Portikus vorgebaut war, erbringt. Jedenfalls muten die mit Ranken- und Blumenmotiven verzierten Portaleinfassungen samt Türstürzen – und trotz des darauf angebrachten Kreuzes – antik an und lassen etwas vom hohen Alter des Bauwerks erahnen. Bestätigung erfährt die Vermutung nach Betreten der Kirche und damit eines Innenraums, wie man ihm in Umbrien kein zweites Mal begegnet. Nach einer kurzen Irritation darüber, daß die Seitenschiffe – wohl infolge eines Umbaus im 8. oder 9. Jahrhundert – unschön vermauert wurden und nur teilweise wieder geöffnet sind, nimmt der unvergleichliche Anblick des lichtdurchfluteten Presbyteriums gefangen, das am Ende des dunklen, nackten Raumes wie die künstlich beleuchtete Bühne eines antiken Kultspieles hervorsticht. Ein Dutzend ionischer Säulen sowie monumentale Gebälkteile bilden die imposante Kulisse. Das kritische Urteil der Kunsthistoriker, welche die rohe Zusammensetzung einzelner Bauelemente beklagen, und die in der Barockzeit aus statischen Gründen hinzugefügte Vierungskuppel nehmen der grandiosen Gesamtwirkung nichts. Die *Crux gemmata*, das gemalte, edelsteingeschmückte Kreuz an der Apsiswand, ist ein Werk des 8. Jahrhunderts und somit vielleicht das älteste gemalte Kreuz Umbriens. Das Kreuzigungsfresko darüber wird in die erste Hälfte des 16. Jahrhunderts datiert und einem Nachfolger Lo Spagnos zugeschrieben; das Fresko-Fragment rechts daneben stammt aus dem 13. Jahrhundert.

Bis heute gibt es keine einheitliche Meinung zur Entstehungszeit der Kirche. Aufgrund des Grundrisses – und hier vor allem wegen der beiden rechteckigen, zu beiden Seiten der Apsis über deren Tiefe hinausreichenden Räume – wollte man eine Verwandtschaft mit frühchristlich-syrischen Bauten erkennen und San Salvatore ins 4./5. Jahrhundert datieren. In der Tat sind etliche syrische Einsiedler in jener Zeit in Spoleto und Umgebung nachweisbar. Andererseits lassen die Art der Mauerung und die ›unsachgemäße‹ Zusammenfügung der antiken Spolien eher an eine Errichtung der Kirche im 8. oder 9. Jahrhundert, also in der langobardischen oder fränkischen Zeit des Herzogtums Spoleto, denken.

Die Kirche **San Ponziano**, die etwas unterhalb von San Salvatore fünf Gehminuten entfernt liegt, wirft derlei Datierungsprobleme nicht auf. Sie wurde um 1200 über dem Grab des heiligen Pontianus errichtet, der im Jahr 175 wegen seines christlichen Glaubens mit dem Schwert hingerichtet wurde. Daher rührt der lokale Brauch, am Festtag des Heiligen, dem 14. Januar, das Brot nicht mit dem Messer zu schneiden. Da im Jahr 966 Bischof Balderich von Utrecht, der sich in Begleitung Kaiser Ottos I. auf Romfahrt befand, Reliquien des Märtyrers in die Heimat mitgenommen hatte, kommt Pontianus die ungewöhnliche Ehre zu, Stadtpatron von Spoleto und Utrecht zu sein.

Die Kirche ist heute noch von der mittelalterlichen Mauer des Klosters umgeben, das hier seit dem 10. Jahrhundert nachweisbar ist. Die renovierungsbedürftige, nicht allzu aufwendig gestaltete Fassade ist durch Gesimse und Bogenfriese horizontal gegliedert. Die Füllungen der Fensterrose sowie der beiden Zwillingsfenster daneben sind nicht mehr vorhanden. Dagegen sind die Reliefs der Evangelistensymbole, die im Viereck um das Rundfenster gruppiert sind, wie auch die Reliefverzierung der einfachen Portaleinfassung noch gut zu erkennen. Während der mächtige Campanile alle Zeiten gut überdauert zu haben scheint, sind die Portal-Löwen wohl kaum mehr zu retten. Einen Blick von außen verdienen die drei mit Bogenfriesen und Lisenen geschmückten Apsiden.

Durch die in der Regel verschlossene Kirche führt ein Kustode, den man in dem links anschließenden Gebäudetrakt finden kann. Selbst sein gut gemeinter Redeschwall vermag nicht darüber hinwegzutrösten, daß der kleine Innenraum 1788 neoklassizistisch umgestaltet wurde; erhalten haben sich einige Kapitelle aus dem 8. Jahrhundert. Entschädigung bietet der Gang in die Krypta; der Kustode macht dabei auf zwei Särge, einen langobardischen und den eines florentinischen Ritters der Medici-Zeit aufmerksam, der in Spoleto an der Pest verstarb. Links neben den Stufen, die zur Krypta hinabführen, steht ein Meilenstein von der Via Flaminia.

Doch all das verblaßt vor der Raumwirkung der Krypta selbst, die – wie mehrfach in Umbrien zu beobachten – fünf Schiffe aufweist, indem das mittlere Schiff nochmals in drei kleinere unterteilt wurde. Wieder finden sich römische Spolien verbaut. Im 14. und mehr noch im 15. Jahrhundert wurde die Krypta reich mit Fresken ausgeschmückt. Begeistert zeigt der Kustode einen Stein mit langobardischer Inschrift, frühchristlich-römische Sarkophage und das Bruchstück eines angeblich fränkischen Altars. Er erklärt das ›Geheimnis‹ der nach byzantinischem Vorbild im 14. Jahrhundert gemalten *Thronenden Muttergottes* im linken Seitenschiff der Krypta: Egal wo der Betrachter steht, sie schaut ihn immer an! Im rechten Seitenschiff scheint es ihm – »è tedesco?« – diebische Freude zu bereiten, bei dem Erzengel-Michael-Fresko des 14. Jahrhunderts in der Lünette auf eine Swastika (ein Hakenkreuz) hinzudeuten, die der Himmelsbote auf dem Mantel trägt. Interessanter erscheinen auf diesem Fresko jedoch die Nachweise für eine jahrhundertealte ›Touristen-Unsitte‹: So hat sich, in den Kalk geritzt, zum Beispiel ein gewisser Michael mit Namen und Jahreszahl 1516 sowie Malteserwappen verewigt.

Auf der anderen, den Kirchen San Ponziano und San Salvatore direkt gegenüberliegenden Seite der Stadt erhebt sich – zwischen Bäumen verborgen und von den angrenzenden, als Altersheim genutzten Klostergebäuden ein wenig zugedeckt –, die 1234 durch Papst Gregor IX. geweihte Kirche **San Paolo inter vineas**. Eine erste Kirche an diesem Platz ist bereits im 6. Jahrhundert nachweisbar. Ende des 9. Jahrhunderts richteten Nonnen – seit dem 13. Jahrhundert Klarissinnen – ein Kloster ein; 1396 traten Franziskaner ihre Nachfolge an. Von der Piazza della Libertà ist San Paolo durch den Viale Giacomo, anschließend rechts den Viale Martiri della Resistenza und dann links die Via San Paolo nach etwa 750 Metern in zehn Gehminuten erreichbar.

In der klar durch Lisenen und Gesimse gegliederten Fassade tritt, stärker noch als die zweifach gestufte, schmucklose Portaleinfassung, die große zwölfblättrige (erneuerte) Fensterrose hervor. Zur Besichtigung bekommt man, allerdings nur vormittags, den Schlüssel im Altersheim ausgehändigt. Im Inneren fasziniert die Weite des dreischiffigen Raumes, die durch den offenen Dachstuhl, die kaum wahrnehmbare Erhöhung des Presbyteriums um nur eine Stufe und die ausgewogenen Proportionen noch verstärkt wird. Im Querschiff haben sich vor 1234 geschaffene Fresken mit Motiven aus dem Alten Testament erhalten; die Fresken in der Chorapsis, welche die heilige Lucia und den heiligen Paulus zeigen, stammen aus dem 14. Jahrhundert.

San Pietro fuori le mura –
Auf den Monteluco, den »heiligen Hausberg« von Spoleto

Ein Besuch der Kirche San Pietro fuori le mura läßt sich gut mit einer Fahrt auf den Monteluco verbinden. Dazu hält man sich, von der Stadt herkommend, Richtung Terni, überquert die SS 3 und fährt geradewegs auf die weithin sichtbare, in den grünen Abhang des Colle San Giuliano gebettete Kirche **San Pietro** zu. Sie wurde zwar 1699 im Inneren umfassend barockisiert und auch äußerlich beeinträchtigt, doch im wesentlichen blieb die Fassade des 12./13. Jahrhunderts mit ihrer für Umbrien typischen Aufteilung in rechteckige Felder und ihrem einzigartigen Reliefschmuck erhalten. Dieser wurde um 1200 von Meistern geschaffen, die unter lombardischem Einfluß standen. Die Symbolsprache der Darstellungen ist nicht immer eindeutig zu erschließen, läßt aber – im wörtlichen Sinn – plastisch nachempfinden, wieviel Zeit zwischen den Schöpfern dieser Kunstwerke und den heutigen Betrachtern verflossen ist. Sie spiegelt auch etwas von der Bedeutung des Platzes wider, an dem man sich hier befindet. Denn an dieser Stelle neben der Via Flaminia gründete vermutlich schon im Jahr 419 der Bischof Achileus über einer eisenzeitlichen Nekropole eine erste Petrus-Kirche, nachdem er aus Rom Reliquien von der Kette des heiligen Petrus erhalten hatte. Diese Kirche dürfte die erste Bischofskirche von Spoleto gewesen sein.

Vor den Toren Spoletos

Die Reliefdarstellung über dem linken Seitenportal zeigt den Erzengel Michael als Drachentöter, über dem rechten Seitenportal einen heiligen Bischof. Auch die Relieffelder unterhalb des Giebeldreiecks sind noch einfach zu deuten: links oben der heilige Petrus, darunter ein – wie Christus zum Opfer vorgesehener – Stier; rechts oben entsprechend (vermutlich) der heilige Andreas und darunter erneut ein Stier. Wesentlich schwieriger sind die beiden von oben nach unten angeordneten Reliefreihen der Erdgeschoßfassade zu ›lesen‹. Links sieht man 1) wie Christus Petrus und Andreas die Füße wäscht, 2) die Berufung der beiden Apostel, 3) einen Wolf (als Symbol für einen Dämon), der sich tot stellt, sowie Raben (Symbole für die Seelen), 4) ein Widder entkommt einem Wolf, der in einem Buch liest, und 5) einen Löwen (Symbol für Christus), der einen Drachen bekämpft. Rechts sieht man von oben nach unten 1) den Tod des reuigen Sünders, den Petrus von seinen Fesseln befreit, während ein Dämon mit einem Schild seine Verärgerung über die für ihn verlorene Seele preisgibt: »DOLEO Q[UIA] AN[TE] E[RAT] MEUS« – (»Es schmerzt mich, weil er vorher mir gehörte«), 2) den Tod des nicht bereuenden Sünders, den zwei Dämonen quälen und dessen Seele sich in kochendes Wasser stürzt, während sich Michael mit der Waage entfernt, 3) einen Holzfäller, der – wohl zum Zeichen menschlicher Überlegenheit – die Pranke eines Löwen in einen Baumstamm klemmt, 4) einen Menschen, der vor einem Löwen kniet, und 5) einen Löwen, der einen Soldaten angreift, wobei der Löwe wiederum für Christus steht. Sehr schön sind auch die Reliefs direkt an den Türpfosten des mittleren Portals, die unter anderem Bauern mit Ochsengespannen zeigen.

Danach geht es auf der schmalen Straße weiter bergwärts. Man gewinnt durch schattigen Wald hindurch rasch an Höhe und genießt ein ums andere Mal einen prächtigen Blick auf Spoleto und die grandiose Ebene dahinter. Bald fordert ein gelbes Hinweisschild zum Unterbrechen der Fahrt bei der Ruine der romanischen Kirche **San Giuliano** aus dem 12. Jahrhundert auf, wobei der Ablauf des Halts von den Gegebenheiten diktiert wird. Zunächst: Begeisterung über die Aussicht bis Spello, Assisi und Montefalco – aus nunmehr 628 Metern Höhe. Dann: Schlüsselholen in der einsamen Trattoria und Innehalten vor dem romantischen Drillingsfenster in der ansonsten sehr ramponierten Kirchenfassade, die nur noch geringfügige Teile der von dem syrischen Mönch Isaak im 6. Jahrhundert erbauten Vorgängerkirche aufweist. Schließlich: Besichtigung des dreischiffigen Inneren samt eingehender Betrachtung der Fresken, die der sogenannte Meister von Eggi 1442 in der Apsis anbrachte. Und endlich: Rückgabe des Schlüssels in der Trattoria und ausgedehnter Aufenthalt in derselben.

Das empfehlenswerte ›Laufen nach dem Essen‹ läßt sich 2,5 Kilometer weiter oben, beziehungsweise noch 200 Meter höher, auf dem Monteluco inmitten einer ausgedehnten, von bequemen Spazierwegen durchzogenen Waldlandschaft und bei bester Luft absolvieren. Schon der heilige Franziskus wußte die Örtlichkeit – ebenso wie heute etliche Kurhotels – zu schätzen, als er hier 1218 eine Einsiedelei gründete. Das kleine Kloster **San Francesco**, das daraus hervorging, wählte auch der heilige Bernhardin von Siena 1430 zu einem Aufenthalt. Heute ist der beschauliche Ort ein beliebtes Pilgerziel. Auf dem Weg zur Gipfelterrasse kommt man an einem Gedenkstein mit lateinischer Inschrift vorbei; bei diesem handelt es sich um die Nachbildung der sogenannten *Lex spoletina*, also des Gesetzes von Spoleto, das im 3. Jahrhundert v. Chr. der ›Heiligkeit‹ des Eichenwaldes Rechnung trug und seine Zerstörung unter Strafe stellte. Recht so. Man sollte auch künftig mit dem heiligen Franziskus von hier oben ausrufen können: »Nil iucundius vidi valle mea spoletana« – »Nie habe ich etwas Angenehmeres als meine Valle Spoletana gesehen!«

Die Valnerina

Das malerische Tal des Nera nördlich von Terni

Das Tal des Nera gehört zu den landschaftlich reizvollsten Mittelitaliens. Tief haben sich seine Wasser in die Berge eingegraben, an deren steilen Flanken sich Wald und Buschwerk bis an die Ufer herabziehen. Trotz der Straße, die das Tal durchläuft, ist es eine einsame Gegend geblieben. Dieser Vorzug, der vor langer Zeit frühe Christen zur Ansiedlung von Klöstern und Eremiteien anlockte, wird heute – außer von den vielen Anglern – als Nachteil empfunden. Zahlreiche Erdbeben haben ihr übriges getan, und immer mehr Menschen wandern ab. Diejenigen, die ausharren, müssen zusehen, wie ganze Dörfer verfallen. Andere wehren sich um so vehementer gegen die Auszehrung und setzen alles daran, ihre Örtchen herauszuputzen. Sie erweisen sich ihrer Vorfahren würdig, eines Menschenschlages, der an der schroffen Natur selbst hart geworden war, sich nicht unterkriegen ließ und selbst so mächtigen Gegnern wie den Päpsten oder der Stadt Spoleto Paroli bot. Ihren Gerechtigkeitssinn nannten die Mächtigen Unbotmäßigkeit, ihre Unnachgiebigkeit Starrsinn und ihre Freiheitsliebe Aufrührerei. Andere suchten, der Not gehorchend, ihr Glück – doch was heißt Glück: ihre Überlebenschance – außerhalb des Tales und schlugen sich, nicht immer auf dem schmalen Pfad von Tugend und Gesetz wandelnd, mehr schlecht als recht durch.

Doch zehn Kilometer nordöstlich von Terni, auf der Straße Nr. 209, zunächst eine beschauliche Fahrt durch Wiesengrün und geordnete Fluren: Das Tal des Nera ist so weit, daß man kaum von einem solchen sprechen kann. Rechter Hand auf den Hügeln rückt zunächst Casteldilago und dann **Arrone**, ein betriebsames Örtchen mit 1100 Einwohnern, in den Blick. Erst in der Oberstadt wird man gewahr, daß zahlreiche Häuser aufgegeben und verlassen sind. Man gelangt dorthin auf der Via del Castello, ausgehend von der Piazza Garibaldi an der Durchgangsstraße, wo sich die hübsche Kirche Santa Maria Assunta befindet. Ihr Portal ist aus dem 15., die Fresken aus dem 15. und 16. Jahrhundert. In der linken Apsis steht eine ansprechende Gruppe von Terrakottastatuen, die Johannes den Täufer, Maria und Benedikt darstellen. Die Fresken in der mittleren Apsis mit der *Krönung Marias* stammen von 1516, das Madonnen-Fresko in der rechten Apsis von 1544.

Über den Nera zurück auf die Straße 209 halten fünf Kilometer weiter nördlich, links und rechts des Talschlusses, die beiden Burgruinen von **Ferentillo** in malerischer Lage Wacht: Sie sind die Vorboten der eigentlichen Nera-Schlucht. Während auch hier die oberen Häuser am Hang zum Teil der Verwitterung überlassen sind, siedeln sich zunehmend die Einwohner – jetzt bald 1200 – im Tal an. Im Ortsteil Matterella, links der Straße, steht die Kirche Santa Maria aus dem 15./16. Jahrhundert. Ungleich mehr Zulauf erfährt allerdings der rechts der Straße gelegene Ortsteil Precetto mit der (ausgeschilderten) Kirche Santo Stefano. In ihrer Krypta kann man gut zwanzig Mumien besichtigen. Ein makabrer Anblick. Der gute Erhaltungszustand der Mumien läßt sich auf den hohen Nitrat- und Salzgehalt im Boden und die natürliche Belüftung im porösen Felsgestein zurückführen. Falls die Kirche verschlossen ist, benachrichtigt man an der Piazza Civica Nr. 2 einen Kustoden.

Begleitet vom munteren Wasser des Nera, fordert ein Hinweisschild etwa vier Kilometer hinter Ferentillo zum Besuch der Abtei **San Pietro in Valle** auf, die man auf einer etwa zwei Kilometer langen Naturstraße erreicht. Inmitten einer malerisch grünen Szenerie, von wo sich ein schöner ›Rückblick‹ zum Talschluß von Ferentillo, auf den Buschsaum der Nera-Ufer im Tal und auf ein verlassenes Bergnest gegenüber bietet, ducken sich die natursteinfarbenen Gebäude der einsamen Klosteranlage unter die steile, bewaldete Wand des Monte Solenne: Archaische Anmut und in sich gekehrte Friedfertigkeit greifen ineinander. Historische Botschaft und christlicher Heilsplan – hier erfährt man wieder ein Stück von der ursprünglichen Idee, der Kraft, mit der das frühe Christentum seine Umgebung in den Bann schlug.

Nach der örtlichen Überlieferung sollen sich an diesem Platz im 6. Jahrhundert zwei Mönche aus Syrien, Johannes und Lazarus, als Eremiten niedergelassen haben. Ein Traum bewegte den Langobardenherzog Faroald II. dazu, über ihren Gräbern die Abtei errichten zu lassen. Nachdem Faroald im Jahr 720 durch seinen Sohn Transamund II. abgesetzt worden war, zog er sich selbst in das Kloster zurück, wo er acht Jahre später starb. Für kurze Zeit wurde die Abtei zur Grablege der Herzöge von Spoleto; auch Transamund II. und Hilderich wurden 739 beziehungsweise 740 hier beigesetzt. Der letzte Herzog, der auf seine weltliche Macht verzichtete und sich in die Abgeschiedenheit des Klosters zurückzog, war 822 der Franke Winigis. Unter dem Schutz des Bischofs von Spoleto, dem König Lothar I. 840 die Abtei anvertraute, wurde ihr Territorialbesitz vergrößert, und sie beherrschte weite Teile der Valnerina. Doch der Aufstieg der Abtei erlebte eine jähe Zäsur: 881 wurde sie von Sarazenen zerstört, die marodierend die ganze Sabina und die Valnerina durchstreiften. Erst als sich Kaiser Otto III. 996 und Kaiser Heinrich II. 1016 um ihren Wiederaufbau kümmerten, fand sie noch einmal zu ihrer alten Bedeutung zurück. 1234 wurde sie von Zisterziensern übernommen. Der wachsende Wohlstand tat indes nicht gut. Als es zu Erhebungen einiger zur Abtei gehörender Burgen und zu Streitigkeiten unter den Mönchen kam, in deren Folge zwei Äbte ermordet wurden, unterstellte Papst Bonifatius VIII. die Abtei direkt dem Laterankapitel. Ab Ende des 15. Jahrhunderts wurde sie an Adlige als Lehen vergeben und fiel 1860 an die Gemeinde Ferentillo.

Da man an die Kirche durch einen Hof von Osten herantritt, geraten die drei ziegelgedeckten Apsiden, die Giebelfelder der Kreuzarme und der eigenartige, rechteckige Tambour über der Vierung zur ›Schauseite‹. Diese Art der Anlage über dem Grundriß eines Andreaskreuzes verrät zu viele Übereinstimmungen mit der Kirche von Cluny von 981 und der Kirche St. Michael in Hildesheim von 1010, als daß man sie als zufällig abtun könnte und sich nicht an den Einsatz der Sachsenkaiser für den Wiederaufbau erinnern würde. Kurz gesagt: Die Abtei erweist sich als ein ottonisches Gebäude und dürfte in der jetzigen Gestalt spätestens Anfang des 11. Jahrhunderts entstanden sein. Der prächtige, fünfstöckige Campanile daneben ist allerdings dem 12. Jahrhundert zuzurechnen. Vom Hof des Klosters, dessen Gebäude im wesentlichen aus dem 15./16. Jahrhundert stammen, gelangt man in den doppelgeschossigen, von Arkaden beherrschten, engen Kreuzgang. Links und rechts vom Seiteneingang sieht man zwei Reliefs. Sie wurden vermutlich im 12. Jahrhundert angefertigt und zeigen den heiligen Petrus und den heiligen Paulus.

Im Inneren wartet die dunkle einschiffige Kirche mit zahlreichen weiteren Besonderheiten auf. Während das gestreckte Langhaus flachgedeckt ist, zeigen sich die Querarme und das Joch vor der Hauptapsis tonnen- und die rechteckige Vierung kreuzgratgewölbt. Dazu kommt an den beiden Wänden des Langhauses ein einzigartiger romanischer – wenn auch noch stark byzantinisch beeinflußter – Freskenzyklus (seit 1993 in Restaurierung), einer der bedeutendsten Italiens aus der zweiten Hälfte des 12. Jahrhunderts. Die Bildfolge an der linken Wand ist Motiven aus dem Alten Testament vorbehalten. Im Fensterbereich sieht man, links beginnend, 1) die Erschaffung der Welt, 2) die Erschaffung Adams, 3) die Erschaffung Evas, 4) die Benennung der Tiere durch Adam, 5) den Sündenfall, 6) die Verweisung aus dem Paradies und 7) die Vertreibung aus dem Paradies. In der Reihe darunter, wieder links beginnend, erkennt man 8) das Opfer von Kain und Abel, 9) die Ermordung Abels durch Kain, 10) den Sendungsauftrag Noahs, 11) den Bau der Arche, 12) (vermutlich) die Danksagung Noahs, 13) Abraham mit den drei Engeln, 14) die Opferung Isaaks und 15) die Segnung Jakobs durch Isaak. In der untersten Reihe ist als einziges Fresko – unterhalb von Bild 10) – 16) die Darstellung (vermutlich) Josefs und Benjamins erhalten. Die römischen Architekturfragmente, Inschriften und Sarkophage, die sich an dieser Wand befinden, lassen darauf schließen, daß an diesem Platz oder in der unmittelbaren Umgebung eine römische Siedlung existierte.

Auf der rechten Wand des Langhauses sind, von links einsetzend, im wesentlichen Szenen aus dem Neuen Testament wiedergegeben. Nur in Höhe des Fensterbereichs finden sich zwischen erstem und zweitem Fenster noch Samuel und Daniel aus dem Alten Testament und zwischen drittem und viertem sowie zwischen fünftem und sechstem Fenster jeweils zwei Engel abgebildet. In der Reihe unterhalb des Fensterbereichs sieht man dann von links,

In die Abgeschiedenheit der Valnerina
›verführt‹ ein Besuch der Abtei San Pietro in Valle,
bei der die Zeit stehengeblieben zu sein scheint.

beginnend unter dem ersten Engelpaar, 1) die Verkündigung an die Hirten, 2) die Anreise der Heiligen Drei Könige, 3) die Anbetung Jesu durch die Könige, 4) die Abreise der Könige, 5) die Ermordung der Kinder zu Bethlehem, 6) die Taufe Jesu und 7) die Hochzeit zu Kana. Die Bildreihe darunter setzt unterhalb des Bildes 3) ein und zeigt von links: 8) den Einzug Jesu in Jerusalem, 9) das Abendmahl, 10) die Fußwaschung und, rechts außen, 11) die Kreuztragung. Aus der Reihe fällt das tiefergesetzte Petrus-Fresko von 1513. Der römische Sarkophag mit der Darstellung einer Wildschwein- und Antilopenjagd an derselben rechten Wand ist aus dem 3. Jahrhundert n. Chr.

Wahrlich Faszinierendes bietet aber auch der Vierungs- beziehungsweise Chorbereich. Am Hauptaltar, der nicht immer als solcher genutzt wurde, sondern erst bei den Restaurierungsarbeiten von 1930 vermutlich aus Teilen von Chorschranken zusammengefügt wurde, hat sich ein einzigartiges langobardisches Relief erhalten. Neben der Darstellung von drei großen Tragkreuzen, welche die Dreifaltigkeit symbolisieren, fallen vor allem zwei figürliche Darstellungen auf. Bei dem rechten ›Männchen‹ handelt es sich um einen Betenden, über dessen Haupt zwei Vögel aus einem Krug trinken; mit dem linken hat sich der Reliefkünstler selbst mit Namen verewigt: »URSUS MAGESTER FECIT« – »Meister Ursus hat [dies] geschaffen«. Links läßt sich von unten nach oben, trotz Beschädigung, die Bekundung des frommen Herrn entziffern, der das Kunstwerk »aus Liebe zum heiligen Petrus« und zu anderen Heiligen »zur Errettung [seiner Seele]« stiftete. Und diesen Herrn selbst glaubt man in dem »HILDERICUS« – wie am oberen Rand des Steines zu lesen steht –, also in dem Langobardenherzog Hilderich (739–742), zu erkennen.

Die Fresken in der Hauptapsis werden dem sogenannten Meister von Eggi zugeschrieben und sind wahrscheinlich um 1440/1450 entstanden. Vor dem Vierungspfeiler zwischen Haupt- und rechter Seitenapsis steht ein prächtiger römischer Sarkophag des 2. Jahrhunderts n. Chr., der an den Schmalseiten Greifen und damit – ungewollt – das Wappentier Umbriens aufweist; in ihm soll Herzog Faroald II. 728 bestattet worden sein. Das Fresko in der kleinen rechten Apsis mit der *Thronenden Muttergottes, den Erzengeln Michael und Gabriel sowie dem Auftraggeber des Bildes* soll von einem Maler aus der Umgebung des jungen Giotto Anfang des 14. Jahrhunderts geschaffen worden sein. Der römische Sarkophag an der Wand des rechten Querarmes stammt aus dem 3. Jahrhundert n. Chr. Der Altar in der linken Apsis wurde aus zwei Sarkophagen zusammengesetzt; das Fresko dahinter von 1452 bildet die *Thronende Muttergottes mit zwei Heiligen* ab.

Das Neratal nördlich von Terni

Nach der Besichtigung der Kirche – oder nach Beendigung der Tour am Abend – sollte Zeit zu einem Besuch des Ristorante dell'Abbazia bleiben, das in einem der Klostergebäude Gäste gut bewirtet. Auf seine Kosten kommt man aber auch – an der Straße Nr. 209 knapp acht Kilometer weiter nördlich – im Ristorante Del Ponte, das direkt unterhalb des alten, frisch herausgeputzten Dorfes **Scheggino** auf der anderen Seite des Nera liegt. Im betongefaßten Wasserlauf beim Restaurant lassen sich die Forellen beobachten, die man gegrillt oder gebacken serviert bekommt. Im Mittelalter befand sich hier einer der seltenen Nera-Übergänge. In der Renaissance machte sich der Ort durch seine Kunstschmiede einen Namen, die selbst für den Petersdom und das Pantheon in Rom Schmuckgitter lieferten. Zur (meist geschlossenen) Kirche San Nicolà mit Bildern von Lo Spagna sind es nur wenige Meter vom Ortseingang aufwärts.

Wenn man weiterhin der Straße Nr. 209 folgt, führt nach circa 3,5 Kilometern – in Höhe der Abzweigung links nach Spoleto – rechts ein Feldweg zum romanischen ›Schmuckstückchen‹ **San Felice di Narco**, das man nach zweihundert Metern erreicht. Bis 1994 *in restauro* und unzugänglich, steht die Kirche nun leuchtend weiß im Wiesengrund am Nera. Sie wurde 1190 über dem Grab eines weiteren syrisch-umbrischen Heiligen errichtet, jenes in der ersten Hälfte des 6. Jahrhunderts verstorbenen Felix, der mit seinem Vater Maurus aus dem Orient nach Italien gekommen war. Die Fassade gibt sich typisch umbrisch: mit einer fein gearbeiteten Fensterrose und den Evangelistensymbolen im Viereck darum plaziert. Der Fries darunter zeigt zwei Szenen aus dem Leben des Heiligen – wie er einen Drachen tötet und den Sohn einer Witwe heilt. Auch das einschiffige Innere bietet mit dem offenen Dachstuhl und dem über der Krypta erhöhten Presbyterium Bekanntes. Das Christus-Fresko in der Apsis soll der sogenannte Meister von Eggi um 1440/1450 geschaffen haben; das Fresko, das an der linken Seitenwand die *Anbetung der Könige* zeigt, ist das Werk eines unbekannten Künstlers aus derselben Zeit. Der Sarkophag in der Krypta gilt als Grabmal des heiligen Felix.

Ein anderer Weg nach San Felice verläuft auf einer Naturstraße am linken Nera-Ufer und erlaubt einen Abstecher nach **Sant'Anatolia di Narco**. Dazu biegt man, von Scheggino kommend, nach circa drei Kilometern rechts ab. Der Zufall archäologischer Funde aus der Altsteinzeit erlaubt es dem Ort, sich als einen der ältesten Umbriens zu bezeichnen. Wer nicht zum Ort hinauffahren und auf die Besichtigung der Kirche Santa Maria delle Grazie (erbaut von 1572–1575), der Kirche Sant'Anatolia (14. Jahrhundert, Madonnenfresko des

Die Valnerina

Meisters von Eggi aus der Mitte des 15. Jahrhunderts) sowie der Befestigungsreste (12. Jahrhundert) verzichten mag, biegt etwa hundert Meter nach Überquerung des Nera links in einen Feldweg ab. Dort sieht man gleich rechts einen mittelalterlichen Brunnen. Nach einer neuerlichen Nera-Überquerung gelangt man von der anderen Seite zur Kirche San Felice di Narco.

Von hier geht es weiter auf der Straße Nr. 209 an Castel San Felice vorüber, das rechts von einem Hügel grüßt, und nach knapp zwei Kilometern rechts ab nach **Vallo di Nera**. Man erreicht eine Höhe von 467 Metern, von wo man noch im Frühjahr auf die Schneefelder des 1685 Meter hohen Monte Coscerno blickt. Am Eingang des völlig restaurierten, mittelalterlichen Burgdorfs liegt die äußerlich schmucklose Kirche Santa Maria, die geöffnet wird, nachdem man die Klingel am Tor des Anwesens links daneben betätigt hat. Die Fassadenfront wirkt trotz der – einfachen – Fensterrose und der spitzbogigen, mit Säulen, Kapitellen und zwei Löwen angereicherten Portaleinfassung abweisend beziehungsweise franziskanisch bescheiden. In der Tat wurde das Gotteshaus Ende des 13. Jahrhunderts als Franziskanerkirche erbaut. Es ist jedoch überreich mit Fresken des 14. und 15. Jahrhunderts ausgestattet, die teilweise gut, teilweise nur fragmentarisch erhalten sind und mitunter lesbare Datierungen aufweisen. Die Apsis wurde von Cola di Pietro da Camerino und Francesco di Antonio 1383 vollständig ausgemalt. Etwas höher in dem malerischen Burgdorf mit seiner kreisförmigen Straßenanlage kommt man an einem kleinen Platz mit Brunnen, wo meist mehrere Katzen neugierig auf ihrem Beobachtungsposten sitzen, zur Kirche San Giovanni Battista aus dem 13. Jahrhundert. Ihre Fassade ziert eine zehnblättrige, restaurierte Fensterrose. Meldet man sich beim Pfarrhaus daneben, kann man in der bis ins 18. Jahrhundert umgestalteten Kirche Apsis-Fresken von Jacopo Siculo aus dem Jahr 1536 betrachten.

Bei Fortsetzung der Fahrt auf der Straße Nr. 209 durch die nun enge Nera-Schlucht – ein wahres Anglerparadies – besteht eingangs von **Borgo Cerreto** die Möglichkeit, nach rechts, Richtung Ponte, abzubiegen. Noch im Tal passiert man nach Überquerung des Nera rechts, von der Straße etwas zurückgesetzt, die Kirche San Lorenzo aus dem 13. Jahrhundert mit ansprechendem Portal und Fensterrose und im Inneren mit einem Kreuzabnahme-Fresko von 1320/1330. Das 441 Meter hoch gelegene 140-Seelen-Dorf **Ponte** selbst, das malerisch über der Nera-Schlucht am Felsen hängt, wartet mit der Kirche Santa Maria auf, die gegen 1200 errichtet wurde. Ihre hervorragend restaurierte, blütenweiße Fassade erinnert stark an die Kirche San Felice di Narco und bietet mit der in ein Viereck eingeschriebenen Fensterrose, den Evangelistensymbolen in den Zwickeln des Vierecks und der gestuften Portaleinfassung ein Paradebeispiel umbrischer Romanik.

Quer über das nach Norden sich weitende Tal hinweg blickt man nach **Cerreto di Spoleto** hinüber, in dem nur noch 372 Menschen leben. Sie sind die letzten *Ciarlatani*, »Scharlatane« – ein Begriff, der aus der Verbindung von *Cerretani*, der Bezeichnung für die Einwohner von Cerreto, und *ciarlara*, »schwatzen«, entstanden sein soll –, die in dem verschlafenen, frisch herausgeputzten Städtchen ausharren, vielleicht in dem Bewußtsein, daß sie die einzigen ›Berühmtheiten‹ ihres Heimatortes sind. An der weiten Piazza, an der sich neben dem ehemaligen Palazzo Comunale aus dem 15. Jahrhundert noch einige Palazzi des 17. Jahrhunderts befinden, läßt es sich gut von alten Zeiten träumen, in welchen weit mehr *bambini* als heute in der Kirche Santa Maria Annunziata über dem hübschen, achteckigen Taufstein von 1546 getauft wurden.

Norcia und die Bergwelt des Ostens

Die Strecke von Triponzo durch die wilde Schlucht des Corno bietet eine beeindruckende Fahrt in die abgeschiedene Bergwelt von Umbriens Osten. Hinweise auf Steinschlag sind hier durchaus ernst zu nehmen. Die Erde kommt nicht zur Ruhe. Ein Blick hinauf zum Örtchen Bisella, das am steilen Abhang liegt, erinnert an die verheerende Kraft des letzten starken Erdbebens im Jahr 1979. In Serravalle wechselt die Straße in die Schlucht des Sordo über, die sich alsbald zu einer grandiosen Aussicht auf die bis zu 1719 Meter hohe Bergkette weitet, hinter welcher sich mit dem Piano Grande eine der bemerkenswertesten europäischen Hochebenen verbirgt.

Norcia: Geburtsort des heiligen Benedikt von Nursia

Vor dieser Bergkette liegt in der Ebene des Piano di Santa Scolastica das mit seiner mittelalterlichen Mauer rundum bewehrte Norcia, das »Nursia« der Römer, das auf den Namen einer etruskischen Glücksgöttin zurückzuführen sein soll. Die Römer, die sich ab 292 v. Chr. hier festsetzten, wußten von den rauhen Wintern in dieser Region; Vergil nannte die Stadt »frigida Nursia«, das

»kalte Norcia«. Es brachte nicht weniger rauhe Männer hervor, zum Beispiel den politischen Abenteurer Quintus Sertorius (123 – 72 v. Chr.), der im Zuge seines Widerstands gegen die Diktatur Sullas in Spanien einen Exilsenat ins Leben rief. Im Bürgerkrieg 41/40 v. Chr. stand die Stadt auf der ›falschen‹ Seite und wurde dafür vom späteren Kaiser Augustus schwer heimgesucht. Ausgerechnet durch einen der bedeutendsten christlichen Heiligen, Benedikt von Nursia, ist der antik-heidnische Stadtname noch heute in aller Munde. Er wurde um 480 in Norcia geboren, gilt als Begründer des abendländischen Mönchtums, gab dem ältesten Orden, den Benediktinern, seinen Namen sowie – als ›Verfassung‹ dieser ältesten mönchischen Gemeinwesen – die sogenannte Benediktiner-Regel; heute wird er als »Patron Europas« verehrt (s. S. 71 ff.).

Die Eroberung der Stadt durch die Goten 532, die Langobarden 576 und die Sarazenen 829 konnte er ebensowenig verhindern, wie er die Einwohner vor den Erdbeben der Jahre 1328, 1567, 1703, 1730, 1859, 1971 und 1979 zu beschützen vermochte. Als wirksamer erwiesen sich mit der Zeit die Verstärkungen der Hausmauern sowie die Beachtung der seit 1859 gesetzlich verordneten Höchstgrenze von 12,50 Metern Höhe für Wohnbauten. Daß dem Städtchen mit seinen 2 700 Einwohner die besondere Ausstrahlung abgeht, von welcher man sich andernorts gefangengenommen fühlt, hängt sicherlich mit den häufigen, durch Erdbebenschäden bedingten Erneuerungen und der auf Sicherheit bedachten Bauweise zusammen. In ganz Italien berühmt ist Norcia für seine Würste und Schinken sowie die delikaten schwarzen Trüffeln, die im Februar auf einem eigens abgehaltenen Markt frisch angeboten werden.

Es empfiehlt sich, den Wagen vor der Porta Romana zu parken, auf die man aus Richtung Serravalle zufährt. Vom Parkplatz geht man durch das Tor von 1869 auf dem Corso Sertorio geradeaus in drei bis vier Minuten zur zentralen Piazza San Benedetto, in deren Mitte 1880 das Denkmal des heiligen Benedikt aufgestellt wurde. Um die Piazza gruppieren sich die wichtigsten Sehenswürdigkeiten der Stadt: Auf der linken Seite erhebt sich der Palazzo Comunale, rechts schließt die Kirche San Benedetto an, auf derselben Seite ganz rechts der Dom Santa Maria Argentea und gegenüber seiner Frontfassade die Castellina, die Festung.

Vom mittelalterlichen **Palazzo Comunale**, in dem seit 1994 wieder die Stadtverwaltung residiert, hat sich lediglich der Portikus aus dem 14. Jahrhundert erhalten. Das Hauptportal stammt aus dem Ende des 16. Jahrhunderts. Der

Turm wurde 1713, die Freitreppe und die geschlossene Loggia im Obergeschoß erst 1876 errichtet. In einer Wandnische der Palastkapelle, die sich hinter dem Ratssaal befindet, ist das ein Meter hohe Reliquiar zu sehen, das 1450 als Behältnis für einen Zahn Benedikts angefertigt wurde. Links an den Palazzo grenzt das Teatro Comunale aus dem 19. Jahrhundert, das nach der Brandkatastrophe von 1952 erst im Dezember 1993 wieder eröffnet wurde.

Die **Basilika San Benedetto** steht an der Stelle einer Kirche, die vermutlich bereits im 6. Jahrhundert über dem Elternhaus des heiligen Benedikt und seiner (Zwillings-) Schwester, der heiligen Scholastika, erbaut wurde. Die jetzige Fassade mit dem gotischen Portal und der nach 1859 teilweise erneuerten, von einem Viereck mit den Evangelistensymbolen umgebenen Fensterrose wurde Ende des 14. Jahrhunderts gestaltet. Die Skulpturen über dem Portal zeigen rechts Benedikt, links Scholastika. Die durchgreifende Neugestaltung des einschiffigen Inneren im 18. Jahrhundert hat von dem mittelalterlichen Bau nur den Chorbogen belassen. Die bildlichen Darstellungen – Fresken und Altarbilder – gehen auf das 16. Jahrhundert zurück. Das große Ölgemälde im linken Querschiff, das den Gotenkönig Totila vor Benedikt kniend zeigt, hat Filippo Napoletano 1621 gemalt. Zur relativ großen Krypta steigt man tief hinab. Unten sieht man an der linken Seitenwand durch ein Gitter die Reste eines römischen Hauses aus dem 1. oder 2. Jahrhundert mit Anbauten von circa 450, das als Geburtshaus Benedikts und seiner Schwester angesehen wird. An die rechte Seitenwand der Kirche wurde im 17. Jahrhundert die Loggia dei Mercanti angefügt; in ihr sind steinerne Gefäße aufgestellt, Hohlmaße, die eine korrekte Bemessung von Hülsenfrüchten oder Getreide zuließen.

Der **Dom Santa Maria Argentea** wurde 1560 erbaut und infolge der Erdbebenschäden von 1703, 1730 und 1859 immer wieder erneuert. Das gotische Seitenportal wurde von einem ersten Dombau übernommen, der an der Stelle der jetzigen Festung stand. Die Bezeichnung »Silberne Maria« rührt von dem Bild der Madonna mit silberner Krone her, das im dreischiffigen Inneren rechts vor der Vierung gezeigt wird. Der auffallende, mit Einlegearbeiten verzierte Marmoraltar ist ein Werk von 1640/1641. Links neben dem Dom gelangt man auf der Via Zara zu dem wegen Baufälligkeit geschlossenen Kirchlein **San Lorenzo**, das auf das 5. Jahrhundert zurückgeht und wegen der römischen Spolien, die in seine Mauern eingefügt sind, Beachtung verdient.

Das kleine, zweigeschossige Renaissance-Kastell, die **Castellina**, wurde zwischen 1554 und 1563 nach Plänen von Vignola für Papst Julius III. beziehungsweise für die Gouverneure des Kirchenstaates ausgeführt. Die quadratische Anlage mit den vier Eckbastionen diente bis 1960 als Gefängnis. Das schon einmal kurzzeitig darin untergebrachte Museum soll in Kürze wieder öffnen. Rechts von der Castellina schaut man durch die Via Cesare Battista geradeaus bis zur Kirche **San Francesco** aus dem 14. Jahrhundert, von der man seit dem letzten Erdbeben zu retten versucht, was zu retten ist. Allzuviel wird es nicht sein. Sehenswert ist das gestufte, reich verzierte gotische Seitenportal.

Zu einem kleinen Rundgang, der ins ehemalige Viertel der Hirten, in den »Quartiere Capolaterra«, führt, startet man rechts neben der Kirche San Benedetto. Hinter dieser hält man sich links und erreicht auf der Via Anicia die Kirche **Sant'Agostino** aus dem 14. Jahrhundert. Das Fresko von 1368 im Bogen des gotischen Portals zeigt eine *Madonna mit Kind nebst den Heiligen Agostinus und Nicola da Tolentino*. In dem im 17. Jahrhundert erneuerten, doch immer noch reich mit Fresken des 14. bis 16. Jahrhunderts ausgestatteten Inneren stechen insbesondere die Orgel und die Schnitzaltäre hervor. Das *Pestbild* am ersten Seitenaltar links, das die Heiligen Rochus, Sebastian und Barbara zeigt, wird ins beginnende 16. Jahrhundert datiert und einem Schüler von Lo Spagna zugeschrieben.

Weiter auf der leicht ansteigenden Via Anicia gelangt man an der Wegkreuzung links durch die Via Umberto zum sogenannten **Tempietto**. Mit seinem hohen Sockel und den Rundbögen einerseits wirkt er wie ein römischer Grabbau, erinnert aber auch an architektonische Formen der Frührenaissance. Doch beides trifft in diesem Fall nicht zu: Nach Aussage einer Inschrift ließ ein gewisser Vanni Tulie 1354 das »Tabernakelhäuschen« errichten, um damit ein Gelübde einzulösen. Während man von hier die Via Umberto bis zur Porta San Giovanni (oder Porta Valladonna) aus dem 14. Jahrhundert bis ans Ende gehen und dort nach links zur Porta Romana zurückkehren kann, findet man am Tempietto durch den Vicolo del Tempietto und die nächste Straße, die Via Cappellini, nach links zur Via Anicia und damit zur Piazza San Benedetto zurück.

Auf dem Weg dorthin lohnt es sich, in einer Trattoria, Pizzeria, Paneteria oder in einem der Läden noch vor der Piazza Station zu machen und sich an den Delikatessen vom Haus- oder Wildschwein und an den Gläsern mit dem dunklen, herben Honig nicht nur sattzusehen. Spätentschlossene können sich aber auch auf dem Rückweg zum Auto in den zahlreichen kleinen Läden am Corso Sertorio noch eindecken.

Der Piano Grande – Faszination einer Hochebene

Nach dem Verlassen der Stadt in Richtung Rieti/Ascoli passiert man nach circa 2,5 Kilometern auf der linken Seite die ehemalige Kloster- und jetzige Friedhofskirche **Santa Scolastica**, die seit dem Erdbeben von 1979 geschlossen ist. Danach fährt man nicht geradeaus weiter (wo – etwa dreizehn Kilometer entfernt – der Renaissance-Zentralbau der Kirche **Madonna delle Neve** aus dem 16. Jahrhundert allenfalls noch als Erdbebenruine zu bestaunen wäre), sondern biegt links Richtung Castelluccio ab. Die Straße führt stetig, mitunter auch steil bergauf und gewährt prächtige Ausblicke. Nach circa vierzehn Kilometern erreicht man auf einer Höhe von zwölf-, dreizehnhundert Metern die Baumgrenze. Von der freien Fläche oberhalb werfen sich gerne Drachenflieger in die aus dem Unterland aufsteigenden warmen Winde. Bei der nächsten Abzweigung, wo es geradeaus zum Skigebiet der **Forca Canapine** weitergeht, hält man sich erneut links – und wird bald darauf verblüfft abbremsen, fasziniert von dem Naturwunder des **Piano Grande**. Seine Einzigartigkeit läßt sich kaum beschreiben: Der Blick ›fliegt‹ geradezu acht Kilometer (Luftlinie) weit über die ringsum von hohen, kahlen Bergen – im Nordosten von den bis zu 2 476 Metern aufsteigenden Monti Sibillini – eingefaßte, ovale, absolut plane, baum- und strauchlose grüne Ebene zu dem Örtchen **Castelluccio** am nördlichen Talschluß. Im Winter monatelang von Schnee bedeckt, präsentiert sich ihr unermeßlicher Wiesengrund in der warmen Jahreszeit als wahres Blütenmeer. Castelluccio selbst liegt 1 452 Meter hoch; die Armut seiner gerade noch 230 Einwohner ist nicht zu übersehen: Ihren kargen Lebensunterhalt verdienen sie als Schafhirten oder durch den Anbau von Dinkel und Linsen *(lenticchie)*, die von Bäuerinnen im Ort feilgeboten werden. Etwas Leben zieht im Sommer durch Besucher der Drachenfliegerschule und die Bergwanderer ein, die Castelluccio zum Ausgangspunkt ihrer Tagestouren hinüber in die Region Marken, zum Monte Vettore, zum geheimnisvollen Lago di Pilato und zu den sagenumwobenen Sibyllengrotten, wählen. Ein bequemer Weg führt auch zum »Piano perduto«, der kleineren »verlorenen Ebene«, hinter Castelluccio.

Nach Norden zur Abtei Sant'Eutizio

Von Norcia orientiert man sich Richtung Ancarano und durchfährt hinter diesem Ort eine malerische Hochebene mit Dörfchen, Kirchlein und Burgruinen am Hang. Unmittelbar nach dem Ortsende von **Campi** liegt rechts an

Nach Norden zur Abtei Sant'Eutizio

der Straße die geschlossene Kirche San Salvatore, deren interessanter Fassade mit zwei Fensterrosen ein kleiner Portikus vorgebaut ist. Von Piedivalle – fünfzehn Kilometer von Norcia entfernt – sind es nach rechts (ausgeschildert) achthundert Meter zur **Abbazia di Sant'Eutizio**, die am felsigen Hang der Valle Castoriana liegt. Sie erhebt sich dort, wo der aus Syrien zugewanderte heilige Eutizius bereits im 5. Jahrhundert eine Einsiedelei eingerichtet hatte, der auch der heilige Benedikt von Nursia einen Besuch abstattete. Ihre Blütezeit erlebte die reich mit Grundbesitz versehene Abtei im 12. und 13. Jahrhundert. Nach dem ersten Anblick der Klosteranlage samt Kirche, der ein wenig enttäuscht, entschädigt die typisch umbrische Fassade der 1190 bis 1235 errichteten Kirche, zu welcher man durch das geöffnete Tor und einen gepflegten Hof gelangt: Im Viereck, um die schön gearbeitete Fensterrose gruppiert, die Evangelistensymbole, darunter das gestufte, rundbogige Portal. Von der Fassade geht der Blick steil empor zu dem Campanile des 17. Jahrhunderts, der erhöht über der Abtei auf einem Felsen steht. Das einschiffige Innere verrät Spuren späterer ›Nachbesserungen‹, welche die romanischen Proportionen beeinträchtigt haben. Während das Langhaus eine Balkendecke hat, ist der Hochchor von einem Rippengewölbe überdacht. In der im 14. Jahrhundert angebauten polygonalen Apsis hinter dem Altar befindet sich das Grabmal des heiligen Eutizius, das im Jahr 1514 wahrscheinlich Rocca di Tommaso schuf. Auf dem Altar ist ein Kruzifix aus dem 15. Jahrhundert zu sehen. Die Gewölbe der zweischiffigen Krypta unter dem Hochchor stützen sich auf zwei massive romanische Säulen.

Bei einem Abstecher in das circa zwei Kilometer entfernte **Preci**, das links von der Straße am Berg liegt, sollte man daran denken, welche Bedeutung diese einsame Gegend im 16. und 17. Jahrhundert besaß: Papst Sixtus V., Königin Elisabeth I. von England, der türkische Sultan Mehmed und die Kaiserin Eleonora Gonzaga gehören zu den illustren Gästen, die dem Ort ihre Aufwartung machten. Der Grund ihrer Reisen nach Preci waren die berühmten,

Wie ein Teil aus einer anderen Welt:
Castelluccio in einer Höhe von 1452 Metern.
Hier, über der Weite des Piano Grande,
ist Stille noch hörbar.

vor allem auf Star-Operationen spezialisierten Chirurgen, die ihre Ausbildung in der Abtei Sant'Eutizio erhalten hatten; ein bescheidenes Medizinmuseum im ersten Stock des Palazzo Comunale ist als kleine Würdigung ihrer Leistungen zu verstehen. Heute leben in dem vom Erdbeben des Jahres 1979 stark heimgesuchten Ort noch 383 Menschen.

Nach Cascia zur heiligen Rita und nach Monteleone

Von Norcia fährt man 6,5 Kilometer auf der Straße Nr. 396 nach Westen bis Serravalle, von wo es in südlicher Richtung auf der Straße Nr. 320 nochmals zwölf Kilometer auf landschaftlich schöner Strecke bis zu dem 653 Meter hoch gelegenen Cascia sind. Der Ort wirkt größer, als es seine 1 440 Einwohner vermuten lassen. Erdbebenbedingte Neubauviertel und eine unerwartet große Anzahl von Cafés, Einkaufsmärkten, Souvenirläden und Hotels bestimmen den ersten Eindruck. Doch bald wird man auch der vielen Busse gewahr, deren Passagiere allesamt *ein* Ziel ansteuern: Die Basilika Santa Rita, die zwischen den Häusern des bebauten Hanges mit ihren beiden schlanken, spitzen Türmen hervortritt. Die Auffahrt zur Basilika wie auch alle Fußwege zu anderen Kirchen in der Altstadt sind bestens ausgeschildert. Direkt links an der Straße liegt am Rand der alten Bebauung zunächst die 1424 erneuerte Kirche **San Francesco** mit einem Seitenportal aus dem 13. Jahrhundert.

Die **Basilica di Santa Rita** wurde von 1937 bis 1947 von dem am Vatikan tätigen Architekten Spirito Maria Chiapetta erbaut. Inwieweit sie dem Besucher – hier im konkreten Fall eher der Besucherin – gefällt, wird vom Grad der Religiosität abhängen, mit welchem man dem Geist der Heiligen zu begegnen sucht – wie eigentlich an allen Plätzen, wo Volksfrömmigkeit regiert, Kunst und Kitsch eng beieinander liegen. Eingestimmt von Geistlichen, die ihre ›Schäflein‹ nach Cascia geleiten und vor den Reliefs am Eingangsportal auf die hier szenisch dargestellten Lebenshöhepunkte der heiligen Rita verweisen, drängt sich täglich ein nicht abreißender Pilgerstrom in den dunklen Innenraum, bei dessen Gestaltung Geld keine Rolle gespielt zu haben scheint.

Rita – »die Schutzpatronin der Hausfrauen«

Die heilige Rita, der Cascia seine Entwicklung zu einer der bedeutendsten Pilgerstätten Italiens verdankt, gehört zu den »späteren« Heiligen. 1381 wurde sie in Roccaporena, fünf Kilometer von Cascia entfernt, geboren und in der Kirche Santa Maria in Cascia getauft. Gegen ihren Wunsch sei sie als junges Mädchen verheiratet worden. Die Brutalität ihres Mannes, dem sie zehn Jahre lang eine vorbildliche Gattin und Hausfrau gewesen sei, soll sie geduldig ertragen haben; zwei Kinder gingen aus dieser Ehe hervor. Doch unerwartet nahm ihr Lebensweg eine Wende: Ihr Mann, ein Soldat, wurde erschlagen; die beiden Söhne wurden von der Pest dahingerafft. Nach längeren Bemühungen gelang es ihr im Alter von 33 Jahren, in einen Augustinerinnenkonvent aufgenommen zu werden. Ab 1442 trat die nunmehr Einundsechzigjährige mit einem Dorn in der Stirn auf, der als Partikel aus der Dornenkrone Jesu gedeutet wurde und ihr schon zu Lebzeiten eine beträchtliche Verehrung eintrug. Und infolge der Fürbitten, mit welchen man sich fortan an sie wandte, hätten sich zahlreiche Wunder ereignet. Auch als sie nach mehrjähriger Krankheit am 22. Mai 1457 starb, hätten die Glocken in Cascia von selbst geläutet. Doch anders als beim heiligen Franziskus und der heiligen Klara ließ die Anerkennung ihrer Heiligkeit auf sich warten. Erst 1628 ließ sich Papst Urban VIII. herbei, sie seligzusprechen. Ihre Heiligsprechung erfolgte gar erst 1900 durch Papst Leo XIII.

Der Taufstein, über dem die heilige Rita getauft wurde, läßt sich in der etwas unterhalb der Basilika gelegenen Kirche **Santa Maria** links vorne bewundern. Mit einer ersten Erwähnung aus dem Jahr 856 gilt sie als die älteste Kirche des Ortes. Davon hat der jetzige einfache Bau – nicht nur wegen der häufigen Beschädigungen durch Erdbeben – nichts bewahrt, obwohl er im Erscheinungsbild immer noch insgesamt romanisch ist. Einer der beiden ehemaligen Portallöwen wurde in der Fassade vermauert; die Portale selbst sind Werke von 1535 beziehungsweise 1621. Das Grablegungs-Fresko an der Eingangswand schuf Nicolò da Siena um 1460. An kriegerische Zeiten erinnert das 1547 gemalte Bild am ersten Altar rechts, das einen Friedensschluß zwischen den

Guelfen und Ghibellinen in Cascia festhält. Weitere Fresken von Nicolò da Siena wären in der noch ein wenig unterhalb von Santa Maria gelegenen Kirche **Sant'Antonio Abbate** zu besichtigen, wenn diese nicht auf unabsehbare Zeit geschlossen wäre.

Die Auffahrt zur **Rocca** – 1456 erbaut, 1517 gründlich zerstört – und der geschlossenen Kirche **Sant'Agostino** daneben – 1380 erbaut, mehrfach umgestaltet – lohnt nicht; es sei denn, man will dem Pilgerrummel entfliehen und die schöne Aussicht genießen; man gelangt dorthin auf der Straße Richtung Rieti. Schon vor der Verehrung der heiligen Rita hat Cascia bewegte Zeiten erlebt. In der Antike war der Vorgängerort den Römern als »Cursula« bekannt. Bei einem Erdbeben im 1. Jahrhundert v. Chr. wurde er von Grund auf zerstört. Im Zuge des Krieges zwischen Ostgoten und Byzantinern um Italien wurde es 553 durch den byzantinischen Feldherrn Narses eingenommen. Vom Hochmittelalter an wehrte es sich gegen jede politische Macht, durch die es seine im 12. Jahrhundert erlangte kommunale Freiheit bedroht sah. Es kämpfte gegen die Stadt Spoleto, die ihr Territorium nach Osten auszudehnen trachtete, gegen den Stauferkaiser Friedrich II. und dessen Sohn Manfred und gegen die Gouverneure des Kirchenstaates, doch am Ende meist erfolglos.

Monteleone di Spoleto

Bleibt man auf der Straße Richtung Rieti, erreicht man nach zwölf Kilometern durch eine Landschaft, die bald Hochgebirgscharakter annimmt, **Monteleone di Spoleto**, wohin sich, ein wenig zu Unrecht, kaum ein Umbrien-Tourist ›verirrt‹. 978 Meter hoch, liegt es abgeschieden an der umbrischen Grenze. Nur noch 326 Einwohner hält es in dem von fast sämtlichen Erdbeben der Region schlimm heimgesuchten Ort. Seine glänzendste Epoche erlebte er von 1535 bis 1559 als selbständige Republik; die erhaltene Stadtmauer kündet noch davon. Zuvor unterstand es fast dreihundert Jahre lang der Stadt Spoleto. Eine Nekropole, die Archäologen in der Nähe aufdecken konnten, belegt jedoch eine Ansiedlung seit dem 9. Jahrhundert v. Chr. Bei der jüngsten Sanierung des meist wie ausgestorben wirkenden Ortes wurde viel Mühe darauf verwendet, die alte Bausubstanz zu bewahren. An höchster Stelle finden sich nahe beieinander ein Uhrturm aus dem 14. Jahrhundert, der ehemalige Palazzo dei Priori sowie die 1290 begründete, bis ins 18. Jahrhundert hinein umgestaltete Klosterkirche San Francesco mit einem reich verzierten, gestuften gotischen Portal. Zu beiden Seiten des unteren Portalbogenabschlusses sitzen zwei Löwen in der Wand – für einen Ort namens »Löwenberg« mehr als anderswo eine Selbstverständlichkeit.

Roccaporena, der Geburtsort der heiligen Rita

Nichts für empfindsame Ungläubige, dafür einen der Höhepunkte für Pilger zur heiligen Rita stellt ein Abstecher in den von Cascia fünf Kilometer entfernten Geburtsort der Heiligen dar – ob als Fußwanderung oder als Fahrt mit dem Linienbus beziehungsweise dem eigenen Pkw unternommen. Touristisch ›voll erschlossen‹ sind Ritas Geburtshaus, über dem 1630 eine Kirche errichtet wurde, die Pfarrkirche San Montano aus dem 14. Jahrhundert, in der Rita heiratete, und das 1948 erbaute Rita-Heiligtum.

Narni, Amelia und Umgebung

Mit einem Besuch der Städte Narni und Amelia sowie deren Umland begibt man sich in den äußersten Süden Umbriens und damit an die Grenze zur Nachbarregion Latium (Lazio). »Reizender kann keine Wildnis gefunden werden, als die ist, in welcher Narni sich birgt«, befand eine Reisende des 19. Jahrhunderts. Angesichts der waldreichen Berglandschaft – insbesondere südlich und südöstlich von Narni – fällt es auch heute schwer, sich vorzustellen, daß es auf der Autobahn, die man unmittelbar nach Überschreiten der Grenze erreicht, nur noch 75 Kilometer bis nach Rom sind. Von Narni nach Perugia beträgt die Entfernung etwa 80 Kilometer.

Narni

Narni, die südlichste Stadt Umbriens, bietet das beeindruckende Panorama einer mittelalterlichen befestigten Kommune. Wie eine »Wacht am Nera« legt es sich in 240 Metern Höhe an der Stelle im Südwesten der Ebene von Terni quer, an welcher sich der Fluß erneut in eine enge Schlucht zwängt. Diese günstige Postition bot einerseits ein relativ hohes Maß an Sicherheit, zwang aber andererseits immer wieder fremde Mächte, Narni unbedingt einnehmen zu müssen. Denn wer Narni besaß, beherrschte auch den Engpaß jener Stra-

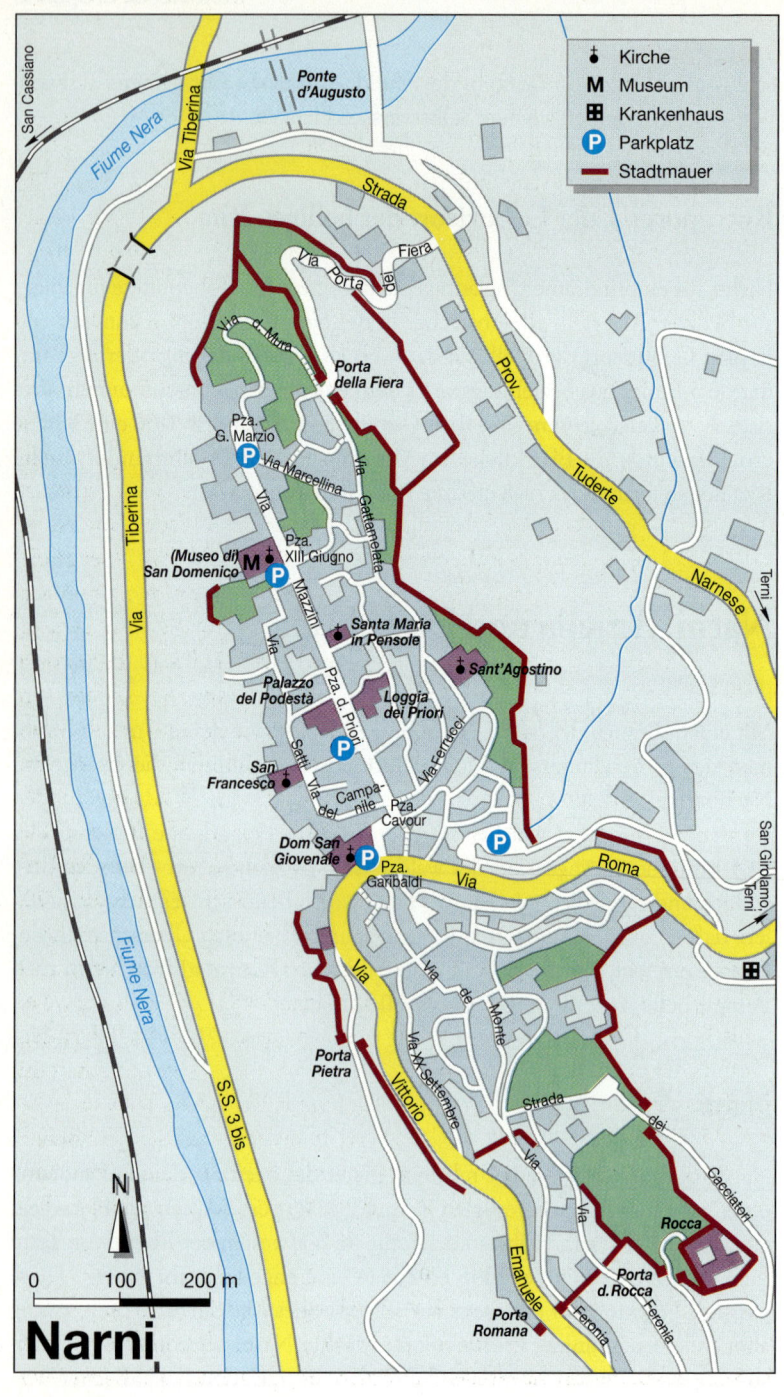

ße, die schon in vorgeschichtlicher Zeit Italiens Nordosten mit dem Süden verband und – ab 220 v. Chr. von den Römern gebaut – als Via Flaminia Geschichte machte. Deshalb gehörte »Nequinum« zu den ersten umbrischen Städten, welche sich die expandierenden Römer 299 v. Chr. einverleibten. Sie legten dort eine Kolonie an und benannten es nach dem Fluß Nera in »Narnia« um. Der spätere Kaiser Nerva wurde hier im Jahr 32 n. Chr. geboren.

Den weiteren Gang durch die Geschichte teilt Narni in den wesentlichen Zügen mit anderen umbrischen Orten: Mit dem heiligen Juvenal (ital.: Giovenale), der, seit 368 Bischof der Stadt, 376 ermordet wurde, hat es ebenfalls ›seinen‹ Märtyrer. Um die Mitte des 6. Jahrhunderts fiel es während des Krieges um Italien abwechselnd an Byzantiner und Ostgoten. Zweihundert Jahre später wurde es durch die Langobarden beziehungsweise die Franken dem Papst übertragen. Anfang des 10. Jahrhunderts erblickte hier der Bischof von Narni und spätere Papst Johannes XIII. (965 – 972) das Licht der Welt. 1112 setzte die Stadt gegen den Papst ihre Erklärung zur freien Kommune durch, ohne sich deshalb auf die Seite der deutschen Kaiser zu schlagen. Narni meinte es ernst mit seiner Freiheit. Die bittere Folge war, daß Kaiser Friedrich I. Barbarossa die Stadt 1174 durch Erzbischof Christian von Mainz erobern und plündern ließ. Doch während Kaiser Friedrich II. sich 1220 noch auf der Burg in Narni aufhalten konnte, vermochte er es – im Gegensatz zu Terni und Spoleto etwa – 1241 nicht mehr einzunehmen. Narni hielt es lieber mit Papst Innocenz IV., Friedrichs erbittertem Gegenspieler. Gedankt wurde es der Stadt nicht. Wie andernorts initiierte Kardinal Albornoz, ab 1353 ›Verwaltungschef‹ des Kirchenstaates, den Bau einer päpstlichen Zwingburg oberhalb der Stadt. 1370, also in dem Jahr, in dem nach jahrzehntelangen Auflösungserscheinungen des Kirchenstaates mit Perugia die letzte umbrische Stadt wieder fest in diesen eingebunden werden konnte, wurde in Narni der später berühmte venezianische Condottiere Gattamelata geboren. In diesem und im folgenden Jahrhundert bemächtigten sich verschiedene *Signori* der Stadtherrschaft, in der Regel als getreue Sachwalter päpstlicher Politik. Ein letztes Mal wurde die Stadt 1527 furchtbar verheert, und zwar von deutschen und österreichischen Landsknechten – italienisch *lanzichenecchi* – Karls V., die nach der Plünderung Roms, dem »Sacco di Roma«, ohne Sold meuternd und marodierend Umbrien heimsuchten.

Einen Aufschwung brachte erst die Ansiedlung chemischer Industrie unterhalb des alten Narni im 19. und 20. Jahrhundert mit sich und förderte den Aufstieg des in der Ebene gelegenen Narni Scalo, das heute 3370 Einwohner aufweist. Narni selbst zählt 4750 Einwohner. Die Stadtverwaltung, die natürlich alle ›Eingemeindungen‹ mitrechnet, plustert sich aber gerne zu einer Stadt mit 20500 Einwohnern auf. Die Lage der Stadt auf dem schmalen Ausläufer des Monte Maggiore, die kaum eine Ausdehnung über die mittelalterlichen Mauern hinaus zuließ, wurde lange als Nachteil empfunden. Heute wandelt sich die Sicht, und man entdeckt auch den Vorteil, daß die Industrie, die Arbeitsplätze bietet, drunten in der Ebene gehalten wurde. Das alte Narni ist ein erfreulich lebendiges Städtchen geblieben, mit Bars, Restaurants, Pizzerien und dem sehr angenehmen Hotel dei Priori mitten im historischen Zentrum.

Gleich bei der Auffahrt nach Narni heißt es, sofern man von Narni Scalo hochkommt, aufgepaßt! Kurz vor einer scharfen Linkskurve – man befindet sich dabei unmerklich auf einer modernen Nera-Brücke (ohne Haltmöglichkeit!) und sieht rechts am Berg das Kloster San Cassiano – erblickt man links den **Ponte d'Augusto**, das heißt den letzten erhaltenen der ursprünglich vier Bögen jener Brücke, die zur Zeit des Kaisers Augustus wohl anläßlich der Erneuerung der Via Flaminia 27 v. Chr. errichtet wurde. In einer Länge von 160 und einer Höhe von 30 Metern führte sie einst über den Nera. (Wer diese Glanzleistung römischer Baukunst näher in Augenschein nehmen möchte, muß von Narni Scalo aus links zur Kirche Madonna del Ponte abbiegen; rechts vor der Bahnschranke kann man parken; nach Überquerung der Gleise zu Fuß geht man geradeaus bis zum Nera.)

Doch zunächst weiter zur Stadt hinauf. Bald wird man rechts am Hang der Klosteranlage mit der Kirche **San Girolamo** gewahr, die um 1300 für Dominikanerinnen errichtet wurde. Ende des 19. Jahrhunderts ließ sie Prinz Vallabranca gotisieren und die Konventgebäude in ein Kastell umbauen. Befindet man sich nach einigen Kurven auf gleicher Höhe mit San Girolamo, durchfährt man die wuchtige **Porta Ternana**, die Papst Sixtus IV. (1471–1484) in Auftrag gegeben hatte, und wird auf der Via Roma ins Herz der Stadt geführt. Mit einigem Glück findet man direkt neben dem Dom an der Piazza Garibaldi einen Parkplatz. Nicht zuletzt wegen der strengen Polizeikontrollen sollte man es nicht versäumen, sich mit einem Parkschein aus dem Automaten (vor der Häuserzeile am Brunnen) zu versehen. Bars und ein gutes Café am Platz gestatten es, sich vor dem Stadtrundgang ein wenig zu stärken.

An der Südseite des Platzes reckt sich ein **mittelalterlicher Wohnturm**, dem man freilich viel von seiner ehemaligen Höhe genommen hat, mit einem rundbogigen Fenster über die Dächer. Am Platz gegenüber zeigt sich der **Dom San Giovenale** mit der ganzen Länge seiner linken Seitenwand. Gute hundert Jahre baute man an ihm, bevor er 1145 von Papst Eugen III. geweiht wurde. Der Schmuck dieser Seitenwand stammt noch von jenem Bau: Die winzige Fensterrose, das Portal mit der Rankenwerk-Einfassung und die beiden Löwen, an denen der Zahn der Zeit beträchtlich genagt hat. Rechts daneben gelangt man durch einen überbauten Bogen, der den Dom mit dem Bischofspalast verbindet, unter den Portikus, der 1490 der Hauptfassade vorgebaut wurde.

Im Inneren herrscht noch immer der Eindruck einer dreischiffigen romanischen Basilika vor, trotz des Anbaus eines zusätzlichen Schiffes an der rechten Seite im 15. Jahrhundert, trotz des hohen Altarbaldachins aus dem 17. Jahrhundert und trotz der nach einem Erdrutsch 1332 angesetzten gotischen Apsis. Die Säulen des Mittelschiffs sind antik; da sie unterschiedliche Höhen aufweisen, mußten verschieden starke Podeste untergesetzt werden. Die Säulen tragen mittelalterliche Kompositkapitelle, auf welchen sich die flachen, »umbrischen« Bögen abstützen. Die Hauptsehenswürdigkeit folgt an der rechten Seitenwand nach der dritten Kapelle, die 1499 Sebastiano Pellegrini im Stil der Renaissance mit Triumphbogen und Kassettendecke gestaltete, mit einer weiteren Kapelle, die als **Cappella di San Giovenale** oder auch als Oratorio di San Cassio bezeichnet wird. Mit ihr hat sich einer der ältesten umbrischen Sakralbauten aus vorromanischer Zeit erhalten. Ausgangspunkt war das Grabmal des 376 hingerichteten heiligen Juvenal, über dem man an dieser Stelle eine Gedächtniskapelle errichtet hatte. Im Jahr 558 wurde auch der heilige Cassius in ihr bestattet.

Die kannelierten Pilaster, welche die Fassade der Kapelle in rechteckige Felder gliedern, und das Fresko über der mittleren Tür, das zwei Schafe und ein Kreuz zeigt, dürften noch aus dem 6. Jahrhundert stammen. Das Mosaik mit dem *Segnenden Christus* hoch oben an der Fassadenwand ist dem 9./10. Jahrhundert zuzurechnen. Bei den Figuren aus dem 15. Jahrhundert in den beiden Nischen handelt es sich links um eine Holzstatue des heiligen Juvenal, rechts um eine Terrakotta-Pietà. Eine schmale Gittertür erlaubt den Zugang ins Kapelleninnere, das noch frühmittelalterliche Reliefplatten sowie Reste des Kosmatenfußbodens aufweist; links neben dem Altar geht es über zwei Stufen zu einer kleinen Grotte mit dem Sarkophag des heiligen Juvenal aus dem 6. Jahrhundert. – Auf dem Weg im Seitenschiff weiter nach vorne trifft man auf ein Tafelbild von 1470, das Juvenal als Bischof von Narni darstellt und Lorenzo Vecchietta zugeschrieben wird. Die beiden Kanzeln am Ende des Mittelschiffs wurden im selben Jahr 1490 von oberitalienischen Steinmetzen hergestellt, in dem auch das Chorgestühl entstand. Nahe beim Domeingang befindet sich an der Wand des linken Seitenschiffs die Holzstatue *Antonius Abbas* von Lorenzo Vecchietta aus dem Jahr 1774.

Beim Verlassen des Doms weisen links Reste der römischen Stadtmauer auf die Stelle, an der Juvenal erschlagen worden sein soll. Man entfernt sich auf der Piazza Cavour vom Dom und kommt links herum auf die Via Garibaldi, die Hauptstraße des mittelalterlichen, aber auch schon des römischen Narni. Rechts grüßt ein stattlicher ehemaliger Geschlechterturm. Nach links betritt man die Via del Campanile, eine malerische Stufengasse, passiert auf ihr einen im unteren Teil noch romanischen Glockenturm und gelangt zum Largo San Francesco mit der Kirche **San Francesco**. In der ersten Hälfte des 14. Jahrhunderts erbaut, geht sie auf ein Oratorium zurück, das der heilige Franziskus von Assisi 1213 während eines Besuchs in Narni erstellte. Während der linke Löwe vor dem mäßigen gotischen Portal bereits *perdu* ist, ist auch der rechte als solcher kaum mehr zu erkennen. Ein häßliches rechteckiges Fenster ist an die Stelle der einstigen Fensterrose getreten.

Um so überraschender wirkt das Innere mit dem breiten Schiff, der Holzbalkendecke – nur über dem angebauten Chor erkennt man ein Rippengewölbe – und den starken Rundpfeilern. Auf diesen finden sich wie an den Wänden Fresken des 14. und 15. Jahrhunderts. In der ersten Kapelle rechts hat Mezzastris Szenen aus dem Leben der Heiligen Franziskus und Bernhardin von Siena freskisch umgesetzt. Der Raum besticht durch seine Einheitlichkeit und – natürlich nach Einbruch der Dunkelheit besonders stimmungsvoll – durch den Umstand, daß er allein durch Kerzen erleuchtet wird, wovon die großen Kerzenteller zeugen.

Durch die Strada Ludovico Valleriani geht es wieder auf die Via Garibaldi und nach links auf die Piazza dei Priori mit der **Loggia dei Priori** aus dem 14. Jahrhundert. Zwei mächtige Rundbögen gewähren Zutritt zu einer offenen Versammlungshalle mit einer zentralen Säule, die das Kreuzrippengewölbe stützt. Die beiden Geschosse darüber, die den ehemaligen Palazzo dei Priori als mittelalterliche Kommunalverwaltung ausmachten, fielen der Zerstörungswut der Landsknechte Karls IV. 1527 zum Opfer. Erhalten haben sich der hohe Turm sowie die von innen her zu begehende Kanzel am rechten Fassadenabschluß, von der aus dem Volk einst Beschlüsse kundgetan wurden.

Gegenüber der Loggia dei Priori erhebt sich der heute noch als Rathaus genutzte **Palazzo del Podestà**. An den Nähten im Mauerwerk der trutzigen Fassade läßt sich noch gut seine Entstehung aus drei Turmhäusern Ende des 13. Jahrhunderts ablesen. Über der rechten Tür, im Spitzbogen des vermauerten Portals, befinden sich eine Zwerggalerie und Reliefs des frühen 13. Jahrhunderts, die einen *Kampf zwischen einem Löwen und Drachen*, eine *Falkenjagd, Ritter beim Turnier* sowie *Judith mit dem Kopf des enthaupteten Holofernes* zeigen. Durch das Hauptportal tritt man in einen weitgehend überbauten und von einem Treppenaufgang beherrschten Hof. Dort befindet sich eine sehr nachlässig geordnete Ausstellung antiker und mittelalterlicher Artefakte. Beachtung verdient in der Ecke links hinten ein steinerner Eichtisch mit verschiedenen Hohlmaßen, an dessen Vorderseite eine spätere Inschrift die Jahreszahl 1597 aufweist.

Der polygonale **Brunnen** von 1303 am Ende der Piazza wirkt wie der kleine, wesentlich schlichtere Bruder der Fontana Maggiore in Perugia. Wenige Schritte nach dem Verlassen der Piazza auf der Strada Mazzini wartet rechts die romanische Kirche **Santa Maria in Pensole** (Impensole) mit einem kleinen Portikus, dessen drei flache Bögen sich auf zwei antiken Säulen abstützen. Das Haupt- und die Seitenportale sind mit Weinreben- und Tiersymbolreliefs eingefaßt; der Türsturz des Hauptportals weist mit der Jahreszahl 1175 auf die Entstehungszeit der Kirche hin und zeigt in einem Medaillon einen *Mönchsheiligen*, während im Türsturz des linken Portals ein *Lamm Gottes* zu sehen ist. Im Gegensatz zu den Reliefs sind die beiden steinernen Löwen des Hauptportals wieder sehr in Mitleidenschaft gezogen. Trotz der geringen Maße besticht das dreischiffige Innere durch seine exakte romanische Raumordnung. Die auch hier wiederkehrenden flachen Bögen zwischen Haupt und Seitenschiffen verleihen dem Gotteshaus mit dem offenen Dachstuhl, das einst zu einem Benediktinerkloster gehörte, Schwere und Strenge. Die Bögen laufen in korinthische Kapitelle des 12. Jahrhunderts aus; lediglich das dritte Kapitell rechts ist figürlich ausgearbeitet und zeigt *Daniel in der Löwengrube*. Die Säulen darunter wurden einem antiken Gebäude entnommen. Die Schiffe münden, durch Rundbögen optisch getrennt, in einen quadratischen Haupt- und ebensolche Nebenchöre. Der Hauptaltar, der im 15. Jahrhundert mit Marmor verkleidet wurde, stammt noch aus der Entstehungszeit der Kirche. An den Wänden finden sich zahlreiche Fresken des 14./15. Jahrhunderts. Der Kirche gegenüber stehen der Palazzo Bocciarelli aus dem 17. und, an diesen rechts anschließend, der **Palazzo Scotti** aus dem 16. Jahrhundert mit einer romantischen Loggia im Innenhof.

Die Strada Mazzini führt abwärts zur Piazza XIII Giugno und zur Kirche **San Domenico**, deren mächtiger Turm auf sie aufmerksam machen – oder von ihrer restaurierungsbedürftigen Fassade ablenken will. Unter dem Namen Santa Maria Maggiore im 12. Jahrhundert erbaut und 1303/1304 von den Dominikanern übernommen, wirkt sie heute tatsächlich sehr »bettel«ordensmäßig. Allein die Portaleinfassung mit dem reichen Rankenwerk und den Apostelmedaillons bewahrt etwas von der vergangenen Pracht. Ein Aushang an der Tür erteilt den brauchbaren Hinweis, daß Dottore Fabio Ronci (Via Marcellina 5, 05035 Narni, Tel. 72 69 55) Führungen durch Narni in Deutsch und Englisch anbietet. Das Innere beherbergte einmal die städtische Pinakothek; doch diese wird nach Abschluß der Restaurierungsarbeiten in der Rocca dorthin übersiedeln. Heute dient San Domenico als Kulturzentrum. In einer ehemaligen Seitenkapelle links werden Fundstücke aus Narnis Vor- und Frühgeschichte – darunter ein Mammutzahn aus dem Nera-Tal – gezeigt. Im dreischiffigen Langhaus finden Ausstellungen statt; Querschiff und Chorkapellen werden als Bibliothek genutzt.

Links neben San Domenico genießt man von der Aussichtsterrasse der kleinen Grünanlage, den Giardini di San Bernardino, einen Blick ins Neratal hinunter und auf das malerische, im 10. Jahrhundert gegründete, ehemalige Benediktiner-Kloster **San Cassiano** am bewaldeten Hang gegenüber, das unberührt von der Außenwelt und ohne Straßenzufahrt anscheinend allen modernen Einflüssen getrotzt hat. Wer die im 12. Jahrhundert errichtete Kirche näher in Augenschein nehmen möchte, fährt Richtung Narni Scalo hinab und schlägt nach der Überquerung des Nera und der Bahnschienen links einen allmählich ansteigenden Fußweg ein, auf welchem man nach etwa dreißig Minuten das mauerumwehrte Kloster erreicht.

Doch bleiben wir zunächst in der Stadt. Gegenüber von San Domenico die Via della Mora hinab, danach zweimal rechts, und man befindet sich in der Via Gattamelata, in welcher das Haus Nr. 70 als **Geburtshaus des Condottiere Gattamelata** gilt. Bei einer Weggabelung kommt man zur Renaissancekirche **Sant'Agostino** aus dem 15. Jahrhundert, die mit einem gotischen Kreuzrippengewölbe über der quadratischen Chorapsis und einem Deckengemälde *Apotheose des heiligen Augustinus* von Carlo Federico Benincasa aus dem 16. Jahrhundert aufwartet. Bei den beiden Kunstwerken im Eingangsbereich handelt es sich links um ein Fresko *Madonna mit Kind und den Heiligen Lucia und Apollonia* vom sogenannten Meister der Verkündigung Gardner von 1482, rechts um ein Temperabild von Antoniazzo Romano von 1465/1470.

Hält man sich an der Weggabelung vor Sant'Agostino rechts, dann erneut rechts, gelangt man durch die Via dell'Asilo und Via Ferrucci zur Piazzo Cavour am Dom beziehungsweise zur Piazza Garibaldi zurück. Von dort bietet sich – rechts am Brunnen vorbei – ein malerischer Aufstieg durch die Via del Monte und damit durch den ›mittelalterlichsten‹ Stadtteil Narnis zur hoch über der Stadt gelegenen **Rocca** an. Sie befindet sich allerdings seit Jahren *in restauro* und ist nicht zugänglich. Ihre rechteckige Anlage mit vier starken Ecktürmen kam um 1370 auf Veranlassung des – zu diesem Zeitpunkt bereits verstorbenen – Kardinals Albornoz zur Ausführung, vielleicht in kürzerer Zeit, als ihre derzeitigen Restaurierungsarbeiten beanspruchen werden: Man spottet schon über die »Rocca infinita«.

Südlich von Narni: Visciano – Otricoli – Calvi dell'Umbria – Convento Lo Speco

Visciano

Der Ausflug ins Grüne findet seinen Höhepunkt im Besuch der Kirche Santa Pudenziana bei Visciano. Außerdem lohnt ein Abstecher zu der römischen Ruinenstadt Ocricolum bei Otricoli und in das malerische Städtchen Calvi dell'Umbria mit einer der ältesten Krippen in der Kirche Sant'Agostino.

Man verläßt Narni in Richtung Rom. Von der Abzweigung Richtung Orte gerechnet, die man liegen läßt, passiert man nach circa vier Kilometern das rechts der Straße gelegene romantische Örtchen Taizzano und biegt 4,6 Kilometer weiter rechts nach Visciano ab. Auf diesem zunächst asphaltierten, dann unbefestigten Weg gelangt man nach 1,2 Kilometern zur einsamen Kirche **Santa Pudenziana**, einem für Umbrien herausragenden Beispiel vorromanischer Bauten. Sie ist nach der frühchristlichen römischen Märtyrerin Pudentiana benannt. Die grüne Hügellandschaft, in der sich Weideflächen und Olivenkulturen abwechseln und die hinter der Kirche sanft zum Neratal abfällt, bildet eine anmutige, beschauliche Szenerie. Erbaut wurde die Kirche mit dem viel zu hoch anmutenden Campanile wohl schon im 11. Jahrhundert. Die kleine Vorhalle mit den Pfeilern aus Ziegeln und den Säulen mit Blattkapitellen atmet mit ihren Bezügen zu römischen Tempeln noch etwas von der heidnisch-christlichen Übergangszeit. Der Bogen des Giebelfensters ruht auf römischen Marmorblöcken; rechts daneben ist das Bruchstück eines Sarkophags vermauert, ein Hinweis darauf, daß einst unweit von Visciano eine römische ›Nebenstraße‹ vorüberzog. Einen gleichen, ebenfalls auf Marmorblöcken mit Inschriftfragmenten ruhenden Fensterbogen sieht man im Giebelfeld auf der Rückseite über der polygonalen Apsis.

Wenn die Kirche geschlossen ist, fragt man wegen der Besichtigung in dem ein wenig abgerückt stehenden Haus nach. Das dreischiffige Innere wirkt in seinen winzigen Ausmaßen – die mittlere Breite des rechten Seitenschiffs beträgt gerade 1,75 Meter – und der unbeholfenen Ausführung urtümlich: Der Fußboden ist mit zum Teil unbearbeiteten Steinen unterschiedlichster Größe ausgelegt; die antiken Säulen, die im Wechsel mit Pfeilern die nur drei Jochbögen des Langhauses stützen, stehen ohne Podeste auf dem Boden; die Säulen des Ziboriums über dem einfachen Altar in dem um fünf Stufen erhöhten Presbyterium passen nicht zueinander; lediglich die Kapitelle wurden einheitlich im 11. Jahrhundert geschaffen. Derselben Zeit entstammt der durch seine Schlichtheit beeindruckende Bischofsthron, der sich in der Apsis dahinter erhalten hat; an den aus zwei Steinplatten bestehenden Armlehnen sind zwei stilisierte Löwenköpfe zu erkennen. Die winzigen Fensterchen mit den sich nach außen verjüngenden Laibungen erinnern an Schießscharten und verleihen dem Gebäude einen Anstrich von Wehrhaftigkeit, die in dieser einsamen Gegend sicherlich häufig angebracht war. Die Krypta schließlich, zu welcher man tief hinabsteigt, ist ebenfalls in drei Schiffe gegliedert und belegt noch einmal mit etlichen Kapitellen, daß sich die ›volkstümlichen‹ Baumeister zur Errichtung der Kirche ausgiebig antiker Spolien bedienten.

Otricoli

Zurück auf der Straße Richtung Rom sind es noch etwa zehn Kilometer bis Otricoli, einem unscheinbaren Örtchen mit 853 Einwohnern. Es ging aus einer römischen Poststation an der Via Flaminia hervor und fungierte bis in die Neuzeit hinein als Haltestelle für die Postkutschen. Zum Besuch der römischen Ruinen von **Ocriculum** läßt man die Abzweigung nach Otricoli links liegen und fährt statt dessen nach circa 1,6 Kilometern rechts hinab. Die seit dem 18. Jahrhundert durchgeführten Ausgrabungen auf der Geländeterrasse über dem Tiberufer haben Reste eines Theaters und Amphitheaters, der Thermen sowie Unterbauten, vielleicht eines Tempels, zutage gefördert. Einiges davon ist im Vatikanmuseum gelandet, so ein Mosaikboden und der um 330 v. Chr. gefertigte *Zeus von Otricoli*. Wie der Ortsname besagt, der auf das umbrische Wort *okre* (= heiliger Hügel) zurückgeht, saßen lange vor den römischen Eindringlingen die Umbrer an diesem Platz.

Calvi dell'Umbria

Von Otricoli folgt man der Beschilderung auf einer Nebenstraße gut zwölf Kilometer bis nach Calvi dell'Umbria. In seinen mittelalterlichen Mauern auf 401 Metern Höhe leben noch fünfhundert Einwohner. An der kleinen Piazza Mazzini, auf die man automatisch gelangt, erinnert ein Gedenkstein an die sechzehn Widerstandskämpfer, die hier am 13. April 1944 von der SS erschossen wurden. Auf dem Weg zur Kirche **Santa Brigida e Sant'Agostino** an der oberen Platzseite holt man sich den Schlüssel dafür in der Bar Mercuri gleich nebenan. Dies ermöglicht die Besichtigung einer der ältesten erhaltenen Krippen links in der Kirche. Das Ensemble besteht aus dreißig fast lebensgroßen Terrakottafiguren, die 1546 angefertigt wurden. Vorbild waren die sogenannten »lebenden Krippen«, das heißt durch Menschen dargestellte Krippenszenarien, die auf den heiligen Franziskus zurückgehen: Zur Weihnachtszeit wird dieser Brauch in Calvi heute noch gepflegt. Beim kurzen Gang durch den Ort fallen an zahlreichen Häusern Wandmalereien auf. Sie werden seit 1985 von modernen Künstlern angebracht.

Die Weihnachtskrippe: Eine Erfindung des Franziskus von Assisi

Wie Thomas von Celano, der 1260 verstorbene Biograph des heiligen Franziskus, berichtete, hielt sich der Heilige im Dezember 1223 in Greccio auf, das zwischen Terni und Rieti in der Region Latium liegt. Fünfzehn Tage vor Weihnachten verlangte dieser, zur Feier des Geburtsfestes Jesu alles so herzurichten, wie man sich gemäß dem Lukas-Evangelium die Geburt Jesu in einem Stall vorstellte. So kamen Franziskanerbrüder sowie Männer und Frauen aus der Umgebung zusammen und stellten in einer Höhle oberhalb von Greccio, über der man 1260 ein Kloster errichtete, die Szene nach. Und Franziskus las zwischen Ochs' und Esel die Messe. Diese Krippenfeier soll die erste des Abendlandes gewesen sein und geriet zum Vorbild für Krippenspiele wie Figurenkrippen. Unzählige Fresken greifen motivisch auf sie zurück. Bereits 1384 wurde in Fabriano in den Marken eine – nicht mehr erhaltene – Figurenkrippe erstellt. Im 15. Jahrhundert belebte ihre Herstellung vor allem das Kunsthandwerk in Neapel, wo die erste Krippe 1478 bezeugt ist. Aus dieser Zeit stammt auch die Krippe im ehemaligen Benediktinerinnenkloster Preetz in Holstein. In den alpenländischen Gebieten ist die Krippenschnitzerei verstärkt seit dem 18. Jahrhundert zu beobachten.

Convento Lo Speco

Von Calvi geht es nordwärts auf einer landschaftlich schönen Strecke Richtung Narni. Unterwegs grüßt rechts das malerisch gelegene Dorf Poggio mit Kirche und Rocca von der Höhe herab. Nach etwa vierzehn Kilometern, ab Calvi gerechnet, biegt man rechts nach Itieli und nach dem Ort nochmals rechts ab. Nun läßt man sich von Hinweisschildern (»Santuario del Sacro Speco«) aus dem ebenen Wiesengrund auf die einsame Waldeshöhe führen – zu einem *der* heiligen Orte Umbriens. Die Tafel, die um absolute Ruhe ersucht, wirkt fast überflüssig angesichts der Würde, die von der schlichten, in der Tat noch echt franziskanisch anmutenden Anlage mit dem winzigen Kirchlein ausstrahlt. Selbst die nie bellenden, nie zudringlichen Hunde, die meist irgendwo im Schatten dösen oder, an kalten Tagen, im Windschatten der Mauer auf einer Bank vor dem Kircheneingang von der Sonne träumen, scheinen davon angesteckt zu sein. Neben dem Konventsgebäude führt ein Treppenweg weiter aufwärts zu der Zelle, die der heilige Franziskus 1213 gründete und vom heiligen Bernhardin von Siena in der ersten Hälfte des 15. Jahrhunderts erneuert wurde. In der brüchigen Kalksteinwand daneben ist Bernhardins Einsiedlergrotte zu bestaunen. Eine weitere Grotte hinter dem Konventsgebäude erinnert an den heiligen Antonius.

Amelia

Das in westlicher Richtung von Narni dreizehn Kilometer entfernte Amelia, auf einem 370 Meter hohen Berg mit dem Dom auf der Spitze, macht aus seinem hohen Alter kein Geheimnis. Wie einen Schild präsentiert es jedem Besucher seine geschlossene Stadtmauer, die im unteren Teil noch aus den polygonalen Quadern der **umbrisch-etruskischen Befestigung** besteht. Sie wurde vermutlich im 5. Jahrhundert v. Chr. oder noch früher bis zu einer Höhe von acht Metern ohne Bindemittel aufgetürmt. Direkt gegenüber liegt der Parkplatz mit Parkscheinautomat. Vor der Stadtbesichtigung ist es lohnend, sich kurz Amelias Gang durch die Geschichte zu vergegenwärtigen.

Exakt im Jahr 1134 v. Chr. habe der Umbrerkönig Amirus die erste Siedlung gegründet, jedenfalls nach Berechnungen der Römer, die damit dem im Jahr 90 v. Chr. zum Municipium erhobenen »Ameria«, wie sie Amelia nannten, ein um fast vier Jahrhunderte höheres Alter als Rom selbst zuerkannten. Seit 344 n. Chr. ist es als Bischofssitz bekannt. Im Jahr 548 wurde es von den Goten heimgesucht und 739 von dem Langobardenkönig Liutprand eingenommen, um 754 zusammen mit anderem umbrischem Territorium an den Papst übergeben zu werden. 1211 unterstellte es Kaiser Otto IV. als Reichslehen dem Herzog von Spoleto. Im März 1240 hielt sich Kaiser Friedrich II. einen Tag in seinen Mauern auf. In den folgenden Jahren agierte sein Sohn, Friedrich von Antiochien, als Generalvikar von Tuszien und Amelia. Doch damit neigte sich die Stauferherrlichkeit ihrem Ende zu, und ab 1307 zählte die Stadt wieder zum Kirchenstaat. Doch der Papst als weltliches Oberhaupt dieses Territoriums war fern, er saß im französischen Avignon. Amelia verstand sich als freie Kommune und gab sich 1330 eine eigene ›Verfassung‹.

Mit Blick auf die Stadtmauer begibt man sich vom Parkplatz nach links zur frühneuzeitlichen Porta Romana. Die Via della Repubblica aufwärts gelangt man zu der rechts etwas zurückgesetzten, im Jahr 1287 errichteten Kirche **San Francesco**. Von diesem Bau sind nur die Außenmauern, die Fassade mit Fensterrose und das einfache Portal erhalten. In dem 1767 erneuerten Inneren verdient allenfalls die Cappella Sant'Antonio rechts mit Gräbern der Familie Geraldini Beachtung, aus welcher der erste Bischof des neuentdeckten amerikanischen Kontinents hervorging. Auf dem oberen Stück der Via della Repubblica kann man rechts in den Vico Lancia abbiegen und auf dem dunklen, malerischen Treppenweg weiter ansteigen. Dieser mündet erneut in die Via della Repubblica, an deren Ende sich nach einem Bogendurchgang die Piazza Guglielmo Marconi öffnet, das mittelalterliche Zentrum der Stadt. Hinter dem Bogen erkennt man links eine Tribüne, die zu Verlautbarungen an die Bevölkerung genutzt wurde. Die rechte Platzfront bilden der Palazzo Petrignani aus dem 16. und der Palazzo Nacci aus dem 15. Jahrhundert.

Von der Platzmitte führt die Via del Duomo steil nach oben zum höchsten Punkt der Stadt, zur zwölfeckigen **Torre Campanaria**. Sie wurde 1050 zunächst als Stadtturm erbaut, bald aber als Glockenturm für den **Dom** benutzt. Die ehemalige romanische Hallenkirche brannte 1629 nieder und wurde in den Jahren 1640 bis 1680 neu aufgebaut. Die Fassade ist eine Zutat von 1887. Im Inneren befindet sich in der zweiten Kapelle rechts ein Tafelbild *Thronende Madonna mit Kind und den Heiligen Petrus und Bartholomäus* von Taddeo Zuccari aus dem 16. Jahrhundert, das durch eine Ersteigerung bei Christie's 1990 zurückgewonnen werden konnte. Die erste Seitenkapelle links bewahrt das 1476 von Agostino di Duccio aus Florenz geschaffene Grabmal des Bischofs Giovanni Geraldini. Das Tafelbild *Maria Himmelfahrt* von Duccio di Buoninsegna aus Siena (1278 – 1319), das im Altar der Cappella dell'Assunta im linken Querarm aufbewahrt ist, wird nur am ersten Samstag im Monat gezeigt.

Von der Aussichtsterrasse vor dem Dom bietet sich ein weiter Blick über die Dächer von Amelia und das anmutige Hügelland der Umgebung. Am Dom rechts vorbei und links die Straße abwärts trifft man auf die Kirche **Sant'Agostino** aus dem 14. Jahrhundert mit einem gotischen Portal, das von einem Rankenornament eingefaßt ist, und schöner Fensterrose. Mit Blick auf die Kirche setzt man den Weg nach links fort, biegt links in die Via Garibaldi ein und kommt auf dieser zur Piazza Matteotti mit dem neuzeitlich völlig umgestalteten **Palazzo Comunale**. Der Hof links daneben beherbergt eine kleine, frei zugängliche Ausstellung von Steinplastiken und Inschriftentafeln aus der Römerzeit und dem Mittelalter. An der linken Hofmauer hängt eine Inschrift, die auf König Ludwig den Bayern (1314 – 1347) und das Jahr 1332 verweist.

Kaiser Ludwig der Bayer und die Franziskaner

Nach der Kaiserkrönung 1328 in Rom durch vom Papst exkommunizierte Bischöfe verschärfte Ludwig der Bayer seine Attacken gegen den in Avignon residierenden Papst Johannes XXII. Er forderte, daß sich der Papst nie weiter als zwei Tagesreisen von Rom entfernen dürfe. Schließlich verlangte er, Johannes als Ketzer zu verfolgen, ließ ein Todesurteil über ihn fällen und den Franziskaner Pietro Rainalducci aus Corvaro zum Gegenpapst mit dem Namen Nikolaus V. erheben.

Der erbitterte Gegensatz zwischen Ludwig und Johannes speiste sich aus drei Wurzeln: Erstens lehnte Johannes Ludwigs Wahl zum König ab; zweitens mußte er befürchten, daß Ludwig nach Art früherer deutscher Kaiser noch einmal Italien und damit auch Teile des Kirchenstaates als Reichsgebiet beanspruchen würde; und drittens mißbilligte er, daß sich Ludwig im sogenannten »Armutsstreit« zwischen Amtskirche und Franziskanern auf die Seite der Franziskaner geschlagen hatte und dafür durch diese ideologische Unterstützung – natürlich gegen den Papst – erfuhr. Nachdem der Papst die Ansicht der Franziskaner, wonach Christus und die Apostel kein Eigentum besessen hätten und ihr Orden diesem Beispiel folgen müsse, als häretisch verdammt hatte, suchten die bedeutendsten Franziskaner-Köpfe am Münchner Hof Ludwigs Zuflucht, unter ihnen der Ordensgeneral Michael von Cesena und Wilhelm von Ockham, aber auch der Pariser Professor Marsilius von Padua und dessen Mitstreiter Johannes von Jandun aus Perugia. Diese erklärten nun ihrerseits den Papst zum Häretiker und drängten Ludwig zu einem verschärften Vorgehen gegen den Papst. Ludwig der Bayer genoß dadurch im ›Franziskus-Land‹ Umbrien erhebliches Ansehen. Amelia wurde gar zum Zentrum der – aus päpstlicher Sicht – häretischen Bewegung.

Leicht gerät es zum unerwarteten Höhepunkt eines Amelia-Besuchs, wenn man im Hof neben dem Palazzo Comunale Dottore Scaleggi antrifft, der mit zwei Mitarbeiterinnen an der Restaurierung römischer Sarkophage und Kapitelle arbeitet. Obwohl er nach eigener Versicherung keine Steine mehr sehen kann, führt er Interessierte gerne im Gebäude rechts vom Hof tief hinab unter die Piazza Matteotti und zeigt, sofern die Taschenlampe nicht ausfällt, die römische Zisterne aus dem 2. Jahrhundert v. Chr. Nach Verlassen des Hofes setzt man den Weg nach rechts fort und kehrt über die Piazza Marconi und auf der Via della Repubblica zur Porta Romana zurück.

Von Amelia nach Lugnano und durchs Amerino

Bezeichnenderweise leben noch heute viele der 5600 Einwohner Amelias von Ackerbau und Viehzucht. Entsprechend ländlich ist das »Amerino«, die Hügellandschaft um Amelia, geprägt. Abgesehen von der romanischen Kirche in Lugnano halten sich dort landschaftliche und kunsthistorische Besonderheiten in Grenzen.

Amelia und Umgebung

Wer auf den Anblick des ohnehin etwas ramponierten, in Privatbesitz befindlichen Palazzo Ducale der Herzöge von Acquarone in **Giove**, zwölf Kilometer südwestlich von Amelia, verzichten mag und keinen Wert darauf legt, die Anzahl seiner angeblich 365 Fenster zu überprüfen, begibt sich von Amelia direkt auf der Straße Nr. 205 in Richtung Orvieto nach **Lugnano in Teverina**. In der Mitte des 419 Meter hoch über der Tiberebene gelegenen 1000-Seelen-Ortes kann man mit der nach 1150 entstandenen Kirche **Santa Maria Assunta** eine der prächtigsten romanischen Kirchen Umbriens bewundern – zumal die Restaurierungsarbeiten der nun in makellosem Weiß erstrahlenden Fassade 1993 abgeschlossen werden konnten. Ihr beherrschendes Merkmal bildet die fein gearbeitete Fensterrose, die einen äußeren Kranz von sechzehn und einen inneren Kranz von acht Blüten aufweist. Ihr zur Seite sind als Lichtspender für das mittlere Schiff noch zwei Zwillingsfenster ins Mauerwerk eingelassen, während, architektonisch klar abgesetzt, die Seitenschiffe Licht durch zwei Rundfenster erhalten. Knapp unter dem Giebel, auf dem ein Adler seine Schwingen ausbreitet, ist eine weitere, kleinere Rose eingefügt. Während die zentrale Rose von einem Viereck mit den vier Evangelistensymbolen in den Ecken umgeben ist, ist die kleinere darüber von bunten Majolikaschalen eingefaßt. Das Gebälk des 1230 vorgebauten Portikus wird von vier Säulen abgestützt, wobei die beiden mittleren gedreht sind. Ihre Kapitelle sind mit Blattwerk, Menschenköpfen oder Vögeln verziert. Die Architravbalken, die den Kapitellen aufliegen, zeigen geringfügige Spuren des Kosmatenmosaiks, mit dem auch die fünf flachen Bögen darüber besetzt waren und das dem Portikus einst ein farbenfrohes Äußeres verliehen haben muß. Zwischen den Bögen sind erneut die vier Evangelistensymbole zu erkennen.

In dem durch seine Ursprünglichkeit beeindruckenden Inneren trennen Rundbögen und kräftige, gemauerte Säulen das hohe, enge tonnengewölbte Mittelschiff von den schmalen kreuzgratgewölbten Seitenschiffen ab. Während die Säulenkapitelle, an welchen mit Ausnahme des dritten links (mit der Darstellung der Eucharistiefeier) Pflanzenmuster und figürliche Motive wechseln, die noch ›original‹ aus dem 12. Jahrhundert stammen, ist die Zu-

Abseits der Touristenrouten
liegt das ›Schmuckstück‹ Santa Maria Assunta
in Lugnano im Dornröschenschlaf.

sammensetzung des Ziboriums, der Chorschranken und der beiden Kanzeln im Bereich des erhöhten Presbyteriums Ergebnis einer recht willkürlichen Restaurierung. Unter der sparsamen Ausstattung sei in der Apsis das Triptychon von Alunno hervorgehoben, das die *Himmelfahrt Marias* zum Thema hat. Ganz mittelalterlich ›angehaucht‹ ist auch die nicht eingewölbte Krypta mit ihren anmutigen Säulen.

Nach der Abfahrt von Lugnano hält man sich weiter Richtung Orvieto und erreicht nach knapp vier Kilometern eine Kreuzung, an der man sich für »links oder geradeaus« entscheiden kann. Geradeaus geht es nach **Guardea**. Noch vor dem Ort sieht man rechts auf der Anhöhe die Ruinen der 1158 an Papst Hadrian IV., den Gegner Kaiser Friedrichs I., gefallenen Festung. In Guardea orientiert man sich Richtung Orvieto Scalo, biegt rechts Richtung Castello und gleich wieder links ab und fährt zur interessanten Burganlage **Castello del Poggio** hinauf. Sie bestand bereits während der langobardisch-byzantinischen Kriege des 6. bis 8. Jahrhunderts, zeigt sich aber heute in der Architektur des 14./15. Jahrhunderts. Zur Besichtigung, die am zweiten Samstag und dritten Montag jedes Monats zwischen 10 und 14 Uhr möglich ist, klingelt man am Tor. Eine freundliche Dame führt in die Küche für die Ritter sowie in Mannschaftsräume und zeigt eine bereits im 11. Jahrhundert angelegte Treppe. Wer auf einen Abstecher zum Lago di Alviano verzichtet und lieber auf der Höhe – mit schönen Ausblicken zum See – weiterfährt, erreicht nach 6,5 Kilometern Montecchio.

Wer statt dessen einem Ausflug zum Vogelschutzgebiet am See in der Tiberebene den Vorzug gibt, biegt an der oben genannten Kreuzung links nach **Alviano** ab. Sein Renaissance-Kastell, das an der Stelle einer schon 933 erwähnten Burg 1495 durch den Condottiere Bartolomeo d'Alviano errichtet wurde, ist nicht zu verfehlen. Gegenüber dem Kastell führen die Via Umberto I und darauf Stufen nach links zur Pfarrkirche aus dem 15. Jahrhundert. Sie zeigt an der rechten Innenwand ein Fresko *Maria mit Kind, Papst Gregor dem Großen und dem heiligen Antonius*. Neben dem heiligen Antonius ist noch Pentesilea Baglione, die Witwe des Kastell-Erbauers Bartolomeo d'Alviano porträtiert, der das Fresko in Auftrag gab. Weiter vorne folgt an derselben Wand ein Madonnenbild von Alunno.

Von Alviano fällt die Straße mitunter steil ab nach Alviano Scalo in der Ebene. An der Kreuzung hält man sich rechts und fährt bis Madonna del Porto. Hinter dem Ortsende-Schild zweigt nach 800 Metern links die Zufahrt zu dem vom World Wildlife Fund unterhaltenen Wasservogelschutzgebiet **Oasi di Alviano** ab. Besuche sind jedoch nur mit Führung zu festgelegten Zeiten und auf vorgeschriebenen Wegen möglich.

Auf der Weiterfahrt nach **Montecchio** verläßt man die etwas eintönige Tiberebene. Unterhalb des Ortes erlaubt eine Abzweigung nach links (ausgeschildert) einen Abstecher von drei Kilometern auf zum Teil schlechter Naturstraße zu den »Necropoli umbro etrusca«, das heißt zu freigelegten **vorrömischen Grabkammern**.

Von Montecchio sind es, um den Monte Croce di Serra (994 m) herum, auf einer äußerst reizvollen, kurvenreichen Strecke durch grüne Mittelgebirgslandschaft etwa 30 Kilometer bis **Avigliano**. Dort fällt es schwer zu entscheiden, ob man an der Durchgangsstraße sich mehr dem alten Wasserturm oder – gegenüber dem kleinen Theater von 1928 – der einladenden Bar zuwenden soll, in der man sich mit *Pizza, Crostade* oder – um die Osterzeit – mit einer *Pizza dolce* für die Rückfahrt nach Amelia (circa 15 km) stärken kann.

Orvieto

Wie senkrecht hochgemauert wächst das Tuffsteinplateau nahezu übergangslos bis zu einer Höhe von zweihundert Metern aus der Paglia-Ebene. Bis an die schroff abbrechenden Ränder scheint jeder Quadratmeter des riesigen Felsens zur Bebauung genutzt: Diese geologische wie auch städtebauliche Sensation kumuliert zu einem grandiosen, einzigartigen Panorama und trägt einen klangvollen Namen – Orvieto!

»Der Fels bröckelt, der Lack ist ab«, so und ähnlich klingen dagegen die Klagen, die man in Orvieto selbst vernimmt. Der Besucher nimmt nichts davon wahr und läßt es – wie allerorten – als Vorrecht der Einheimischen gelten, empfindlicher auf Veränderungen ›ihrer‹ Stadt zu reagieren, kritischer damit umzugehen und, sofern nötig, Abhilfe zu schaffen. Beklagenswerte Neubaukomplexe konnten in der Tat noch rechtzeitig verhindert werden, und gegen die überbordende Autoflut hat man seit längerem wohltuende Maßnahmen ergriffen. Problematisch bleibt einzig der Untergrund selbst, das poröse Tuffgestein, von dem sich – gerade nach schweren Regenfällen – immer wieder

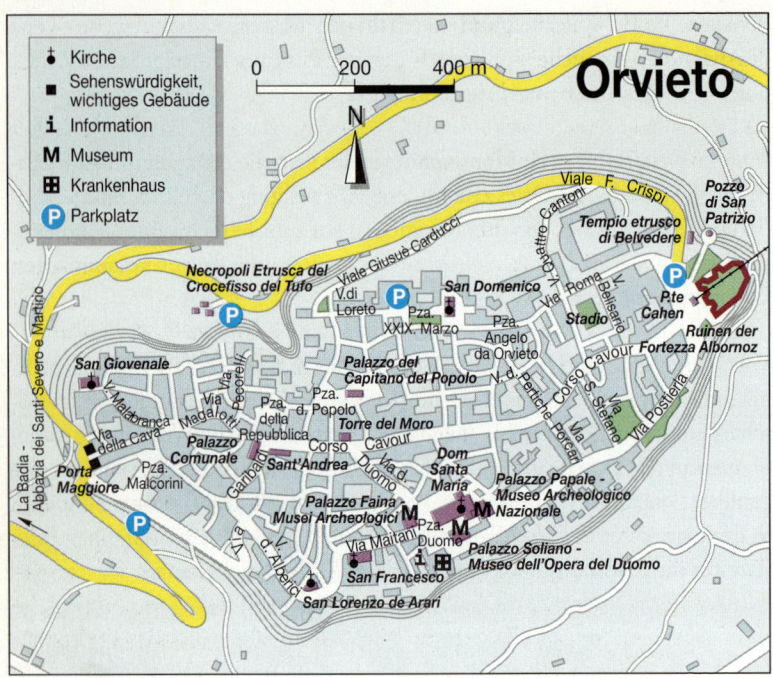

Stücke ablösen. Nachdem im Jahr 1976 gar der Dom, Orvietos »Schatzkästchen«, ins Wanken geriet, wurden Verstrebungen durch den Felsen gezogen und tausende Kubikmeter Beton in die natürlichen Aushöhlungen des zerklüfteten Gesteins gepumpt. Doch 1992 wurde es den meisten der auf dem Plateau lebenden 6150 Einwohner erneut ›apokalyptisch‹ zumute, als der Fels auf einer Länge von 700 Metern nachzugeben drohte, und die Bewohner ihre Häuser in diesem Bereich verlassen mußten.

Dann schimpft man auf die Regierung in Rom – wie aber eigentlich nach jeder Wetterverschlechterung – und auf die Provinzhauptstadt Terni, die anscheinend so wenig für die Nöte der Orvietaner übrig hat. Dicht gedrängt auf ihrem Stadtfelsen, so fühlen sie sich auch im übertragenen Sinn schnell einmal an den Rand geschoben. Das rührt vielleicht auch von der Lage hart an der Südwestgrenze Umbriens und von der natürlichen Beschaffenheit des Landes her, die den Blick der Orvietaner – den Tälern der Flüsse Paglia und Chiana nach Nordwesten folgend – schon immer auf die Toskana ausgerichtet hat. Und heute fährt man auf der Autobahn nach Florenz nicht viel länger als eine Stunde, ebenso lange wie nach Perugia.

Orvieto – Stadtgeschichte

Ein Blick auf Orvietos Gang durch die Geschichte offenbart, daß es – von seiner Rivalität mit Perugia um das Gebiet des Trasimenischen Sees und die Stadt Città della Pieve sowie von der ältesten und neuesten Zeit einmal abgesehen – wenig mit dem ›eigentlichen‹ Umbrien zu schaffen hatte. Aus einer ersten Ansiedlung auf dem Felsplateau entwickelte es sich ab dem 7. Jahrhundert v. Chr. zu einem der etruskischen Stadtstaaten, wenn nicht dem bedeutendsten überhaupt. Die Römer kannten ihn als das »äußerst reiche Volsinii« und wußten, daß hier das »Fanum Voltumnae« stand, das Zentralheiligtum des etruskischen Bundes, an dem sich jährlich die Abgesandten der zwölf mächtigsten Etruskerstädte zu religiösen Feiern einfanden. Nachdem ab 295 v. Chr. bereits weite Teile Umbriens östlich von Orvieto in die Hände der Römer gefallen waren, wurde 264 v. Chr. nach einjähriger Belagerung auch Orvietos Widerstand gebrochen. Die Stadt wurde von den Eroberern niedergebrannt, die Oberschicht hingerichtet und die restliche Bevölkerung an der Stelle des heutigen Bolsena am gleichnamigen See in Latium angesiedelt, in dessen Name das alte »Volsinii« fortlebt. Als Beutestücke kamen unter anderem 2000 Bronzestatuen nach Rom. Die Siedler, die sich später wieder einfanden, beziehungsweise die Römer, die hier seßhaft wurden, wußten um die ehemalige Bedeutung des Platzes und nannten ihn »Urbs vetus«, »alte Hauptstadt«, woraus später »Orvieto« wurde.

Nach dem Niedergang des Römischen Reichs wurde Orvieto erstmals im 6. Jahrhundert durch den griechischen Geschichtsschreiber Prokop als »Urbibentus« wieder erwähnt. Von diesem wissen wir auch, daß es im Krieg zwischen Ostgoten und Byzantinern um die Vorherrschaft in Italien 538 vom Gotenkönig Wittigis und 539 vom byzantinischen Feldherrn Belisar eingenommen wurde. 596 wurde es von Langobarden besetzt und zum Bischofssitz erhoben. Als Teil der großzügigen Gebietsschenkung, die Karl der Große 787 vornahm, fiel die Stadt an den Papst. Ab dem 12. Jahrhundert wußte sie ihre papsttreue Gesinnung zu einer relativen Ablösung von der geistlichen Herrschaft zu nutzen, konnte sich ab 1137 als »Commune civitatis« bezeichnen und nun ihrerseits die Stadtherrschaft – vornehmlich im Kampf gegen Perugia, das eine vergleichbare Entwicklung nahm – weit über das Umland ausdehnen. Dem Papst, der in Gestalt Hadrians IV. der Stadt die Selbstverwaltung bestätigte, blieb Orvieto weiterhin ein treuer Bündnispartner gegen die Stauferkaiser und wehrte 1186 einen Angriff Kaiser Heinrichs VI. erfolgreich ab.

Die Päpste konnten sich hier – vor der Bevölkerung wie auch vor den Malariaepidemien – sicherer fühlen als in Rom und hielten sich daher oft über län-

Orvieto

gere Zeiträume in ihrer ›Nebenresidenz‹ Orvieto auf. Der steile wirtschaftliche Aufschwung, der mit der Zunahme an politischer Macht einherging, führte freilich bald zu Mißgunst unter den führenden Familien. Besonders die Jahrzehnte um die Wende vom 13. zum 14. Jahrhundert sind von erbitterten und grausamen Fehden innerhalb der Stadt bestimmt; als führende Protagonisten traten dabei die ghibellinischen Filippeschi und guelfischen Monaldeschi hervor. Letztere schwangen sich ab 1334 zu Alleinherrschern über die Stadt auf und richteten eine Signoria ein. Doch auch die Kirche war an den Brutalitäten jener Epoche beteiligt; so wurde etwa die starke Katharer-Gemeinde der Stadt im 13. Jahrhundert auf Geheiß des Papstes blutig verfolgt. Nach der Unterwerfung Orvietos unter den päpstlichen Legaten Albornoz im Jahr 1354 übernahmen fremde Condottieri das Stadtregiment. 1450 ging Orvieto endgültig im Kirchenstaat auf.

Die Sehenswürdigkeiten der Stadt liegen so günstig, daß sie sich zu einem interessanten Rundgang verknüpfen lassen, für den man, je nach Besichtigungsintensität, zwei bis drei Tage einplanen muß. Steht nur wenig Zeit zur Verfügung, sollte das Besuchsprogramm auf den Dom, die Kirche San Giovenale, den Pozzo di San Patrizio, das Museo Archeologico Nazionale und die Etrusker-Nekropole Crocefisso del Tufo beschränkt werden. Ein Erlebnis der besonderen Art stellt eine Führung in die unterirdischen Grotten dar.

Da die wenigen, meist mit Parkscheinautomaten bestückten innerstädtischen Parkplätze nur eine Höchstparkdauer von einer Stunde gestatten, empfiehlt es sich, den Wagen unterhalb der Stadt auf dem riesigen Parkplatz am Bahnhof stehenzulassen. Von dort aus kann man mit der bereits 1888 in Betrieb genommenen Seilbahn in die Altstadt gleiten und von der Haltestation an der Piazza Cahen den fünfminütigen Weg zum Domplatz durch den Corso Cavour zu Fuß zurücklegen.

Ein Wunder war Anlaß für den Bau des Domes in Orvieto – als ›Wunderwerk‹ nimmt er unter Umbriens Kirchen den ersten Rang ein.

Der Dom Santa Maria

Der Dom, insbesondere seine einzigartige 40 Meter breite und 52 Meter hohe Fassade, wurde vielfach als »Wunder« bezeichnet. Und auch heutigen, nicht weniger sprachgewandten Kunsthistorikern scheinen bisweilen die Superlative auszugehen. Es mag mit dem Wunder zu tun haben, das den Bau veranlaßte: Ein deutscher Priester feierte im nahegelegenen Bolsena die Messe. Als er dabei an der liturgischen Umwandlung von Brot und Wein in das Fleisch und Blut Jesu Christi zweifelte, fielen Blutstropfen von der Hostie auf das obere Altartuch, das Corporale. Davon erfuhr Papst Urban IV., der sich in Orvieto aufhielt. Beeindruckt von dem Sakramentswunder, erhob er 1264 die Begehung des Fronleichnamfestes zum Feiertag. Das Tuch wurde nach Orvieto gebracht und soll den Neubau des an dieser Stelle bereits vorhandenen, jedoch baufälligen Doms veranlaßt haben. Finanziert haben ihn freilich die Bürger, denen für ihre Spenden Sündenablässe gewährt wurden. 1288 wurde mit der Aushebung der tiefen Baugrube begonnen. Eigenhändig legte Papst Nikolaus IV. 1290 den Grundstein. Die prächtige Fassade, die neben gotischen auch noch romanische Elemente aufweist, wurde nach Zeichnungen gestaltet, die Lorenzo Maitani um 1310 entwarf. Die Fertigstellung des Baus zog sich bis ins 17. Jahrhundert hinein.

Die Domfassade
(s. Abb. S. 332)
(**1**) Erstes von vier Pfeilerreliefs, die um 1320 bis 1330 ausgeführt und vielleicht von Lorenzo Maitani entworfen wurden, dem Werkmeister der Dombauhütte, der um 1300 den Aufbau der Fassade übernommen hatte. Das erste Relief zeigt von unten nach oben in sechs Bildfeldern (**a**) die Erschaffung der Welt, der Pflanzen, Tiere und Menschen, (**b**) Gott entnimmt Adam eine Rippe und erschafft Eva, (**c**) Gott verbietet Adam und Eva, von der verbotenen Frucht zu essen, doch Eva reicht Adam die gepflückte Frucht, worauf sich beide vor dem zürnenden Gott verstecken, (**d**) Adam und Eva werden aus dem Paradies vertrieben, worauf sie sich irdischen Arbeiten zuwenden müssen, (**e**) Kain und Abel opfern gemeinsam, und Kain erschlägt seinen Bruder, (**f**) die Menschen gehen ihrer Arbeit nach.
(**2**) Zweites Pfeilerrelief, auf dem sich ebenfalls eine Akanthuspflanze nach oben rankt, hier aber jeweils in der Mitte einer Bildebene Medaillons ausbildet, in welchen von unten David und Salomon und von oben Jesus und die Gottesmutter dargestellt sind; auf zehn, nicht leicht zu deutenden Bildfeldern sind von unten nach oben zu sehen: (**a**) Abraham schläft, während die Richter

Orvieto, Domfassade

Israels Schriftrollen mit der Prophezeiung des Messias in Händen halten, (**b**) Abraham liegt im Grab, (**c**) David wird nach seiner Wahl zum König Israels gesalbt, und Bileam bändigt einen Esel, (**d**) Gott spricht zu Moses, der Messias erscheint, (**e**) das Wasser der Erlösung, der Traum des Nebukadnezar, (**f**) Vision Ezechiels und Prophezeiung des Isaias, (**g**) Entstehung der neuen Kirche – Jesus steht auf einem von vier Menschen hochgehobenen Stein –, dem Zacharias erscheint im Traum ein Mann zu Pferd, (**h**) Verdammung Jerusalems – durch eine Frau symbolisiert, gegen die sich Gottes Zorn richtet – und Ver-

Orvieto – Der Dom Santa Maria

herrlichung Bethlehems – ein Mann mit einer Waage versinnbildlicht die Gerechtigkeit –, (**i**) Moses auf dem Sinai und die Prophezeiung des Kreuzestodes Jesu, (**j**) ein fliegender Engel sucht die Gottesmutter Maria auf, die auf dem Baum Jesse thront.

(**3**) Drittes Pfeilerrelief mit einer Akanthusranke ähnlich der auf dem zweiten Pfeiler sowie zehn Bildfeldern, die von unten nach oben Szenen aus dem Neuen Testament wiedergeben: (**a**) Der schlafende Abraham ist von Propheten umgeben, (**b**) Propheten mit Schriftrollen, (**c**) Verkündigung Marias und Heimsuchung Elisabeths, (**d**) Geburt Jesu und seine Anbetung durch die Heiligen Drei Könige, (**e**) Jesus im Tempel und Flucht nach Ägypten, (**f**) Ermordung der unschuldigen Kinder und Jesus unter den Schriftgelehrten, (**g**) Taufe Jesu und Versuchung, (**h**) Jesus zieht in Jerusalem ein und wird auf dem Ölberg festgenommen, (**i**) Geißelung und Kreuzigung Jesu, (**j**) Frauen sitzen am Grab Jesu, ein Engel verkündet seine Auferstehung.

(**4**) Viertes Pfeilerrelief, auf dem in fünf Bildfeldern von unten nach oben (**a, b**) die Auferstehung, (**c**) Engel, welche die Auserwählten zum Paradies führen, (**d**) die Heiligen und (**e**) Jesus, der Gericht hält, dargestellt sind.

Über den vier Pfeilern sind vier zur selben Zeit geschaffene Bronzefiguren zu sehen, welche die vier Evangelisten symbolisieren, von links nach rechts ein Engel (für Matthäus), ein geflügelter Löwe (für Markus), ein Adler (für Johannes) und ein geflügelter Stier (für Lukas).

(**5**) Über dem Hauptportal ein Baldachin mit Engelsfiguren aus Bronze, ebenfalls von Maitani; darunter eine marmorne Muttergottes mit Jesuskind, die Andrea Pisano 1347 schuf.

Die darüberliegende Fassade ist mit Mosaiken geschmückt: (**6**) Verkündigung an Maria durch den Erzengel Gabriel von Jacopo Pieruzzi von 1649. – (**7**) Taufe Jesu im Jordan nach einer Zeichnung von Cesare Nebbia von 1584. Auf dem Wimperg (Giebel) darüber der heilige Michael, Bronzestatue von Matteo Ugolino da Bologna von 1356. – (**8**) Apostel sowie (**9**) Himmelfahrt Marias von Fra' Giovanni di Buccio Leonardelli aus dem Jahr 1366. Auf dem Wimperg darüber das Lamm Gottes, Bronzestatue von Matteo Ugolino da Bologna von 1356. – (**10**) Der heilige Joachim und die heilige Anna von Jacopo da Bologna (1713 und 1786 restauriert). – (**11**) Die Geburt Marias, ausgeführt von Fra' Giovanni di Buccio Leonardelli von 1364 bis 1365. Auf dem Wimperg darüber marmorner Engel eines unbekannten Künstlers. – (**12**) Die Trauung Marias, nach Zeichnungen von Antonio Pomarancio 1612 erneuert. – (**13**) Fensterrose von Andrea di Cione, genannt Orcagna, von 1354 bis 1366, die von Leisten mit 52 kleinen Köpfen eingefaßt sowie links, rechts und darüber von Apostelfiguren umgeben ist. – (**14**) Vorstellung Marias, ausgeführt von 1760 bis 1763 wohl nach Zeichnungen von Giovanni Pomarancio. – (**15**) Krönung Marias, ausgeführt von 1842 bis 1847 nach einem in Siena aufbewahrten Fresko von Sano di Pietro. – (**16**) Bronzetüren von Emilio Greco von 1964.

In völlig anderer Gestalt als die Hauptfassade präsentieren sich die schwarzweiß gestreiften Seitenfronten. Die Farbwirkung wurde durch den wechselweisen Einsatz von schwarzem Basalt und weißem Travertin erzielt. Das Vorbild dürften arabische Bauten geliefert haben, wie sie bereits aus Sizilien bekannt waren und zum Beispiel auch in Siena oder Pisa nachgeahmt wurden. Die Porta del Corporale an der linken Flanke bei der Vierung soll vom Vorgängerbau übernommen worden sein. Durch sie wurde angeblich einst das blutbefleckte Corporale von Bolsena in den Dom gebracht. Die Marmorskulptur *Christus mit Engeln* über dem Türsturz wurde 1348 von Andrea Pisano geschaffen. Die Porta di Canonica rechts daneben ist mit einem Madonnenfresko von Andrea di Giovanni von 1412 geschmückt. Die Gestaltung der Porta della Postierla wird Arnolfo di Cambio, der 1285 in Orvieto nachweisbar ist, zugeschrieben.

Innenausstattung

Das weiträumige, hohe Innere mit den wuchtigen gemauerten Säulen und den beiden Pfeilern, den reichgeschmückten Kapitellen und den auf ihnen ruhenden relativ kurzen Rundbögen wirkt zunächst wie ein letztes Zugeständnis an die untergehende Epoche der Romanik. Da sich die Schwarz-Weiß-Bänderung an Wänden, Säulen und Pfeilern fortsetzt, mutet es zudem fast orientalisch an, was in Verbindung mit dem durch die Alabasterscheiben gedämpften, gelblichen Lichteinfall dem Inneren einen unverwechselbaren Charakter verleiht. Nach dem Betreten sieht man links das von dem Sienesischen Bildhauer Luca di Giovanni 1390 begonnene und 1407 von Sano di Matteo vollendete Taufbecken. Das Weihwasserbecken bei der ersten Säule rechts ist ein Werk von Antonio Federighi von 1485.
Vorbei an den halbrunden Kapellen der rechten Seitenwand, die mit zum Teil nur fragmentarisch erhaltenen Fresken des 14. und 15. Jahrhunderts ausgemalt sind, geht es zur **Cappella Nuova** (auch Cappella della Madonna di San Brizio genannt). Vor ihrem Eingang stehen links und rechts eine Eva- und eine Adamstatue von Fabiano Toti aus dem 16./17. Jahrhundert. Die Kapelle wurde 1408 bis 1409 angebaut und bildet wegen der Ausmalung durch Luca Signorelli *die* Sehenswürdigkeit des Domes. Zunächst war diese Arbeit Fra Angelico 1447 übertragen worden. Doch dieser konnte lediglich im Gewölbe

zwei gegenüberliegende Felder (*Christus beim Jüngsten Gericht* und *Chor der Propheten*) ausführen, da er nach Rom abberufen wurde. Da Perugino, den man um die Fortführung der Ausmalung ersuchte, den Auftrag nicht annahm, kam 1499 Signorelli aus Cortona zum Zug. Dieser stellte zunächst zusammen mit seinen Gehilfen die Gewölbefelder fertig.

Sein weltberühmtes Meisterwerk aber schuf er mit dem Wandzyklus vom *Ende der Welt*, der die gesamte obere Wandzone der Kapelle einnimmt und gegen den Uhrzeigersinn ›gelesen‹ wird. Um die Abfolge des Zyklus' korrekt nachvollziehen zu können, beginnt man mit der Betrachtung des **ersten Bildes an der linken Wand**, das die *Taten des Antichrist* zeigt. Dem auf einem Podest stehenden, der Menge predigenden Antichrist gibt ein gehörnter Teufel Worte ein, während links zu sehen ist, wie Christen von Anhängern des Antichrist umgebracht werden. Am linken Bildrand hat Luca Signorelli sich selbst und, von ihm etwas verdeckt, Fra Angelico dargestellt. Im Bogen an der **Eingangswand** ist das *Ende der Welt* mit dem Untergang von Sonne, Mond und Sternen zu sehen. Das **erste Bild an der rechten Wand** soll mit einer auffallend lichten Darstellung der *Auferstehung des Fleisches* Hoffnung vermitteln, während das **zweite Bild an der rechten Wand** in dramatischer Wiedergabe die Leiden der *Verdammten in der Hölle* vor Augen führt. An der **Altarwand** sind die zwei für Christen nach dem Tod denkbaren Alternativen gegenübergestellt; **rechts**: die *Verstoßung der Verdammten* in die Hölle; **links**: die *Berufung der Auserwählten in den Himmel*. Mit dem **letzten Bild an der linken Wand** preist Signorelli in einer äußerst zarten, harmonischen Wiedergabe die *Krönung der Seligen*.

Im unteren Wandbereich der Kapelle hat Signorelli Gestalten und Persönlichkeiten aus der Antike sowie Dante seine Reverenz erwiesen. Wieder an der linken Wand einsetzend und gegen den Uhrzeigersinn laufend zeigen die Fresken Homer, Empedokles, Orpheus, Lucan, Horaz, Ovid, Orpheus (bei der Bitte um die Befreiung Eurydikes), Oionos (bei seiner Ermordung), Venus und Äneas, Dantes »Fegefeuer«, Vergil, Dante, wobei die genannten Personen über ihr Werk mit den Motiven des Wandzyklus darüber in Beziehung stehen. Der Zyklus selbst erhebt Signorelli in den Rang eines exzeptionellen und bahnbrechenden Künstlers. Bewunderung verdient neben der szenischen Komposition – die dem Betrachter vollendet aus den *Verdammten in der Hölle* und der *Auferstehung des Fleisches* entgegentritt und dabei doch der Entfaltung jeder einzelnen Personendarstellung Raum gewährt – die anatomisch korrekte Wiedergabe der nackten Körper.

Nach dem Verlassen der Kapelle sieht man rechts die **Cappella dei Magi** mit einem 1514 von Sanmicheli entworfenen Altar, danach eine Marmorstatue *Ec-*

Orvieto – Der Dom Santa Maria

ce Homo von Ippolito Scalza aus dem Jahr 1608 und am Vierungspfeiler gegenüber eine Holzkanzel von 1622. Das Chorgestühl im Presbyterium wurde 1331 bis 1340 von Giovanni Ammannati geschaffen. Das große Holzkruzifix ist eine Arbeit des 14. Jahrhunderts. Die Fresken, die Ugolino di Prete Ilario von 1370 bis 1384 zur Darstellung von Szenen aus dem Leben Marias anbrachte, wurden 1492 bis 1497 von Pinturicchio und 1497 bis 1499 von Il Pastura teilweise erneuert. Bereits 1325 bis 1334 schuf Giovanni di Bonino das über sechzehn Meter hohe Apsisfenster. Die Marmorstatue von Gabriele Mercanti von 1627 links vor dem Presbyterium zeigt *Christus an der Geißelsäule*. Der Marmoraltar links daneben stammt aus dem Jahr 1547; er ist eine Arbeit von Raffaello da Montelupo, dem auch die Maria- beziehungsweise Christus-Statue rechts und links vom Eingang in die **Cappella del Corporale** zu verdanken sind. Diese Kapelle, die durch ein schmiedeeisernes Gitter von Matteo da Bologna und Giovanni da Micheluccio, gefertigt von 1352 bis 1366, verschließbar ist, wurde 1350 bis 1361 angebaut und birgt – im Hochaltar – das einzigartige **Reliquiar des Corporale**, also des Altartuches, das bei dem »Wunder« von 1263 mit Blut befleckt wurde. Das 1,39 Meter hohe und 63 Zentimeter breite Reliquiar, das die äußere Gestalt des Domes nachbildet und mit Emailplättchen verblendet ist, wurde 1337 bis 1339 von Ugolino di Vieri angefertigt und zählt zu den bedeutendsten Goldschmiedearbeiten des 14. Jahrhunderts. Die Wandfresken, in welchen Ugolino di Prete Ilario 1357 bis 1364 rechts das *Wunder von Bolsena* nacherzählte und links ein *Hostienwunder* wiedergab, wurden im 19. Jahrhundert von Friedrich Overbeck restauriert. Der Marmortabernakel, in dem sich das Reliquiar befindet, wurde nach einer Zeichnung von Niccolò da Siena 1358 begonnen und von Andrea Orcagna vollendet. Das Tafelbild der *Schutzmantelmadonna* in der Nische rechts hat Lippo Memmi 1320 gemalt.

Nach Verlassen der Kapelle stößt man am Vierungspfeiler auf die von Ippolito Scalza 1579 aus einem Block gemeißelte Marmor-Pietà. An der Seitenwand folgen wieder halbrunde Kapellen mit Fresken des 14. Jahrhunderts. Das Fresko *Muttergottes mit Kind* links neben der – vom Eingang her gesehen – ersten Kapelle stammt von Gentile da Fabriano aus dem Jahr 1425.

Zwischen Furcht vor der Hölle und Hoffnung auf
Erlösung bewegten sich christliche Jenseitserwartungen.
In bis dahin ungekanntem Realismus gab Signorelli
seine Vorstellung von den »Verdammten« wieder.

Gegenüber der rechten Flanke des Doms steht der **Palazzo Soliano** mit steiler Freitreppe und gotischen Drillingsfenstern. Den Bau hat Papst Bonifaz VIII. 1297 veranlaßt. Die Zinnen wurden erst 1896 aufgesetzt. Das im Erdgeschoß befindliche **Museo Emilio Greco** zeigt Werke des gleichnamigen, 1913 in Catania geborenen Künstlers, der in den sechziger Jahren die Bronzetüren des Doms schuf. Das im Obergeschoß untergebrachte **Museo dell'Opera del Duomo** ist seit 1989 geschlossen und wartet auf die Neuordnung seiner Sammlung von mittelalterlichen und renaissancezeitlichen Gemälden, Skulpturen, Keramik und liturgischen Geräten. Den freien Platz zwischen Dom und Palazzo Soliano schließt an der Schmalseite der **Palazzo Papale** ab, den die Päpste Urban IV. (1261–1264) und Martin IV. (1281–1285) errichten ließen und der bis 1977 mehrfach umgestaltet wurde. In ihm befindet sich das **Museo Archeologico Nazionale**, das Gegenstände und abgelöste Malereien aus etruskischen Grabkammern des 6. bis 4. Jahrhunderts v. Chr. ausstellt.

Mit der Vorderfront des Doms im Rücken blickt man an der Häuserzeile vis-à-vis links auf den ockerfarbenen **Palazzo dell'Opera del Duomo**, der 1359 errichtet und 1857 umgebaut wurde und heute die Verwaltung und das Archiv der Dombauhütte beherbergt. Im Obergeschoß ist eine Sammlung antiker Vasen untergebracht, im Erdgeschoß ein Informationsbüro. Zwei Häuser weiter rechts steht der **Palazzo Faina** mit den **Musei Archeologici Civico e Faina**; neben der städtischen Sammlung wertvoller antiker Skulpturen – darunter die *Venus von Cannicella* aus dem späten 6. Jahrhundert v. Chr. – sowie von Sarkophagen und Reliefs beinhalten sie auch die 1864 durch den Grafen Faina begonnene, heute 3500 Stücke umfassende Sammlung antiker Vasen. Das Museum ist seit 1993 wegen Renovierung geschlossen.

Wo sich die Piazza del Duomo zur Via del Duomo hin öffnet, erhebt sich, jüngst restauriert, die **Torre del Maurizio**, ein Uhrturm, auf welchem die Maurizio genannte, 1351 installierte Bronzefigur die Glocke zur Stunde schlägt.

San Francesco – San Lorenzo de'Arari – Palazzo Comunale – Sant'Andrea

Gegenüber der Domfassade geht man in die Via Lorenzo Maitani und erreicht nach circa hundert Metern links die Kirche **San Francesco**. Von der ursprünglichen, als einschiffige Halle angelegten Bettelordenskirche blieben nach der Barockisierung im 18. Jahrhundert im Inneren lediglich ein Holzkruzifix sowie außen nur die Fassade mit zwei Fensterrosen und drei Portalen erhalten. Nach Verlassen der Kirche folgt man der Straße links abwärts und erreicht bei der zweiten Kurve auf der rechten Seite die im Jahr 1291 errichtete, mehrfach umgebaute Kirche **San Lorenzo de' Arari**. Obwohl erst später errichtet, steht sie noch völlig in romanischer Bautradition. Die Gliederung in drei Schiffe wurde durch gemauerte Säulen mit Würfelkapitellen und Rundbögen vorgenommen. Über dem Altar, der aus einem etruskischen Opferstein und einer einfachen Platte zusammengesetzt ist, erhebt sich ein ornamental verziertes Ziborium, das aus einer Vorgängerkirche des 12. Jahrhunderts übernommen wurde. Das große Fresko in der runden Apsis, das den *Segnenden Christus* zeigt und deutlich in byzantinischer Tradition steht, wurde im 14. Jahrhundert gemalt. Unter den zahlreichen Fresken des 14. und 15. Jahrhunderts an Wänden und Säulen verdienen die *Szenen aus dem Leben des heiligen Laurentius* an der linken Wand des Mittelschiffs besondere Beachtung; sie sind auf das Jahr 1330 datiert.

Von San Lorenzo geht es rechts herum in die Via Moffati, über die Wegkreuzung hinweg, danach nicht rechts, sondern weiter geradeaus; man stößt auf eine Querstraße, geht hier rechts und gleich wieder links und folgt der Via Beato Angelico zu einem freien Platz, der rechts vom **Palazzo Clementini** eingenommen wird. Dieser wurde 1567 bis 1569 nach Plänen von Ippolito Scalza errichtet und beherbergt heute die Biblioteca Comunale. Am anderen Ende des Platzes geht man (neben einer Kirche) nach links, bei der ersten Möglichkeit rechts und immer geradeaus, bis man, durch eine Bogenöffnung des **Palazzo Comunale** hindurch, die Piazza della Repubblica erreicht. Der Palazzo ist nach seinem Umbau durch Ippolito Scalza im 16. Jahrhundert nicht mehr als Gebäude des 13. Jahrhunderts zu erkennen. Deshalb unterstreicht auch eher die benachbarte Kirche **Sant'Andrea**, durch ihre Gestaltung wie durch ihre Geschichte, die überkommene Bedeutung des Platzes, der in römischer Zeit als Forum diente. Die Kirche wurde an der Stelle eines frühchristlichen Gotteshauses im 11. Jahrhundert errichtet und war bis zum Neubau des Domes die bedeutendste Kirche der Stadt. In ihr soll Papst Innocenz III. 1216 nochmals zum Kreuzzug aufgerufen haben; in ihr erlebte Karl von Anjou 1281 die Inthronisierung des Papstes Martin IV. mit. Die Balkendecke über dem Mittel- und den beiden Seitenschiffen, der helle Tuffstein der Wände und Rundbögen, die dunklen, schlanken, römischen Granitsäulen und das Licht, das durch die Obergadenfenster einfällt, verleihen dem Innenraum eine vornehme Leichtigkeit. Die Säulenkapitelle wurden 1512 eingefügt. Die Kanzel am Pfeiler vorne rechts ist aus Mosaikplatten des 12./13. Jahrhunderts zusammengesetzt. Das Kreuzrippengewölbe im Bereich des um wenige Stufen erhöhten Presbyteriums beruht auf einer Umgestaltung des 14. Jahrhunderts. Hoch ragt der markante zwölfeckige **Campanile** mit drei übereinander angeordneten Reihen von Zwillingsfenstern im Glockengeschoß zwischen der Kirche und dem Palazzo Comunale auf. Er dürfte zusammen mit der Kirche im 11. Jahrhundert erstellt worden sein.

San Giovanni – Porta Maggiore – San Giovenale

Man überquert die Piazza delle Repubblica, wobei der Palazzo Comunale links liegen bleibt, und biegt links in die Via della Loggia de' Mercanti ein. Am Ende der Straße geht man rechts, bleibt an der unmittelbar folgenden Straßengabelung oben auf der Via Ripa Serancia und erreicht – direkt über dem Abhang des Tuffsteinfelsens – die helle Piazza San Giovanni mit der gleichnamigen, 1704 über einem Gotteshaus des 10. Jahrhunderts erbauten Kirche **San Giovanni Evangelista**.

Man läßt die Kirche zur Rechten und folgt dem Weg steil abwärts, dann der Querstraße Via Ranieri nach links bis zu einem kleinen Platz, wo man auf die Via Cava trifft. Auf dieser kann man bei Haus-Nr. 28 einen Blick in den (dienstags geschlossenen) **Pozzo della Cava** werfen, einen 25 Meter tiefen Brunnen, den Papst Clemens VII. im 16. Jahrhundert anlegen ließ. Mit einer Einkehr in die gleichnamige Trattoria tun Sie nicht nur sich selbst etwas Gutes, sondern leisten einen direkten Beitrag zur Denkmalpflege, um die sich der Wirt, mit der Unterhaltung der Brunnengrotte, aus eigenen Mitteln kümmert. Abwärts endet die Straße bei der massigen **Porta Maggiore**, die schon zu Etruskerzeiten als Stadtzugang genutzt wurde. Von außen sieht man in einer Mauernische über dem Durchgang eine Statue des Papstes Bonifaz VIII. (1294–1303), die an den Friedensschluß zwischen ihm und der Stadt erinnert.

Wieder innerhalb der Stadtmauer geht man vom Tor weg nach links aufwärts bis zur Kirche **San Giovenale**, einem der romanischen Höhepunkte Orvietos. Wahrscheinlich bereits im Jahr 1004 gegründet, erfolgte in der zweiten Hälfte des 13. Jahrhunderts eine Verlängerung des Chorbereichs. Im Gegensatz zu manch anderen umbrischen Kirchen ist hier der Portikus nicht mehr vorhanden. Ins Innere gelangt man durch ein Seitenportal, das die Datierung 1497 trägt. Das Brustbild darüber zeigt den heiligen Juvenal, den Namensgeber der Kirche. Der dunkle, dreischiffige Innenraum weiß einerseits durch die

Schlichtheit der architektonischen Formen, die das hohe Alter der Kirche bestätigen, und andererseits durch die reiche Ausmalung zu beeindrucken. Selbst wenn man den im 13. Jahrhundert hinzugefügten kreuzrippengewölbten Chor vernachläßigt, muß das lange, um vier Stufen erhöhte Presbyterium als ungewöhnlich gelten. Statt der Pfeiler sind im tiefer gelegenen Eingangsteil Säulen mit schmucklosen Kapitellringen als Stützen eingesetzt. Während der Dachstuhl über dem Mittelschiff offen ist, weisen die Seitenschiffe teils Halbtonnen-, teils Kreuzgratgewölbe auf. Zum Erlebnis wird der Rundgang durch die Kirche in Begleitung des Gemeindepfarrers Don Enrico Bartoccini, der durch seine bildhaften Erzählungen den zahlreichen Fresken aus dem 13. und 14. Jahrhundert Leben verleiht. Diese werden Zug um Zug restauriert, vornehmlich durch die Unterstützung des Lions-Clubs von Orvieto. Die Wiederherstellung eines Quadratmeters Fresko kostet mindestens 2 000 DM.

Eine Besonderheit stellt links vom Seiteneingang der mittelalterliche Festkalender sowie am rechten Pfeiler des Chores die Inschrift des 13. Jahrhunderts in umbrischer, sprich orvietanischer Volkssprache dar. Die erst in diesem Jahrhundert aufgestellten Chorschranken und Pulte sind Steinmetzarbeiten des 12. Jahrhunderts. Der ehemals von einem Ziborium überfangene Marmoraltar weist mit seiner Reliefplatte in Flechtbandtechnik ins 7. Jahrhundert. An der rechten Seite ist die Inschrift »GUIDO ABAS MCLXX«, also der Name des Abtes Guido und das Datum 1170, eingemeißelt. Mit dem darüber zu lesenden »BERNARDUS« dürfte sich der Steinmetz selbst verewigt haben. An den Kapitellen des Altars sind unter anderem eine Taube, eine Palme, der Erzengel Michael und der heilige Juvenal mit Bischofsmitra und Stab zu sehen.

Torre del Moro – Palazzo del Popolo – San Domenico

Von San Giovenale geht es durch die Via Volsinia und Via Malabranca – vorbei am mittelalterlichen, im 16. Jahrhundert durch Ippolito Scalza umgebauten **Palazzo Carvajal-Simoncelli** und dem einst der Adelsfamilie Filippeschi gehörenden **Palazzo Pietrangeli** (Haus Nr. 22) – bis zur Weggabelung. Von hier geht man halblinks auf der Via Magalotti mit dem **Palazzo Mancini-Ficarelli** aus dem 15. Jahrhundert (Haus-Nr. 5) weiter zur Piazza del'Erba. Nach Überquerung des Platzes hält man sich rechts und gelangt zur Piazza della Repubblica zurück. Diese verläßt man bei der Kirche Sant'Andrea nach links auf dem Corso Cavour, wobei man schon die 240 Meter hohe **Torre del Moro**, einen mittelalterlichen Geschlechterturm, über die Dächer herausragen sieht. Aber auch für den Corso selbst, der ›Lebensader‹ Orvietos mit den zahlreichen hübschen Geschäften, sollte man einige Blicke übrig haben. Den Spezialitäten-Läden wird man sich ohnehin kaum entziehen können, so wie man es nicht versäumen sollte – wegen eines guten ›Tropfens‹ – am Corso Cavour 271 vorbeizuschauen...

Von der Torre del Moro gelangt man durch die Via della Costituente zur Piazza del Popolo mit dem **Palazzo del Capitano del Popolo**, der sich – abgesehen von den Zinnen aus dem 20. Jahrhundert – noch als mittelalterliches Repräsentationsgebäude zeigt. Zur Zeit des Papstes Hadrian IV. um 1157 begonnen, wurde er zwischen 1280 und 1284 erweitert. Nach dem Anbau der letzten Gebäudeachse samt Glockenstuhl und der Anlage der Freitreppe im 14. Jahrhundert, wurde der Palast ab 1409 Sitz des *Podestà*. In der Fassade dominieren hohe Drillingsfenster, deren hübsche Schachbrettumrahmung eine Orvietaner Eigentümlichkeit ist. Heute dient der Palast als Kongreßzentrum. Wer ›königlich‹ nächtigen möchte, logiert im Albergo Reale gegenüber.

Man läßt den Palazzo zur Linken und überquert den dahinter liegenden Parkplatz nach links. Am Ende des Weges hält man sich rechts und biegt in die Via della Pace ein; sie führt zur baumbestandenen Piazza XXIX Marzo mit der am anderen Ende links stehenden Bettelordenskirche **San Domenico**. Von der über einem Minervatempel in der zweiten Hälfte des 13. Jahrhunderts erbauten, einst 90 Meter langen, im 17. Jahrhundert barockisierten Kirche blieb nach dem Abriß des Langhauses 1934 allein das Querschiff übrig. Bedeutung besitzt sie durch das innen links erhaltene Wandgrabmal des Kardinals Guglielmo de'Braye, das Arnolfo di Cambio 1282 schuf. Links neben dem Altar steht das »Pult des heiligen Thomas von Aquin«, der einige Zeit in dem angeschlossenen Dominikanerkloster lebte und Theologie lehrte. Er ist auf dem Kreuzigungs-Fresko des 14. Jahrhunderts in der Hauptchorkapelle mitabgebildet. Als Musterbeispiel der Hochrenaissance gilt die Cappella dei Petrucci, die Michele Sanmicheli 1516 unter dem Hauptchor anlegte.

Fortezza – Tempio etrusco del Belvedere – Pozzo di San Patrizio

Von San Domenico setzt man den Weg durch die Via Arnolfo de Cambio und die Via Roma fort, an deren Ende man, nach Überqueren der Straße, zum Park kommt. Im Park hält man sich links und trifft auf die Ruinen eines etrus-

Tempio etrusco del Belvedere – Pozzo di San Patrizio – Rocca

kischen Tempels, des **Tempio etrusco del Belvedere**, aus dem 5. Jahrhundert v. Chr. Sehr schön lassen sich noch die Freitreppe, die Anlage der Vorhalle und der eigentlichen *cella* erkennen. Es wird vermutet, daß er dem Gott Tinia geweiht war und hier Vogel- und Eingeweideschauen vorgenommen wurden.

Unterhalb des Etrusker-Tempels liegt der **Pozzo di San Patrizio**. Auch wenn man bei der Höhe des Eintrittsgelds glaubt, unter die Brunnenräuber gefallen zu sein, ist die Besichtigung dieses einmaligen Bauwerks sehr zu empfehlen. Bezeichnenderweise ließ Papst Clemens VII. nach seiner Flucht vor den Landsknechten Karls IV. aus Rom 1527 diesen Brunnen – wie auch den Pozzo della Cava – zur Sicherstellung der Wasserversorgung bei einer längeren Belagerung anlegen. Zehn Jahre wurden benötigt, um auf die Tiefe von 62 Metern vorzudringen. Nach Plänen des Festungsbaumeisters Antonio di Sangallo wurde der Schacht sechseckig mit einem Durchmesser von dreizehn Metern und mit 72 sich nach innen öffnenden Fenstern gebaut; um ihn herum verlaufen zwei unabhängige, sich nicht berührende Wendeltreppen mit 248 flachen, auch von Maultieren begehbaren Stufen, die das Wasser nach oben schafften. Dadurch beggnen sich die auf- und absteigenden Besucher nicht, so wie dies ebenfalls für die Treppen gedacht war, die zuvor Leonardo da Vinci sinnigerweise für ein Freudenhaus entworfen hatte. Da es am untersten Punkt des Brunnens – nur dort beggnen sich die Treppen! – empfindlich kalt wird, sollte man etwas zum Überziehen mitführen.

Wenn man durch den Park denselben Weg zurücknimmt und diesen geradeaus fortsetzt, sieht man zur Linken die ersten Ruinen der **Rocca** beziehungsweise Fortezza, die auf Weisung des päpstlichen Legaten und Kardinals Albornoz 1364 errichtet und ab 1831 wieder abgetragen wurde. Dort liegt auch die Station der Seilbahn, mit welcher man der Stadt in Richtung Parkplatz am Bahnhof wieder entschweben kann.

Nekropole Crocefisso del Tufo – La Badia

Direkt vor den Mauern der Stadt und damit am nordwestlichen Abhang des Tuffsteinplateaus wurde 1830 mit der **Nekropole Crocefisso del Tufo** die größte der rings um den Felsen angelegten etruskischen »Totenstädte« entdeckt: Wie Häuser sind die Grabkammern, die auf einer Inschrift die zuerst in ihnen bestattete Person nennen, an den »Straßen« der Nekropole aneinandergereiht. Die ältesten Gräber wurden in der zweiten Hälfte des 6. Jahrhunderts eingerichtet. In mehreren Grabungskampagnen ab 1872 und nochmals ab 1960 konnten bedeutende Funde erzielt werden, die im Museo Archeologico Nazionale neben dem Dom ausgestellt sind. – Wenn man die Nekropole von dem oben genannten Parkplatz am Bahnhof aus ansteuern möchte, hält man sich entsprechend den Hinweisschildern stets Richtung Orvieto und stellt den Wagen nach einer scharfen Linkskurve auf den Parkplatz rechts an der Straße ab. Ein schmaler Fußweg an derselben Straße zurück führt zur Nekropole, die ihren Namen von einem Tuffsteinkreuz bezog, das sich in einer bei den Ausgrabungen beseitigten Kapelle befand.

Zu einem Besuch der Abtei **Santi Severo e Martirio** – auch **La Badia** genannt – verläßt man Orvieto in Richtung Perugia. Nach 2,6 Kilometern, von der Porta Maggiore aus gemessen, biegt man von der Straße Nr. 71 rechts ab zur ehemaligen Benediktinerabtei, die sich durch ihren markanten zwölfeckigen Campanile bereits aus der Ferne ankündigt. Dieser scheint sich vom Campanile der Kirche Sant'Andrea in Orvieto nur dadurch zu unterscheiden, daß in ihm zwei statt drei Reihen von Zwillingsfenstern den Glockenstock bilden. Die Abtei geht auf eine Stiftung der berühmten Markgräfin Mathilde von Tuszien aus dem Jahr 1103 zurück. Als die Benediktiner den von ihrem Bischof verlangten Gehorsam vermissen ließen, verloren sie das Kloster 1220 an die Prämonstratenser. Unter den diesen nachfolgenden Zisterziensern erlebte es seine wirtschaftliche Blütezeit.

In der Neuzeit gelangte es als landwirtschaftliches Anwesen in Privatbesitz. Heute werden Teile davon als Hotel genutzt. Beim Betreten der Anlage sieht man auf der linken Seite die Ruine des Kapitelsaales. Das hintere Ende des ehemaligen Klosterhofes nimmt das Abtshaus ein, dessen zweigeteilte Fenster von einer Schachbrettmusterung umrahmt sind. Von diesem nach links gelangt man durch einen weiten, gestuften Bogen von 1221 – der an einen verwunschenen Ort aus Märchenwelten denken läßt – zum Eingang der (geschlossenen) Kirche aus dem 12. Jahrhundert.

Zur **Etrusker-Nekropole** von Settecamini fährt man weiter nach Porano und von hier Richtung Castel Rubello. Bei der Abzweigung nach dem Ort rechts Richtung Settecamini, liegen links an der Straße – hinter einem verlassenen Bauernhof – die tief in den steinigen Boden getriebenen Grabkammern aus dem 4. Jahrhundert v. Chr. In der Regel wartet der Besitzer auf Besucher und öffnet gern die verschlossenen Kammern. Sie wurden 1863 entdeckt; ihre Inventare wanderten ins Etrusker-Museum von Florenz.

Von Orvieto zum Lago di Corbara

Zwei Seelen schlagen, ach, in der Brust so manchen Ausflüglers, der sich von Orvieto zum zwölf Kilometer entfernten **Lago di Corbara** (mit Campingplätzen und Hotels) aufmacht. Das Naturerlebnis des eng von Bergen umschlossenen Tiberstausees im Parco Regionale del Tevere könnte die eine Motivation sein; die andere, nicht weniger verlockende, ein Festmahl im Gourmet-Tempel des inzwischen weltberühmten Kochs Vissani. Das Restaurant liegt unterhalb von Civitella del Lago an der Uferstraße. (Die knapp bemessenen Buchhonorare haben es mir leider verwehrt, dem umbrischen Lukullus meine Aufwartung zu machen und mich dem von Vissani kreierten Gaumenkitzel hinzugeben.)

Das nahegelegene malerische Örtchen **Baschi** verrät noch heute durch sein wehrhaftes Äußeres, daß es aus einer Burg des 11./13. Jahrhunderts hervorging. Die ehemalige romanische Kirche San Niccolò am Ortsrand mit einem Campanile und einer Renaissance-Fassade von Ippolito Scalza, geschaffen zwischen 1575 und 1585, bewahrt rechts in der Cappella del Santissimo Sacramento ein Triptychon von Giovanni di Paolo aus dem 15. Jahrhundert.

Abschied von Orvieto

Es gibt keinen schöneren Blick auf Orvieto als von den Bergen im Südwesten, zu denen man auf der Straße Nr. 71 Richtung Bolsena hinauffährt. Und es gibt keinen schöneren Zeitpunkt als den vor Sonnenuntergang, um diesen Blick zu einem unvergeßlichen Erlebnis zu machen. Man vermag sich kaum mehr zu lösen, wenn die verglühende Abendsonne Orvieto goldgelb erstrahlen läßt, funkelnd wie der Wein im Glas, den man in Orvieto kredenzt, und man wird Teil eines Traumes... Das Laub der Weinstöcke beginnt zu wispern und erzählt, wie Orvieto *wirklich* zu seinem Namen kam: Barbaren waren in alter Zeit in die Stadt eingedrungen, hatten die Tempel gestürmt und die wertvollen Kelche an sich gerissen. Doch plötzlich meinten sie, daß sich das Gold der Kelche verflüssige. Entsetzt riefen sie »Aurum vetitum – Verbotenes Gold!« und machten sich aus dem Staub. Und aus »Aurum vetitum« wurde Orvieto. – Wer's glaubt, hat bestimmt von dem Wein schon gekostet.

Vor den Höhen des Apennin: Gubbio und Gualdo Tadino

Der landschaftlich reizvolle Nordosten Umbriens zollt seiner Randlage insofern Tribut, als relativ wenige Besucher den Weg hierher finden – denn er ist nicht so komfortabel durch Schnellstraßen erschlossen wie der mittlere Teil der Region. Diese Not haben Naturliebhaber inzwischen als Tugend erkannt; sie schätzen die einsamen Bergtouren auf den Höhen des Apennin, die sich Umbrien mit der benachbarten Marken-Region teilt, oder suchen als Drachenflieger das lautlose Segeln im Wind, der über die Kämme streicht. Eine Ausnahme bildet Gubbio mit seinen 13 700 Einwohnern, das zu einem *der* italienischen Touristenmagneten geworden ist.

Gubbio

»Unsere Stadt ist sehr froh dich, seinen Gruss heissen, freundlichen Besucher.« Mit diesen Eingangsworten stellt sich der in Gubbio erhältliche deutschsprachige Stadtführer vor und stimmt den Reisenden – natürlich unfreiwillig – heiter. Der Satz ist mir, fern jeder billigen Schadenfreude, lieb: paßt er doch so recht als Gegen-Satz zum strengen Bild, das man von der Stadt aus der Ferne gewinnt; er mildert die harten Akzente, die durch den Palazzo dei Consoli, den Palazzo Pretorio und den Palazzo Ducale gesetzt werden – allesamt Zeugen weltlicher Herrschaft. Der Dom versteckt sich daneben fast, und das Gewinkel der mittelalterlichen Häuser darunter scheint sich zu ducken. In Perugia hatte ich mich einige Tage zuvor bei einer Bekannten nach der Bedeutung Gubbios für Umbrien und Italien erkundigt, mich eigentlich, wenn ich ehrlich bin, über die Touristenmassen beklagt, die sich an manchen Tagen durch das italienische ›Rothenburg ob der Tauber‹ wälzen. Sie, eine charmante, aufgeklärte Kommunistin, gab mir zu verstehen, daß Linke, Liberale, überhaupt moderne, kirchenkritische Italiener lieber nach Gubbio als etwa ins klerikal verbrämte Assisi führen. Nun, erneut in die Betrachtung Gubbios versunken, erhellt sich mir der Sinn dieser Aussage...

Zwar spielte Gubbio, auf Gesamtumbrien bezogen, jahrhundertelang eine Sonderrolle, indem es 240 Jahre zum Herzogtum Urbino in den Marken gehörte. Doch die Zeit davor und danach weist deutliche Parallelen zur Geschichte anderer umbrischer Städte auf. Indes, mit dem Fund des bedeutend-

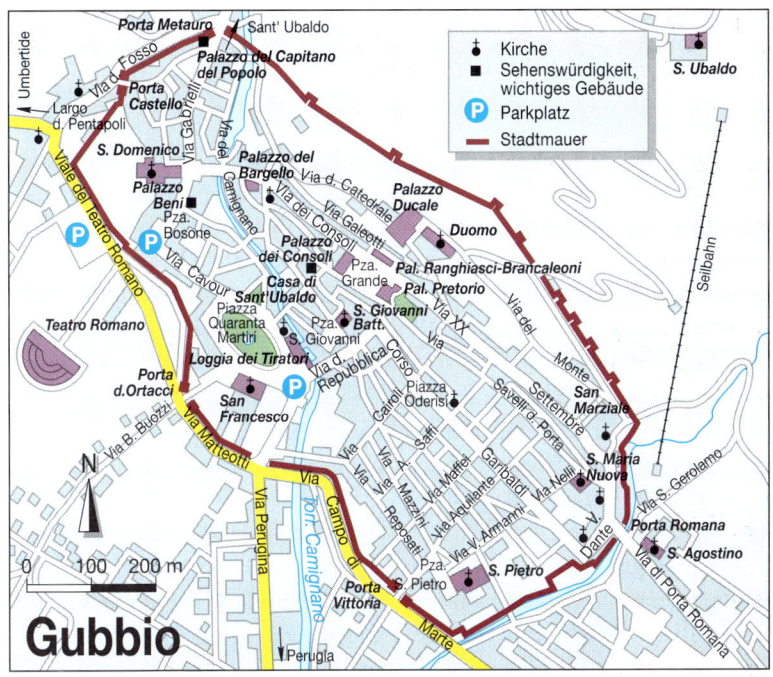

sten umbrischen Sprachdokuments, der sogenannten Eugubinischen Tafeln, steht Gubbio als einzigartig da. Bereits im 4. Jahrhundert v. Chr. muß »Iguvium«, wie es hieß, ein bedeutendes umbrisches Zentrum gewesen sein. Seit dem 3. Jahrhundert v. Chr. mit den Römern verbündet und ab 89 v. Chr. römisches Municipium, verlagerte sich die Stadt talwärts, wo die Segnungen der neuen Kultur als Thermen (bei der Kirche San Francesco), Theater und Mausoleum Gestalt annahmen.

Erst nach dem Krieg zwischen Ostgoten und Byzantinern um Italien, der Gubbio 545 eine Zerstörung durch einen Feldherrn des Ostgotenkönigs Totila bescherte und danach die Zugehörigkeit zum byzantinischen Korridor brachte, der Ravenna mit Rom verband, zog es sich wieder – der Unsicherheit in der Ebene leid geworden – auf die Geländeterrasse am Abhang des Monte Ingino zurück. Im 7. Jahrhundert machten sich die Langobarden die Stadt untertan; seit der großzügigen Gebietsschenkung Pippins und Karls des Großen an den Papst (s. S. 78 f.) gehörte sie zum Kirchenstaat und entwickelte sich – der Ungarneinfall 917 blieb eine schmerzhafte Episode – bis zum 11. Jahrhundert zur *Comune*, die Politik auf eigene Faust betrieb und ihrerseits nach dem Umland ausgriff. Dies brachte Gubbio in Gegensatz vor allem zu dem ebenfalls expandierenden Perugia. Zwischen 1151 und 1259 mündete die Rivalität viermal in militärische Auseinandersetzungen, obwohl – oder gerade weil? – Kaiser Friedrich I. Barbarossa der Stadt 1163 die Herrschaft über das Umland eingeräumt hatte. Noch 1155 hatte ihn nur Ubaldus, der Bischof der Stadt, mit Mühe davon abhalten können, die Stadt zu erobern. Diese Eigenständigkeit mußte dem papsttreuen Perugia ein Dorn im Auge sein. 1183 war Gubbio zwar gezwungen, gegenüber Perugia nachzugeben, doch in den folgenden Jahrzehnten zog es aus seiner pro-kaiserlichen Haltung, die mit Privilegien durch Kaiser Heinrich VI. 1191 und Kaiser Otto IV. 1211 belohnt wurden, erneut Vorteile. Es konnte seine Expansionspolitik wieder aufnehmen, auch wenn es nominell als Reichslehen dem ghibellinischen Herzog von Spoleto übertragen worden war. 1228 war Kaiser Friedrich II. wohlgelittener Gast in Gubbio, und 1244 belohnte dieser Gubbios Treue, indem er der Stadt zwei Kastelle in der Umgebung schenkte.

Die Lage änderte sich vollständig mit dem jähen Niedergang der Stauferherrschaft in Italien. Auch in Gubbio erhob sich der *popolo* gegen die fremden Herren; nach 1260 erfolgte der Wechsel ins päpstliche Lager, der durch weitgehende bürgerliche Selbstverwaltung belohnt wurde. Der Bau des Palazzo dei Consoli, des »Palasts der Ratsherren«, ist ein Ergebnis dieser Epoche. Dem gegenüber steht die Nichtvollendung des 1349 begonnenen Palazzo Pretorio symbolisch für das Ende dieser kommunalen Glanzzeit: 1350 bemächtigte sich Giovanni Gabrielli in einem Handstreich der Stadtregentschaft. Nachdem 1354 Kardinal Albornoz als Vertreter des Papstes seine Hand auf die Stadt legen konnte, geriet sie für die nächsten drei Jahrzehnte in die Wirren blutiger Machtkämpfe.

Frieden, der freilich auch den Verlust aller bürgerlichen Freiheiten bedeutete, zog erst wieder ein, als sich die Stadt 1387 dem Grafen von Montefeltro (in den Marken) auslieferte. Seinen Nachfolgern, die ab 1474 als Herzöge von Urbino firmierten, wird eine maßvolle, auch um Kunst und Wissenschaften bemühte Regentschaft nachgesagt. Ihr bedeutendster Vertreter, Federigo da Montefeltro, ließ den Herzogspalast (Palazzo Ducale) von Gubbio in seiner heutigen Form umgestalten. Nach dem Erlöschen des Geschlechts traten die Della Rovere dessen Erbe an. Mit dem Tod des letzten Herzogs von Urbino – auch die Della Rovere hatten keine männlichen Nachfolger mehr – fiel das Herzogtum samt Gubbio 1631 an den Kirchenstaat. Bei den Auseinandersetzungen der folgenden Epochen war Gubbio immer mit bei den ersten, wenn sich eine Möglichkeit bot, der päpstlichen Herrschaft zu entkommen. Während der Unabhängigkeitskriege 1848 bis 1849 und 1859 bis 1860 stellte die Stadt zahlreiche Freiwillige. Mit dem Einzug der italienischen Truppen am 4. September 1860 war die päpstliche Oberhoheit gebrochen.

Ein grausames Schicksal ereilte die Stadt wieder im Juni 1944, als deutsche Stellungen das Nachrücken alliierter Truppen nach Norden zu behindern versuchten. Als italienische Partisanenverbände eingriffen, ließen die Deutschen wahllos vierzig Einwohner von Gubbio – Männer, Frauen und Kinder – hinrichten. An sie erinnern der Name der Piazza Quaranta Martiri und die Gedenkstätte im Süden vor der Stadt. Es ist also nicht nur die Mittelalter-Romantik, die so viele Lehrer mit ihren Schülern nach Gubbio fahren läßt. Daß sich die wenigsten jungen Menschen mit historischen Erfahrungen auseinandersetzen, sollte die erwachsenen Touristen, die sich den Delikatessenläden etwa in der Via Ambrogio Piccardi zuwenden, angesichts der oft nicht ganz lammfromm durch die Stadt streifenden Schulklassen nachsichtig stimmen.

Rundgang durch Gubbio

Der vollständige Name des langgestreckten Gebäudes an der Piazza Quaranta Martiri, der **Loggia dei Tiratori dell'Arte della Lana**, verrät die ehemalige Nutzung durch die Wollweber der Stadt. Das einfache Bauwerk von 1313 vor der mittelalterlichen Stadt diente zunächst als Hospital. Nach einer Übereinkunft mit der Wollweberzunft wurde 1603 das Obergeschoß als Trockenboden für die gewalkten Stoffe aufgesetzt. Heute wird die Loggia jeden Vormittag als Gemüsemarkt genutzt. Unter der Loggia befindet sich rechts an der Wand ein Fresko *Madonna mit Kind und den Heiligen Petrus und Paulus* von Bernardino di Nanni dell'Eugenia von 1461. Die sich links anschließende kleine Kirche **Santa Maria dei Laici** wurde zusammen mit dem früheren Hospital errichtet. Der Gemäldezyklus von Felice Damiani aus der zweiten Hälfte des 16. Jahrhunderts im Inneren der im 17. Jahrhundert umgestalteten Kirche und das Ölbild *Verkündigung* am linken Altar, das letzte, um 1612 geschaffene Werk von Barocci, sind nur bei kulturellen Veranstaltungen zu sehen, zu denen die Kirche geöffnet ist.

Zur Loggia dei Tiratori verrät der bereits erwähnte deutschsprachige Stadtführer: »Dudes Gebäuche Beißt so weil unter dem Bogengang die Wollstoffe aufgehängt wurden, nachdem man des XVI Jh gebaut, als die Innung der wollkunst eine der mächtigsten geworder war, und nicht nur in Gubbio son-

Vor den Höhen des Apennin: Gubbio

dern in ganzen Herzogtum.« An der anderen Seite des Platzes erhebt sich die bis 1994 aufwendig restaurierte Kirche **San Francesco** mit ihrem hohen, der rechten Seitenapsis aufgesetzten, mehreckigen Turm. Während dieser erst im 15. Jahrhundert hinzukam, wurde mit dem Bau der Kirche, der sich fast 50 Jahre hinzog, Mitte des 13. Jahrhunderts begonnen, nachdem ein Wollkaufmann noch zu Lebzeiten des heiligen Franziskus von Assisi den Franziskanern sein Anwesen vermacht hatte. Die ringsum durch Lisenen aufgelockerten Wände erfuhren jedoch später wie die unvollendet gebliebene Fassade zahlreiche Beeinträchtigungen. So wurde unter der aufwendig gearbeiteten Fensterrose an der linken Längswand die rechte Hälfte eines Doppelportals zugemauert. Die Fensterrose der Fassade wurde aus San Francesco in Foligno herbeigeschafft und 1958 eingesetzt.

Das weiträumige, hohe Innere ist zunächst insofern bemerkenswert, weil die Barockisierung von 1724 bis 1754 den mittelalterlichen Charakter der dreischiffigen, als Halle mit erhöhtem Mittelschiff angelegten Bettelordenskirche zu bewahren verstand und dem auch die zu diesem Anlaß vorgenommene Tonnenwölbung des Mittelschiffs keinen Abbruch tut. In den Seitenschiffen blieben die Kreuzgratgewölbe, vor der Apsis die alte Balkendecke erhalten. Während von der Bemalung der Hauptchorkapelle nur in den Lünetten Fresken-Nachzeichnungen betrachtet werden können, bestechen die Ausmalungen der seitlichen Chorkapellen. In der linken hat in meisterlicher Art der einheimische Ottaviano Nelli um 1408 bis 1413 Szenen aus dem Leben Mariens wiedergegeben; in der rechten Chorkapelle, die sich an der Stelle befindet, wo nach örtlicher Überlieferung Franziskus von Assisi von der Familie des Wollkaufmanns eine Kutte geschenkt bekam, hat oben – vermutlich – der ebenfalls aus Gubbio stammende Palmerino di Guido im 14. Jahrhundert zwei Begebenheiten aus dem Leben des Franziskus (*Verzicht auf das väterliche Erbe*; *Traum des Papstes Innocenz III.*) dargestellt; darunter sind verschiedene Heilige abgebildet: Ludwig IX. von Frankreich, Johannes der Täufer, dessen Mutter Elisabeth, Ludwig von Anjou und Klara sowie, in dem Gewölbe darunter, Christus zusammen mit den vier Evangelisten. Rechts an der Kapelle erkennt man Mauerreste des Hauses, das der Wollhändler den Franziskanern zum Kirchenbau überließ. Auch in der Sakristei, durch die man in den Klosterhof mit Bögen von circa 1300 gelangt, hat man die Fenster des ehemaligen Lagerhauses der Wollhändlerfamilie belassen.

Rechts neben der Loggia dei Tiratori beginnt man auf der Via della Repubblica den Aufstieg in die Altstadt und biegt bei der ersten Möglichkeit links zur Kirche **San Giovanni Battista** aus dem 13. Jahrhundert ab. Zum Ausgleich des unterschiedlichen Bodenniveaus ist dem romanischen Portal eine aus derselben Zeit erhaltene Freitreppe vorgelagert. Das Rundfenster in der Fassade wurde erst neuzeitlich eingefügt. Im leicht ansteigenden Inneren fallen die vier weiten, aufgrund der Unebenheiten des Geländes nicht parallel zueinander stehenden Schwibbögen sowie das an den Wänden ringsum verlaufende Gesims auf. Am Anfang der rechten Seitenwand sieht man ein freigelegtes Fresko des 14. Jahrhunderts. In der folgenden, etwas später als die Kirche errichteten, gotischen Taufkapelle steht ein Renaissance-Taufbecken aus Terrakotta mit einem aus Holz und Marmor gefertigten Aufsatz.

Nach dem Verlassen der Kirche folgt man nach rechts der Via Cristini und geht dann rechts zur Via Baldassini hoch, an der sich gigantisch der Palazzo dei Consoli mit seinen monumentalen Substruktionsbauten erhebt: Bis zur Turmspitze sind es 92 Meter! Ein kurzer Abstecher führt zur **Casa di Sant'Ubaldo** (Via Baldassini 22), dem Haus, in dem angeblich 1084 Bischof Ubaldus geboren wurde, der die Eroberung Gubbios durch Kaiser Friedrich I. Barbarossa 1155 verhindern konnte und seitdem als Stadtpatron verehrt wird. Auf der Via Gattapone steigt man auf zum **Palazzo dei Consoli**, einem der beeindruckendsten mittelalterlichen Kommunalpaläste überhaupt. Der mit roten Terrakottaziegeln belegte Platz, eine Terrasse eigentlich, die, von gewaltigen Substruktionsbauten gestützt, an den Hang gesetzt wurde, gilt als ›gewagtestes‹ Bauunternehmen des Mittelalters. Nimmt man den gegenüberstehenden, von Gattapone 1349 begonnenen, doch unvollendet gebliebenen **Palazzo Pretorio** – das heutige Rathaus – hinzu, dann ist das Ensemble zu Recht als einzigartig zu bezeichnen. Es gehört in Italien zu den klassischen Ausflugszielen.

Das mächtige Eingangsportal im Obergeschoß, zu dem eine Freitreppe emporführt, gibt mit einer – seltenen, volkssprachlichen – Inschrift die Bauzeit des zinnenbekrönten **Palazzo dei Consoli** von 1332 bis 1336 sowie mit einer weiteren Inschrift Angelo da Orvieto als Architekt an. Doch diesem schreibt man heute im wesentlichen das Portal und die beiden seitlichen zweibogigen Fenster zu, während man den eigentlichen Palastbau für ein Jugendwerk des unter dem Namen Gattapone bekannten Festungsbaumeisters Matteo di Giovannello aus Gubbio hält. Das Fresko im Portalbogen, das *Maria mit Kind und den Heiligen Johannes und Ubaldus* zeigt, schuf Nanni dell'Eugenia 1495. Im Inneren des Palazzo, im sogenannten Großen Saal des ersten Obergeschosses, erwartet den Besucher das **Museo Civico**. Wo im Mittelalter Rats- und Volksversammlungen stattfanden, die durch die im Tonnengewölbe erkennbaren Löcher abgehört werden konnten, werden nun Sarkophage, Skulpturenfragmente und Inschriften aus Antike und Mittelalter und, am Fenster rechts, eine Glocke von 1236 – alles ein wenig lieblos und wie zufällig zusammengetragen – aufbewahrt. Die berühmtesten Ausstellungsstücke aber, die sogenannten **Eugubinischen Tafeln**, befinden sich in dem hintersten der beiden angrenzenden Räume, der ehemaligen Palastkapelle, an der linken Seite. Die bereits 1444 vermutlich im Römischen Theater gefundenen und 1456 in den Besitz der Kommune übergegangenen sieben Bronzetafeln zählen zu den bemerkenswertesten Zeugnissen der umbrischen Sprache. Sie sind auch – nach dem alten Namen »Iguvium« für Gubbio – als Iguvinische Tafeln bekannt. Während die ältesten Tafeln I bis IV aus dem 2. Jahrhundert v. Chr. stammen und ihre Texte in einer aus dem etruskischen Alphabet abgeleiteten, linksläufigen umbrischen Schrift abgefaßt sind, wurde Tafel V teils mit umbrischen, teils (ab Zeile acht auf der Rückseite) mit lateinischen Buchstaben beschrieben; die beiden jüngsten Tafeln VI und VII aus dem 1. Jahrhundert v. Chr. geben den umbrischen Text völlig in lateinischer Schrift wieder. Inhaltlich geht es in erster Linie um Opferhandlungen für verschiedene umbrische Gottheiten und andere religiöse Festlichkeiten, Gebete, Beschlüsse der Priesterschaft und die Vogelschau.

Zur **Pinakothek** im zweiten Obergeschoß steigt man über eine schwindelerregend steile Treppe an der Wand des Großen Saales hinauf, die sich etwa auf halber Höhe zur Sala della Loggetta mit den durch ihren Glanz berühmten Majoliken des Mastro Giorgio aus Gubbio (1478–1554) öffnet. Weiter auf der Treppe aufwärts, findet man im ersten Saal der Pinakothek Gemälde des 16. und 17. Jahrhunderts sowie Möbel der Zeit ausgestellt. Durchquert man den Raum, gelangt man in drei kleinere, nebeneinander angeordnete Zimmer. Im mittleren sind Tafelbilder des 14. bis 16. Jahrhunderts sowie ein bemaltes Kruzifix aus dem 14. Jahrhundert zu sehen. Im Zimmer rechts daneben werden abgelöste Fresken aus der Kirche Santa Maria Nuova und eine Terrakotta-Pietà eines deutschen Künstlers aus dem 14. Jahrhundert aufbewahrt. Im gegenüberliegenden Zimmer mit einem hübschen Portal aus dem 15. Jahrhundert befinden sich in Vitrinen ein Reliquienschrein und ein Kreuz aus dem 13. Jahrhundert; ferner sieht man ein bemaltes Kruzifix (Tempera auf Holz) aus dem 14., zwei Polyptychen – jeweils *Thronende Muttergottes mit Jesuskind* nebst vier beziehungsweise sechs Heiligen – aus dem 13./14. und zwei Tafelbilder – *Heiliger Paulus* und *Madonna mit Kind* – aus dem 14. Jahrhundert. Durchquert man erneut den ersten Saal der Pinakothek, gelangt man rechts

Rundgang durch Gubbio

vom Eingang zu einer Ausstellung von Gemälden vornehmlich des 16. und 17. Jahrhunderts sowie einem ausdrucksstarken Ölbild der *Nobildonna Stoppoloni* von Augusto Stoppoloni aus dem 19. Jahrhundert.

Die Hangseite der Piazza della Signoria zwischen dem Palazzo dei Consoli und dem Palazzo Pretorio beherrscht der **Palazzo Ranghiasci-Brancaleoni**, den Graf Ranghiasci zu Beginn des 19. Jahrhunderts für seine junge englische Gattin erbauen ließ. Rechts daneben öffnet sich ein Hausdurchgang. Durch diesen aufwärts gelangt man zum **Dom Santi Mariano e Giacomo**. Er wurde im 13. Jahrhundert an der Stelle einer älteren Kirche errichtet. Das Rundfenster, das von den vier Evangelistensymbolen und – an oberster Stelle – dem Lamm Gottes umgeben ist, war wohl für eine Rose vorgesehen. Das düstere, einschiffige Innere, dessen Raumwirkung von den auf Strebepfeilern ruhenden Schwibbögen geprägt wird, auf denen der offene Dachstuhl ruht, ist zur Zeit (1994) wegen umfassender Restaurierung nicht zugänglich. Nach Abschluß der Arbeiten sollen die Gemälde aus dem beginnenden 16. Jahrhundert in den Seitenkapellen der linken Wand ebenso wieder zu sehen sein wie – nach dem dritten Pfeiler – die um 1560 von Dono Doni geschaffene *Pietà* und, in der fünften Kapelle, die Ubaldus-Darstellung von Virgilio Nucci von 1598. Der Unterbau des Hauptaltars besteht aus einem römischen Sarkophag.

Links vom Dom beginnt der etwa zwei Kilometer lange Serpentinenweg, durch die Porta Sant'Ubaldo hinaus, zum Kloster **Sant'Ubaldo**, zu dem allerdings auch eine Drahtseilbahn (Station oberhalb der Kirche Sant'Agostino) und eine Straße (sieben Kilometer; von Gubbio auf der Straße Nr. 298 nach Norden, dann rechts ausgeschildert) hinaufführen. Es liegt am Hang des Monte Ingino in einer Höhe von 827 Metern. Die 1514 auf Veranlassung der Herzoginnen Elisabetta und Eleonora Della Rovere erbaute Basilika ersetzt eine San Gervasio-Kirche, in die 1194 die Gebeine des Stadtpatrons Ubaldus überführt wurden. Er ruht in einem Glasschrein hinter dem Altar. Die berühmten drei *Ceri*, die beim Wettlauf am 15. Mai, am St.-Ubaldo-Fest, jedes Jahr zum Monte Ingino hochgetragen werden, sind im rechten Seitenschiff zu bestaunen; an der Wand erinnert eine Marmortafel an die 300 Geiseln, die im Juni 1944 von den Deutschen hier festgehalten wurden. Gegenüber der Kirche erlaubt ein Fußweg den etwa zehnminütigen Aufstieg zu den Ruinen der 903 Meter hoch gelegenen **Rocca**, von wo sich ein einmaliger Ausblick über die Apennin-Gipfel bietet. Ziemlich genau im Osten zeigt sich der noch zu Umbrien gehörende, 1566 Meter hohe, dreizehn Kilometer Luftlinie entfernte Monte Cucco.

Vor den Höhen des Apennin: Gubbio

Der Hauptfassade des Doms gegenüber liegt der Herzogspalast, der **Palazzo Ducale**, in dem bis zur Errichtung des Palazzo dei Consoli die »Ratsherren« der Stadt ihren Amtssitz hatten und ab 1387 die Grafen von Montefeltro, später Herzöge von Urbino, als neue Stadtherren residierten, wenn sie sich in Gubbio aufhielten. 1471 bis 1474 unter Federigo da Montefeltro in der jetzigen Form erneuert, weist er einen für die Renaissancezeit typischen, in den architektonischen Details sehr hübsch gestalteten Arkadenhof auf. In einem kleinen Museum, das man vom Hof aus betritt, werden einige Einrichtungsgegenstände des ehemaligen Herzogspalastes gezeigt; im Untergeschoß gewähren Ausgrabungen einen Blick auf Mauerreste der zuvor an diesem Platz im 7./8. Jahrhundert bestehenden langobardischen Residenz.

Vom Palazzo Ducale abwärts hält man sich sofort rechts, passiert die kleine Grünanlage der Gardini Pensili und gelangt auf der Via della Cattedrale und der Via Remosetti zu dem Anfang des 14. Jahrhunderts als Wohnhaus errichteten, danach vom ›Chef‹ der Stadtwache bezogenen **Palazzo del Bargello**. Wie an auffallend vielen Häusern in ganz Gubbio zu beobachten, weist er im Obergeschoß eine sogenannte Totentür, eine *Porta del morto*, auf, durch welche Verstorbene aus dem Haus gebracht wurden. Vor dem Palazzo der berühmte »Brunnen der Irren«, die Fontana dei Matti. Sie spielt mit ihrer Bezeichnung darauf an, daß die Bewohner von Gubbio als ein wenig verrückt gelten: Man muß es wohl auch sein, um – alljährlich am 15. Mai – zu Ehren des heiligen Ubaldus bei der »Corsa dei Ceri« etwa sieben Meter hohe Kerzennachbildungen aus Holz im Laufschritt zum Ubaldo-Kloster hoch über der Stadt zu schleppen. Übrigens: Wer den Brunnen dreimal umrundet, darf sich mit dem stolzen Titel eines »Irren von Gubbio« schmücken.

Am Palazzo vorbei führt die Via dei Consoli – mit einer äußerst appetitlichen und verführerischen Bäckerei – zur Piazza Giordano Bruno. Die Kirche **San Domenico** wirkt von vorne sehr unansehnlich und ist zur Zeit wegen Restaurierung geschlossen. Sie stellt die um 1300 durchgeführte Erweiterung einer früheren Martins-Kirche durch die Dominikaner dar. Anfang des 16. Jahrhunderts wurde sie wieder um das vordere Joch verkürzt, erhielt ein Querschiff und die Decke wurde eingewölbt. Vor der Kirche führt nach rechts die Via Gabrielli hinaus zum dreigeschossigen, um die Wende vom 13. zum 14. Jahrhundert errichteten **Palazzo del Capitano del Popolo**. Folgt man dagegen, von San Domenico in die entgegengesetzte Richtung, der Via Cavour, vorbei am **Palazzo Beni** aus dem 14. Jahrhundert (Haus Nr. 1), kommt man zur Piazza Quaranta Martiri zurück.

Am Ende der Via XX Settembre stadtauswärts trifft man links auf die zum Teil über den Fundamenten eines römischen Tempels im 12. Jahrhundert errichtete, im 14. Jahrhundert umgebaute zweischiffige Kirche **San Marziale**. Außerhalb der **Porta Vehia**, dem bereits auf den Eugubinischen Tafeln erwähnten Stadttor aus dem 4./3. Jahrhundert v. Chr., führt nach rechts die Via Savelli della Porta zur Kirche **Santa Maria Nuova** mit einem wegen der Abschüssigkeit des Geländes asymmetrisch eingesetzten Portal. Noch im 13. Jahrhundert erbaut, wurde sie im 17. Jahrhundert umgestaltet. Zur Besichtigung des Freskos *Madonna del Belvedere* an der rechten Innenwand, eines gotischen Meisterwerks von Ottaviano Nelli von 1403 (oder 1413), muß man zuvor den Kustoden in der Via Dante 66 verständigen. Von Santa Maria Nuova die Via Savelli zurück und die Via Dante rechts hinab, gelangt man durch die mittelalterliche **Porta Romana** (mit besteigbarem Turm) geradeaus zur Kirche **Sant'Agostino**. Ihr Baubeginn wird mit 1249, ihre Weihe mit 1294 angegeben. Die Vorderfront wurde 1790 mit Backsteinen neu errichtet. Wie auch in anderen Kirchen Gubbios zu beobachten, wird der offene Dachstuhl von acht Schwibbögen getragen, die in Strebepfeiler auslaufen. In der mittleren Chorkapelle begegnet man erneut Ottaviano Nelli, der sie 1422 bis 1424 mit einem Freskenzyklus ausmalte. Er stellt Szenen aus dem Leben des heiligen Augustinus dar; die *Vier Evangelisten* und *Das Jüngste Gericht* schuf er 1424 bis 1427. Im Kreuzgang links neben der Kirche befindet sich der Zugang zu einer voluminösen, ganzjährig aufgestellten Weihnachtskrippe, die mit farbenfroher Illumination und rührender Begleitmusik (nach Betätigung des Schalters links) nicht nur jedes Kinderherz höherschlagen läßt. Oberhalb von Sant'Agostino liegt die Station der Drahtseilbahn zum Kloster Sant'Ubaldo.

Durch die Porta Romana zurück, links die Via Dante abwärts weiter auf dem Corso Garibaldi und die Via Armanni links hinab, läßt sich dieser Rundgang mit einem Besuch der Kirche **San Pietro** abschließen. Der große Bau entstand Mitte des 13. Jahrhunderts unter Einbeziehung einer dreischiffigen, romanischen Vorgängerkirche des 11. Jahrhunderts. Die in die Fassade eingesetzten Blendbögen, Säulen und Konsolen stammen von einer nicht mehr vorhandenen Vorhalle dieser älteren Kirche. Zu deren Errichtung bediente man sich wiederum aus einem frühchristlichen Gotteshaus; dafür sprechen jedenfalls die zum Teil sehr schlecht erhaltenen korinthischen Kapitelle, die im 6. Jahrhundert geschaffen wurden. Die Schwelle des Tores ist Teil einer römischen Granitsäule. Das jetzt einschiffige, barockisierte Innere besitzt an der Eingangswand eine Orgel, deren Gehäuse ein Werk der Brüder Antonio und Giambattista Maffei von 1598 ist.

In der Ebene vor Gubbio

Einige Sehenswürdigkeiten hält Gubbio unterhalb der mittelalterlichen Stadt in der Ebene bereit, in der sich Neubauviertel und Gewerbebetriebe auszubreiten beginnen. Sie liegen alle an beziehungsweise südlich der Durchgangsstraße Nr. 219. Da sie zum Teil selten aufgesucht werden, ist der Zugang nicht immer gewährleistet. So ist etwa die Kirche **San Secondo** rechts an der genannten Straße Richtung Umbertide wegen ihres Kreuzganges aus dem 12. Jahrhundert – mit römischen Säulen und einer auf 1134 datierten, doch dem 7./8. Jahrhundert entstammenden Altarplatte – interessant, aber normalerweise geschlossen.

Das bei der Vorbeifahrt nicht zu übersehende, im 1. Jahrhundert v. Chr. für circa 6 000 Zuschauer errichtete, von den Langobarden zerstörte, im Mittelalter als Steinbruch und jetzt im Sommer zu Aufführungen verschiedener Art genutzte **Römische Theater** läßt sich, wenigstens durch den Maschendrahtzaun hindurch, in Augenschein nehmen. Biegt man gegenüber der Porta degli Ortacci von der erwähnten Straße Nr. 219 in die Via Bruno Buozzi ab, gelangt man zum **Römischen Mausoleum** an der Via Salvador Allende, einem neun Meter hohen römischen Grabbau mit Tonnengewölbe.

Von hier zurück und nach rechts in die Via del Mausoleo, kommt man am **Mausoleo dei Quaranta Martiri** vorbei, einer Gedenkstätte zur Erinnerung an die hier von den Deutschen am 22. Juni 1944 erschossenen vierzig Geiseln; an der Wand davor sind noch die Einschüsse zu sehen. Am Ende des Weges steht rechts die über dem Grundriß eines griechischen Kreuzes 1622 erbaute Kirche **Santa Maria del Prato**. Auf der anderen Seite des Camignano erhebt sich mit **Santa Maria della Piaggiola**, 1613 bis 1625 erbaut, die – im Inneren – schönste Barockkirche von Gubbio. Von dort sind es zu Fuß durch die Via della Piaggiola und die Via Frate Lupo fünfzehn Minuten bis zum Kirchlein **Santa Maria delle Vittorina**. Im 13. Jahrhundert an der Stelle errichtet, an welcher der heilige Franziskus den »Wolf von Gubbio« gezähmt haben soll und vermutlich bereits 1213 die erste Franziskanerzelle von Gubbio stand, ist sie heute von ihrer Umgestaltung im 17. Jahrhundert geprägt. Hier auch soll Franziskus den seligen Benvenuto von Gubbio in die Franziskanerkutte eingekleidet haben, der sich der Pflege von Leprakranken widmete; dafür würde die Lage fernab der mittelalterlichen Stadt sprechen.

»Bruder Wolf« – Franziskus befreit die Stadt Gubbio von einer wilden Bestie

»Zu der Zeit, da der heilige Franziskus in der Stadt Gubbio weilte, tauchte in der Gegend von Gubbio ein riesenhafter, wilder Wolf auf. Der verschlang nicht nur Tiere, sondern sogar Menschen, so daß die Bürger in großer Angst lebten, denn er kam wiederholt in die Nähe der Stadt. Wenn sie die Stadt verließen, so bewaffneten sie sich, als ob sie in den Kampf zögen, aber selbst dann konnte einer, der allein auf ihn traf, sich nicht verteidigen. Und die Angst vor diesem Wolf wurde so groß, daß keiner mehr wagte, die Stadt zu verlassen.

Weil nun deswegen der heilige Franziskus Mitleid mit den Leuten dieses Gebietes hatte, beschloß er, zu dem Wolf hinauszugehen, obwohl die Bürger ihm inständig abrieten. Er aber machte das Zeichen des heiligen Kreuzes, verließ die Stadt in Begleitung seiner Gefährten und setzte seine ganze Zuversicht auf Gott.

Da die anderen zögern, ob man noch weiter gehen soll, legt der heilige Franziskus allein den Weg bis zu der Stelle zurück, wo der Wolf hauste. Da geschieht es: vor den Augen vieler Bürger, die gekommen waren, das Wunder zu sehen, geht eben dieser Wolf mit geöffnetem Rachen auf den heiligen Franziskus los. Als er ihm ganz nahe kommt, macht der heilige Franziskus das Zeichen des Kreuzes über ihn und ruft ihn zu sich und redet so mit ihm: ›Komm her, Bruder Wolf, ich befehle dir um Christi willen, daß du weder mir noch sonst jemandem etwas Böses tust.‹

Das Wunder geschah, der schreckliche Wolf schloß den Rachen und hielt im Lauf inne, kaum daß der heilige Franziskus das Kreuz geschlagen hatte. Auf dessen Geheiß kam er zahm wie ein Lamm und warf sich dem heiligen Franziskus zu Füßen.[...]

Der besagte Wolf lebte dann zwei Jahre lang in Gubbio und ging zahm von Haustür zu Haustür, ohne jemandem ein Leid zuzufügen und ohne daß man ihm welches zufügte, und er wurde von den Leuten gebührend versorgt; und wenn er so durch die Stadt und zwischen den Häusern dahinging, bellte ihm kein einziges Mal ein Hund nach. Nach zwei Jahren schließlich starb Bruder Wolf an Altersschwäche. Die Bürger trauerten sehr um ihn, denn wenn sie ihn so gefügig durch die Stadt streifen sahen, gedachten sie besonders viel der Tugend und Heiligkeit des heiligen Franziskus.«

(aus den *Fioretti di San Francesco / Blümlein vom Heiligen Franziskus*, S. 83 ff.)

Von Gubbio nach Gualdo Tadino

Die Fahrt von Gubbio über Scheggia nach Gualdo Tadino weist kaum kunsthistorische Stätten auf. Sie weiß aber durch die zum Teil bezaubernde Landschaft zu begeistern. Einen Vorgeschmack bietet gleich hinter Gubbio auf der Straße Nr. 298 Richtung Norden die Durchfahrt der **Schlucht von Bottaccione**, in der die Wasser des Camignano, eingezwängt zwischen dem Monte Ingino und dem Monte Calvo, talwärts rauschen. Nach dem 780 Meter hohen Passo di Gubbio öffnet sich ein weites, grünes Gebirgstal, hinter dem sich der Höhenzug des Apennin abzeichnet.

Von Scheggia geradeaus auf der Straße Nr. 360 Richtung Sassoferrato rücken die Felswände wieder zu einer engen Schlucht zusammen. Am Ausgang des Dörfchens Isola Fossara, der letzten Ortschaft vor der umbrischen Grenze, biegt man links Richtung Fonte Avellana ab. Nach 2,7 Kilometern erreicht man mit der verlassenen, im 11. Jahrhundert durch den heiligen Romuald angelegten romanischen Kirche **Santa Maria di Sitria** ein eindrucksvolles Beispiel dafür, daß Abteien bevorzugt in abgeschiedener Lage gegründet wurden. Nach weiteren etwa 1,4 Kilometern steht man in wunderschöner Berglandschaft, die zu Picknicks und Wanderungen verlockt, auf der Grenze zwischen Umbrien und den Marken.

Zurück in Scheggia, folgt man nun der Straße Nr. 3 Richtung Gualdo Tadino und damit einer ab 177 v. Chr. angelegten Streckenvariante der Via Flaminia. Beim Weiler **Caprile** links neben der Straße darf man eine halbe Gedenkminute für den Ostgotenkönig Totila einlegen, der hier – nach seiner vernichtenden Niederlage gegen die Byzantiner auf der Flucht und schwer verwundet – 552 starb und beerdigt wurde; nur eine halbe Gedenkminute deswegen, weil man sich die andere Hälfte vielleicht für das Dorf Caprara nordwestlich von Gualdo aufheben möchte, das mit Caprile im Streit um den Ruhm liegt, Totilas Todesstätte zu sein. 1,5 Kilometer vor Sigillo sieht man rechts an der Straße die Reste einer **Römischen Brücke** der Via Flaminia.

In Sigillo selbst, einem geschäftigen kleinen Ort mit über 2 000 Einwohnern, zweigt links (ausgeschildert) die Straße zum 1 566 Meter hohen **Monte Cucco** ab, der unübertreffliche Ausblicke anbietet. Der Berg ist vor allem wegen der **Grotta del Monte Cucco** bekannt, eines – soweit bislang erforscht – 922 Meter in die Tiefe reichenden und sich auf 25 Kilometer in den Berg erstreckenden Höhlensystems, des fünftgrößten der Erde. Den Einstieg findet man leicht vom Parkplatz aus, an dem die Straße nach etwa neun Kilometern endet. Von hier geht man bergwärts geradeaus und folgt einem Weg nach rechts, der sich nach Verlassen eines niedrigen Waldes zu einem schmalen Pfad verengt. Nach etwa vierzig Minuten hat man das dunkle Loch im Berg, aus dem es kalt herausströmt, erreicht. Der Einstieg ist allerdings nur für erfahrene Bergsteiger beziehungsweise Höhlenkundler möglich, da die in älteren Führern beschriebene, 25 Meter senkrecht hinabführende Eisenleiter auf den ersten acht Metern abmontiert ist: ohne Seilsicherung ein absolut tödliches Unterfangen! Auch erfahrene Höhlenforscher lassen immer vor dem Einstieg eine Nachricht zurück: in Costacciaro, Via Galeazzi 3, beim Centro Nazionale di Speleologica, in einer der Unterkünfte beziehungsweise einem der ländlich-deftigen Restaurants in Val di Ranco, wohin die Straße kurz unterhalb des Parkplatzes abzweigt. Man weiß ja nie... Doch auch für Nicht-Bergsteiger ist der – gefahrlose – Aufstieg bis zur Höhle ein grandioses Bergerlebnis. Und Drachenflieger, denen man am Parkplatz an schönen Tagen zuhauf begegnet, haben den Monte Cucco schon seit langem zu ihrem ›Mekka‹ erklärt.

Von Sigillo wieder auf der Straße Nr. 3 Richtung Gualdo Tadino läßt man nach fünf Kilometern das hübsche Bergdörfchen **Fossato di Vico** mit seinem alten Stadttor sowie das heute verschlafen wirkende Nest **Palazzolo** links liegen. Letzteres scheint von den alten Zeiten zu träumen, in denen die Via Flaminia durch den Ort führte und hohen Besuch vorbeibrachte. Noch im Mittelalter stiegen hier bedeutendste Herrschaften in einer kleinen Pfalz oder einem Königshof ab: Auf dem Weg zu seiner Kaiserkrönung machte Otto III. am 6. Mai 996 in Palazzolo Station.

Gualdo Tadino

Die Stadt mit ihren 8360 Einwohnern auf dem 536 Meter hohen Ausläufer des Serra-Santa-Massivs ist der vierte Versuch: Von der ersten, in den Eugubinischen Tafeln erwähnten umbrischen Siedlung hat sich bislang keine Spur entdecken lassen. Als römisches Municipium »Tadinum« lag es jedenfalls an der Via Flaminia, unten in der Ebene, wo sich heute Industrie und Gewerbe breitmachen. Während des ostgotisch-byzantinischen Krieges schon halb zerstört – immerhin fand hier die Entscheidungsschlacht von 552 statt – und während der Langobardenherrschaft noch weiter heruntergekommen, wurde es durch das Heer Kaiser Ottos III. 966 völlig ausgelöscht. Als »Waldum«, in dem das sächsische »Wald« steckt, das italienisch zu »Gualdo« wurde, erstand es dann neu, immer noch in recht unsicherer Lage, in der Valdigorgo beziehungsweise Valle di San Marzio. Die Stadt unterstellte sich 1208 dem Schutz des mächtigen Perugia. Das bewahrte sie nicht davor, 1237 total niederzubrennen, angeblich nachdem eine Frau namens Bastola aus der Gegend von Nocera Umbra Feuer gelegt hatte. Diese büßt heute noch: Alljährlich wird sie – dramatischer Höhepunkt der *Giochi delle Porte* – verbrannt. Mit Hilfe Kaiser Friedrichs II. wurde die Stadt ab 1239 in der jetzigen Lage auf dem Hügel wieder aufgebaut. Er ließ sie mit einer Mauer umgeben und die Burg, die Rocca Flea, ausbauen. Nach dem Tod des Kaisers 1250 fiel Gualdo erneut an Perugia, 1337 für ein Jahr direkt an den Kirchenstaat. Ab dem Ende des 14. Jahrhunderts gaben sich verschiedene *Signori* die Klinke in die Hand. Ab 1513 wurde der Stadt unter Aufsicht päpstlicher Legaten eine gewisse Selbstverwaltung zugebilligt.

Gualdo Tadino gibt sich heutzutage als lebendiges Landstädtchen und wird von den nicht allzu zahlreichen Fremden insbesondere wegen der Majolika-Produktion geschätzt. Allabendlich versammeln sich Alt und Jung auf der zentralen Piazza Martiri della Libertà, im Schatten des Doms **San Benedetto**, von dessen Bau 1256 die prächtige Fensterrose und die schmucke Portaleinfassung erhalten blieben. Innen hat im wesentlichen der Hauptaltar des

In Deruta und Gualdo Tadino befinden sich die bedeutendsten Majolika-Werkstätten. Ob Kitsch oder Kunst – die handbemalte Keramik hat ihren Preis.

14. Jahrhunderts und das Renaissance-Taufbecken die neogotische Umgestaltung im 19. Jahrhundert ›überlebt‹; in der Sakristei darf man ein Vortragekreuz aus vergoldetem Silber von 1381 besichtigen. Vom ehemals mittelalterlichen Palazzo del Podestà an der nördlichen Längsfront des Platzes ragt noch der Turm aus dem 13. Jahrhundert hoch über die Dächer. Von der Piazza auf dem Corso Italia abwärts, kommt man nach einigen Schritten rechts an der ehemaligen, zwischen 1293 und 1315 errichteten Kirche **San Francesco** vorbei, die als örtliche Pinakothek dient; ihre Exponate – darunter Arbeiten von Matteo da Gualdo, Alunno und Ottaviano Nelli – sollen jedoch künftig in der über der Stadt gelegenen **Rocca Flea** ausgestellt werden, sofern die Renovierungsarbeiten jemals zu einem Ende kommen. Die Burg gehörte 1177 Kaiser Friedrich I., 1242 wurde sie von Kaiser Friedrich II. neu befestigt und 1394 von Biordo Michelotti umgebaut.

Von der Rocca empfiehlt sich als lohnender Ausflug die Auffahrt zum Naherholungsgebiet Valsorda, das man nach sechs Kilometern Teerstraße erreicht, und weiter zum Gipfel des 1421 Meter hohen **Monte Serra Santa** auf fünf Kilometern Naturstraße. Dort hausten vom 6. bis 13. Jahrhundert Eremiten in völliger Abgeschiedenheit und umgeben von einer grandiosen Bergkulisse. In der kleinen Kapelle wird im Juli und August jeweils sonntags um elf Uhr Gottesdienst gehalten.

Città di Castello und das obere Tibertal

Die »Alta Valle del Tevere« breitet ihre grünen Fluren im Schatten der touristischen Hochzentren Umbriens aus. Das Tal, in dem der Tiber über das Format eines breiten Baches nicht hinauswächst, hat weder die ganz großen Natureindrücke noch *die* herausragenden Sehenswürdigkeiten aufzuweisen. Darin unterscheiden sich die Städte Città di Castello und Umbertide wenig von den kleineren Bergstädtchen, für die allerdings in besonderem Maße zutrifft, was der Lokalhistoriker Francesco Grilli auf die Abteikirche von Badia Petroia münzte: phantastisch und geheimnisvoll, so wie das Mittelalter gewesen ist. Man könnte hinzufügen: und so dunkel wie das »dunkle Zeitalter«, als welches das Mittelalter gern beschrieben wird. Daneben mutet vieles toskanisch an: Zypressen, zu Alleen zusammengestellt, Festungsbauten und Stadtpaläste sind an Vorbildern aus Florenz und Siena orientiert.

Città di Castello

Die in der Ebene gelegene Stadt empfängt den Besucher mit der unverfälschten Aura ehrlichen umbrischen Gewerbefleißes. So scharf die alte Wehrmauer, in die der historische Kern der Stadt unverändert eingepackt ist, die vorgelagerten neueren Viertel abtrennt, so nahtlos setzt sich umgekehrt die Geschäftigkeit, die von außen anbrandet, nach innen fort. Trotzdem hat auch Città mit seinen circa 21 600 Einwohnern die Rezession erfaßt. Viele der Männer, die sich auf der Piazza Matteotti zum Vormittagsplausch einfinden, sind arbeitslos. Um die Touristen, die zum Dom oder zur Pinakothek ziehen, scheren sie sich nicht – so wie die Stadt sich bei all ihrer Gastfreundschaft noch nicht an die Fremdenverkehrs-Industrie verkauft hat. Città di Castello ist eine ganz ›normale‹ Stadt geblieben. Die unrestaurierten Fassaden etlicher Palazzi erinnern ungeschminkt daran, daß vorrangig um die Lösung anderer, sprich sozialer Probleme gerungen wird. Der Rat der Stadt denkt nicht daran, aus dem altehrwürdigen Sitzungssaal über der beeindruckenden Eingangshalle des Palazzo Comunale auszuziehen und ihn ungehindert Besuchergruppen zu überlassen. Genauso wenig meint er auch, sich von einer »Friedrich-Engels-Straße« verabschieden zu müssen. Immerhin hat das linke Bündnis der *Progressisti* bei den Wahlen im März 1994 für den römischen Senat 51 Prozent der Stimmen in Città di Castello erhalten.

Auch die zahlreichen Trattorien sind einfach und damit ›echt‹ geblieben und bieten gute Hausmannskost zu angenehmen Preisen. Man kann dort beispielsweise für etwa 22 000 Lire leckere *bruschette* als Vorspeise, Spaghetti mit Tomatensoße als ersten, verschiedene Sorten vom Grill – darunter besonders herzhaft die »Leiterchen«, *costicciole di maiale* – als zweiten Gang und einen *dolce*-Nachtisch essen und dazu Wein und Mineralwasser trinken.

In Città di Castello gibt es ausreichend Parkgelegenheiten entlang den Stadtmauern, aber auch immer noch im Inneren. Für die Parkscheinautomaten sollte man das erforderliche Kleingeld bereithalten; für 1 000 Lire kann man das Auto eine Stunde und zwanzig Minuten stehen lassen.

Läßt man den Tiber als traditionelle Scheidelinie zwischen Etrusker- und Umbrerland gelten, muß man auch von Città di Castello als einer umbrischen Siedlung ausgehen. Archäologische Nachweise wurden dafür bislang nicht erbracht. Doch eine kulturelle Abgrenzung konnte das Flüßchen zu keiner Zeit bewirkt haben. Die Römer nutzten ihn nur im Winter und Frühjahr für

Città di Castello und das obere Tibertal

Warentransporte von und nach »Tifernum Tiberinum«, wie sie die 89 v. Chr. zum Municipium erhobene Stadt nannten. Den Namen kennen wir allein von Plinius dem Jüngeren, der in der Nähe ein Landgut besaß und Città di Castello einen Tempel stiftete. Danach schweigt die Überlieferung; nur schlaglichtartig tritt die Stadt aus der Finsternis des Vergessens hervor: Der Ostgote Totila soll sie um die Mitte des 6. Jahrhunderts erobert, ein Bischof Floridus sie wieder aufgebaut und ihr zu dem Namen »Castrum Felicitatis« verholfen haben. Die heutige Bezeichnung, damals noch lateinisch »Civitas Castelli« (»Burgstadt«), ist seit dem 10. Jahrhundert belegt: Kaiser Otto I. hatte anläßlich seiner Kaiserkrönung 962 dem Papst den Kirchenstaatsbesitz bestätigt und dabei Città di Castello eigens aufgeführt. Doch immer wieder mußte es andere Herren akzeptieren, Päpste, Kaiser – wie etwa Friedrich II., der die Stadt 1240 einnahm – und auch die Stadt Perugia oder Florenz. Hundert Jahre später waren es *Signori* ansässiger oder fremder Adelsfamilien, die in Città di Castello ihre tyrannischen Stadtherrschaften errichteten; ihre bei Architekten und Künstlern in Florenz und Siena in Auftrag gegebenen Bauwerke sind zum Teil heute noch im Straßenbild zu entdecken.

Und trotzdem: Es geht in Città di Castello nichts über einen Platz in der oft ausgebuchten »Enoteca Altotiberina« – links neben der kleinen Parkanlage beim Dom –, garantiert ohne deutsche Speisekarte, und wo der Vinsanto zum Nachtisch noch im Flaschenquantum gereicht wird. Es ist ins Belieben des Gastes gestellt, welche Menge er sich davon – mit Blick auf sein ›Besichtigungsprogramm‹ – zumutet. Wenigstens zu dem Laden in der Via del Modello mit der *Spezialità del Bosco* oder zur »Casa del Formaggio« in der Via Sant'Antonio 4 sollten die Beine noch tragen...

Rundgang durch Città di Castello

Egal, wo man beginnt – die Sehenswürdigkeiten liegen nahe beieinander, auf einem Geviert von etwa 700 mal 800 Metern. Insofern ist es kein Fehler, den Wagen vor der Stadtmauer zu lassen beziehungsweise nur so weit in die Altstadt hineinzufahren, wie die Straßenbreite ein Parken am Rand noch gestattet. Ganz im Innern können die Gassen teuflisch eng werden.

Zentrum der Altstadt ist die **Piazza Matteotti**, deren Nordseite der große, durch sein mächtiges, von Blendmauerwerk eingefaßtes Zentraltor auffallende **Palazzo Vitelli** abschließt. Er wurde um 1487 als einer von fünf Palästen des Signoren-Geschlechts der Vitelli errichtet, die die Stadt von der Mitte des

15. bis ins 16. Jahrhundert beherrschten. An der Westseite des Platzes erhebt sich der isoliert stehende **Palazzo del Podestà**. Die Loggia an seiner linken Flanke und vor allem die zum Platz zeigende Barockfassade von 1686 verraten nicht, daß der Palast, der dem Podestà wie den päpstlichen Gouverneuren als Amtssitz diente, bereits um die Mitte des 14. Jahrhunderts vermutlich durch den bekannten Baumeister Angelo da Orvieto erstellt wurde. Doch die Fortsetzung des Rundgangs an der rechten Flanke des Palastes läßt die gotische Seitenfassade des 14. Jahrhunderts mit einer prächtigen Reihe zweibogiger Fenster im Obergeschoß erkennen.

Auf dem Corso Cavour weiter geradeaus erreicht man die Piazza Venanzio Gabriotti mit der hohen, schlanken **Torre Comunale**, einem Stadtturm des 14. Jahrhunderts über quadratischem Grundriß, der zu einer Besteigung einlädt. Gegenüber erstreckt sich die lange Front des **Palazzo Comunale** (auch Palazzo dei Priori genannt), auch von Angelo da Orvieto – wohl zwischen 1334 und 1352 – erbaut und ebenfalls mit einer schönen Reihe von zweibogigen Fenstern im Obergeschoß, hinter denen sich der Saal befindet, in dem die Kommune immer noch ihre Sitzungen abhält. Um zu diesem zu gelangen, betritt man den Palazzo durch das original erhaltene Portal, das im Bogen das mittelalterliche Wappen der Stadt zeigt, und steigt in der wegen ihres stark herausgearbeiteten Kreuzrippengewölbes eindrucksvollen zweischiffigen Halle auf der Treppe nach oben. Wendet man sich nach Betreten des Saales, den ein dienstbarer Geist der Verwaltung jederzeit freundlich öffnet, nach links, sieht man, in die Eingangswand eingelassen, Maßvorgaben für Ziegel und Tuche, wie sie 1590 galten.

Schreitet man die Fassade des Palazzo Comunale ab, gerät man am Ende zur nördlichen Längswand des **Domes Santi Floridi e Amanzio** mit einem Seitenportal des 14. Jahrhunderts und, links herum, zur Vorderfront, die, allerdings nur im unteren Bereich, 1632 barockisiert wurde. Im Kern stammt die 1356 erweiterte und ab 1466 in jahrzehntelanger Bautätigkeit umgestaltete Bischofskirche aus dem 11. Jahrhundert, von welcher der an der rechten Flanke aufragende runde Campanile aus dem 12. Jahrhundert noch zeugt. Doch nicht zuletzt der Tambour über der Vierung bereitet den Besucher darauf vor, daß ihn im Inneren eine Renaissancekirche erwartet. In der Tat hat man aus der Art der Innengestaltung, insbesondere aufgrund der Ähnlichkeit mit der Kirche San Salvatore al Monte in Florenz, auf die Handschrift eines Florentiner Architekten geschlossen; als wesentliche Indizien gelten neben der Farbenfreudigkeit die durch doppelgeschossige Arkadenwände vom Schiff abgetrennten Seitenkapellen und die prononcierte Hervorhebung der Profilrahmen. Unter der vierten Arkade rechts gelangt man in eine im 18. Jahrhundert angebaute Kapelle, die das Gemälde *Verklärung Christi* von Rossi Fiorentino, einem der bedeutendsten Florentiner Manieristen, aus dem Jahr 1529 beherbergt. Das Chorgestühl ist von 1540; die prächtige Kassettendecke wurde im 18. Jahrhundert eingezogen. Frappierend ist schließlich der Abstieg in die schlichte Unterkirche, deren niedrige Gewölbehöhe die Weite des Raumes noch unterstreicht. Das hübsch angelegte, täglich geöffnete **Museo del Duomo** (Dommuseum) wartet mit einigen Preziosen auf: gleich rechts nach dem Eingang der sogenannte »Schatz von Canoscio«, aus Silber gearbeitetes liturgisches Gerät aus dem 6. Jahrhundert, das 1935 bei der Wallfahrtskirche von Canoscio – rechts vom Tiber zwischen Città di Castello und Umbertide – entdeckt wurde. Dann im ersten Raum, der vom Gang abgeht, eine bemerkenswerte, aus Silber getriebene Altarvorsatzplatte aus dem 12. Jahrhundert, die der aus Città di Castello stammende Papst Coelestin II. (1143–1144) gestiftet haben soll; dargestellt sind Szenen aus dem Leben Jesu, der im Oval in der Mitte zusätzlich die »göttliche Majestät« verkörpert, Sonne und Mond zur Seite. Im Gang selbst sind ein Fresko *Madonna mit Kind und Johannesknaben* von Pinturicchio und am Ende des Ganges hinten rechts ein Bischofsstab aus dem 14. Jahrhundert mit eingelegten Emailplättchen beachtenswert.

Beim Verlassen des Dommuseums geht man nach links und auf der Via dei Casceri immer geradeaus, um an deren Ende links herum nach wenigen Metern zur **Pinacoteca Comunale** zu gelangen, die im Renaissance-Palazzo Vitelli alla Cannoniera – mit einer bemerkenswerten Sgraffito-Fassade zum Garten hin – untergebracht ist. Sie ist die bedeutendste umbrische Gemäldesammlung nach der Nationalgalerie in Perugia. Im Augenblick (1994) wird das Gebäude grundlegend überholt; trotzdem sind – unter wenig erfreulichen Umständen – die Prunkstücke der Sammlung zu besichtigen, darunter die beidseitig bemalte, leider beschädigte Prozessionsfahne von Raffael von 1503 oder noch früher, sein wahrscheinlich erstes eigenständiges Werk, sowie das Tafelbild *Martyrium des heiligen Sebastian*, das Luca Signorelli 1498 schuf.

Die Pinakothek zur Linken setzt man den Weg fort, biegt links in den Largo Muzi ein, passiert die riesige, einschiffige Bettelordenskirche **San Domenico**, die 1424 begonnen und im 17. Jahrhundert barockisiert wurde, hält sich am Ende der Straße rechts und kehrt durch die Via Marconi und – nach links – über den Corso Vittorio Emanuele zur Piazza Matteotti, dem Ausgangspunkt des Rundgangs, zurück.

Abstecher von der Piazza Matteotti

Von der Piazza Matteotti an der rechten Seite des Palazzo Vitelli abwärts, führt die Via M. Angeloni zur Kirche **San Francesco**, die 1273 erbaut und 1707 außen teilweise, im Inneren völlig barockisiert wurde; nur die beiden seitlichen Chorkapellen mit ihren Rippengewölben blieben vom ursprünglichen Bau erhalten. Beachtung verdient die Cappella Vitelli an der linken Wand, angebaut um 1560 nach Plänen von Giorgio Vasari, welche die Medici-Kapelle in Florenz kopieren; von Vasari selbst stammt die *Krönung Mariens* am Altar; das schmiedeeiserne Gitter der Kapelle ist von 1566. Das berühmteste Stück, das die Kirche ehemals verwahrte, das *Verlöbnis Mariens* von Raffael, bildet heute ein Glanzlicht der Brera-Pinakothek in Mailand; eine Nachbildung am vierten Altar links ist nur ein schwacher Trost. Die *Pietà* in der rechten Kapelle wurde im 15. Jahrhundert in Deutschland geschaffen.

Die Via M. Angeloni setzt sich alsbald als Via XI Settembre fort, die an den 11. September 1860 erinnert, als italienische Soldaten auf dieser Straße in Città di Castello einzogen und die Stadt dem Königreich Italien angliederten. An dieser Straße folgt auf der linken Seite nach der im 14. Jahrhundert errichteten, einschiffigen Kirche **Santa Maria delle Grazie**, die trotz Umgestaltung 1587 innen rechts ein Fresko *Tod Mariens* von Ottaviano Nelli von 1436 bewahrt hat, mit der Hausnummer 18 ein weiterer **Palazzo Vitelli** aus den ersten Jahren des 16. Jahrhunderts.

Setzt man jedoch den Weg neben der Kirche San Francesco auf der Via Albizzini fort, erreicht man links, wo sich die Straße zur Piazza Garibaldi hin zu öffnen beginnt, den im ausgehenden 15. Jahrhundert errichteten **Palazzo Albizzini** mit der **Collezione Burri**, einer Sammlung moderner Gemälde und Objekte, die der in Città di Castello beheimatete Künstler Alberto Burri (geb. 1915) – samt Palast – seiner Stadt 1982 vermacht hat. In der Verlängerung des Palazzo Albizzini liegt der **Palazzo Vitelli a Porta Sant'Egidio**, den der Condottiere Paolo Vitelli nach Plänen von Giorgio Vasari 1540, die dem gestiegenen Luxusbedürfnis der Zeit Rechnung trugen, als Stadtresidenz erbauen ließ. Gegenüber diesem Palazzo, auf der anderen Seite der Via Albizzini, führt die Via Mazzini zur Piazza Andrea Costa, an der sich links der **Laboratorio Tela Umbra** befindet, eine traditionelle Werkstatt, in der noch auf Handwebstühlen feinstes Tafelleinen hergestellt und auch zum Verkauf angeboten wird. Die Einrichtung geht auf die Initiative der Italo-Amerikanerin Alice Hallgarden Franchetti zurück, die damit 1908 der von ihr beobachteten

Not entgegenwirken und vor allem Frauen eine Erwerbsmöglichkeit erschließen wollte. Von hier sind es nur wenige Schritte zurück zur Piazza Matteotti.

Vor den Mauern von Città di Castello

Südöstlich vor der Stadtmauer und durchaus noch zu Fuß zu erreichen sind im neueren Teil der Stadt, im Viale Orlando, die ehemaligen, bis vor dreißig Jahren als solche genutzten Tabaktrockenhallen, die **Ex-Seccatori-Tabacchi**. Auf deren Gelände – auch im Freien – haben die monumentalen Plastiken und Bilderzyklen von Alberto Burri den erforderlichen Raum erhalten. Um dorthin zu gelangen, verläßt man – von der Piazza Matteotti kommend – über den Corso Vittorio Emanuele und durch die **Porta Santa Maria Maggiore**, einem eindrucksvollen Tor der Stadtmauer aus der zweiten Hälfte des 14. Jahrhunderts, die Altstadt, wendet sich dann nach links und an der ersten Kreuzung rechts.

Auf derselben Strecke, allerdings mit dem Auto, macht man sich zu einem Besuch des **Centro delle Tradizioni Popolari** auf. Es befindet sich an der Landstraße Richtung Umbertide im Vorort Caravelle (dort ausgeschildert) und demonstriert in einem ehemaligen Bauernhof sehr anschaulich Leben und Arbeit der früheren Landbevölkerung. Und in der Villa Capelletti daneben kann man sich – montags bis freitags von 15 bis 17 Uhr – an der **Raccolta Ferromodellistica**, der kuriosen Sammlung von Eisenbahnmodellen des Grafen Gioacchino Capelletti, delektieren.

Ausflüge rund um Città di Castello

Nur sechs Kilometer nordöstlich von Città liegt der sogenannte **Belvedere**, korrekt die weithin sichtbare Kirche **Santuario della Madonna del Belvedere** aus dem 17. Jahrhundert mit ihrer ungewöhnlichen, halbrunden Fassade. Bei einer Rast, die sich auf dem Platz davor anbietet, läßt sich die schöne Aussicht über das Tibertal genießen. Zu dem Weiler **Colle Plinio** biegt man von der Straße nach Lama ab und dann hinter dem Ort links. Mit seinem Namen erinnert er daran, daß der römische Autor Plinius der Jüngere hier ein Landhaus besaß. Die nicht zugänglichen Fundamente werden seit 1979 ausgegraben. Mit etwas Glück kann man jedoch den Archäologen bei der Kleinarbeit zusehen: Die Ausgrabungsstelle befindet sich – Geheimtip! – circa 100 Meter von der Brücke in Pitigliano entfernt bachaufwärts. Die Villa Capelletti in Colle Plinio selbst führt mit ihrem verwunschenen Garten und dem großzügigen Aufgang zum Haus die glanzvolle Zeit des Landadels im 17. Jahrhundert vor Augen.

San Giustino, eine größere Gemeinde in der Ebene mit über 4100 Einwohnern, wartet mit einem sehenswerten Castello Bufalini auf. Von Città di Castello kommend biegt man zu diesem etwa in Ortsmitte von San Giustino – beim Ristorante di Castello – Richtung *Carabinieri* rechts ab. Der hinter einer hohen Mauer verborgene, repräsentative Bau und die Gartenanlagen sind leider sehr heruntergekommen, werden aber zur Zeit restauriert. Das Schloß wurde 1492 an der Stelle einer Burg aus dem 13. Jahrhundert erbaut.

Weiter auf der Straße Richtung Sansepolcro liegt hinter San Giustino rechts an der Straße erhöht – und damit fast auf der Grenze zur Toskana – das winzige Nest **Cospaia**. Durch den Umstand, daß es bei einer großzügigen Landschenkung des Papstes Eugen IV. an Florenz übersehen worden war, wurde es 1440 eine eigenständige Zwergrepublik und blieb – kaum vorstellbar – bis 1862 unabhängig. Wirtschaftsgeschichte schrieb Cospaia, indem es 1575 der erste Ort in Italien war, an dem Tabak angebaut wurde. Heute erfreut sich sein kleiner See, der Lago di Cospaia (bei der Auffahrt nach Cospaia rechts), an dem Angler gegen Gebühr täglich – außer am Mittwoch und am Freitagnachmittag – von 8 bis 12 und 14.30 bis 18.30 Uhr ihrer Lust frönen können, großer Beliebtheit.

Auf eine römische Siedlung geht das südwestlich von San Giustino auf einem Hügel gelegene Örtchen **Citerna** zurück. 1229 erwies ihm der heilige Franziskus von Assisi mit seinem Besuch die Ehre. 1917 wurde es durch ein Erdbeben fast völlig zerstört. Beeindruckend ist der überdachte Gang, der beim Haus mit der Nummer 35 vom Corso Garibaldi, der das Örtchen der Länge nach durchläuft, links hinabführt. In der kurz danach auf dem Corso folgenden Kirche San Francesco kann man am zweiten Altar rechts eine *Madonna mit Kind* nebst dem *heiligen Michael* und dem *heiligen Franziskus* sowie *zwei Engeln* von Luca Signorelli (von 1522/23) und im linken Querschiff eine *Madonna mit dem Evangelisten Johannes* von Raffaellino del Colle sowie daneben ein Holzkreuz aus dem 14. Jahrhundert anschauen. Wenn die Kirche geschlossen ist, tröstet die weite Aussicht über das obere Tibertal und bis zum Subasio (bei Assisi) über die entgangenen Kunstfreuden hinweg.

Unter all den kleinen Orten, die durch ihr mittelalterliches Gepräge, ihre Ummauerung und Höhenlage so charakteristisch für die Landschaft sind, sticht jedoch **Monte Santa Maria Tiberina** westlich von Città di Castello hervor. Selbst was die Aussicht über das Tibertal angeht, sucht der 600 Meter hoch gelegene romantische Ort seinesgleichen. Von der Burg, die auf das 11. Jahrhundert zurückgeht, hat nur der Turm die Zeiten überdauert.

Auf der Straße, die am westlichen Rand des Tibertals von Città di Castello nach Umbertide verläuft, sollte man nach circa zehn Kilometern in Trestina rechts Richtung Petroia abbiegen. Nach etwa vier Kilometern erreicht man **Badia Petroia**. 300 Meter hinter dem Ortsschild geht es rechts ab zur **Abteikirche Santa Maria e Sant'Egidio**, die einen tiefen Eindruck von ihrer einstigen Bedeutung und ihrem früheren Reichtum zu vermitteln vermag, obwohl ihr die Erdbeben von 1403 und 1717 sowie Abbrucharbeiten, die aus Sicherheitsgründen 1919 vorgenommen wurden, den größeren Teil des Mittel- und rechten Seitenschiffs sowie den Turm geraubt haben. Deswegen auch steht man nach Betreten der ›Kirche‹ durch den ursprünglichen Eingang zunächst weiter unter freiem Himmel. Eine Reihe wieder aufgerichteter Säulen zeigt die Trennung von Mittel- und Seitenschiff an. Die Säulenkapitelle weisen die Kirche als lombardisch-romanischen Bau aus, der auf circa 960 zu datieren ist. Vom hohen Alter zeugt auch die Krypta unter dem Hochaltar, in welche man sich durch eine Tür an der rechten Wand hinabbegibt. Ungewöhnlich ist ihre Form, die sie im 12. Jahrhundert erhielt: in lediglich zwei Gewölbebereichen, von einer Säulenreihe geschieden, erstreckt sich die Krypta in der Breite unter allen drei Apsiden, die sich auch oberirdisch erhalten haben.

Folgt man der Straße im Nestore-Tal aufwärts, gelangt man nach **Morra**; vermutlich auf dem Weg von seiner Heimatstadt Cortona nach Città di Castello nahm Luca Signorelli nach 1507 zusammen mit seinen Gehilfen die Gelegenheit beziehungsweise den Auftrag wahr, das 1420 errichtete Oratorium San Crescentino mit bemerkenswerten Fresken auszumalen. Die Kirche öffnet der Kustode, der in dem neuen Haus wohnt, das man über den Kiesweg gegenüber der Kirche erreicht.

Wie in Monte Santa Maria Tiberina
gerät mancher Gang in eine Krypta zum Ausflug
an einen verwunschenen Ort.

Das obere Tibertal

Auf einer Anhöhe des östlichen Tibertales erhebt sich das trutzige **Montone** mit seiner kleinen Piazza, verwinkelten Gassen und der Kirche San Fedele, die in einer seltenen Reliefdarstellung über der Tür zwei kniende Geißler zeigt. Im Gegensatz zu dem abwehrenden Äußeren des Mauerrings, das so gut dazu paßt, daß hier 1368 der spätere Kriegsheld und Signore von Perugia, Andrea Braccio Fortebraccio, geboren wurde, gibt sich Montone heute gastlich: mit dem Restaurant Arte e Mestieri, dem Hotel del Capitano innerhalb und dem Fortebraccio außerhalb der Mauern an der Ausfahrt Richtung Pietralunga.

Pietralunga ist von Montone circa siebzehn Kilometer entfernt. Die Straße dorthin ist kurvenreich, folgt dem mit Pappeln gesäumten Bachlauf und wird von Wiesen und bewaldeten Berghängen begleitet. Der zum Teil abgetragene Turm der ehemaligen Burg aus dem 13. Jahrhundert überragt immer noch das Städtchen mit seinen 2440 Einwohnern. Die Kirche daneben aus dem 14. Jahrhundert geht auf einen romanischen Bau zurück, von dem sich Reste einer Portaleinfassung an der rückwärtigen Front erhalten haben.

Von Pietralunga empfiehlt sich zur Weiterfahrt nach Umbertide die kurvenreiche, enge Nebenstraße über die Berge nach Süden ins malerische Assino-Tal, das man nach zwölf Kilometern erreicht. In **Campo Reggiano** wartet links der Straße die Abteikirche San Bartolomeo, die auf eine Gründung von 1067 zurückgeht. Bei der Einfahrt in den Hof kann man sich rechts im Pfarrhaus melden, sofern dies nötig ist; denn meist eilt der Pfarrer, dessen Gotteshaus an vielen Sonntagen für Hochzeiten ausgebucht ist, schon herbei, sobald Besucher anrollen. Mit berechtigtem Stolz verweist er auf seine Initiative, die zur Öffnung des ehemals vermauerten linken Seitenschiffes führte, und versichert glaubhaft, daß die Spende, die er gern entgegennimmt, dazu dienen wird, auch noch die Mauer, die zwischen Mittelschiff und rechtem Seitenschiff eingezogen ist, zu entfernen. Doch bereits jetzt muß die Kirche mit dem erhöhten Presbyterium – wieder – zu den romanischen ›Geheimtips‹ gezählt

Trutzig und trotzig überlebte die 1385 erbaute
Festung von Umbertide die Bombardierung der Stadt
durch die Alliierten im Kriegsjahr 1944.

werden. Ihr Zauber enthüllt sich vollends in der breiten Krypta mit drei Apsiden und den zum Teil antiken Säulen, die von einem Vorgängerbau aus dem 9. Jahrhundert stammen könnte.

In **Umbertide**, zehn Kilometer von Campo Reggiano entfernt, hat man wieder die Ebene des Tiber erreicht, dem die heute nicht gerade vom Wohlstand verwöhnte 9100-Einwohner-Stadt ihre uralte Bedeutung verdankt. Schon in umbrisch-etruskischen Zeiten galt der Ort als bedeutender Warenumschlagplatz; die Römer nannten ihn *Pitulum*. Ende des 10. Jahrhunderts soll er durch Umberto (Humbert), einen Sohn des Markgrafen Hugo von Tuszien (gest. 1001), als *Fratta* neu angelegt worden sein. In Würdigung dieser Tat gab sich die Stadt am 25. Januar 1863 den Namen Umbertide. Die Luftangriffe der Alliierten 1944 richteten beträchtliche Schäden an, so daß man sich freuen kann, noch einige trutzige Bollwerke nebst Turm von der um 1385 erbauten **Rocca** zu bestaunen; sie ist bei der Ortsdurchfahrt nicht zu verfehlen.

In ›dunkelstes Mittelalter‹ führt schließlich der unverzichtbare Abstecher nach **Badia**, circa 3,5 Kilometer südlich von Umbertide am rechten Tiberufer. Badia – eine in Umbrien häufig zu beobachtende, auf das lat. *abbatia* für Abtei zurückgehende Ortsbezeichnung – steht hier für die **Badia di San Salvatore di Monte Corona**, die der heilige Romuald um 1008 gründete. Der Eingang an der linken Seite hinter dem Turm, der wohl auch zu Verteidigungszwecken angelegt war, führt überraschend in die riesige fünfschiffige Krypta mit drei Apsiden, eher eine Unterkirche, deren Kreuzgratgewölbe und antike wie frühmittelalterliche Säulen und Kapitelle dem Raum einen ungewöhnlich archaischen Eindruck verleihen. Steigt man zur eigentlichen Kirche hinauf, gewahrt man zwar zunächst die Beeinträchtigung der ursprünglichen Raumwirkung durch bauliche Veränderungen, die auch durch die weitgehende Entbarockisierung nicht geheilt werden konnten; doch dann wird man von den wuchtigen Pfeilern und gemauerten Säulen gefangengenommen – und natürlich von dem einzigartigen Ziborium auf dem erhöhten Presbyterium, aus dem unverfälscht die Zeit des 8. Jahrhunderts zum Betrachter spricht. Langobardische Künstler hatten es für eine heute nicht mehr bekannte Kirche geschaffen, bevor es hier Verwendung fand, und mit der bei allen germanischen Völkern beliebten Flechtbandornamentik versehen, wie sie schöner in ganz Umbrien nicht zu finden ist.

Eine Bitte zum Schluß

Liebe Leserin, lieber Leser! Es ist einiges zusammengekommen: Etwa 115 Orte, von den großen bis zu den allerkleinsten, habe ich eigens für den Reiseführer – nochmals – in den Jahren 1993/94 aufgesucht, dabei an die 240 Kirchen betreten und in diesen über 2000 Fresken bewundert (oder auch nicht). Ich habe Palazzi, Burgruinen, Stadtmauern, Statuen und Reliefs in Augenschein genommen, bin für Sie auf die höchsten Berge gestiegen und habe Inseln im Trasimenischen See umrundet. Ich habe Öffnungszeiten überprüft und bin manche Kilometer zweimal gefahren, um Ihnen exakt dies zu ersparen und Ihnen genau sagen zu können, an welcher Kreuzung – ohne Wegweiser – es links oder rechts zu einem einsam gelegenen Kloster abgeht. Trotzdem wird sich – *errare humanum est* – irgendwo der Fehlerteufel schon eingeschlichen haben, gerade angesichts der Menge von Daten, Fakten und Namen, so daß meine erste Bitte an Sie die Bitte um Nachsicht für den Autor und dessen menschliche Unzulänglichkeit ist. Ebenso verhält es sich bezüglich der ausgewählten Sehenswürdigkeiten, der Intensität der Beschreibung, die natürlich auch etwas über *meine* Vorlieben und Neigungen aussagt. Und wenn ich ein Naturdenkmal wie den – eingezäunten, wegen Restaurierungsarbeiten nicht zugänglichen – »versteinerten Wald« bei Dunarobba nicht aufgenommen habe, dann habe ich eben zwischen Aufwand (= lange Anfahrt) und Ertrag (= Erlebnisfreude) entschieden. In anderen Fällen, bei denen ich mich für die Aufnahme in den Reiseführer entschloß, wird ohnehin die eine oder der andere meine Begeisterung nicht teilen – auch um deren Nachsicht möchte ich an dieser Stelle bitten.

Dagegen halte ich es so sehr für eine Selbstverständlichkeit, daß man nicht in unangemessener Bekleidung Kirchen, Museen und Restaurants aufsucht, daß ich die Bitte darum nicht aussprechen möchte. Es liegt auf der Hand, daß Höflichkeit, Korrektheit und Freundlichkeit auf den, der sie walten läßt, positiv zurückfallen, gerade als Gast in einem fremden, kulturell hochstehenden Land wie Umbrien, das trotz solcher Anziehungspunkte wie Assisi oder Gubbio noch nicht ›kaputtgereist‹ ist und sich eine wohltuende ›un-touristische Normalität‹ bewahren konnte. Und als angenehmer Gast werden Sie, wann immer es erforderlich ist, die herzliche Hilfsbereitschaft der Umbrer erfahren und ihre unaufdringliche Gastfreundschaft erleben. Dazu gehört es, sich auf Land und Leute einzulassen, selbst einmal Muße walten zu lassen. Erst dann – und nicht durch die rekordverdächtige Besichtigung des 297.

Eine Bitte zum Schluß

Freskos binnen acht Tagen – wird sich Ihnen der unverwechselbare, bezaubernde Charakter Umbriens erschließen. Lassen Sie sich durch die relative Kleinräumigkeit der Region nicht dazu verleiten, sie binnen zwei Wochen ›abhaken‹ zu wollen. Planen Sie statt dessen selbst für Tagestouren immer etwas mehr Zeit ein, um eigene Entdeckungen zu machen, ›Ihre‹ Geheimtips aufzuspüren oder einfach ohne Hetze die überwältigenden Blicke genießen zu können, die Umbrien bietet, sobald Sie sich auf einer der unzähligen Anhöhen befinden.

Es wäre auch schön, wenn Sie die Bemühungen um eine Reduzierung des Autoverkehrs dadurch aktiv unterstützen würden, daß Sie Ihren Wagen vor den mittelalterlichen Stadtkernen beziehungsweise auf einem der ausgewiesenen Parkplätze abstellen. Der Fußweg ist ohnehin nie weit, da die Städte alle von einer überschaubaren Größe sind. Und die Angst – man kennt ja das weitverbreitete Vorurteil –, daß der Wagen aufgebrochen oder entwendet werden könnte, kann ich für Umbrien nicht bestätigen. In dieser Hinsicht ist die Region vorteilhaft ländlich geblieben. Daß man andererseits potentielle ›Langfinger‹ nicht dadurch provoziert, daß man Wertgegenstände offen im Auto liegenläßt, versteht sich – leider überall in dieser Welt – von selbst.

Eine Bitte darf ich noch äußern, was das Fotografieren angeht: Verzichten Sie in Kirchen auf das Blitzlicht. Erstens schafft man sich keine Freunde, da es ohnehin in der Regel verboten ist; zweitens leiden die kostbaren Fresken tatsächlich unter dem grellen Licht, und drittens tut es ein hochempfindlicher Film meist auch. Und auch was den einen oder anderen Menschen betrifft, den Sie gerne auf den Film bannen möchten, ist die zuvor eingeholte Erlaubnis um das Bild meist die Garantie für eine besonders freundliche Aufnahme. Wird sie nicht gewährt, ist es ein Gebot der Achtung des Menschen, auf das Bild zu verzichten. Doch ich gehe davon aus, daß Reisende, die sich für einen Landstrich wie Umbrien interessieren, dies ohnehin beherzigen.

Scheuen Sie sich bitte auch nicht, Ihr Italienisch – und sei es noch so rudimentär – an die Frau oder den Mann zu bringen. Man wird es als Zeichen Ihrer Bemühungen um das Gastland zu würdigen wissen. Und es ist umgekehrt nicht als Unhöflichkeit oder Ungeduld, sondern einzig als Entgegenkommen zu verstehen, wenn Ihnen in fließendem, österreichisch, schweizerisch oder schwäbisch eingefärbtem Deutsch geantwortet wird. In der umbrischen Gastronomie sind viele hilfreiche Geister – im wahrsten Sinn des Wortes – wieder heimisch geworden, die jenseits der Landesgrenzen aufgewachsen sind.

Eine Bitte zum Schluß

So selbstverständlich es ist, daß Sie dem Kellner ein Trinkgeld nicht versagen, so herzlich möchte ich Sie zum Schluß darum bitten, sich bei der Spende *per la chiesa* großzügig zu zeigen – ob die Lire nun direkt dem Erhalt der jeweiligen Kirche zugute kommen oder nicht. Auf jeden Fall ist vielerorts der Zugang zu einer Kirche oder einem Kloster nur dadurch sichergestellt, daß Privatpersonen den Schlüssel verwahren und Ihnen das Gebäude ›er-schließen‹. Daß dies so bleibt, dafür können Sie Ihren Beitrag leisten. Und ich würde mich mit einem noch besseren Gewissen darüber freuen, Ihnen diesen Reiseführer an die Hand gegeben und Umbrien ans Herz gelegt zu haben – zu einem unbeschwerten, sorgenfreien, erholsamen Urlaub.

Reisetips von A bis Z

Ärzte
→ Medizinische Versorgung

Anreise

Mit dem Auto
Für den Autofahrer gelten folgende Entfernungen: Nach Perugia sind es von Berlin 1400 km, von Bern 790 km, von Düsseldorf 1420 km, von Frankfurt 1150 km, von Hamburg 1690 km, von München 800 km, von Wien 930 km, von Zürich 750 km.

Mit der Bahn
Bahnreisende steuern zunächst Florenz an. Dort können sie in den Zug Richtung Rom, der in Orvieto hält, umsteigen. Wer als Ziel Perugia, Assisi oder die Valle Umbra hat, fährt weiter bis Terontola (4 km vom Trasimenischen See entfernt) und steigt dort um. Wer Südumbrien besuchen will, steigt in Orte aus. Die Fahrpreise in Italien sind übrigens sehr günstig.

Mit dem Flugzeug
Mit einem internationalen Flughafen kann Umbrien nicht aufwarten; der umbrische Regionalflughafen Sant'Egidio, 12 km von Perugia entfernt, wird nur inneritalienisch von kleinen Maschinen und Privatflugzeugen angeflogen. Zur Anreise mit dem Flugzeug sind die Flughäfen von Rom, Flughafen Leonardo da Vinci, und Pisa, Flughafen Galileo Galilei, die von fast allen internationalen Linien angeflogen werden, und der kleine Flughafen Peretola bei Florenz (Lufthansa/Alitalia) zu empfehlen. Regelmäßige Bahn- und Busverbindungen bestehen u.a. nach Perugia, Orvieto und Foligno.

Apotheken
→ Medizinische Versorgung

In Umbrien halten Alt und Jung auf Tradition, wenn es gilt, sich zu den historischen Festen herauszuputzen.

Auskunft

Vor Reiseantritt
Die Staatlichen Italienischen Fremdenverkehrsämter (ENIT) versorgen Sie mit Auskünften und Prospektmaterial. Es ist ratsam, frühzeitig vor der geplanten Reise anzufragen.

In Deutschland
Berliner Allee 26
40212 Düsseldorf
Tel. 0211/13 22 31 und -32

Kaiserstr. 65
60329 Frankfurt/Main
Tel. 069/23 74 10 und 23 40 30

Goethestr. 20
80336 München
Tel. 089/53 03 60 und -69

In Österreich
Kärntner Ring 4
1010 Wien
Tel. 01/5 05 16 39 und 5 05 43 74

In der Schweiz
Rue du Marché 3
1204 Genf
Tel. 022/3 10 29 22

Uraniastr. 32
8001 Zürich
Tel. 01/2 11 36 33 und -34

In Umbrien

Für die Region Umbrien
Ufficio Turismo
Corso Vannucci 30
06100 Perugia
Tel. 075/69 61, Fax 6 96 24 83

Lokale Informationsbüros (Azienda di Promozione Turistica oder Ufficio di Informazioni ed Assistenza Turistica genannt)

05022 **Amelia**
Via Orvieto 1
Tel. 0744/98 14 53 und 98 31 75

06081 **Assisi**
Piazza del Comune 12
Tel. 075/81 25 34 und
Piazza Comunale (Palazzo del Capitano del Popolo)
Tel. 075/81 24 50

06043 **Cascia**
Piazza Garibaldi 1
Tel. 0743/7 11 47 und
Via Vespasia Polla
Tel. 0743/7 14 01

06061 **Castiglione del Lago**
Piazza Mazzini 10
Tel. 075/95 21 84

06012 **Città di Castello**
Via Raffaele de Cesare 2/B
Tel. 075/8 55 48 17 und 8 55 49 22

06034 **Foligno**
Porta Romana 126
Tel. 0742/6 04 59 und
Via B. Cairoli 69
Tel. 0742/6 01 65

06024 **Gubbio**
Piazza Oderisi 3/5
Tel. 075/9 27 36 93

05018 **Orvieto**
Piazza del Duomo 24
Tel. 0763/4 25 62 und 4 17 72

06100 **Perugia**
Corso Vannucci 94/a
Tel. 075/2 33 27 und
Via Mazzini 21
Tel. 075/2 53 41

06049 **Spoleto**
Piazza Libertà 7
Tel. 0743/2 81 11 und 4 98 90

05100 **Terni**
Viale C. Battisti 7/A
Tel. 0744/4 30 47

06059 **Todi**
Piazza del Popolo 38
Tel. 075/88 30 62 und
Piazza Umberto I 6
Tel. 075/88 33 95

Auto

Höchstgeschwindigkeiten
In geschlossenen Ortschaften 50 km/h; außerhalb geschlossener Ortschaften PKW 90 km/h; PKW mit Anhänger 80 km/h.
Autobahnen: PKW bis 1100 ccm Hubraum 110 km/h; PKW mit mehr als 1100 ccm Hubraum 130 km/h; PKW mit Anhänger 100 km/h.
In ganz Italien besteht Anschnallpflicht. Die Promillegrenze liegt derzeit bei 0,8.

Parken
Beim Besuch der historischen Stadtzentren sollten Sie möglichst vor den Stadtmauern parken. Häufig werden Parkgebühren erhoben, wozu für die gewünschte Aufenthaltszeit ein Bon an einem Parkscheinautomaten zu erwerben ist (Münzen bereithalten). Assisi, Orvieto und Perugia versuchen, die Reisenden mit Parkleitsystemen zu Parkplätzen zu lenken, von denen Rolltreppen ins Stadtzentrum führen. Parkhäuser sucht man in Umbrien vergebens.

Straßen
Was den Zeitbedarf unterwegs angeht, sollte man sich darauf einstellen, daß Fahrten über Land und somit auf durchweg kurvenreichen Straßen grundsätzlich, und zum Teil erheblich, länger dauern, als man dies vielleicht von zu Hause bei der gleichen Entfernung gewohnt ist.

Auch zur Besichtigung der Städte – die, wie meistens, auf einer Bergkuppe liegen – sollte man wegen der mitunter steilen Anstiege die vorgesehene Zeit eher großzügig kalkulieren.

Verkehrsschilder
curva pericolosa: gefährliche Kurve
deviazione: Umleitung
divieto di sorpasso: Überholen verboten
divieto di sosta: Halten/Parken verboten
fine strada: Ende der Straße
frana: Erdrutsch
galleria: Tunnel
lavori in corso: Straßenarbeiten
parcheggio: Parkplatz
rallentare: langsam fahren
(strada a) senso unico: Einbahnstraße
strada bianca: Schotterstraße, Naturstraße
uscita: Ausfahrt
zona pedonale: Fußgängerzone

Verkehrsunfälle
Auch bei kleineren Unfällen immer erst die Polizei holen, so mühsam das auch sein mag, und nie das Auto von Privatpersonen abschleppen lassen. Die Grüne Versicherungskarte ist Pflicht in Italien.

Wichtige Telefonnummern und Adressen
ACI Straßenhilfsdienst: 116
Polizeinotruf und Unfallrettung: 113

ADAC-Partnerclubs:
Automobile Club d'Italia (ACI)
Casella Postale 2389
00100 Roma
Tel. 06/4 99 81

Touring-Club Italiano (TCI)
Corso Italia 10
20122 Milano, Tel. 02/8 52 61

Mietwagen
Problemlos können Sie sich in Perugia oder in Orvieto einen Wagen mieten. In anderen Städten gibt es bislang keinen Autoverleih. Hier kann manchmal der Hotelportier weiterhelfen.

Bademöglichkeiten

Neben den zahlreichen Freibädern wartet Umbrien trotz seiner Meeresferne mit einigen Stränden am **Trasimenischen See** auf. Besonders für Kleinkinder bieten sie wegen der geringen Wassertiefe im Uferbereich und des nur langsam abfallenden Grundes gefahrlose Aufenthalte. Viel Zulauf – auch wegen der Nähe zum Städtchen – findet der Strand (mit Duschgelegenheiten) unterhalb der malerischen Mauern von Castiglione. Weniger frequentiert ist der Strand östlich von Passignano am Nordufer des Sees. Insgesamt verteilen sich 24 Strände auf die Gemeinden Castiglione del Lago, Magione, Passignano und Tuoro.

Banken
→ Geld

Bars
Eine italienische *Bar* sucht man eher zum Frühstücken, zu einem kleinen Imbiß auf; mit ›Nachtleben‹ hat sie nichts zu tun.

Camping
→ Unterkunft

Diplomatische Vertretungen

Italienische Botschaften im Ausland

Deutschland
Karl-Finkelnburg-Str. 51
53173 Bonn
Tel. 0228/8 22-0, Fax 82 21 69

Österreich
Rennweg 27
1030 Wien
Tel. 0043/1/71 25 12 10, Fax 7 13 97 19

Schweiz
Elfenstr. 14
3006 Bern
Tel. 0041/31/3 52 41 51, Fax 3 51 10 26

Ausländische Botschaften und Konsulate in Italien
(Vorwahl für Italien: 0039)

In Umbrien selbst gibt es keine diplomatischen und konsularischen Vertretungen. Die nächsten finden sich in Florenz bzw. in Rom.

Deutschland
Konsulat
Borgo SS. Apostoli 22
50123 Firenze
Tel. (0)55/29 47 22, Fax 28 17 89

Botschaft
Via Po 25 c
00198 Roma
Tel. (0)6/88 47 11, Fax 8 54 79 56

Österreich
Konsulat
Via dei Servi 9
50122 Firenze
Tel. (0)55/2 38 20 08, Fax 29 51 67

Botschaft
Via Pergolesi 3
00198 Roma
Tel. (0)6/8 55 82 -41 bis 44,
Fax 8 54 32 86

Schweiz
Konsulat
Piazzale Galileo 5
50125 Firenze
Tel. (0)55/22 24 31, Fax 22 05 17

Botschaft
Via Barnaba Oriani 61
00197 Roma
Tel. (0)6/8 08 36 -41 bis 45,
Fax 8 08 58 10

Einkaufen

Auf keinen Fall sollte man sich die Gelegenheiten zum Kauf von Delikatessen, die sich in fast allen Städten bieten, entgehen lassen. **Trüffeln** kauft man am besten in Città di Castello, Gubbio, Spoleto und Norcia, **Wein** bevorzugt in Montefalco, Orvieto und Torgiano.

Beim Kauf von **Olivenöl** sollte man auf die Bezeichnung *Olio Extra Vergine di Oliva Tipico Umbro* achten. Wer es mag und seinen Urlaubsetat danach einrichtet, wird sich – trotz der Internationalisierung der Mode – auch der Anziehungskraft mancher **Bekleidungsgeschäft**e, wie etwa am Corso Vannucci in Perugia oder am Corso Garibaldi in Spoleto, nicht entziehen wollen.

Als ›Klassiker‹ unter den kunsthandwerklichen Souvenirs gilt nach wie vor die **Majolika-Keramik**, die in Gualdo Tadino und Deruta produziert wird, aber auch, sofern sie tatsächlich noch kunstvoll handbemalt ist, ihren Preis hat.

Einreisebestimmungen

Für Bürger aus Deutschland, Österreich und der Schweiz ist für eine Reise bis zu drei Monaten Dauer der Personalausweis ausreichend. Kinder unter 16 Jahren benötigen einen Kinderausweis oder einen Sichtvermerk im Paß eines Elternteils. Es ist ratsam, Fotokopien der Reisedokumente mitzunehmen.

Wer mit Hund oder Katze reisen möchte, benötigt für sein Haustier eine beglaubigte amtstierärztliche Bestätigung, die nicht älter als 30 Tage sein darf, mit genauen Angaben über das Tier und den Namen des Besitzers. Ferner ist ein Tollwut-Impfzeugnis erforderlich, das mindestens 20 Tage vor der Einreise ausgestellt werden sein muß, jedoch nicht älter als 11 Monate sein darf.

Seit der Liberalisierung innerhalb der EU werden Zollkontrollen immer seltener durchgeführt. Für EG-Bürger ist die Mitnahme von Gegenständen des persönlichen Bedarfs zollfrei. Nach Österreich und in die Schweiz hingegen dürfen nur kleine Mengen, d.h. 200 Zigaretten oder 250 g Tabak, 2 l Wein und 1 l Spirituosen, zollfrei eingeführt werden.

Eintrittsgelder

Die Eintrittspreise für Museen und andere Sehenswürdigkeiten liegen zwischen 500 und 8 000 Lire (Stand 1994). Kinder unter sieben Jahren und ältere Menschen ab 60 können häufig kostenlos die Sehenswürdigkeiten besuchen. Das gleiche gilt für diejenigen, die an der »Università per Stranieri« in Perugia Sprachferien machen. Studenten erhalten meist

 Reisetips   Eintrittsgelder – Feste und Feiertage

bei Vorlage eines internationalen Studentenausweises Nachlaß. Gruppen wird in vielen Museen ein Preisnachlaß gewährt.

Essen und Trinken

Das Frühstück, *prima colazione*, nehmen viele Italiener in einer der kleinen *Bars* ein. Neben *capuccino, espresso, caffè latte* werden belegte *panini* und süße Stückchen angeboten. Ab 12 Uhr kann man in der Regel zu Mittag essen. Gleich, ob Sie mittags oder abends ein Ristorante aufsuchen, das italienische Essen besteht aus mehreren Gängen (vgl. S. 37 ff.): Nach einer Vorspeise, *antipasto*, wird der erste Gang, *primo*, ein Nudel- oder Risotto-Gericht oder eine Suppe, gereicht. Zum *secondo*, dem zweiten Gang, meist mit Fleisch oder Fisch, müssen die Beilagen, *contorni*, gesondert bestellt werden. Ein *dolce* oder auch nur Obst rundet das Essen ab. Wem das zuviel ist, der kann auf *antipasto* oder den Nachtisch verzichten. Zur *cena*, dem Abendessen, setzt man sich in der Regel gegen 20 Uhr. Die meisten Restaurants schließen gegen 22 Uhr.

Feste und Feiertage

Gesetzliche Feiertage

1. Januar	Neujahrsfest
Ostern	Ostermontag
25. April	Tag der Befreiung vom Faschismus
1. Mai	Tag der Arbeit
1. Sonntag im Juni	Gründung der Republik
15. August	Mariä Himmelfahrt
1. November	Allerheiligen
25. Dezember	Weihnachten
26. Dezember	Zweiter Weihnachtsfeiertag, Stephanstag

Traditionelle Volksfeste, lokale Bräuche und kulturelle Veranstaltungen

Januar
2. Januar: **Cascia**: *La Pasquerelle*, Darbietung der alten Schäfergesänge der Valnerina.
6. Januar: Prozession der Hl. Drei Könige in **San Giustino**.
24./25. Januar: **Foligno**, Fest des hl. Feliciano.
27./28. Januar: **Trevi**, Fest des hl. Emiliano mit einer abendlichen Lichterprozession *(Processione dell' Illuminata)*.

Februar
Trüffelausstellung in **Norcia**. Karnevalsumzüge u.a. in Amelia und Be-

Feste und Feiertage

vagna, Perugia, Spoleto, Trevi und Norcia.

4. Februar: Spello, Olivenfest *(Festa del'Ulivo e sagra della Bruschetta)*, Besucher werden mit *bruschetta*, natürlich mit Olivenöl aus Spello zubereitet, verköstigt.

14. Februar: Terni, Fest des hl. Valentino mit Fackelumzug. **Spoleto** feiert seinen Patron San Ponziano.

März/April

März: Città di Castello, Kanuwettfahrt auf dem Tiber.

20./21. März: Festlichkeiten zu Ehren des hl. Benedikt in **Norcia**.

Ostern: Stimmungsvolle Karfreitagsprozessionen, *Processioni del Christo morto*, in **Assisi, Bevagna, Gualdo Tadino, Gubbio, Norcia und Stroncone**.

Nachstellung der Verurteilung Jesu in **Sigillo**.

März/April: Nationale Antiquitätenmesse, abgehalten im Palazzo Comunale von **Todi**.

April/Mai

April: Città di Castello, Trüffelausstellung. Tulpenfest *(Sagra del Tulipano)* in **Castiglione del Lago** mit einem Umzug tulpengeschmückter Festwagen und Maskenzug.

23. April: Frühjahrsfest zu Ehren des hl. Giorgio in **Torgiano**.

30. April: Terni, Cantamaggio, Festumzug mit von Ochsen gezogenen Wagen, Gedicht- und Gesangswettbewerb.

April/Mai: *Corso dell'Anello* in **Narni**, ein mittelalterliches Turnier mit Lanzenstechen und Umzügen in Kostümen des 14. Jh. zu Ehren des Stadtpatrons San Giovenale.

30. April/1. Mai: San Pellegrino/Gualdo Tadino, Fest des hl. Pellegrinus und *Calendimaggio* (Frühjahrsfest).

Mai

Sagra della Porchetta in **San Gemini**. Festliche Orgelkonzerte in **Amelia**. Frühjahrsfeste in vielen Orten.

In den ersten Maitagen: **Assisi** begeht ein dreitägiges Frühjahrsfest, *Calendimaggio*, das auf heidnische Ursprünge zurückgeht; in mittelalterlichen Gewändern wetteifern die Parteien der Ober- und Unterstadt *(parte di sopra, parte di sotto)* miteinander und wählen die *Madonna Primavera* des Jahres.

15./16. Mai: Gubbio, St.-Ubaldo-Fest mit dem berühmten »Kerzenlauf« zum Monte Ingino *(Corsa dei Ceri)*.

21./22. Mai: Cascia, Fest zu Ehren der hl. Rita. In ihrer Todesnacht werden Öllämpchen entzündet. Anderntags findet eine Prozession von ihrem Geburtsort Roccaporena nach Cascia statt.

3. Maisonntag: Bäuerliches Fest in **Alviano**.

Letzter Sonntag im Mai: Armbrustturnier *(Palio della Balestre)* vor dem Palazzo dei Consoli in **Gubbio**.

Christi Himmelfahrt: Große Feierlichkeiten in vielen Städten. Volksfest auf dem **Monte Subasio**. Festliche Prozession in **Monte Santa Maria Tiberina**.

Pfingstsonntag: **Orvieto**, Fest der weißen Taube (*Festa della Palombella*, seit 1401) auf dem Domplatz, mit dem Spektakel der Erscheinung des Hl. Geistes in Gestalt einer weißen Taube.

Pfingstmontag: Prozession in **Assisi**.

Fronleichnam: Mit Blumenbildern (*Infiorata*) geschmückte Straßen in vielen Städten. Besonders schön wird diese Kunstfertigkeit in **Assisi, Spello** und **San Giustino** zur Schau gestellt. Die Fronleichnamsprozession in **Orvieto** erinnert an das Hostienwunder in Santa Cristina 1246.

Juni/Juli

Juni: **Deruta**, Majolika-Ausstellung. Rockin' Umbria in **Perugia**.

2. Junisonntag: Blütenfest in **Castelluccio** am Piano Grande.

2. Junihälfte: Theaterfestspiele in **Narni**.

22. Juni: **Assisi** erinnert mit der *Festa del Voto* an ein Wunder der hl. Klara, das die Stadt vor der Bedrohung durch die Sarazenen schützte.

28. Juni: **Cospeia** (bei Città di Castello) feiert seine einstige Selbständigkeit mit der *Festa dell'anticha Republica*.

29. Juni: *Sagra del Pesce* in **Tuoro sul Trasimeno**.

Letzter Sonntag im Juni: *Festa delle Acque* bei der **Cascata delle Marmore** und am **See von Piediluco**, Festtage anläßlich der Sonnenwende.

Juni/Juli: Umbria Jazz in **Perugia**. **Spoleto** lädt zu seiner großen multikulturellen Veranstaltung, dem *Festival dei Due Mondi*, ein.

Juli/August

Letzter Sonntag im Juli: **Passignano sul Trasimeno**, Wettrudern mit anschließendem Wettlauf samt Booten auf den Schultern durch den Ort *(Palio delle Barche)*.

31. Juli/2. August: Ablaßfest in **Santa Maria degli Angeli** mit feierlichen Zeremonien. Zahlreiche Pilger finden sich zur Andacht in der Porziuncula ein, um die vollständige Vergebung aller Sünden zu erlangen.

Ende Juli/Anfang August: **Ferentillo** und kleinere **Orte am Nera** begehen die *Festa del fiume Nera* mit Messen und Veranstaltungen am Fluß.

Juli/August: **Gubbio**, Theateraufführungen im Römischen Theater.

Juli/August: **San Feliciano** (südwestlich von Magione), Fest des Giacchio (Fischerfest).

Juli/August: Straßentheater in **Perugia**.

Juli/September: Kammermusik-Festival in **Città di Castello**.

August

Porchetta-Fest in **Monte Santa Maria Tiberina**. In **Corciano** »Corcianischer August« mit Pferdeausstellung, internationalem Wettbewerb für Kapellen-Kompositionen, Kostproben ländlicher Küche. Nationales Pferderennen in **Amelia**. **Umbertide** lädt

Feste und Feiertage

zu Rock'in Umbria. Neben der Kunstausstellung »Arte fra le mure« bietet **Montefalco** auch das Fest der Ochsenflucht, *Fuga del Bove*.

11. August: **Assisi**, Fest zu Ehren des hl. Rufinus mit großem historischen Umzug und *Palio*.

12. August: **Assisi**, Fest der Santa Chiara.

14. August: **Gubbio**, *Palio dei Quartieri*, Turnier der Stadtviertel im Armbrustschießen und Fahnenschwingen mit einem historischen Umzug.

15. August: Historisches Fest in **Amelia** zur Erinnerung an die Statuten aus dem Jahr 1346. In **Orvieto** findet anläßlich Mariä Himmelfahrt eine Prozession in mittelalterlichen Kostümen statt.

Sonntag nach dem 15. August: **Città della Pieve**, Stadtteilfest mit Bogenschützen, Umzug in historischen Kostümen etc. (*Palio dei Terzieri*).

22. August: Fest in **Montone** zur Erinnerung an die Schenkung der Dornenreliquie, der *Sacra Spina*.

August/September: **Gualdo Tadino**, internationaler Keramik-Kunstwettbewerb. Festspiele in **Todi** mit internationalen und regionalen Film-, Musik- und Kunstbeiträgen. Weinausstellung in **Orvieto**, *Mostra dei vini* mit Weinproben.

September

Foligno, *Segni Barochi*, Barockfestival mit Konzerten, Theater und Gastmählern. In **Spoleto** wird die Saison des experimentellen Lyrik-Theaters eröffnet. **Passignano**, *Sagra del pesce*, Fischerfest. Nationale Kunsthandwerk-Ausstellung in **Todi**.

1. Septembersonntag: Die *Cavalcata di Satriano* erinnert mit einer feierlichen Prozession zu Pferd von **Assisi** nach **Nocera** und zurück an die letzte Rückkehr des hl. Franziskus nach Assisi.

2. und 3. Sonntag im September: **Foligno**, *Giostra della Quintana*, Turnier der Stadtviertel mit großem historischen Umzug.

2. Septemberhälfte: Sakralmusik-Festival in **Perugia**.

3. Wochenende im September: **Gualdo Tadino**, *Giochi delle Porte*, Umzug in historischen Trachten, Wettbewerbe und Eselrennen, gleichzeitig werden Kostproben lokaler Produkte in den Gassen angeboten.

September/Oktober: **Panicale**, Winzerfest. Weinprobe in **Torgiano**.

Oktober

Wein- und Kastanienfest in **Sellano**. Wurst- und Sellerie-Fest (*Sagri del Sedano* und *Sagra della Salsiccia*) in **Trevi**. In **Pozzuolo** (bei Castiglione del Lago) Winzerfest. Turnier, *Giostra dell'Arme*, in **San Gemini**.

1. Wochenende im Oktober: **Trevi**, Turnier der Stadtteile (*Palio dei Terzieri*) mit einem historischen Umzug.

3./4. Oktober: **Assisi**, Fest des hl. Franziskus mit religiösen Zeremonien in der Basilica di San Francesco und in Santa Maria degli Angeli.

30. Oktober: **Massa Martana**, Fest zu

Ehren von San Felice und »Fest der Schwarzen Trüffel«.

November
Valtopina: Ausstellung weißer Trüffeln.
1. November: Traditionelles Allerheiligenfest, *Fiera dei Morti*, in **Perugia**.
1. Sonntag im November: Trüffelausstellung in **Montone**.
8. November: Fest der Madonna della Consolazione in **Todi**.
10./11. November: Fest des hl. Martin in **Fossato di Vico, Sigillo** und **Nocera**, verbunden mit Weinproben und kulinarischen Genüssen.
24. November: **Amelia**, Kerzenopfer für die Stadtpatronin Santa Firmina, historischer Festumzug in Kostümen des 14. Jh.

Dezember/Januar
Dezember: **Gubbio** bildet am Berghang mit Lichterketten den angeblich größten Weihnachtsbaum der Welt. Zahlreiche Weihnachtsmärkte und Krippenspiele.
Dezember bis zum 6. Januar: »Lebende Krippen« in vielen Orten u.a. **Attigliano, Calvi dell'Umbria, Cannara, Lugnano in Teverina, Montefalco, Petrigano d'Assisi**.
9. Dezember: Fest der Glocken in **Norcia**.
24. Dezember: **Assisi**, Krippenaufstellung in allen Kirchen der Stadt.
24. Dezember – 13. Januar, **Città della Pieve**, Zurschaustellung einer Monumental-Krippe.

Ende Dezember: Umbria Jazz Winter in **Orvieto**.

Fotografieren

Zu beachten ist die verbreitete Einschränkung, die für manche Kirchen und zahlreiche Museen gilt und – in dem beliebten italienisch-englischen Mix – *senza flash* lautet: »ohne Blitzlicht«. Filme jeder Sorte und auch Batterien aller Art sind problemlos in allen Städten zu erhalten.

Geld

Währungseinheit ist die italienische Lira. Die Einfuhr von italienischen Lire wie die ausländischer Devisen ist unbegrenzt.
In den Banken Umbriens können Sie Reise- und Euroschecks, mit einem Höchstbetrag von 300 000 Lire, in der Regel Mo-Fr, 8.20-13.30 und 14.30-15.45 Uhr, einlösen (Ausweis oder Paß nicht vergessen!). Problemlos kann man in den größeren Städten Tag und Nacht am Bankautomaten zu Bargeld kommen. Kreditkarten finden als Zahlungsmittel breite Akzeptanz.

Haustiere
→ Einreise

 Reisetips

Heilbäder

Die beiden Heilbäder der **Provinz Terni** mit ihren Thermalquellen und Mineralwassern befinden sich an der Strecke zwischen Todi und Terni. Das bedeutendste ist **San Gemini** (13 km nordöstlich von Terni), wo Sie sich von Mai bis September im »Quellenpark« an den Mineralwassern *Sangemini* (für Kinder empfehlenswert) und *Fabia* (bei Magen- und Darmerkrankungen, Leber- und Galleleiden) gütlich tun können.

In der Trinkkuranlage von **Amerino** im Ort Acquasparta, etwa 8 km von San Gemini weiter nach Norden, greifen Sie (von Juni bis September) zum Wasser, wenn Sie Probleme mit Nierensteinen und -koliken, Muskelschmerzen, Arthrose und Gicht haben.

Die **Provinz Perugia** wartet mit der Trinkkuranlage **San Faustino** bei Massa Martana auf, die von Mai bis Oktober Linderung bei Leber-, Magen- und Darmerkrankungen und bei Gicht, Nierenleiden und Gallensteinen verspricht, sowie mit der Thermalanlage in **Fontecchio** – östlich von Città di Castello –, die von März bis Dezember gern zur Abhilfe bei Rheumatismus, Arthrose und Ischias und zur Nachbehandlung von Brüchen aufgesucht wird. Der Genuß des Wassers aus der »Jäger«-Quelle *(del cacciatore)* bei **Nocera Umbra** kuriert Verdauungsstörungen, Magenschleimhautentzündungen und Gicht. Möchte man jedoch **Assisi** selbst nicht verlassen, so kann man hier die Terme Santo Raggio in der Via P.A. Giorgi 6 aufsuchen.

Höhlen

Die beeindruckende umbrische Bergwelt öffnet sich dem Naturliebhaber in zahlreichen mehr oder weniger touristisch erschlossenen Höhlen. Wenn Sie sich in Kursen über Höhlenkunde schlau machen oder unter sachkundiger Führung einen Höhlenbesuch wagen möchten, wenden Sie sich an folgende Adresse:

Centro Nazionale di Spelealogia
Corso Mazzini 9
06021 Costacciaro (Perugia)
Tel. 075/9 17 02 36 oder
Via Fabretti 6
06100 Perugia
Tel. 075/2 86 13

Hotels
→ Unterkunft

Jugendherbergen
→ Unterkunft

Kartenmaterial

Die beste Karte ist die des Touring Club Italiano (TCI), herausgegeben vom Verlag Kümmerly + Frey *(Umbrien - Ital. Adria)*, im Maßstab 1:200 000. Zu Wanderkarten → Wandern.

Klima und Reisezeit

Wer es mit Umbrien ernst meint, sollte zu einer ersten Kostprobe eine, besser zwei Wochen Zeit mitbringen. Als Reisezeit empfehlen sich die Monate April bis September, wobei allerdings der April durchaus noch mit Schnee und Tagestemperaturen von fünf Grad sowie Regenschauern aufwarten kann. Auch der September kann Regenwetter und eine empfindliche Kühle bescheren, wie grundsätzlich gilt, daß Umbrien auch im Hochsommer nicht in *der* »italienischen« Hitze brütet, die man von den Meeresstränden her kennen mag. Die Höhenlage der meisten Orte sowie häufiges Aufkommen von Wind verschaffen der Region auch an heißen Tagen eine angenehme Kühlung, weshalb man nicht vergessen sollte, einen Pullover, eine leichte Jacke und einen Schirm mit einzupacken.

Kuren

→ Heilbäder

Märkte

Antiquitäten- und Flohmärkte
Antiquitäten- und Flohmärkte finden in verschiedenen Städten Umbriens einmal monatlich an einem Wochenende statt.
1. Sonntag im Monat: Bastia Umbra und Campello sul Clitunno
2. Sonntag im Monat: Gualdo Tadino, Gubbio
3. Sonntag im Monat: Città di Castello und Narni
4. Sonntag im Monat: Perugia

Wochenmärkte
Die Wochenmärkte (Lebensmittel-, manchmal auch Kleidermärkte) finden in der Regel nur am Vormittag statt. In verschiedenen Städten, so z. B. in Gubbio oder in Spoleto, werden kleine Lebensmittelmärkte an jedem Vormittag abgehalten.
Montags: Santa Maria degli Angeli, Tavernelle bei Paciano
Dienstags: Deruta, Foligno und Perugia
Mittwochs: Bastia, Castiglione del Lago, Nocera Umbra, Spello und Umbertide
Donnerstags: Magione, Ponte San Giovanni, Orvieto und Perugia
Freitags: Paciano, Tuoro sul Trasimeno
Samstags: Assisi, Città della Pieve, Orvieto, Passignano sul Trasimeno, Perugia und Todi

 **Reisetips**

Saisonabhängige Märkte
November - März: Donnerstags Trüffelmarkt in Cereto di Spoleto

Medien

Auch wenn im lesefreudigen Italien allgemein die Zahl der Zeitungsleser zurückgeht, ist der Markt gut bestückt. Am beliebtesten ist in Umbrien – wegen des ausführlichen Regionalteils – *La Nazione*. Aber auch *Il Messaggero* erscheint mit einem solchen. Sie sind an allen *chioschi* erhältlich.

Medizinische Versorgung

Ärztliche Versorgung können EG-Bürger in Italien gegen Vorlage eines Auslandskrankenscheines kostenlos in Anspruch nehmen. Eine zusätzliche Auslandskrankenversicherung gewährleistet darüber hinaus in Notfällen auch einen Rücktransport.
Medikamente erhalten Sie in den **Apotheken** Mo-Fr von 9-13 und 16-20 Uhr. Am Wochenende sowie an Feiertagen und zu Nachtstunden haben Notdienstapotheken geöffnet. Welche Apotheke gerade Nacht- bzw. Feiertagsdienst hat, ist an jeder *farmacia* angeschlagen.

Museen und Sehenswürdigkeiten

(In der Regel Mo geschl.!
→ Eintrittsgelder)
Detailliertere Beschreibungen zu den jeweiligen Museen finden Sie im Reiseteil.

Alviano

Castello di Alviano mit Museo della Città Contadina und Centro di Documentatione Audiovisiva dell'Oasi Faunistica di Alviano: vormittags während der Bürostunden.

Assisi

Basilica di San Francesco: April-Okt. von Sonnenauf- bis -untergang geöffnet. Nov. - März tägl. 6.30/7-12, 14/14.30 Uhr bis Sonnenuntergang. Die Besichtigung ist an Sonn- und Feiertagen vormittags untersagt.
Cripta della Basilica Ugoniana, am Dom San Rufino: Ostern - 5. Nov. tägl. 9.30-12, 14.30-18, 5. Nov. - Ostern Sa, So 9.30-12, 14.30-17 Uhr.
Eremo delle Carceri: tägl. 8 Uhr bis Sonnenuntergang.
Museo Foro Romano, Via Portica: 16. März - 31. Okt. tägl. 9.30-13, 15-19, 1. Nov. - 15. März tägl. 10.30-13, 15-18.30 Uhr.
Pinacoteca Comunale, Piazza Comunale, Tel. 075/8 23 62: 16. März - 31. Okt. tägl. 9.30-13, 16-19, 1. Nov. - 15. März tägl. 10.30-13, 16-18.30 Uhr.

Reisetips — Museen und Sehenswürdigkeiten

Rocca Maggiore: 16. März - 31. Okt. 9 Uhr bis Sonnenuntergang, 1. Nov. - 15. März 10 Uhr bis Sonnenuntergang. Bei schlechtem Wetter geschl.
Santuario di San Damiano: tägl. 10-18 Uhr.
Tesoro Basilica di San Francesco: April - Okt. tägl. 9.30-12, 14-18 Uhr, So geschl.

Bettona

Pinacoteca und **Museo Civico**, im Palazzo del Podestà, Tel. 075/9 86 99 81: z. Zt. wegen Neuordnung geschl. (Stand 1994).

Bevagna

Pinacoteca Comunale und **Raccolta Materiale Archeologico**, im Palazzo Municipale, Corso Matteotti 46, Tel. 0742/36 06 05 und 36 01 23: tägl. 9-13, Di, Fr auch 15.30-18.30 Uhr. So, feiertags geschl.
Mosaico Romano, Via Porta Guelfa 4, Tel. 0742/36 03 06: Zur Besichtigung wenden Sie sich bitte an den Kustoden Massimo della Spina in der Via Porta Guelfa 2.

Campello sul Clitunno

Fonti di Clitunno, Loc. Campello sul Clitunno, Tel. 0743/52 11 41: März 10-12.30, 14-17.30, 1. April - 15. Juni 9-13, 14-19, 16. Juni - 15. Sept. 9-19, 16. Sept. - 31. Okt. 10-12.30, 14-17 Uhr.

Carsulae

Zona Archeologica: immer zugänglich.

Cascata delle Marmore

16. März - 30. April: Mo-Fr 12-12.30, 15.30-16, Sa 11-12.30, 16-21, So, feiertags 10.30-12.30, 15-20 Uhr.
Mai: Mo-Fr 12-12.30, 15.30-16, Sa 11-12.30, 17-22, So, feiertags und am 22. Mai 10-13, 15-21.20 Uhr.
Juni: Mo-Fr 15-16.30, Sa 11-12.30, 17-22, So, feiertags 10-13, 15-21.30 Uhr.
Juli-Aug.: Mo-Fr 11-12.30, 17-18.30, Sa 11-12.30, 17-22, So, feiertags und am 16. Aug. 10-12, 15-21.30 Uhr.
Sept.: Mo-Fr 15-16.30, Sa 11-12.30, 16-21, So, feiertags 10.30-12.30, 15-20 Uhr.
Okt.: Sa 11-12.30, 16-21, So, feiertags 10.30-12.30, 15-20 Uhr.
1. Nov. - 15. März: So, feiertags 15-16 Uhr.

Castiglione del Lago

Castello: durchgehend geöffnet.
Palazzo Ducale, Piazza Gramsci 1, heute Sitz der Verwaltung, Tel. 075/95 14 41: werktags 8-13.30 Uhr.

Città della Pieve

Oratorio dei Bianchi, mit einem Dokumentationszentrum aller von Pietro Vannucci, genannt Perugino, in Umbrien geschaffenen Werke: tägl. 10.30-12.30, 15.30-19, So ab 10 Uhr.

Città di Castello

Centro delle Tradizione Popolari, in Garavelle bei Città di Castello, Tel. 075/8 55 21 19: im Sommer tägl. 9-12, 15.30-18.30, im Winter 9-12, 14-17 Uhr, Mo geschl.
Museo del Duomo, Piazza Gabrioletti, Tel. 075/8 55 47 05: Okt.- März: werktags 10-13, So, feiertags 10-13, 15-17 Uhr. April, Mai, Juni, Sept.: tägl. 10-13, 15-17.30 Uhr. Juli, Aug.: tägl. 10-13, 15.30-18.30 Uhr.
Pinacoteca Comunale, im Palazzo Vitelli, Via della Cannoniera 22, Tel. 075/8 55 42 02: tägl. außer Mo 10-13, 15-18.30 Uhr.
Torre Civita: tägl. außer Mo 10-13, 15.30-18.30 Uhr.

Deruta

Pinacoteca Comunale und **Museo delle Majoliche**, Piazza dei Consoli, Tel. 075/9 71 11 43: tägl. 9.30-12.30, 15-18 Uhr, Mo geschl.

Foligno

Pinacoteca Comunale und **Museo Archeologico**, im Palazzo Trinci an der Piazza della Repubblica, Tel. 0742/5 07 34: z. Zt. wegen Restaurierungsarbeiten geschl. (Stand 1994).

Gualdo Tadino

Pinacoteca und **Museo Comunale**: Zur Besichtigung wenden Sie sich an die städtische Polizei, Tel. 075/91 66 47.

Gubbio

Museo e Pinacoteca Comunale, im Palazzo dei Consoli, Piazza Grande, Tel. 075/9 27 42 98: 16. März - 30. Sept.: tägl. 9-12.30, 15.30-18 Uhr. 1. Okt.- 15. März: Di-Fr 10-13, 15-17, Sa, So 9-13, 15-17 Uhr, Mo geschl.
Palazzo Ducale, Via Ducale: tägl. 9-14 Uhr.

Massa Martana
Catacombe di Villa San Faustino: Di, Do, Sa, So, feiertags 9-13 Uhr Besichtigung nach Absprache. Bitte wenden Sie sich an Herrn Giuseppe Bartolucci, **Tel. 075/8 85 62 48.**

Montefalco

Museo Civico di San Francesco e Pinacoteca, Via Ringhiera Umbra, Tel. 0742/7 95 98: Juli - Aug. tägl. außer Mo 10-13, 16-19, Sept.- Juni tägl. außer Mo 10-13, 15-18 Uhr.

Narni

Palazzo Comunale mit archäologischer Sammlung im Atrium, Sala Consiliare, Tel. 0744/74 71: tägl. 8-14 Uhr. So, feiertags geschl.

 **Reisetips**   **Museen und Sehenswürdigkeiten**

Rocca dell'Albornoz: z. Zt. wegen Restaurierung geschl. (Stand 1994).

Nocera Umbra

Chiesa Pinacoteca di San Francesco, Piazza Caprera: Juli, Aug. 9.30-12.30, 16-17 Uhr. Weitere Besichtigungsmöglichkeiten nach Absprache mit der städtischen Polizei, Tel. 0742/81 88 46 oder der Stadtverwaltung, Tel. 0742/81 20 41.

Orvieto

Dom, Piazza Duomo, Tel. 0763/4 11 67: Jan., Febr., Nov., Dez. 7-13, 14.30-17.30, März, Okt. 7-13, 14.30-18, April 7-13, 14.30-19, Mai, Juni 7-13, 14.30-20, Juli, Aug. 7-13, 15-20, Sept. 7-13, 14.30-19.30 Uhr.
Museo dell'Opera del Duomo, im Palazzo Soliano, Piazza Duomo: z. Zt. wegen Restaurierung geschl. (Stand 1994).
Museo Archeologico »C. Faina« e Civico, Piazza Duomo, Tel. 0743/4 15 11: z. Zt. wegen Restaurierung geschl. (Stand 1994).
Museo Emilio Greco, im Palazzo Soliano, Piazza Duomo, Tel. 0743/4 46 05: tägl. außer Mo geöffnet. 1. Okt. - 31. März 10.30-13, 14-18; 1. April - 30. Sept. 10.30-13, 15-19, Aug. 10.30-13, 16-20 Uhr.
Necropole Crocefisso del Tufo, Tel. 0763/4 36 11: tägl. 8 Uhr bis Sonnenuntergang.

Orvieto Underground: Führungen in die Tuffsteinhöhlen tägl. 10 und 15 Uhr. Informationen und Treffpunkt an der Piazza Duomo 24.
Pozzo di San Patrizio, Viale Sangallo, Tel. 0763/4 37 68: April - Sept. 10-19, Okt. - März 10-18 Uhr.

Panicarola

Museo Auto d'Epoca di F. Lamborghini, Tel. 075/8 35 00 29: Mo-Fr 8-12, 14-17 Uhr.

Perugia

Cappella di San Severo, Via Rafaello, Tel. 075/6 38 64: tägl. außer Mo geöffnet. April - Sept.. 10.30-18, Okt. - März 10-12.30, 14.30-16.30 Uhr. 1. Jan., 25. Dez. geschl.
Collegio del Cambio, Corso Vannucci 25 – im Palazzo dei Priori, Tel. 075/5 72 85 99: März - Okt., 20. Dez. - 6. Jan.: werktags 9-12.30, 14.30-17.30, So, feiertags 9-13 Uhr. Nov. - Febr.: werktags 9-14, So, feiertags 9-13 Uhr. Mo, 1. Jan., Ostern, 1. Juni, 15. Aug., 25. Dez. geschl.
Collegio della Mercanzia im Palazzo dei Priori, Corso Vannucci 15, Tel. 075/5 73 03 66: März - Okt. und 20. Dez. - 6. Jan.: werktags 9-12.30, 15-19 Uhr. Nov. - Febr.: 8-14. Sommers wie winters So, feiertags 9-13 Uhr. Mo, 1. Jan., Ostern, 1. Juni, 15. Aug., 25. Dez. geschl.
Galleria Nazionale dell'Umbria im Palazzo dei Priori, Corso Vannucci

19, Tel. 075/5 72 03 16: werktags 9-13.45, 15-19, So, feiertags 9-13 Uhr. 1. Jan., 1. Juni, 15. Aug., 25. Dez. geschl.
Ipogeo dei Volumni, Via Assisiana, Ponte San Giovanni, Tel. 075/39 33 29: werktags 9.30-12.30 und Juli - Aug. 16.30-18.30, Sept. - Juni 15-17, So, feiertags 9.30-12.30 Uhr. 1. Jan., 1. Juni, 15. Aug., 25. Dez. geschl. Die Besuchszeit beträgt für maximal 5 Personen jeweils 5 Minuten.
Museo Archeologico Nazionale dell'Umbria im ehemaligen Kloster San Domenico, Piazza G. Bruno, Tel. 075/5 72 71 41: werktags 9-13.30, 14.30-19, So, feiertags 9-13 Uhr. 1. Jan., 1. Juni, 15. Aug., 25. Dez. geschl.
Museo dell'Opera del Duomo im Dom, Piazza IV Novembre, Tel. 075/5 72 38 32: z. Zt. wegen Restaurierungsarbeiten geschl. (Stand 1994).
Pozzo Sorbello, Piazza Piccinino, Tel. 075/6 36 69: tägl. außer Mo geöffnet. April - Sept. 10.30-18, Okt. - März 10-12.30, 14.30-16.30 Uhr. Am 1. Jan., 25. Dez. geschl.
Sala dei Notari im Palazzo dei Priori, Piazza IV Novembre: tägl. außer Mo 9-13, 15-19 Uhr.

Rivotorto

Santa Maria di Rivotorto: tägl. 6.45-12.15, 14.30-19.15 Uhr, z. Zt. wegen Restaurierungsarbeiten geschl. (Stand 1994).

San Feliciano (Trasimenischer See)

Museo della Pesca, Tel. 075/84 97 16: April - Sept. tägl. außer Mo 10-12.30, 16.30-19, Okt. - März Di, Do, Sa 9.30-12.30 Uhr.

San Gemini

San Nicolò (Privatbesitz) Fr-So 10-13, 15-18, im Winter bis 17 Uhr.

Santa Maria degli Angeli

Museo della Basilica, Piazza della Porziuncola, Tel. 075/8 04 24 96: April - Okt. tägl. 9-12, 14.30-18.30 Uhr.

Sassovivo (bei Foligno)

Abbazia di S. Croce, Tel. 0742/34 00 28: tägl. 9 Uhr bis Sonnenuntergang.

Spello

Palazzo Comunale Vecchio, mit einer Raccolta Materiale Archeologico und der Pinacoteca Comunale (z. Zt. geschl.), Piazza della Repubblica, Tel. 0742/65 15 13, tägl. 8-14, Mo, Do auch 15.30-18.30, So, feiertags geschl.
Villa Fidelia, Via Flaminia, Tel. 0742/65 17 26: Do, Sa, So 10-13, 16-19 Uhr. Im Garten auch Ausstellungen moderner Künstler.

Spoleto

Casa Romana, im Palazzo Comunale, Via Visiale, Tel. 0743/21 81: 10-13, 15-18 Uhr. Mo geschl.
Dom, Piazza Duomo, Tel. 0743/4 77 88: tägl. 8-13, 15-18 Uhr.
Galleria Comunale d'Arte Moderna im Palazzo Rosari-Spada, Corso Mazzini, Tel. 0743/4 59 40: tägl. außer Mo 10-13, 15-18 Uhr.
Galleria d'Arte moderna, Piazza Collicola, im gleichnamigen Palazzo: tägl. außer Mo 10-13, 15-18 Uhr.
Dom: tägl. 8-13, 15-18 Uhr.
Pinacoteca Comunale, im Palazzo Comunale, Piazza del Comune, Tel. 0743/21 81: tägl. außer Mo 10-13, 15-18 Uhr.
Museo Archeologico, Via Sant'Agata in der Kirche Sant' Agata, Tel. 0743/22 32 77: werktags im Sommer 9-13.30, 14.30-19, im Winter 9-13, 14.30-18 (ab 17 Uhr Zugang zum Museum nur durch die Via Sant'Agata möglich), So, feiertags 9-13 Uhr.
Rocca: z. Zt. wegen Restaurierungsarbeiten geschl. (Stand 1994).
Römisches Theater, an der Kirche Sant'Agata, Tel. 0743/22 32 77: werktags im Sommer 9-13.30, 14.30-19, im Winter 9-13, 14.30-18, So, feiertags 9-13 Uhr.
Sant'Eufemia, Via Saffi, Tel. 0743/22 32 45: im Sommer tägl. 8-20, im Winter 8-18 Uhr.

Terni

Pinacoteca Comunale »O. Metelli«, Via Fratini 55 im Palazzo Fabrizzi, Tel. 0744/40 02 90: tägl. 10-13, 16-19 Uhr, Mo geschl.

Torgiano

Museo del vino, Corso Vittorio Emanuele 11 im Palazzo Baglioni, Tel. 075/9 88 00 69: tägl. geöffnet: im Sommer 9-13, 15-20, im Winter 9-13, 15-18 Uhr.

Trevi

Pinacoteca, Piazza Vittorio Emanuele im Palazzo Comunale, Tel. 075/7 82 46: z. Zt. wegen Restaurierung geschl. (Stand 1994).

Naturschutzgebiete

Die Region Umbrien kann sich zugute halten, daß sie es von administrativ-politischer Seite mit dem »grünen Herzen« ernst meint.

Davon zeugen die zahlreichen regionalen Naturschutzgebiete und ein nationales: Der **Parco Regionale del Montecucco** im äußersten Nordosten (östlich der Staatsstraße Nr. 3) mit dem gleichnamigen Berg und seinen Grotten als Zentrum, der **Parco Regionale del Subasio** nördlich von Spello bzw. östlich von Assisi,

der kleinere **Parco Regionale del Pausillo** mit dem Monte Petrarvella (etwa 8 km südlich des Trasimenischen Sees), der **Parco Regionale del Tevere** mit den Bergen um den Lago di Corbara westlich des Tiber, der **Parco Regionale del Nera** in der Valnerina bzw. nördlich des Ortes Piediluco am gleichnamigen See, der kleinste von allen, der ausgedehnte Parco Regionale del Coscerno Aspra östlich des gesamten Oberlaufs des Nera unter Einschluß dieses Flusses und auch des Corno-Tales, sowie, als krönender Abschluß, der **Parco Nazionale dei Monti Sibillini**, den sich Umbrien mit der angrenzenden Region Marken teilt.

Auch die umbrischen Seen sind dank verschiedener Initiativen geschützte Gebiete. Die Isola Polvese im Trasimenischen See ist als Naturpark Brutstätte für Wasservögel. Der **Lago di Alviano** wird als Wasservogel-Schutzgebiet durch den World Wildlife Fund unterhalten, und auch der größtenteils mit Schilf zugewachsene See bei **Colfiorito** ist eine kleine Oase für Vögel.

Notruf

Rettungsdienst/Polizei: 113
Pannenhilfe des ACI: 116
ADAC-Notruf: 0049 / 22 22
ADAC-Ambulanz-Rückholdienst: 0049 / 76 22 24
ADAC-Notrufzentrale: 0049/71/5 30 31 11
(für Krankenrückholdienst)
DRK-Flugdienst: 0049/228/23 00 23
Deutsche Rettungsflugwacht: 0049/711/70 10 70
ÖAMTC-Notrufzentrale: 0043/222/92 22 45
Tyrolean Air Ambulance: 0043/512/8 88 88
Schweizerische Rettungsflugwacht: 0041/1/38 31 11

Öffentliche Verkehrsmittel

Mit der **Bahn** sind in Umbrien nur die größeren Orte zu erreichen. Zwei Bahnstrecken durchqueren die Region: die private *Ferrovie Centrale Umbra* fährt zwischen San Sepolchro (Toskana) über Perugia, Todi und Terni, mit der staatlichen Bahn gelangen Sie vom Trasimenischen See nach Orvieto oder Perugia, Assisi,

Im Frühling verwandelt sich die Landschaft Umbriens mit ihrer Blütenpracht vielerorts in ein Meer von Farben.

Foligno, Spoleto und Terni sowie im Norden nach Nocera Umbra und Gualdo Tadino. Fahrpläne werden auch an Zeitungskiosken verkauft.

Mit dem **Bus** sind in Umbrien fast alle Orte erreichbar, doch ist das Busliniennetz in erster Linie in den größeren Städten Umbriens gut ausgebaut. Kleinere Orte werden regelmäßig, aber nur wenige Male am Tag angefahren. Ausgenommen sind hiervon natürlich die »heiligen Stätten«, wie etwa Santa Maria degli Angeli. In der Hauptreisezeit werden zudem oft Ausflugsfahrten zu gern besuchten Städten z.B. Perugia, Gubbio, Assisi angeboten.

Zu den Inseln im Trasimenischen See bestehen während der Saison regelmäßige **Schiffsverbindungen**. Die Abfahrtszeiten sind den Aushängen an den Anlegestellen zu entnehmen. Die *Isola Maggiore* ist von Castiglione del Lago, Tuoro und Passignano aus zu erreichen. Zur *Isola Polvese* dagegen legen die Boote in San Feliciano und Sant'Arcangelo ab. Daneben gibt es an diesen Stellen die Möglichkeit, Boote zu mieten.

Öffnungszeiten

Banken: Mo-Fr 8.20-13.30 und meistens 14.30-15.45 Uhr. 24-Stunden-Service an Bankautomaten.
Geschäfte und Apotheken: Einkaufen können Sie in der Regel Mo-Fr von 8.30/9-12.30/13 und nachmittags zwischen 15.30/16 und 19/20 Uhr. In manchen Orten schließen die Lebensmittelläden an einem Nachmittag in der Woche. Am Samstagnachmittag und Sonntag bleiben die Geschäfte, außer in ausgesprochenen Ferienorten während der Saison, geschlossen.
Kirchen: Kirchen öffnen ihre Türen meist gegen 8 Uhr. Über die Mittagszeit werden sie um 12, manchmal auch erst um 13 Uhr bis 15 oder 16 Uhr geschlossen. Abends wird man zwischen 18 und 19 Uhr gebeten, die Kirche zu verlassen. Doch läßt sich eine allgemeingültige Regel für die Öffnungszeiten nicht aufstellen. Einige Kirchen öffnen schon bei Sonnenaufgang und schließen erst bei Dunkelheit. Bei verschlossenen Kirchen (zu den üblichen Öffnungszeiten) hilft manchmal ein Anwohner mit dem Schlüssel aus. Während der Messen sollten Sie auf Besichtigungen verzichten. Zu den Öffnungszeiten der großen Dome → Museen.
Museen: Montags ist in vielen öffentlichen Einrichtungen Ruhe angesagt. So sind die meisten Museen an Montagen geschlossen – es sei denn, der Montag ist ein Feiertag. Zu den einzelnen Öffnungszeiten → Museen.
Postämter: Postämter sind üblicherweise Mo-Fr von 8.10-13.25, die Hauptpostämter der größeren Städte meist durchgehend von 8.10-19.25

Uhr geöffnet. Briefmarken erhalten Sie aber bequemer an zahlreichen Kiosken und kleineren Läden (gekennzeichnet durch ein Schild mit einem schwarzem T auf weißem Grund, das für »Tabacchi« steht).

Pollenflugzeiten

Januar	Esche, Hasel
Februar	Erle, Esche, Glaskraut, Hasel, Pappel, Ulme
März	Esche, Glaskraut, Pappel, Ulme, Weide
April	Glaskraut, Gräser, Platane
Mai	Glaskraut, Gräser, Platane
Juni	Erle, Glaskraut, Gräser
Juli	Beifuß, Glaskraut, Gräser
August	Beifuß
September	Beifuß
Oktober	Beifuß

Rauchen

Im Prinzip gilt: In allen Räumen, wo man einen Aschenbecher sieht oder einen solchen *portacenere* bekommt, darf geraucht werden; in der Regel auch sonst. Von eigens ausgewiesenen Nichtraucherzonen ist Umbrien, das auf seine bedeutenden Tabakanbaugebiete mit Stolz verweist, noch ›frei‹.

Restaurants

Eine der fünf gastronomischen Sensationen Italiens liegt in Umbrien. Die italienischen Feinschmecker-Bibeln *Veronelli* und *Guida dell'Espresso* wählten Vissani in den Kreis der besten Köche. Sein elegantes Ristorante, das bescheiden anmutend den Namen **Trattoria Vissani** trägt, liegt bei Civitella del Lago, an der Straße N448, die entlang des Lago di Corbara führt. Seine raffinierten wie interessanten Kreationen hat Vissani aus der umbrischen Küche entwickelt. Wer seine Kochkunst probieren möchte, muß rechtzeitig einen Tisch reservieren (Tel. 0744/95 02 06) und sich auf eine hohe Rechnung (umgerechnet mindestens 200 DM pro Person) einstellen.

Eine hervorragende umbrische Küche läßt sich, zu vernünftigen Preisen, in zahllosen Orten finden. Die hier empfohlenen Restaurants stellen eine kleine Auswahl aus dem Angebot vor:

Assisi

La Fortezza
Via della Fortezza 2
Tel. 075/81 24 18
Trüffel, Pilze und Grillspezialitäten. Liebhabern von Wildgerichten werden hier besondere Gaumenfreuden geboten.

Restaurants  Reisetips

Bastia bei Assisi

Lo Spedalicchio
Piazza Bruno Buozzi 3
Tel. 075/8 01 03 23
Das Ristorante des Hotels gleichen Namens verwöhnt nicht nur die Hotelgäste, im Gegenteil: Die umbrische Küche und die beschauliche Umgebung in einem alten Palazzo begeistern auch Peruginer, die abends hier anzutreffen sind. Und wer nach einem delikaten Essen, etwa einer *Insalata di sedano e pecorino*, einem Salat aus Stangensellerie mit herrlichem Schafskäse, einem pikanten Risotto mit Trüffeln und einer *Griliata Umbra* oder einem *Petto d'anatra al madera e tartufo*, einer Entenbrust in Madera-Sauce mit Trüffeln, noch Lust auf ein *dolce* verspürt, kann zwischen wenigen, aber hausgemachten Leckereien wählen.

Bevagna

Ristorante Ottavius
Via del Gonfalone 4
Tel. 0742/36 05 55
In einem Teil des Palazzo dei Consoli untergebracht, strahlt das Ristorante mit seinem an kalten Tagen brennenden Kaminfeuer Behaglichkeit aus. Die bodenständige Küche überrascht mit herzhaften, sehr guten Nudelgerichten.

Città di Castello

Enoteca Altotiberina
In einer namenlosen kleinen Nebenstraße der Piazza Gabriotti
Tel. 075/8 55 30 89
In einfachem Gemäuer trägt der Kellner mündlich die Speisekarte vor. Hier gibt es zu niedrigen Preisen gute, sehr reichhaltige, herzhafte Gerichte. Angenehm ist, daß man eine Portion für zwei bestellen kann. Für Grilliebhaber sind besonders *Casticciole di maiale*, gegrillte »Leiterchen«, zu empfehlen. Wer als *dolce* Vinsanto bestellt, muß nicht erschrecken, wenn der freundliche Kellner neben den Kuchenstücken eine volle Flasche des bernsteinfarbenen, süßen Weißen auf den Tisch stellt, es ist eine großzügige Geste.

Collepino

Ristorante Taverna San Silvestro
Via Collepino 14
Tel. 0742/65 12 03
In einem schönen und selbst bei hochsommerlichen Temperaturen kühlen Gewölbekeller bietet Ihnen eine freundliche Wirtin gute, herzhafte Gerichte, u. a. mit selbstgemachten Nudeln, an. Besonders zu empfehlen sind auch die gegrillten Käse-Spezialitäten, z. B. *Scamorsa tartufata*. Dazu offeriert sie Ihnen einen einfachen, aber sehr guten roten Tafelwein.

Gubbio

La Taverna del Lupo
Via G. Ansidei 21
Tel. 075/9 27 43 58
Umbrische Küche mit Spezialitäten aus der Toskana und den Marken.

Ristorante Tessenaca
Via Piccardi 21
Tel. 075/9 27 27 65
Die hier angebotenen kleinen Menüs bieten ausgewählte Kostproben der eugubinischen Küche.

Narni

Ristorante La Loggia
Vicolo del Comune 4
Tel. 0744/72 27 44
Kleines Ristorante mit einfachen, sehr guten Gerichten der umbrischen Küche. *Antipasti misti* können Sie sich an einem ansprechenden kleinen Buffet selbst zusammenstellen. Freunden von Wildgerichten sei *Cinghiale in salsa umbra*, ein hervorragendes Wildschweingulasch mit einer pikanten Rosmarinsauce, empfohlen.

Norcia

Ristorante Grotta Azzurra
Via Alfieri 12
Tel. 0743/81 65 13
Gute Küche mit allem, was die Valnerina zu bieten hat. Trüffel, Forellen, Linsen... und natürlich Kostproben der lokalen luftgetrockneten Schinken, die in Norcia zum Straßenbild gehören.

Perugia

Ristorante La Taverna
Via delle Streghe 8
Tel. 075/5 72 41 28
Hervorragende Kostproben alter und moderner peruginer Küche in angenehmer Atmosphäre machen dieses Ristorante bei den Einheimischen beliebt. Wer beim *secondo* Fleischloses bevorzugt, kann sich an der *Grigliata di Verdure*, einer gemischten Gemüseplatte je nach Saison, gütlich tun.

Ristorante Da Giancarlo
Via dei Priori 36
Tel. 075/5 72 43 14
In einem alten Gewölbekeller können Sie bei Giancarlo gute umbrische Gerichte genießen. Auf Vorspeisen zu verzichten wäre schade, denn die Zusammenstellung des *antipasto assortito* von eingelegten Artischocken mit grobgeriebenem Käse, gegrillten Tomaten, Schinken und *bruschetta* mit Leberpastete ist ein Gedicht.

Dal Mi'Cocco
Corso Garibaldi 12
Tel. 5 73 25 11
Sehr beliebtes und preisgünstiges Studentenlokal in einem Backsteingewölbe in der Nähe der Ausländer-

Universität. Die Dialektspeisekarte wechselt täglich. Vorbestellung unbedingt notwendig.

Spoleto

Ristorante Apollinare
Via Sant'Agata 14
Tel. 0743/22 32 56
Noch ist dieses kleine, sehr geschmackvoll eingerichtete Ristorante ein Geheimtip. Zwei Speisekarten, *La Tradizione* und *La Creativa*, lassen die Wahl zur Qual werden. Mit kleinen Brotspezialitäten können Sie sich während der Auswahl stärken. Doch kann man auch ein *antipasto* aus der traditionellen und ein *secondo* aus der kreativen Küche bestellen. Es wird alles eine Gaumenfreude sein.

Todi

Ristorante Umbria
Via San Bonaventura 13
Tel. 075/8 94 23 90
Hervorragende umbrische Küche mit Gerichten nach traditionellen Rezepten in angenehmer Atmosphäre mit offenem Kamin und verwunschener Terrasse.

Trattoria Gibocchi
Tel. 075/8 94 29 49
Außerhalb Todis an der Straße nach Izzalini gelegen.
Ländliche Trattoria mit einfachen, guten Gerichten in großen Portionen. Es gibt hier zwar eine Speisekarte, doch meist bietet die Wirtin noch anderes an, je nach Saison. Es lohnt sich nachzufragen.

Valnerina/San Pietro in Valle

Ristorante dell'Abbazia
Tel. 0744/78 01 29
Gemütliches Restaurant im Vorhof des Klosters.

Valnerina/Scheggino

Ristorante del Ponte
Tel. 0743/6 11 31
Das Lokal offeriert seinen Besuchern neben Fischgerichten und Flußkrebsen ausgezeichnete Trüffelspezialitäten von sehr hoher Qualität. Es gilt unter den Umbrern als Geheimtip.

Seestrände
→ Bademöglichkeiten

Sport
→ Wandern

Zum **Segeln**, **Motorboot-** und **Wasserskifahren** empfiehlt sich der Trasimenische See.

Die hohe Bergwelt Umbriens, insbesondere der Valnerina und östlich davon, bietet im Winter **Skifahrern** durchaus gute Möglichkeiten, ihrem Sport nachzugehen. In der Forca Canapine (südöstlich von Norcia; nördlich des Monte Serra, 1744 m hoch) stehen Skilifte und lange Abfahrten zur Verfügung.

Für **Drachenflieger** bieten sich (auch zur Schulung) die Gegend des Piano Grande (östlich von Norcia) mit dem Örtchen Castelluccio, die Gebietsgemeinde Campello sul Clitunno (12 km nördlich von Spoleto) sowie der Monte Cucco an.

Golfspieler finden zwischen Sodi di Santa Sabina und Ellera di Perugia die Anlage (18 Loch) des Circolo Golf Perugia. Eine weitere Anlage bietet der Agriturismo Golfclub in Panicarola. Daneben existiert in Umbrien noch ein kleiner Golfplatz mit 9 Loch in Panicale.

Reiterferien werden von verschiedenen Clubs und Zentren angeboten. Eine vollständige Liste findet sich in dem bei ENIT erhältlichen Hotelverzeichnis (→ Auskunft).

Sprachkurse

Wer an der Università per Stranieri in Perugia seine Italienischkenntnisse verbessern oder die Sprache von Grund auf erlernen will, erhält bei den Istituti Italiano di Cultura (Italienischen Kulturinstituten) in Deutschland, Österreich und der Schweiz Informationsmaterial, Kursübersichten und Einschreibungsformulare:

Deutschland
10785 Berlin, Hiroshimastr. 1,
Tel. 030/2 61 15-91
53173 Bonn, Karl-Finkelnburgstr. 51,
Tel. 0228/8 22-0
60325 Frankfurt, Beethovenstr. 17,
Tel. 069/7 53 11 14
20149 Hamburg, Hansastr. 6,
Tel. 040/44 04 41
50931 Köln, Universitätsstr. 81,
Tel. 0221/40 08 70
80336 München, Hermann-Schmid-Str. 8, Tel. 089/77 23 62
70192 Stuttgart, Lenzhalde 69,
Tel. 0711/25 63-0
38440 Wolfsburg, Porschestr. 74D,
Tel. 05361/2 30 81

Österreich
1010 Wien, Ungargasse 43A,
Tel. 01/7 13 56 71
6010 Innsbruck, Palais Trapp, Maria-Theresia-Str. 38c,
Tel. 0512/58 13 33

Schweiz
3006 Bern, c/o Ambasciata d'Italia, Elfenstr. 14,
Tel. 031/3 52 41 51
1003 Lausanne, c/o Consolato Generale d'Italia, 12, Rue Centrale,
Tel. 021/3 20 12 91
8044 Zürich, Susenbergstr. 31,
Tel. 01/2 86 61 11
6900 Lugano, c/o Consolato, Generale d'Italia, Via Monteceneri 16,
Tel. 091/22 05 13

... und natürlich direkt in **Perugia**
Università per Stranieri, Palazzo Galenga, Piazza Fortebraccio 4, 06122 Perugia, Tel. 0039/75/5 74 61

Strom

Im Zuge europaweiter Normierung sind Fön, Trockenrasierer, Grillgeräte usw. vor unliebsamen Überraschungen aus den umbrischen Steckdosen gefeit. Allein die Kontaktherstellung ist häufig nur mittels eines Adapter-Steckers (*adattere*) zu erzielen, den man sich am besten schon vor der Reise besorgt.

Telefon

Gespräche von Umbrien ins Ausland sind problemlos von jeder öffentlichen Telefonzelle aus möglich. Die immer noch erforderlichen Jetons (*gettoni*) können Sie in der gewünschten Menge an Kiosken, in Cafés oder Restaurants kaufen. Die meisten Fernsprecher sind auch für Telefonkarten (*scheda telefonica*) ausgerüstet, die nicht nur in den Büros der staatlichen Telefongesellschaft SIP, sondern auch in Tabacchi-Geschäften verkauft werden.
Telefon-Vorwahlen für
Deutschland: 0049
Italien: 0039
Österreich: 0043
Schweiz: 0041
Nach der Landesvorwahl ist die 0 der Ortsvorwahl wegzulassen.

Thermalquellen
→ Heilbäder

Trinkgeld

Üblicherweise gibt man in Cafés, Restaurants und bei Taxifahrten usw. 10 bis 15 Prozent des Rechnungsbetrages.

Unterkunft
(Vorwahl für Italien 0039)

Mehrfacher Ortswechsel ist aufgrund der relativ kurzen Entfernungen nicht nötig, zumal sich die Fahrten selbst immer wieder zu interes-

Drachenflieger in majestätischer Landschaft:
Nach den Bergwanderern, Höhlenforschern und Anglern
haben sie das Faszinosum des umbrischen
Apennin entdeckt.

Unterkunft   Reisetips

santen Besichtigungspausen oder Picknicks unterbrechen lassen. Je nach Vorliebe wird man sich daher für einen Campingplatz am Trasimenischen See, für ein Ferienhaus bzw. eine Ferienwohnung, wie sie von verschiedenen Agenturen angeboten werden, für »Ferien auf dem Bauernhof« (*Agriturismo*), wofür die staatlichen Reisebüros Adressen bereithalten, oder Hotelunterkünfte im Einzugsbereich der zentralen Valle Umbra entscheiden. Im letzten Fall sollte man im voraus reservieren, da Hotels in Umbrien nicht immer in ausreichender Anzahl zur Verfügung stehen und an manchen Wochenenden ausgebucht sind. Wer es dennoch aufs Geratewohl versuchen und sich erst nach eigenem Augenschein für ein Hotel entscheiden möchte, tut gut daran, Ortswechsel von Hotel zu Hotel am Anfang oder spätestens Mitte der Woche vorzunehmen.

Hotels

Umbrien bietet Ihnen ca. 470 Hotels mit unterschiedlichem Komfort, Kategorien von * bis *****, und fünf *Residenzi d'Epoca*. In den ENIT-Büros (→ Auskunft) erhalten Sie die jährlich aktualisierte Ausgabe eines vollständigen Hotelführers mit Kategorien (Sternen), Preisen, Adressen etc.

Die nachfolgende kleine Auswahl umbrischer Gastlichkeit zeichnet sich durch ihre besondere Lage und/oder Atmosphäre aus. Gelegentlich ist jedoch auch das einzige Hotel einer Stadt angegeben.

Acquasparta

Castello di Diana
Via Cesarini 41
05021 Acquasparta
Tel. (0)744/93 09 41, Fax 93 09 42
Das stilvoll eingerichtete Hotel gehört zu den fünf *Residenzi d'Epoca* in Umbrien. Ein Doppelzimmer kostet pro Nacht zwischen 130 000 und 190 000 Lire.

Assisi

Hotel Giotto ****
Via Fontebella 41
06081 Assisi
Tel. (0)75/81 22 09, Fax 81 64 79
In gepflegter Atmosphäre logiert man im Zentrum von Assisi.

Hotel Subasio ****
Via Frate Elia 2
06081 Assisi
Tel. (0)75/81 22 06, Fax 81 66 91
Eine traditionsreiche Adresse in Assisi.

Albergo dei Viaggiatore **
Via Sant'Antonio 14
06081 Assisi
Tel. (0)75/81 62 97, Fax 81 30 51
Zentral gelegen in der Nähe der Piazza Vescovado.

Le Silve di Armenzano ****
Via Armenzano 82
Loc. Armenzano
06081 Assisi
Tel. (0)75/8 01 90 00, Fax 8 01 90 05
Romantisches, allerdings teures Hotel in einem alten Landgut an den Hängen des Subasio, ca. 12 km von Assisi entfernt.

Bastia Umbra (bei Assisi)

Lo Spedalicchio ***
Piazza B. Buozzi 3
Loc. Ospedalicchio
06083 Bastia Umbra
Tel. (0)75/8 01 03 23, Fax 8 01 03 23
Etwas von Straßenlärm beeinträchtigtes, aber sehr schön in einem alten Palazzo untergebrachtes Hotel mit stilvoll eingerichteten Zimmern.

Campello sul Clitunno

Vecchio Mulino
Via del Tempio
Loc. Pissignao
06042 Campello sul Clitunno
Tel. (0)743/52 12 33, Fax 27 50 97
Hotel in einer alten Mühle aus dem 16. Jh. in herrlicher Umgebung unterhalb des Tempietto. Es ist eine der fünf *Residenzi d'Epoca* mit sehr stilvoller Einrichtung und einer großen Terrasse am Clitunno. Für eine *Camera matrimoniale* zahlt man pro Nacht etwa 195 000 Lire (incl. Frühstück).

Città di Castello

Le Mura ***
Via Borgo Farinario
06012 Città di Castello
Tel. (0)75/8 52 10 70, Fax 8 52 13 50
Angenehmes Hotel an der alten Stadtmauer.

Hotel Tiferno ****
Piazza R. Sanzio 13
06012 Città di Castello
Tel. (0)75/8 55 03 31, Fax 8 52 11 96
Luxuriöse Zimmer in einem restaurierten Barockpalast im Zentrum der Stadt.

Ferentillo

Ninfa del Nera *
Via del Monbastero 1
Loc. Sambuchetto
05034 Ferentillo
Tel. (0)5034/78 01 72
Einfaches Hotel, wenige Kilometer vom Kloster San Pietro in Valle entfernt.

Foligno

Villa Roncali ***
Via Roma 25
06034 Foligno
Tel. (0)742/39 10 91
Angenehmes, kleines Hotel mit 10 Zimmern in einer Villa aus dem 16. Jahrhundert.

Unterkunft  Reisetips

Gubbio

Park Hotel Ai Capuccini ****
Via Tifernate
06024 Gubbio
Tel. (0)6024/92 34, Fax 9 22 03 23
Geschmackvoll eingerichtetes Hotel in den historischen Räumen eines ehemaligen Kapuzinerkonvents am Rande der Stadt, doch sehr teuer.

Hotel Bosone ***
Via XX Settembre 22
06024 Gubbio
Tel. (0)75/9 22 06 88, Fax 9 22 05 52
Hotel im sorgfältig restaurierten Palazzo Raffaelli.

Montefalco

Santa Chiara **
Via de Cuppis 18
06036 Montefalco
Tel. (0)742/7 91 14
Einfaches Hotel mit einem herrlichen, verwilderten Garten.

Narni

Hotel dei Priori ****
Vicolo del Comune 4
05035 Narni
Tel. (0)744/72 68 43, Fax 71 72 59
Moderne, ruhige Zimmer neben dem Palazzo dei Priori, mitten im Zentrum des alten Narni.

Il Minaretto ***
Via d. Capuccini Nouvi 32
05035 Narni
Tel. (0)744/72 63 43, Fax 72 61 43
Etwa 1,5 km außerhalb des Stadtkerns findet sich das orientalisch ausgestaltete Hotel mit Minarett.

Norcia

Grotta Azzurra ***
Via Alfieri 12
06046 Norcia
Tel. (0)743/81 65 04
Gemütliche Unterkunft im Zentrum von Norcia.

Monastero Sant'Antonio *
Via delle Vergini 13
06046 Norcia
Tel. (0)743/81 66 57
Zusammen mit freundlichen Benediktinerinnen sitzt man in dieser einfachen Pension zu Tisch.

Orvieto

La Badia ****
Loc. La Badia 8
05018 Orvieto
Tel. (0)763/9 03 59, Fax 9 27 96
Abgeschieden und doch nah liegt außerhalb Orvietos in einem mittelalterlichen Kloster das Hotel La Badia. Wohnen in stilvoller Umgebung mit Blick auf ein romanisches Kirchenportal.

Grand Hotel Reale ***
Piazza del Popolo 25
05018 Orvieto
Tel. (0)763/4 12 47, Fax 4 12 47
Gegenüber dem Palazzo del Capitano del Popolo liegt das Hotel in einem spätbarocken Palazzo.

Perugia

Hotel Brufani *****
Piazza Italia 12
06100 Perugia
Tel. (0)75/5 73 25 41
Altes traditionsreiches, aber auch teures Hotel der Luxusklasse.

Palace Hotel Bellavista ***
Piazza Italia 12
06100 Perugia
Tel. (0)75/5 72 07 41, Fax 5 72 90 92
Schönes Altstadthotel mit angenehmen und großen Zimmern im Herzen der Stadt.

Priori **
Via Vermigliolo 3
06100 Perugia
Tel. (0)75/5 72 33 78, Fax 5 72 32 13
Einfaches Hotel in einer alten Gasse im Zentrum Perugias.

Spoleto

Il Barbarossa ****
Via Licina 12
06049 Spoleto
Tel. (0)743/4 36 44, Fax 22 20 60
Schöne Zimmer in einem ehemaligen Gutshaus zwischen Olivenbäumen am Rand der Stadt.

Gattapone ****
Via del Ponte 6
06049 Spoleto
Tel. (0)743/22 34 47, Fax 22 34 48
Kleines, aber nobles Haus; 8 mit Stilmöbeln ausgestattete Zimmer; zwischen Festung und Ponte gelegen.

Aurora **
Via Apollinare 3
06049 Spoleto
Tel. (0)743/22 03 15, Fax 22 18 85
Ruhiges, einfaches Hotel im Zentrum von Spoleto.

Todi

Villa Luisa ***
Via A. Cortesi 147, 06059 Todi
Tel. (0)75/8 94 85 71, Fax 8 94 84 72
Wie alle Hotels in Todi außerhalb der Stadtmauern gelegen.

Torgiano

Le tre Vaselle *****
Via Garibaldi 48
06089 Torgiano
Tel. (0)75/9 88 04 47, Fax 9 88 02 14
Das Hotel der Luxusklasse in einem alten Landgut wird von der Winzerfamilie Lungarotti geführt.

Unterkunft  Reisetips

Am Trasimenischen See

Relais la Fattoria ****
Via Rigone 1
Loc. Castel Rigone
06065 Passignano sul Trasimeno
Tel. (0)75/84 53 22, Fax 84 51 97
Angenehmes Hotel in einem restaurierten Renaissance-Gebäude.

Miralago **
Piazza Mazzini 6
06061 Castiglione del Lago
Tel. (0)75/95 30 63, Fax 95 19 24
Familienhotel.

Ferienwohnungen/Urlaub auf dem Bauernhof

Agriturismo wird in Umbrien großgeschrieben. Viele Land- und Weingüter bieten Übernachtungsmöglichkeiten und Ferienwohnungen an. Ein Agriturismo-Führer ist in den ENIT-Büros (→ Auskunft) erhältlich. Weiteres Informationsmaterial und Buchungsmöglichkeit bei
Umbria/Turismo Verde
Via Campo di Marte 14/I
06100 Perugia
Tel. (0)75/5 00 29 53, Fax 5 00 29 56.
Ansonsten sind Ferienwohnungen über die meisten kommerziellen Agenturen zu mieten.

Klöster

Wer Klöstern nicht nur einen Besuch abstatten will, kann auch, allerdings mindestens für die Dauer von zwei Tagen, im Gästehaus eines Klosters logieren, natürlich unter Beachtung der Klosterordnung (auch was die Schließung im Winter um 21, im Sommer um 22 Uhr betrifft). In und um **Assisi** bieten siebzehn Klöster diese Möglichkeit, darunter das Monasterio San Quirico, Via Giovanni di Bonino, Tel. (0)75/81 26 88, in **Foligno** vier, z.B. der Convento San Bartolomeo, Via Sassovivo, Marana, Tel. (0)742/3 57 77 71, in **Perugia** neun, u. a. der Convento Santa Maria Nuova, Via del Roscetto 28, Tel. (0)75/5 72 56 30, in **Todi** drei, so etwa der Convento al Montesanto, Viale Montesanto, Tel. (0)75/8 94 88 86. In **Bevagna, Montefalco, Nocera Umbra, Spello** und **Trevi** bietet jeweils ein Kloster diese Übernachtungsmöglichkeit. Ein Verzeichnis aller Klöster finden Sie in dem vom Touring Club Italiano herausgegebenen Hotelführer der Region (erhältlich in allen ENIT-Büros → Auskunft).

Jugendherbergen

Die Jugendherberge in **Assisi** nennt sich Albergo per giovani 'Fontemaggio' und liegt in der Strada per l'Eremo delle Carceri, Tel. (0)75/81 23 17; in **Foligno**, an der Piazza S. Giacomo, heißt sie Ostello 'Fulginium', Tel. (0)742/5 28 82; in **San Venanzo**, Località Monte Peglia, firmiert sie als Casa per ferie 'Centro turistico giovanile', Tel. (0)75/8 70 91 24; in **Sigillo** suchen Sie in der Località Villa Scirca das Ostello 'Villa Scirca', Tel. (0)75/9 17 03 07, auf und in **Trevi**, in der Viale Ciuffelli 4, die Casa per ferie 'Casa S. Martino', Tel. (0)742/78297.

Campingplätze
Direkt am Ufer des Trasimenischen Sees finden Sie drei Campingplätze in **Castiglione del Lago** (empfehlenswert: La Badiaccia), acht in **Magione** (empfehlenswert: Il Villaggio und Cerquestra, 50 m vom See entfernt; Eden Park ist ganzjährig geöffnet), zwei in **Passignano sul Trasimeno** (beide – Europa und Kursaal – empfehlenswert) und einen in **Tuoro sul Trasimeno** (Punta Navaccia: empfehlenswert).

Auch der Besuch der Städte ist vom meist nahegelegenen Campingplatz aus möglich. So finden sich bei **Perugia** zwei Campingplätze (empfehlenswert: Paradise d'Eté, ganzjährig geöffnet), zwei bei **Assisi** (der an der Strada Eremo delle Carceri gelegene Platz Fontemaggio hat ganzjährig geöffnet), bei **Spello** der Campingplatz Umbria, bei **Bevagna** Pian di Boccio, im Umland von Spoleto gibt es zwei; und **Orvieto** ist von einem Campingplatz am Lago di Corbara (Orvieto, ganzjährig geöffnet) aus zu erreichen. Ein Verzeichnis aller Campingplätze erhalten Sie bei ENIT (→ Auskunft). Die meisten, der insgesamt 40 Plätze, sind von Anfang April bis Ende September geöffnet.

Wandern

Von ausgedehnten Spaziergängen über einfache Wandertouren bis zum siebentägigen Apennin-Höhenweg über eine Länge von 126 km ist in Umbrien alles möglich. Ein Wanderführer von Helmut Dumler (*Wanderungen in Umbrien mit Gran Sasso und Nationalpark Abruzzen*, München 1993) beschreibt die nur teilweise markierten Wege. Wanderkarten und italienische Wanderführer erhalten Sie in Perugia (Eliografica di Gradassi Francesco, Via delle Streghe 11) und Foligno (Libreria Luna, Via Gramsci 41 und Libreria Colacchi, Via A. Bafile 17). Im Kompass-Verlag sind bisher vier Wanderkarten für die Gebiete Perugia – Deruta (Nr. 663), Gubbio – Fabriano (Nr. 664), Assisi – Monte Pennino (Nr. 665) und Monti Sibillini (Nr. 666) erschienen. Eine weitere Karte, Chianciano Terme, welche die Landschaft um den Trasimenischen See einbezieht, ist in Vorbereitung.

Weitere Auskünfte über die markierten Wege erteilt das Centro Nazionale di Spelealogia in 06021 Costacciaro (Perugia), Corso Mazzini 9 (Tel. 075/9170236) oder in 06100 Perugia, Via Fabretti 6 (Tel. 075/28613).

Zollbestimmungen
→ Einreisebestimmungen

Anhang

Kleiner Sprachführer

Zur Aussprache

r   wird gerollt
h   ist stimmlos
c   wie k, vor e und i wie tsch
ch   wie k
g   wie deutsches g, vor e und i wie dsch
gh   wie deutsches g
sch   wie sk
sc   vor i und e wie sch

Doppellaute wie au, eu, ie werden getrennt gesprochen.

Kommunikation wird in Umbrien großgeschrieben:
Die Piazza bietet allen Generationen Platz.

Allgemeines

arrivederci	auf Wiedersehen
pagare	bezahlen
per favore/prego	bitte
il libro	Buch
tedesca(o)	Deutsche(r)
Germania	Deutschland
la pellicola a colori	Farbfilm
presto	früh/schnell
andare	gehen/fahren
basta	genug
ieri	gestern
buona notte	gute Nacht
buona sera	guten Abend (nach 12 Uhr)
buon giorno	guten Tag
avere (ho/ha)	haben (ich habe/er, sie hat)
oggi	heute
comprare	kaufen
domani	morgen
la mattina	der Morgen
il mese	der Monat
il pomeriggio	der Nachmittag
niente	nichts
fa niente!	das macht nichts!
o	oder
l'Austria	Österreich
austriaco(a)	Österreicher(in)
la Svizzera	Schweiz
svizzero(a)	Schweizer(in)
essere (sono/è)	sein (ich bin/er, sie ist)
tardi	spät
dormire	schlafen
ciao	tschüß
dopodomani	übermorgen
e	und
l'altro ieri	vorgestern
la settimana	Woche
il giornale	Zeitung

troppo	zu viel
quando?	wann?
chi?	wer?
quanto costa?	was kostet das?
come?	wie?
come sta?	wie geht es Ihnen?
come si chiama?	wie heißt?
che ora è?	wie spät ist es?
quanto?	wieviel? wie lange?
dove?	wo?
dove si può?	wo kann man?
dove si trova?	wo ist?
sto (molto) bene	es geht mir (sehr) gut
fa caldo	es ist heiß
fa brutto tempo	es ist schlechtes Wetter
vorrei	ich möchte...
non capisco	ich verstehe nicht

Essen und Trinken
(vgl. auch Seite 37 ff.)

l'antipasto	Vorspeise
il dessert	Nachtisch
il primo (piatto)	erster Gang
il secondo (piatto)	zweiter Gang
il contorno	Beilage
il conto per favore	die Rechnung bitte
alla brace/alla griglia	gegrillt
arrosto	gebraten
cotto	gekocht
la lista, il menu	Speisekarte
il/la cameriere(a)	Kellner(in)
la mancia	Trinkgeld
il bicchiere	Glas
il coltello	Messer
il cucchiaio	Löffel
la forchetta	Gabel
il piatto	Teller

l'aceto	Essig
l'aglio	Knoblauch
l'agnello	Lamm
l'anatra	Ente
l'anguilla	Aal
l'aqua (minerale)	(Mineral-)Wasser
la birra	Bier
la bistecca	Beefsteak, Kotelett
il bue	Ochse, Rind
il carciofo	Artischocke
il cinghiale	Wildschwein
la cipolla	Zwiebel
il coniglio	Kaninchen
costicciole di maiale	Spareribs
il fagiolo	weiße Bohne
il farro	Dinkel
il fegato di vitello	Kalbsleber
il formaggio	Käse
la frutta	Obst
l'insalata	Salat
il latte	Milch
la lenticchia	Linse
la lepre	Hase
il maiale	Schwein
la melanzana	Aubergine
l'olio	Öl
il pane	Brot
il panino	Brötchen
la patata	Kartoffel
il pecorino	Schafskäse
il pesce	Fisch
il pisello	Erbse
il petto	Brust
il pollo	Huhn
il pomodoro	Tomate
Porchetta	Fleisch vom Ferkel, Imbiß-Spezialität
il prosciutto (crudo/cotto)	Schinken (roh/gekocht)

la ricotta	Frischkäse
il riso	Reis
il sale	Salz
la salsiccia	Wurst
il sedano	(Stangen-)Sellerie
il succo	Fruchtsaft
la trota	Forelle
Vin santo	süßer Weißwein
il vitello	Kalb

Gesundheit

il medico	Arzt
il dentista	Zahnarzt
ho diarrea	ich habe Durchfall
ho mal di denti	ich habe Zahnschmerzen
ho mal di testa	ich habe Kopfweh
ho la febbre	ich habe Fieber
sono malato(a)	ich bin krank
la farmacia	die Apotheke
il medicamento	das Medikament
l'ospedale	das Krankenhaus
la stazione di pronto soccorso	die Unfallstation

Öffentliche Einrichtungen

la banca	Bank
il denaro	Geld
il cambio	Geldwechsel
cambiare denaro	Geld wechseln
la chiesa	Kirche
il cinema	Kino
il commissariato	Polizeistation
il duomo	Dom
l'ente turistico	Fremdenverkehrsamt
il gabinetto	Toilette
il giardino	Garten, Park

la polizia	Polizei
signore	Frauen
signori	Männer
il telefono	Telephon
l'ufficio postale	Postamt
la cartolina	Postkarte
la cassetta postale	Briefkasten
il francobollo	Briefmarke
la lettera	Brief
aperto	geöffnet
chiuso	geschlossen

Reise und Verkehr
(vgl. auch S. 382)

a destra	rechts
a sinistra	links
l'aeroplano	Flugzeug
l'aeroporto	Flughafen
l'agenzia/l'ufficio viaggi	Reisebüro
l'arrivo	Ankunft
l'auto, la macchina	Auto
la bicicletta	Fahrrad
il biglietto	Fahrkarte
il binario	Gleis
il bus	Bus
il deposito bagagli	Gepäckaufbewahrung
di fronte a	gegenüber
diritto	geradeaus
la dogana	Zoll
feriale	werktags
la fermata	Haltestelle
festivo	sonn- und feiertags
la partenza	Abfahrt
il passaporto	Reisepaß
il ritardo	Verspätung
la stazione	Bahnhof
il taxi (gespr. tassi)	Taxi

il treno	Zug
la strada bianca	(nicht asphaltierte) Naturstraße
la valigia	Koffer
la via, la strada	Straße, Landstraße

Wochentage

lunedì	Montag
martedì	Dienstag
mercoledì	Mittwoch
giovedì	Donnerstag
venerdì	Freitag
sabato	Samstag
domenica	Sonntag
giorno festivo	Feiertag

Zimmersuche

affittare	mieten
il bagno	Bad
la camera doppia (matrimoniale)	Doppelzimmer
la camera singola	Einzelzimmer
la doccia	Dusche
mezza pensione	Halbpension
pensione completta	Vollpension
prima colazione	Frühstück

Zahlen

zero	null
uno	eins
due	zwei
tre	drei
quattro	vier
cinque	fünf
sei	sechs

sette	sieben
otto	acht
nove	neun
dieci	zehn
undici	elf
dodici	zwölf
tredici	dreizehn
quattordici	vierzehn
quindici	fünfzehn
sedici	sechzehn
diciasette	siebzehn
diciotto	achtzehn
dicianove	neunzehn
venti	zwanzig
ventuno	einundzwanzig
ventidue	zweiundzwanzig
ventitre	dreiundzwanzig
ventotto	achtundzwanzig
ventinove	neunundzwanzig
trenta	dreißig
quaranta	vierzig
cinquanta	fünfzig
cento	hundert
mille	tausend

Glossar

Altarmensa
›Tischplatte‹ des Altars.

Andreaskreuz
X-förmiger Grundriß einer Kirche.

Antependium
Frontverkleidung des Altartisches.

Akanthus
Im Mittelmeerraum verbreitete Distelart mit großen, gezackten, an der Spitze leicht eingerollten Blättern; Schmuckform an Kapitellen und Reliefs.

Apsis
(Mehrzahl: Apsiden) Halbkreisförmige, später auch polygonale, mit einer Halbkuppel überwölbte Ausbuchtung, die den Altarraum von Kirchen nach hinten abschließt. Bisweilen ist sie rechteckig ummantelt.

Atrium
Nicht überdachter Innen- oder Vorhof eines Gebäudes.

Baldachin
Dachartiger, auf Stützen stehender Aufbau über Kultgegenständen; vgl. Ziborium.

Basilika
Dreischiffige Kirche, wobei das Mittelschiff höher als die Seitenschiffe ist und durch Fenster im Obergaden belichtet wird. »Basilika« kann aber auch, unabhängig von der Gebäudeform, ein Titel sein, der einer Kirche vom Heiligen Stuhl verliehen wird.

Basis
(Mehrzahl: Basen) Fuß einer Säule oder eines Pfeilers.

Blendarkade
Der Mauer zur »Verblendung« flach aufgesetzte Verzierung in Arkadenform.

Bogenfries, s. Fries

Campanile
Freistehender Glockenturm, in Italien weit verbreitet.

Castello
Kastell, Befestigung; im speziellen Fall aber auch befestigtes Dorf beziehungsweise Burgdorf.

Chor
Der ursprünglich für den Chorgesang vorgesehene, Geistlichen und Mönchen vorbehaltene, erhöhte, rechteckige und durch eine Apsis abgeschlossene Kirchenraum; in romanischen Kirchen entspricht er dem Presbyterium.

Glossar

Chorschranke
Abgrenzung zwischen Chor- und Laienraum in der Kirche.

Condottiere
Im 14./15. Jahrhundert in Italien Anführer eines eigenen Söldnerheeres.

Evangelistensymbole
Darstellung der Vier Evangelisten als Mensch oder Engel (für Matthäus), Löwe (für Markus), Stier (für Lukas) und Adler (für Johannes). In Umbrien meist in den Zwickeln eines Vierecks, das die Fensterrose umgibt.

Fensterlaibung
Meist zum Raum hin abgeschrägte und häufig bemalte Schnittfläche der Mauer seitlich an Fenstern.

Fresko
Wandgemälde, das auf den noch feuchten Putz aus Kalkmörtel aufgetragen wird.

Fries
Schmaler, zur waagrechten Gliederung der Mauer aufgesetzter Streifen mit unterschiedlichen Ornamenten; handelt es sich bei diesen um Bögen spricht man von einem Bogenfries.

Gesims
Ähnlich wie der Fries ein Bauelement zur horizontalen Mauergliederung.

Gurtbogen
Ein Bogen, der quer zur Längsachse eines Gewölbes verläuft.

Hallenkirche
Mehrschiffige Kirche, wobei – im Gegensatz zur Basilika – die einzelnen Schiffe die gleiche oder annähernd gleiche Höhe haben und die Belichtung durch Fenster in den Seitenwänden erfolgt.

Hospital
Auch als Hospiz oder Spital bezeichnete mittelalterliche Herberge von Klöstern oder Städten.

Ikone
Kultbild der byzantinischen Kirche zur Verehrung der darauf abgebildeten Person.

Joch
Der Raum, der innerhalb einer Folge gleicher, in Richtung der Längsachse nacheinander angeordneter Gewölbeabschnitte einem Gewölbefeld entspricht.

Kämpfer
Platte auf einer Säule oder einem Kapitell, die den Druck eines aufsteigenden Bogens aufnimmt.

Kampanile, s. Campanile.

Glossar

Kannelierung
Anbringung senkrechter, konkaver Rillen am Schaft einer Säule oder eines Pilasters; die Rillen selbst nennt man Kanneluren.

Kapitell
Ausladendes Kopfstück einer Säule oder eines Pilasters.

Kapitelsaal
Versammlungssaal in einem Kloster, in dem unter anderem Kapitel aus der Klosterregel verlesen werden.

Kompositkapitell
Eine »Zusammenfügung« von Elementen des Akanthuskapitells und Ionischen Kapitells.

Konvent
Hier gleichbedeutend mit Kloster.

Kosmatenarbeit
Geometrische, kleinteilige, in Marmor eingelegte Mosaiken; benannt nach Cosmas, dem in der römischen Künstlerfamilie, die solche Arbeiten im 12. bis 14. Jahrhundert ausführte, verbreiteten Vornamen.

Kreuzgratgewölbe
Vierteiliges Gewölbe, das vier Grate ausbildet.

Kreuz, griechisches
Grundriß von Kirchen mit gleichlangen Armen.

Kreuzrippengewölbe
Vierteiliges Gewölbe, bei dem die Grate durch Rippen verstärkt sind, auf denen die Last des Gewölbes ruht.

Krypta
Raum unter dem Chor der Kirche, in dem vielfach Reliquien verwahrt sind.

Laibung, s. Fensterlaibung

Langhaus
Teil der Kirche zwischen Eingang und Chor beziehungsweise Vierung. In der sogenannten Saalkirche ist es einschiffig, bei Basiliken oder Hallenkirchen mehrschiffig.

Lisene
Schwach ausgeprägte Mauervorlage und -verstärkung, die meist der vertikalen Fassadengliederung dient, selten eine Basis oder einen kleinen Kämpfer aufweist und häufig durch Bogenfries oder Blendbogen mit der nächsten Lisene verbunden ist. Vgl. Pilaster.

Loggia
Das italienische Wort für Laube bzw. Laubengang.

Lünette
Bogenfeld über einer Tür oder einem Fenster, das meist mit einem Relief, einem Fresko oder einer Statue geschmückt ist.

Glossar

Majolika
Italienische Bezeichnung – nach der Insel Mallorca – für bemalte, zinnglasierte, gebrannte Tonware, die im Französischen – nach der italienischen Faenza – als Fayence bekannt ist.

Mandorla
Mandelförmiger Strahlenkranz, der meist den thronenden Christus oder Maria umgibt.

Nekropole
Antike ›Totenstadt‹ beziehungsweise Gräberfeld.

Obergaden
Oberer, in der Regel mit Fenstern versehener Bereich des Mittelschiffs einer Basilika.

Oktogon
Zentralbau über einem achteckigen Grundriß.

Oratorium
In der Regel eine von der eigentlichen Kirche baulich getrennte Privatkapelle.

Palazzo
(Stadt-)Schloß, »Palast«, beziehungsweise jedes repräsentative Gebäude einer Adels- oder adelsgleichen Familie.

Pfeiler
Gemauerte Stütze mit rechteckigem, quadratischem oder polygonalem Grundriß.

Pietà
Auch Vesperbild genannte Darstellung der trauernden Maria mit dem Leichnam Christi auf dem Schoß.

Pilaster
Wandpfeiler mit Basis und Kapitell und meist auch Kämpfer, im Gegensatz zur Lisene. Wie bei der Säule kann der rechteckige Schaft kanneliert sein.

Polygon
Vieleck.

Portikus
Vorhalle, die von Säulen gestützt wird.

Biblische Szenen gehörten zu den beliebtesten Motiven mittelalterlicher Reliefs. Die Platten an der Fassade des Domes von Orvieto zeigen die Reliefkunst in ihrer höchsten Blüte.

Glossar

Presbyterium
Bereich um den Hauptaltar der Kirche, der Priestern vorbehalten ist. Vgl. Chor.

Refektorium
Speisesaal eines Klosters.

Relief
Bildhauerkunstwerk, bei dem die Figuren beziehungsweise einzelnen Ornamente nicht – wie bei der Plastik – voll herausgearbeitet, sondern mit dem Hintergrund verbunden sind.

Rocca
Italienische Bezeichnung für Burg oder Festung.

Rotunde
Zentralbau auf einem kreisförmigen Grundriß.

Säule
Eine Säule – mit kreisförmigem oder auch mehreckigem Grundriß – besteht aus Basis, Schaft und Kapitell, wobei der Schaft aus einem oder mehreren Stücken bestehen und gedreht, kanneliert oder in anderen Schmuckformen ausgestaltet sein kann. Im Gegensatz zur freistehenden Säule sind Wandsäulen meist als Halb- oder Dreiviertelsäulen ausgebildet.

Schwibbogen
Waagrecht zwischen zwei Mauern gespannter Bogen ohne darüberlastendes Mauerwerk zur Ableitung des Horizontalschubes.

Spolie
Aus einem älteren, zumeist antiken Gebäude wiederverwendetes Bauteil.

Strebepfeiler
Senkrecht zur Außenwand stehende Pfeiler zur Ableitung des Gewölbeschubes.

Stützenwechsel
Ein regelmäßig wiederkehrender Wechsel zwischen Pfeilern und Säulen.

Tabernakel
Behälter zur Aufbewahrung der Hostien.

Tafelbild
Gemälde auf Holz.

Tambour
Zylinderförmiger oder mehreckiger Unterbau einer Kuppel.

Terrakotta
Baukeramik oder Plastik aus gebranntem Ton.

Tonnengewölbe
Gewölbe mit in der Regel halbkreisförmigem Querschnitt.

Triptychon
Dreiteiliges Altarbild.

Triumphbogen
In Kirchen ein Traversalbogen zwischen Mittelschiff beziehungsweise Vierung und Chor.

Tympanon
Feld im Portalbogen über dem Portalsturz, meist mit Reliefs oder Fresken geschmückt.

Vesperbild
Vgl. Pietà.

Vierung
Rechteckiger, meist überkuppelter Schnittpunkt (Mitteljoch) von Langhaus und Querschiff in Kirchen mit kreuzförmigem Grundriß.

Wimperg
Giebelförmige Bekrönung gotischer Fenster und Portale.

Ziborium
Auf Stützen ruhender, baldachinartiger Altarüberbau.

Zwerggalerie
Bei romanischen Kirchen in der Fassade oder unter dem Dachgesims eingebauter, von kleinen Säulen gebildeter Laufgang.

Zeittafel

9. Jh. v. Chr.
Die Umbrer werden von den Etruskern vom Tyrrhenischen Meer zurückgedrängt. Das Siedlungsgebiet der Umbrer reicht von der Po-Ebene bis zum heutigen Umbrien.

8. – 5. Jh. v. Chr.
Der Tiber bildet die Grenze zwischen den Etruskern im Westen und den Umbrern im Osten. Orvieto und Perugia sind etruskische Hochburgen, Assisi, Todi, Amelia, Spoleto, Gubbio u. a. sind umbrische Städte. Durch den Vormarsch der Etrusker und Kelten verlieren die Umbrer ihre norditalienischen Gebiete.

310 v. Chr.
Perugia muß mit den Römern ein Bündnis eingehen.

308 v. Chr.
Niederlage des umbrischen Heeres gegen die Römer bei Bevagna.

295 v. Chr.
Letzter Versuch einer Erhebung der Umbrer zusammen mit den Etruskern und Kelten gegen die Römer endet in einer vernichtenden Niederlage.

ab 220 v. Chr.
Bau der Via Flaminia durch Umbrien.

Zeittafel

217 v. Chr.
Sieg Hannibals gegen die Römer am Trasimenischen See.

91 – 89 v. Chr.
Bundesgenossenkrieg in Italien, an dessen Ende die umbrischen Städte zu Munizipien erhoben werden, womit die Verleihung des römischen Bürgerrechts einhergeht.

41 / 40 v. Chr.
Belagerung und Zerstörung Perugias durch die Truppen des Augustus während des Bürgerkrieges.

13 / 14 n. Chr.
Einteilung Italiens in elf Verwaltungsregionen, wobei *Umbria* die sechste war.

2. – 3. Jh. n. Chr.
Verbreitung des Christentums in Umbrien; zahlreiche Christen erleiden das Martyrium.

um 480 n. Chr.
Geburt des heiligen Benedikt von Nursia, des Begründers des abendländischen Mönchtums, im umbrischen Norcia.

537 – 552
Krieg zwischen Ostgoten und Byzantinern in Umbrien um die Vorherrschaft über Italien; die Entscheidungsschlacht, die mit der Niederlage des Ostgotenkönigs Wittigis gegen den byzantinischen Feldherrn Narses endet, findet 552 vor Gualdo Tadino statt.

571
Ausgreifen der Langobarden nach Mittelitalien mit anschließender Gründung des Herzogtums Spoleto.

754
Der Frankenkönig Pippin unterstützt den Papst gegen die Langobarden und sichert ihm die Überlassung ehemals byzantinischer Gebiete in Italien zu, welche die Langobarden an sich gebracht haben. Dazu zählt der größte Teil Umbriens. Dieser Vorgang bedeutet den ersten Schritt zur Entstehung des Kirchenstaates. Den Anspruch darauf begründet die päpstliche Seite mit der berühmten – allerdings gefälschten – ›Konstantinischen Schenkung‹.

774, 787
Bestätigung und Erweiterung der Überlassung umbrischen Gebiets an den Papst durch Karl den Großen. Beibehaltung des Herzogtums Spoleto unter fränkischer Oberherrschaft.

881
Einfall der Sarazenen in Umbrien.

915, 924
Einfälle der Ungarn in Umbrien.

Zeittafel

967, 969, 972
Längere Aufenthalte Kaiser Ottos I. in Umbrien.

996
Zerstörung von Gualdo Tadino durch Kaiser Otto III.

12. Jh.
Erfolgreiche Autonomiebestrebungen der Städte unter päpstlicher beziehungsweise weltlicher Oberherrschaft.

1155
Zerstörung Spoletos durch Kaiser Friedrich I. Barbarossa.

1174
Zerstörung Ternis durch Erzbischof Christian von Mainz auf Befehl Barbarossas.

1182
Geburt des heiligen Franziskus in Assisi.

1195–1197
Der am 25.12.1194 in Iesi (Region Marken) geborene spätere Kaiser Friedrich II. wächst in der Obhut Konrads von Urslingen, des Herzogs von Spoleto und Grafen von Assisi, in Foligno auf.

1197–1198
Erhebungen gegen die staufische Herrschaft. Die Bürger von Assisi stürmen die Festung.

1210
Anerkennung des Franziskaner-Ordens durch Papst Innocenz III.

1226
Tod des heiligen Franziskus von Assisi in Maria degli Angeli.

1228
Grundsteinlegung der Kirche San Francesco in Assisi.

1240, 1241, 1244, 1245, 1247, 1249
Längere Aufenthalte, zum Teil Kriegszüge, Kaiser Friedrichs II. in Umbrien.

1250–1353
Mit dem Tod Kaiser Friedrichs II. erstarkt die päpstliche Herrschaft über den Kirchenstaat und damit über Umbrien. Um die Wende vom 13. zum 14. Jh. reißen Vertreter von Adelsgeschlechtern, sogenannte Signoren, die Stadtherrschaften an sich und errichten Signorien.

1277–1278
Bau der Fontana Maggiore, des Stadtbrunnens, in Perugia.

1308
Papst Clemens V. erteilt das Privileg zur Aufnahme des Universitätsbetriebs in Perugia.

1332–1336
Errichtung des Palazzo dei Consoli in Gubbio.

Zeittafel

1348
Die Pest wütet in Umbrien.

1353
Kardinal Albornoz gewinnt als Legat des Papstes, der sich in Avignon aufhält, Umbrien wieder für den Kirchenstaat zurück und läßt in den meisten Städten päpstliche Zwingburgen errichten. Dieser Erfolg überdauert seinen Tod 1367 nur wenige Jahre.

1375
Erhebung Perugias gegen das päpstliche Regiment. Erneutes Erstarken der Signorien in den umbrischen Städten.

1416–1424
Herrschaft des Condottiere Braccio Fortebraccio da Montone über Perugia und andere Städte.

1439–1540
Verstärktes militärisches Vorgehen der Päpste gegen die Städte, die wieder fest in den Kirchenstaat eingebunden werden. Errichtung der Rocca Paolina, der päpstlichen Zwingburg, in Perugia.

1505
Raffael erhält den Auftrag zur Ausmalung des Oratoriums San Severo in Perugia.

1509–1607
Errichtung der Kirche Santa Maria della Consolazione in Todi.

1523
Verheerende Pestepidemie.

1532
Tod des Malers Pietro Vannucci, genannt Perugino.

1575
In Cospaio, nördlich von Città di Castello, wird – erstmalig in Italien – der Tabakanbau kultiviert.

1703, 1730
Schwere Erdbeben in der Valnerina.

1786
Johann Wolfgang von Goethe durchquert Umbrien anläßlich seiner ersten ›Italienischen Reise‹.

1798
Umbrien gelangt unter französische Herrschaft und wird in die Departements Trasimeno (mit der Hauptstadt Perugia) und Clitunno (mit der Hauptstadt Spoleto) aufgeteilt.

1809–1814
Umbrien gehört als einheitliches Departement Trasimeno (mit der Hauptstadt Spoleto) zum napoleonischen Kaiserreich.

Zeittafel

1815, 1831 und 1848 – 1860
Erhebungen gegen die päpstliche Administration des Kirchenstaates. Die päpstliche Schweizergarde richtet in Perugia ein Massaker an.

1832, 1859
Schwere Erdbeben in Umbrien.

1860
Anschluß Umbriens an den neuen italienischen Nationalstaat.

1884
Bau des ersten italienischen Stahlwerks in Terni.

1922
Beginn der faschistischen Herrschaft unter Mussolini.

1927
Angliederung der Provinz Terni, die zusammen mit der Provinz Perugia die Region Umbrien bildet.

1943 / 1944
Assisi mit seinen Klöstern wird zur heimlichen ›Fluchtburg‹ hunderter Juden, die dadurch vor dem Transport nach Deutschland und dem Tod in den Gaskammern gerettet werden.

Juni – Juli 1944
Kampfhandlungen zwischen alliierten Verbänden und der deutschen Wehrmacht, die Umbrien aufgeben muß. Erschießungen zahlreicher Geiseln – z. B. in Gubbio – durch deutsche Soldaten. Verheerende Schäden in Terni durch Bombardements der Alliierten.

1979, 1982
Verheerende Erdbeben. In Gubbio werden 1 500 Menschen obdachlos.

1992
Abschaffung der *mezzadria*, des mittelalterlichen Halbpachtsystems.

März 1994
Im Gegensatz zum Landesdurchschnitt gehört Umbrien zu den wenigen Regionen Italiens, die auch bei der ›Berlusconi-Wahl‹ mehrheitlich ›links‹ wählen.

Weiterführende Literatur

(Vgl. auch die im Verzeichnis der Textquellen genannten Titel.)

Bertoldi, Silvio, *I Tedeschi in Italia. Album di una Occupazione 1943 – 1945*, Rizzoli, Milano 1994.

Bolli, Guerriero, *Narni da Odoacre agli Ottoni*, Nuova Editoriale, Terni 1992.

Di Nucci, Loreto, *Fascismo e Spazio urbano. Le Città storiche dell'Umbria*, Il Mulino, Bologna 1992.

Dumler, Helmut, *Wanderungen in Umbrien mit San Grasso und Nationalpark Abruzzen* [Wanderführer], Bruckmann Verlag, München 1993.

Federer, Heinrich, *Durchs heißeste Italien. Reisebriefe*, Hess Verlag, Basel 1953.

Goethe, Johann Wolfgang von, *Italienische Reise*, herausgegeben von Christoph Michel, Insel Verlag, Frankfurt/M. 1976.

Goez, Werner, *Grundzüge der Geschichte Italiens in Mittelalter und Renaissance*, Darmstadt 1988.

Gontard-Lutteroth, Pauline, *Tagebuch einer Reise nach Italien in den Jahren 1863 und 1864*, Leipzig 1905.

Gregorovius, Ferdinand, *Wanderjahre in Italien, 4. Band: Von Ravenna bis Mentana*, Verlag F. A. Brockhaus, Leipzig 1883.

Gregorovius, Ferdinand, *Wanderjahre in Italien* [in Auszügen], Verlag C. H. Beck, München 1978.

Grohmann, Alberto, *Perugia*, Gius. Laterza & Figli, Roma, Bari 1990.

Hehn, Victor, *Italien. Ansichten und Streiflichter*, Berlin 1896 und Wissenschaftliche Buchgesellschaft, Darmstadt 1992.

Heurgon, Jaques, *Die Etrusker*, Stuttgart 1993.

Hobley, Stephen, *Wein Reiseführer Italien*, Busse Seewald, Herford 1991, S. 100–107.

Hoffmann-Curtius, Kathrin, *Das Programm der Fontana Maggiore in Perugia*, Düsseldorf 1968.

Italien. Eine Wanderung von den Alpen bis zum Aetna. In Schilderungen von Karl Stieler, Eduard Paulus, Woldemar Kaden, Stuttgart 1880.

Merian-Heft »Umbrien«, April 1992.

Moritz, Karl Philipp, *Reisen eines Deutschen in Italien in den Jahren 1786 bis 1788*, 1. Teil, Berlin 1792.

Neigebaur, (ohne Vorn.), *Handbuch für Reisende in Italien*, F. A. Brockhaus Verlag, Leipzig 1826.

Poeschke, Joachim, *Die Kirche San Francesco in Assisi und ihre Wandmalereien*, München 1985.

Weiterführende Literatur

Prando, Adriano, *Romanisches Umbrien*, Echter Verlag, Würzburg 1981.

Rath, G. vom, *Durch Italien und Griechenland nach dem Heiligen Land, Reisebriefe*, 1. Band, Carl Winters Universitätsbuchhandlung, Heidelberg 1882.

Ravazzi, Gianni, *Il Tartufo – ricerca, coltovazione e cucina dei tartufi bianchi e du quelli neri*, Giovanni de Vecchi Editore, Milano 1992.

Recke, Elisa von der, *Tagebuch einer Reise durch einen Theil Deutschlands und durch Italien in den Jahren 1804 bis 1806*, 4. Band, Nikolaische Buchhandlung, Berlin 1817.

Sarasin, Karl, *Von einer Reise nach Italien*, Basel 1867.

Schickhart, Heinrich, *Rayß in Italien*, Kulturkreis Herrenberg, Konstanz 1986.

Schnieper, Xavier/Stock, Dennis, *Franziskus – Der Mann aus Assisi*, Reich Verlag, Luzern 1981.

Schudt, Ludwig, *Italienreisen im 17. und 18. Jahrhundert*, Schroll-Verlag, Wien, München 1959.

Seume, Johann Gottfried, *Spaziergang nach Syrakus im Jahre 1802*, Hartknoch Verlag Braunschweig, Leipzig 1819.

Stürner, Wolfgang, *Friedrich II., Teil 1: Die Königsherrschaft in Sizilien und Deutschland 1194–1220*, Wissenschaftliche Buchgesellschaft, Darmstadt 1992.

Timmermans, Felix, *Ins Land der Apfelsinen. Italienisches Reisebuch*, Düsseldorf 1951 (4. Aufl.).

Umbria. *tuttitalia – Enciclopedia dell'Italia antica e moderna*, Edizioni Sadea Sansoni, Firenze o.J.

Umbrien [Bildband], Fotos von Toni Nicolini, Bern 1986.

Umbrien [Bildband], Fotos und Text von Georg Jung, Hamburg 1990.

Umbrien. Das grüne Herz Italiens [Bildband], Fotos von Wulf Ligges, Text von Roger Willemsen, Köln 1990.

Umbrien. Reisebuch [Anthologie], herausgegeben von Isolde Renner, Frankfurt am Main und Leipzig 1993.

Zimmermanns, Klaus, *Umbrien*, Köln 1987.

Register

Kursiv gesetzte Seitenzahlen verweisen auf Bildlegenden, **fett** gedruckte auf Haupttextstellen.

Abbazia di San Felice di Giano 240f.
Abbazia di Sant'Eutizio 303
Abbazia di Sassovivo, Foligno 209
Abbazia di Vallingegno 167
Ablaß 196, 202
Acquasparta 60, 256
Albornoz, Ägidius (Kardinal) 94f., 195, 215, 242
Alunno *siehe* Nicolò di Liberatore
Alviano 60, 324f.
Amelia 318ff.
Amerino 321ff.
Apennin 408, 15, 346, 358f.
Arrone 290
Assisi 19, 45, 60, 105ff., 129, **169ff.**
   Basilika San Francesco 59, 175, 180, 173
   Dom San Rufino 15, 188f.
   Eremo delle Carceri (Einsiedelei) 195f.
   Foro Romano 184
   Minerva-Tempel 187, 184f.
   Palazzi 185ff.
   Rocca 90, 195
   Rosengarten 201
   San Damiano 190f.
   San Giacomo de Muro Rupto 194
   San Pietro 194
   San Quirico 193f.
   Santa Chiara 189f.
   Santa Maria Maggiore 193

Augustus (röm. Kaiser) 67, 69, 135, 162

Badia 374
Badia Petroia 370
Barock 60
Baschi 345
Bastardo 241
Battisti, Cesare (ital. Journalist) 102
Benedikt von Nursia 25, 71, 298f.
Benediktiner-Regel 72f.
Bernhardin von Siena (Heiliger) 146, 163, 195, 199, 202, 252, 289
Bettona 168
Bevagna 64f., 229ff.
Bonaventura (Kirchenlehrer) 183
Bonfigli, Benedetto (Maler) 59, 139
Borgo Cerreto 296
Borgo San Benedetto 225
Byzantiner 74, 327, 347

Calvi dell'Umbria 317
Campello Alto 225
Campo Reggiano 370, 372
Caporali, Bartolomeo (Maler) 59, 117, 121, 157
Caporali, Giovanni Battista (Maler) 125, 162
Caprile 358
Carducci, Giosuè (Dichter) 102, 136, 221
Carsulae 69, 64f., 69, 256f.
Cascata delle Marmore 265, **263ff.**
Cascia 304ff.
Castel Rigone 121
Castel Ritaldi 56, 20, 239

Register

Castello di Zocco 118f.
Castelluccio 303, 301
Castiglione del Lago 116, **122**
Cavour, Camillo (Staatsmann) 99f.
Cerqueto 253
Cerreto di Spoleto 50, 297
Cesi 22, 257f.
Christentum 70f.
Cimabue (Maler) 59, 176, 179, 182f., 202
Citerna 369
Città della Domenica (Freizeitpark) 166
Città della Pieve **125ff.**, 326
Città di Castello 41, 52, 60, **362ff.**
Civitella dei Conti 253
Clitumnus-Quellen (Fonti del Clitunno) 221f., **224f.**
Clitumnus-Tempel (Tempietto del Clitunno) 222, 222
Colfiorito 65f., 80
Collazone 253
Collepino 22, **215f.**
Colombella 166
Convento Lo Speco 318
Corgiano 166
Corno (Fluß) 25, 33
Cospaia 369

Della Corgna (Herzogsgeschlecht) 123, 126
Deruta 34, 52, **168**
Doni, Dono (Maler) 59, 178, 189, 214, 353

Erdbeben 33
Essen und Trinken 39, 36ff., 216, 243f., 281, 385

Etrusker 60, 62f., 122, 126, 149, 154, 162, 165, 327, 344
Eugubinische Tafeln 260, 347, **352**
Eugubino 33
Eusebio da San Giorgio (Maler) 124, 156, 158

Faschismus 103ff., 105
Ferentillo 290f.
Feste und Feiertage 50, 379, 52f., 385ff.
Festival dei due mondi, Spoleto 47, 266
Festival der Nationen, Città di Castello 47
Flagellanten 25, 94, 134
Flaminius, Caius (röm. Konsul) 64f., 66
Foligno 48ff., 60, 87, **203ff.**
Fontignano 125
Forca Canapine 301
Fossato di Vico 359
Franken 78f.
Franziskaner **169**, 196, 350
Franziskus von Assisi (Heiliger) 84, 180, 196, 16, 25, **84ff.**, 117, 129, 167, **169ff.**, 178ff., 187ff., 190, **191f.**, 193, 195f., **198ff.**, 317, 356ff.
Franziskusmeister (Maler) 139, 176, 182, 202
Fratta Todina 253
Fresken 58, 85, 150, 180, 57ff.
Friedrich I. Barbarossa (dt. Kaiser) 82, 124, 169, 195, 348, 351, 362
Friedrich II. (dt. Kaiser) 83, **87ff.**, 123, 126, 135, 189, 191, 195, 204, 348, 360, 362

Galilei, Galileo 256
Garibaldi, Giuseppe (Freiheitskämpfer) 101
Ghibellinen 83, 89, 126, 330
Giannicola di Paolo (Maler) 138
Giotto di Bondone (Maler) 59, 84, 180, 25, 59, 178f. 183
Goethe, Johann Wolfgang von 18f., 116, 185
Goten 74
Gotik 57ff.
Gozzoli, Benozzo 59, 235, 262
Gramsci, Antonio 102
Grotta del Monte Cucco 359
Gualdese 33
Gualdo Cattaneo 80, 241
Gualdo Tadino 22, 34, 52, 80f., **360ff.**
Guardea 324
Gubbio 33, 52, 60, **346ff.**
    Dom Santi Mariano e Giacomo 353
    Loggia dei Tiratori dell'Arte della Lana 349
    Palazzo dei Consoli 348, 351
    Palazzo Ducale 348, 354
    Römisches Theater 356
    San Francesco 350
    Sant'Ubaldo 353
Guelfen 83, **89**, 126, 330

Hannibal (karthagischer Feldherr) 19, **65ff.**, 116, 122, 124, 228
Heinrich VI. (dt. Kaiser) 122f., 135, 327, 348

Innocenz III. (Papst) 83, 89, 147
Innocenz IV. (Papst) 87, 94, 119, 173

Jacopone da Todi (Franziskaner) 94, 251, 253
Juden **105ff.**, 169, 193f.

Kirchenstaat 17f., 76, 78f., 94f., 98, 135, 347f., 360
Klara (Heilige) 84, 86f., 189f., **191ff.**, 198
Klarissinnen 190, 192f., 198
Konstantinische Schenkung 78f.
Kunst 53ff.
Kunsthandwerk 360, 34, 52, 168
Lago di Alviano 29f.
Lago di Corbara 30, 345
Lago di Piediluco 30, 265
Lago di Trasimeno
    siehe Trasimenischer See
Landwirtschaft 34, 32, **34ff.**
Langobarden 76, 76, 78, 268
Lippi, Filippo (Maler) 272f.
Lo Spagna (Maler) 59, 198, 119ff., 252, 279, 295
Lorenzetti, Pietro (Maler) 59, 179
Ludwig der Bayer (dt. Kaiser) 320f.
Ludwig I. (bayer. König) 119
Lugnano in Teverina 322, 322ff.

Madonna della Neve 301
Magione 119
Maitani, Ambrogio (Maler)138
Maitani, Lorenzo (Baumeister) 331, 333
Majolika 360, 34, 53, 168, 360
Mameli, Goffredo (Freiheitskämpfer) 101
Martini, Simone (Maler) 59, 176, 178f.
Massa Martana 255
Matteotti, Giacomo (Politiker) 102
Mazzini, Giuseppe (Politiker) 101

Register

Melanzio 59, 238
Mezzadria (Halbpachtsystem) 34, 100
Mezzastris, Pier Antonio 59, 238, 312
Monte Cucco 34, 359
Monte del Lago 119
Monte Peglia 253
Monte Santa Maria Tiberina 370, 370
Monte Serra Santa 22, 34, 362
Montecastello di Vibio 46, 253
Montecchio 325
Montecolognola 119
Montefalco 232, 60, **234ff.**
Montelabate 166f.
Monteleone di Spoleto 306f.
Monteluco 289
Monti Martani 29, 239f.
Monti Sibillini 28
Montone 372
Morra 370
Musik 47ff.

Narni 64, 307ff.
Naturschutzgebiete 30, 397ff.
Nera (Fluß) 25, 289f.
Niccacci, Salvatore (Pater Rufino) 105ff.
Nicolò di Liberatore (gen. Alunno; Maler) 59, 205, 207, 214, 219, 227
Nocera Umbra 226f.
Norcia 33, 39, 41, 52, 71, **297ff.**

Ocriculum *siehe* Otricoli
Ökologie 24
Orvieto 330, 57, 126, **325ff.**
    Dom Santa Maria 330, 57, **331ff.**
    Etrusker-Nekropole 344
    Musei Archeologici Civico e Faina 338
    Museo Archeologico Nazionale 338
    Museo dell'Opera del Duomo 338
    Nekropole Crocefisso del Tufo 343
    Palazzi 338ff.
    Pozzo di San Patrizio 343
    Rocca 343
    San Domenico 342
    San Giovanni Evangelista 340
    San Giovenale 340
    San Lorenzo de' Arari 339
    Sant'Andrea 339
    Torre del Moro 341
    Tempio del Belvedere 343
    Santi Severo e Martirio 344
Ossaia 122
Ostgoten 74, 138, 153, 169, 327, 347
Otricoli 32, 64, 316f.
Ottonen 79ff.

Paciano 128
Palazzolo 359
Panicale 30, **125**
Panicarola 124
Papsttum **92**, 147, 327, 330
Passignano 116, **121f.**
Perugia 25, 39, 43, 45, 60, 122f., 126, **129ff.**, 169, 327
    Alte Universität 152
    Archäologisches Nationalmuseum 154
    Arco Etrusco 162
    Collegio del Cambio 138
    Collegio della Mercanzia 139
    Corso Vannucci 133, 133f., 137
    Dom San Lorenzo 149, 146ff.
    Fontana Maggiore 142, 56, 140ff.

Galleria Nazionale dell'Umbria 139
Oratorio di San Bernardino 163
Palazzo dei Priori 137ff.
Palazzo del Capitano del Popolo 152
Palazzo Gallenga-Stuart 159
Porta Marzia 153
Porta San Pietro 154
Porta Trasimeno 162
Pozzo Sorbello 149
Rocca Paolina 136
Sala dei Notari 139
San Domenico 153f.
San Pietro 154ff.
San Prospero 165, 163
San Severo 150, 150
Santa Maria di Monteluce 152
Sant'Agostino 159
Sant'Angelo 159
Sant'Ercolano 153
Torre degli Sciri 162
Università per Stranieri 160ff.
Via dell'Acquedotto 158f.
Volumner-Grab (Ipogeo dei Volumni) 165
Perugino (Maler) 150, 25, 57, 59, 100, 125f., **127f.**, 138f. 150, 157f., 214, 220, 237, 253, 335
Piano di Colfiorito (Hochebene) 227f.
Piano Grande (Hochebene) 303, 15, 34, 301
Picchiò, Maurizio (Musiker) 47ff.
Pietralunga 372
Pinturicchio (Maler; Bernardino di Betto) 57, 59, 139, 211, 214, 273, 337
Pippinische Schenkung 79
Pisaño, Nicola und Giovanni (Baumeister) 56, 140
Pissignano 225
Pomarancio, Antonio (Maler) 333f.
Ponte 296
Preci 303f.
Properz (röm. Dichter) 69, 169

Raffael (Maler) 150, 59, 127, 150, 366
Ravenna, Exarchat von 75f., 78
Renaissance 59f.
Rita (Heilige) 304f., 307
Rivotorto 203
Roccaporena 307
Romanik 26, 53ff.
Römer 32, 62ff., 327

Saffi, Aurelio (Schriftsteller) 101
San Faustino 254
San Felice di Narco 295
San Feliciano 117, **118**, 206
San Fidenzio e Terenzio 255
San Gemini 64, 258f.
San Giovanni Profiamma 208
San Girolamo 310
San Giustino 369
San Gregorio 239
San Pietro in Valle 292, 290ff.
San Savino 118
San Silvestro 216
San Vito 119f.
Sanguineto 122
Sant'Anatolia di Narco 295
Sant'Arcangelo 117, 124
Sant'Erasmo 22, 32, 257
Sant'Illuminata 255
Santa Maria degli Angeli 196, 196ff.
Santa Maria di Sitria 358
Santa Maria in Pantano 254f.

Santa Pudenziana 315
Santa Scolastica 301
Santuario della Madonna del Belvedere, Città di Castello 368
Sermei, Cesare (Maler) 156, 178f.
Signorelli, Luca 337, 59, 335
Sordo (Fluß) 33
Sotius, Albertus (Maler) 275, **273**, 276
Spello 213, 57, **209ff.**
Spoleto 60, 169, **266ff.**
    Casa Romana 276
    Dom Santa Maria Assunta 268, 272f.
    Ponte delle Torri 276, 270, **275**
    Rocca 273
    San Gregorio Maggiore 283
    San Paolo inter vineas 286
    San Pietro fuori le mura 287
    San Ponziano 285
    San Salvatore 284
    Sant'Eufemia 278
    Santi Giovanni e Paolo 280f.
Spoleto, Herzogtum 27, 76, 78f., 89f., 268
Subasio (Berg) 22, 32, 216

Tavernelle 59, 125
Terni 65, 70, **259ff.**
Tiber (Fluß) 15, 30ff., 253, 362f.
Tiberio d'Assisi (Maler) 25, 162, 192, 199, 201f., 238, 253
Todi 244, 17, 27, 46, 59, 62, **242ff.**
Topino (Fluß) 33, 203, 226
Torgiano 168
Torre di Monteruffiano 121
Torricella 119
Totila (Ostgotenkönig) 74, 135, 153, 169, 347, 364

Trasimenischer See 121, 15, 28f., 40, 52, **116ff.**, 125, 326
Trevi 59, **217ff.**
Trüffeln 15, **41ff.**
Tuoro (Navaccia) 116
Tuoro sul Trasimeno 122

Umbertide 370, 374
Umberto I. (König) 101
Umbrer 32, **60ff.**, 203, 211
Umbria Jazz Festival, Perugia 47
Urvinum Hortense 169

Valle Umbra 32, 60
Valnerina 33, 36, **289ff.**
Vannucci, Pietro *siehe* Perugino
Via Flaminia 69, **64f.**, 70, 229, 254, 256
Visciano 315f.
Vittorio Emanuele II. **100**, 137
Volumner 165

Wein **37ff.**, 168

Text- und Bildquellen

Textnachweis

S. 72 ff.: *Die Regel des Hl. Benedikt*, Herausgegeben im Auftrag der Salzburger Äbtekonferenz; © Beuroner Kunstverlag, Beuron 1990.

S. 88: Werner, Hansheinz, *Das „kint von Pulle". Die Jugend Friedrichs II. von Hohenstaufen*, in: © DAMALS. *Zeitschrift für geschichtliches Wissen*, Heft 7, Juli 1977, S. 595.

S. 105 ff.: Ramati, Alexander, *Der Assisi-Untergrund. Assisi und die Nazibesetzung nach dem Bericht von Pater Rufino Niccacci*, © Ullstein Verlag (Ullstein Buch Nr. 33071), Frankfurt/M., Berlin 1986, S. 30–36.

S. 185: Morton, H. V., *Toskana – Umbrien. Wanderungen durch Vergangenheit und Gegenwart*, © Knaur Verlag, München, Zürich o.J., S. 149.

S. 191 f.: Gobry, Ivan, *Franz von Assisi*, © Rowohlts Monographien, Hamburg 1973, S. 138f.

S. 224 f.: G. Plinius Caecilius Secundus, *Briefe*, lateinisch-deutsch, ediert von Helmut Jasten, © Heimeran Verlag, München 1968, S. 451 ff.

S. 357 f.: *Fioretti di San Francesco, Blümlein vom heiligen Franziskus*, übersetzt von Burgel Birnbacher, © dtv 9207, München 1984, S. 63, 65, 83 ff.

Hinweis des Verlages: Die Rechtsinhaber an den im Buch enthaltenen Fremdtexten konnten leider nicht in jedem Einzelfall exakt ermittelt werden. Solche Rechtsinhaber werden gebeten, sich mit dem Verlag in Verbindung zu setzen.

Bildnachweis

Acquadro, Aldo/LOOK, München: S. 93

Braun, Andreas, München: S. 164, 373

Eid, Hedda, München: S. 212

foto-presse timmermanns, Möhrendorf/Vitale, Luigi: S. 174

Hartmann, Herbert, München: S. 120, 148

Kneer, Bruno Lucas, Kempten: S. 398 oben links

Mauritius, Mittenwald/Hubatka: S. 143

Mauritius, Mittenwald/Ligges: S. 328/329

Nicolaus, Gisela, Stockdorf: S. 61 oben, 77 oben, 398 links unten

Pictor International, München: S. 264

Rotter, Ekkehart, Aschaffenburg: S. 4/5, 14, 21, 51 rechts oben, 54/55, 68, 77 unten, 91, 104, 114, 197, 223, 245 oben und unten, 293, 323, 361 unten rechts, 371, 398 unten rechts

Scala, Mailand: S. 58, 85, 151, 181, 273, 336

Sperber, Achim, Hamburg: S. 38 oben, 61 unten

Stuhler, Werner, Hergensweiler: S. 361 unten links

Tony Stone Bilderwelten, München/Cornish, Joe: Titelbild, S. 250, 302

Thomas, Martin, Aachen: S. 35 oben und unten, 38 unten, 51 links oben, links und rechts unten, 132, 186, 233, 269, 277, 361 oben, 378, 401 oben rechts, 406, 414 oben und unten, 427 oben und unten, 446/447

Ufficio Promozione Turistica, Regione dell'Umbria: S. 31

Alle in diesem EDITION ERDE Reiseführer enthaltenen Angaben wurden von den Autoren sowie vom Lektorat nach bestem Wissen erstellt. Im Sinne des Produkthaftungsrechts muß der Verlag jedoch darauf hinweisen, daß inhaltliche Fehler nicht vollständig auszuschließen sind. Verlag und Autoren übernehmen deshalb keinerlei Verantwortung und Haftung, alle Angaben erfolgen ohne Gewähr. Der Verlag bittet hierfür um Verständnis. Korrekturhinweise von seiten der Leser nimmt das Lektorat, EDITION ERDE im BW Verlag, Außenstelle Lektorat, Friedrichstr. 13, D-80801 München gerne entgegen.

Über den Autor

Ekkehart Rotter, geboren 1948, studierte in Frankfurt am Main und in Tübingen Mittelalterliche und Neuere Geschichte, Alte Geschichte und Germanistik. In diesem Zusammenhang führten ihn seit 1972 zahlreiche Reisen nach Italien. Seit 1982 ist er Wissenschaftlicher Mitarbeiter der Mainzer Akademie der Wissenschaften und der Literatur und seit 1989 zusätzlich Lehrbeauftragter am Historischen Seminar der J. W. Goethe-Universität in Frankfurt am Main. Neben seinen wissenschaftlichen Publikationen hat er stets Zeit gefunden, an populären Sachbüchern über mittelalterliche Geschichte mitzuwirken und seiner Schreibfreude in Essays freien Lauf zu lassen. Sein Interesse an Menschen und ihrer Geschichte, seine Empfindsamkeit für die Wirkung von Landschaften und seinen Blick für die ›Dramatik des Alltäglichen‹ bringt er mit diesem EDITION ERDE Reiseführer auf den Punkt.

Dankeswort

Die umfangreichen Literaturrecherchen als Vorbereitung zum Reiseführer, die Durchführung der Exkursionen im Land, die Sichtung und Nachbereitung des Materials sowie die Abfassung des Textes selbst und dessen Drucklegung sind mit Arbeitsschritten verbunden, die ein Autor nicht völlig auf sich gestellt leisten kann.

Für die Unterstützung, die ich zur Fahrt durch Umbrien erhielt, bedanke ich mich bei dem Direktor des Staatlichen Italienischen Fremdenverkehrsamtes E.N.I.T. in Frankfurt am Main, Herrn Piergiorgio Togni, und für die engagierte, freundliche Mithilfe vor Ort bei Frau Dr. Paola Simone von der Regione dell'Umbria in Perugia. Ferner gilt mein Dank Frau Edigna Hackelsberger im Lektorat der EDITION ERDE in München, die mir und meinem Text – auch in kritischen Phasen – immer Geduld und Fürsorge entgegenbrachte, sowie Frau Christin Löchel, ohne deren sachkundige Mitarbeit und organisatorische Hilfe der Reiseführer im geplanten Zeitrahmen nicht hätte fertiggestellt werden können.

*Schutzbedürfnis und seine dunkle Kehrseite –
von der Torre Comunale in Città di Castello blickt man hinab
auf das Dächermeer der auf engstem Raum errichteten Häuser,
deren Inneres kaum ein Sonnenstrahl erreicht.*